Baurecht/Bayern

Hemmer/Wüst/Grieger

März 2010

Juristisches Repetitorium hemmer

examenstypisch - anspruchsvoll - umfassend

Augsburg
Wüst/Skusa/Mielke/Quirling
Mergentheimer Str. 44
97082 Würzburg
Tel.: (0931) 79 78 2-30
Fax: (0931) 79 78 2-34
www.hemmer.de/augsburg

Bayreuth
Daxhammer
Matzenhecke 23
97204 Höchberg
Tel.: (0931) 400 337
Fax: (0931) 404 3109
www.hemmer.de/bayreuth

Berlin-Dahlem
Gast
Schumannstraße 18
10117 Berlin
Tel.: (030) 240 45 738
Fax: (030) 240 47 671
www.hemmer.de/berlin-dahlem

Berlin-Mitte
Gast
Schumannstraße 18
10117 Berlin
Tel.: (030) 240 45 738
Fax: (030) 240 47 671
www.hemmer.de/berlin-mitte

Bielefeld
Knoll/Sperl
Hinter dem Zehnthofe 18a
38173 Sickte
Tel.: (05305) 91 25 77
Fax: (05305) 91 25 88
www.hemmer.de/bielefeld

Bochum
Schlömer/Sperl
Salzstr. 14/15
48143 Münster
Tel.: (0251) 67 49 89 70
Fax.: (0251) 67 49 89 71
www.hemmer.de/bochum

Bonn
Ronneberg/Christensen/Clobes
Leonardusstr. 24c
53175 Bonn
Tel.: (0228) 23 90 71
Fax: (0228) 23 90 71
www.hemmer.de/bonn

Bremen
Kulke/Berberich
Mergentheimer Str. 44
97082 Würzburg
Tel.: (0931) 79 78 230
Fax: (0931) 79 78 234
www.hemmer.de/bremen

Dresden
Stock
Zweinaundorfer Str. 2
04318 Leipzig
Tel.: (0341) 6 88 44 90
Fax: (0341) 6 88 44 96
www.hemmer.de/dresden

Düsseldorf
Ronneberg/Christensen/Clobes
Leonardusstr. 24c
53175 Bonn
Tel.: (0228) 23 90 71
Fax: (0228) 23 90 71
www.hemmer.de/duesseldorf

Erlangen
Grieger/Tyroller
Mergentheimer Str. 44
97082 Würzburg
Tel.: (0931) 79 78 2-30
Fax: (0931) 79 78 2-34
www.hemmer.de/erlangen

Frankfurt/M.
Geron
Dreifaltigkeitsweg 49
53489 Sinzig
Tel.: (02642) 61 44
Fax: (02642) 61 44
www.hemmer.de/frankfurt

Frankfurt/O.
Neugebauer/ Vieth
Holzmarkt 4a
15230 Frankfurt/O.
Tel.: (0335) 52 29 87
Fax: (0335) 52 37 88
www.hemmer.de/frankfurtoder

Freiburg
Behler/Rausch
Rohrbacher Str. 3
69115 Heidelberg
Tel.: (06221) 40 02 72
Fax: (06221) 65 33 30
www.hemmer.de/freiburg

Gießen
Knoll/Sperl
Hinter dem Zehnthofe 18a
38173 Sickte
Tel.: (05305) 91 25 77
Fax: (05305) 91 25 88
www.hemmer.de/giessen

Göttingen
Sperl/Schlömer
Kirchhofgärten 22
74635 Kupferzell
Tel.: (07944) 94 11 05
Fax: (07944) 94 11 08
www.hemmer.de/goettingen

Greifswald
Burke/Lück
Buchbinderstr. 17
18055 Rostock
Tel.: (0381) 3 77 74 00
Fax: (0381) 3 77 74 01
www.hemmer.de/greifswald

Halle
Luke
Arndtstr. 1
04275 Leipzig
Tel.: (0177) 3 34 26 51
Fax: (0341) 4 62 68 79
www.hemmer.de/halle

Hamburg
Schlömer/Sperl
Pinnasberg 45
20359 Hamburg
Tel.: (040) 317 669 17
Fax: (040) 317 669 20
www.hemmer.de/hamburg

Hannover
Daxhammer/Sperl
Matzenhecke 23
97204 Höchberg
Tel.: (0931) 400 337
Fax: (0931) 404 3109
www.hemmer.de/hannover

Heidelberg
Behler/Rausch
Rohrbacher Str. 3
69115 Heidelberg
Tel.: (06221) 40 02 72
Fax: (06221) 65 33 30
www.hemmer.de/heidelberg

Jena
Hannich
Parkweg 7
97944 Boxberg
Tel.: (07930) 99 23 38
Fax: (07930) 99 22 51
www.hemmer.de/jena

Kiel
Sperl/Schlömer
Kirchhofgärten 22
74635 Kupferzell
Tel.: (07944) 94 11 05
Fax: (07944) 94 11 08
www.hemmer.de/kiel

Köln
Ronneberg/Christensen/Clobes
Leonardusstr. 24c
53175 Bonn
Tel.: (0228) 23 90 71
Fax: (0228) 23 90 71
www.hemmer.de/koeln

Konstanz
Guldin/Kaiser
Hindenburgstr. 15
78467 Konstanz
Tel.: (07531) 69 63 63
Fax: (07531) 69 63 64
www.hemmer.de/konstanz

Leipzig
Luke
Arndtstr. 1
04275 Leipzig
Tel.: (0177) 3 34 26 51
Fax: (0341) 4 62 68 79
www.hemmer.de/leipzig

Mainz
Geron
Dreifaltigkeitsweg 49
53489 Sinzig
Tel.: (02642) 61 44
Fax: (02642) 61 44
www.hemmer.de/mainz

Mannheim
Behler/Rausch
Rohrbacher Str. 3
69115 Heidelberg
Tel.: (06221) 40 02 72
Fax: (06221) 65 33 30
www.hemmer.de/mannheim

Marburg
Knoll/Sperl
Hinter dem Zehnthofe 18a
38173 Sickte
Tel.: (05305) 91 25 77
Fax: (05305) 91 25 88
www.hemmer.de/marburg

München
Wüst
Mergentheimer Str. 44
97082 Würzburg
Tel.: (0931) 79 78 2-30
Fax: (0931) 79 78 2-34
www.hemmer.de/muenchen

Münster
Sperl/Schlömer
Salzstr. 14/15
48143 Münster
Tel.: (0251) 67 49 89 70
Fax.: (0251) 67 49 89 71
www.hemmer.de/muenster

Osnabrück
Schlömer/Sperl/Knoll
Kirchhofgärten 22
74635 Kupferzell
Tel.: (07944) 94 11 05
Fax: (07944) 94 11 08
www.hemmer.de/osnabrueck

Passau
Mielke
Schlesierstr. 4
86919 Utting a.A.
Tel.: (08806) 74 27
Fax: (08806) 94 92
www.hemmer.de/passau

Potsdam
Gast
Schumannstraße 18
10117 Berlin
Tel.: (030) 240 45 738
Fax: (030) 240 47 671
www.hemmer.de/potsdam

Regensburg
Daxhammer/d´Alquen
Matzenhecke 23
97204 Höchberg
Tel.: (0931) 400 337
Fax: (0931) 404 3109
www.hemmer.de/regensburg

Rostock
Burke/Lück
Buchbinderstr. 17
18055 Rostock
Tel.: (0381) 3777 400
Fax: (0381) 3777 401
www.hemmer.de/rostock

Saarbrücken
Bold
Preslesstraße 2
66987 Thaleischweiler-Fröschen
Tel.: (06334) 98 42 83
Fax: (06334) 98 42 83
www.hemmer.de/saarbruecken

Trier
Geron
Dreifaltigkeitsweg 49
53489 Sinzig
Tel.: (02642) 61 44
Fax: (02642) 61 44
www.hemmer.de/trier

Tübingen
Guldin/Kaiser
Hindenburgstr. 15
78465 Konstanz
Tel.: (07531) 69 63 63
Fax: (07531) 69 63 64
www.hemmer.de/tuebingen

Würzburg
- ZENTRALE -
Mergentheimer Str. 44
97082 Würzburg
Tel.: (0931) 79 78 230
Fax: (0931) 79 78 234
www.hemmer.de/wuerzburg

Wer in vier Jahren sein Studium erfolgreich abschließen will, kann sich einen Irrtum im Hinblick auf Examensvorbereitung und Ausbildungsmaterial nicht leisten!

Stellen Sie frühzeitig Ihre Weichen richtig. Trainieren Sie unter professioneller Anleitung das, was Sie im Examen erwartet.

www.hemmer.de

Vorwort

Baurecht Bayern mit der **hemmer-Methode**

Wer in vier Jahren sein Studium abschließen will, kann sich einen **Irrtum** in Bezug auf Stoffauswahl und Stoffaneignung **nicht leisten**. Hoffen Sie nicht auf die leichten Rezepte, die Schemata und den einfachen Rechtsprechungsfall. Die unnatürlich klare Zielsetzung der Schemata lässt keine Frage offen und suggeriert eine Einfachheit, die in der Prüfung nicht besteht. Hüten Sie sich vor Übervereinfachung beim Lernen. Stellen Sie deswegen frühzeitig die Weichen richtig.

Dem Baurecht kommt eine große praktische Bedeutung zu. Dieser Umstand schlägt sich auch im Examen nieder. Vertiefte Kenntnisse des Baurechts sind deshalb unverzichtbar. Dabei kommt es neben der Aneignung von Fakten auch und vor allem auf das Beherrschen der typischen öffentlich-rechtlichen Fallsystematik an: Problemstellungen dürfen nicht nur isoliert gelernt werden, vielmehr müssen sie im Kontext der examenstypischen Klausur richtig eingeordnet werden können. Um diesem Umstand gerecht zu werden, wurde dieses Skript klausurspezifisch konzipiert: Durch die Aufteilung in verschiedene Klagearten ermöglicht es dem Anfänger die richtige Einordnung baurechtlicher Fragestellungen in die Klausurlösung. Es vermittelt darüber hinaus am richtigen Ort sowohl für den Einsteiger als auch den Fortgeschrittenen vertiefendes Verständnis einzelner materiell-rechtlicher und prozessualer Probleme.

Die **hemmer-Methode** vermittelt Ihnen die **erste richtige Einordnung** und das **Problembewusstsein**, welches Sie brauchen, um an einer Klausur bzw. dem Ersteller nicht vorbeizuschreiben. Häufig ist dem Studenten nicht klar, warum er schlechte Klausuren schreibt. Wir geben Ihnen **gezielte Tipps**! Vertrauen Sie auf unsere **Expertenkniffe**.

Durch die ständige Diskussion mit unseren Kursteilnehmern ist uns als erfahrenen Repetitoren klar geworden, welche **Probleme** der Student hat, sein **Wissen anzuwenden**. Wir haben aber auch von unseren Kursteilnehmern profitiert und von Ihnen erfahren, welche **Argumentationsketten** in der Prüfung zum Erfolg geführt haben.

Die **hemmer-Methode** gibt **jahrelange Erfahrung** weiter, erspart Ihnen viele schmerzliche Irrtümer, setzt richtungsweisende Maßstäbe und begleitet Sie als **Gebrauchsanweisung** in Ihrer Ausbildung:

1. Basics:

Das ***Grundwerk*** für Studium und Examen. Es schafft **Grundwissen** und mittels der **hemmer-Methode** richtige Einordnung für Klausur und Hausarbeit.

2. Skriptenreihe:

Vertiefend: Über 1.000 Prüfungsklausuren wurden auf ihre „Essentials" abgeklopft.
Anwendungsorientiert werden die für die Prüfung nötigen Zusammenhänge umfassend aufgezeigt und wiederkehrende Argumentationsketten eingeübt.
Gleichzeitig wird durch die **hemmer-Methode** auf **anspruchsvollem Niveau** vermittelt, nach welchen Kriterien Prüfungsfälle beurteilt werden. Spaß und Motivation beim Lernen entstehen erst durch Verständnis.
Lernen Sie, durch Verstehen am juristischen Sprachspiel teilzunehmen.
Wir schaffen den „Background", mit dem Sie die innere Struktur von Klausur und Hausarbeit erkennen: **„Problem erkannt, Gefahr gebannt"**.

Profitieren Sie von unserem **technischen know how**. Wir werden Sie auf das Anforderungsprofil einstimmen, das Sie in Klausur und Hausarbeit erwartet.

Die **studentenfreundliche Preisgestaltung** ermöglicht auch den **Erwerb als Gesamtwerk**.

3. Hauptkurs:

Schulung am examenstypischen Fall mit der Assoziationsmethode. Trainieren Sie unter professioneller Anleitung, was Sie im Examen erwartet und wie Sie bestmöglich mit dem Examensfall umgehen.
Nur wer die Dramaturgie eines Falles verstanden hat, ist in Klausur und Hausarbeit auf der sicheren Seite! Häufig hören wir von unseren Kursteilnehmern: **„Erst jetzt hat Jura richtig Spaß gemacht"**.

Die Ergebnisse unserer Kursteilnehmer geben uns recht. Der **Bewährungsgrad** einer Theorie ist der **Erfolg**. Die Examensergebnisse zeigen, dass unsere Kursteilnehmer überdurchschnittlich abschneiden.

Wieder das beste Ergebnis im letzten Examen (mit Examensergebnissen 2009 I) mit 13,57 Punkten von hemmer!!
Somit in den letzten 13 Terminen: 12x Platzziffer 1, 1x Platzziffer 2 (nach der mündlichen Prüfung, vorher 13x Platzziffer 1) mit den Noten:
Die Würzburger Ergebnisse können auch Ansporn für Sie sein, intelligent zu lernen: Seit 1991 über 100 mal über 11,5. Wer nur auf vier Punkte lernt, landet leicht bei drei.
14,95* (**Bester** des Termins 2006 I und hemmer Klausurenkursleiter); **14,69*** (**Bester** des Termins 2006 II und hemmer Klausurenkursleiter); **14,66** (**Bester** des Termins 2007 I); **14,25** (**Bester** des Termins 2005 II); **14,1* (Beste** des Termins 2008 I); **14,04*** (**Bester** des Termins 2004 II); **über 14 (Beste** des Termins 2008 II); **13,57** (**Bester** des Termins 2009 I); **13,83** (**Zweitbester** des Termins 2005 I nach der mündlichen Prüfung, nach dem schriftlichen Examen Platzziffer 1); **12,83*** (**Bester** des Termins 2004 I); **12,05** (**Beste** des Termins 2007 II); **11,62** (**Bester** des Termins 2003 I); (**Bester** des Termins 2003 II); (*(ehemalige) Mitarbeiter)
Bereits in unserem ersten Durchgang in Berlin, Göttingen, Konstanz die Landesbesten mit "sehr gut". "Sehr gut" auch in Freiburg, Bayreuth, Köln (2x), Bonn, Regensburg (15,54;14,2; 14,00) Erlangen (15,4; 15,0; 14,4), Heidelberg (14,7; Termin 97 I: 14,77) und München (14,25; 14,04; 14,04; 14,00). Augsburg: Schon im ersten Freischuss 91 I erzielten 4 Siebtsemester (!) einen Schnitt von 12,01. Auch in Thüringen '97 I 2x 12, 65 waren die Landesbesten Kursteilnehmer. Von 6x gut, 5 Hemmer-Teilnehmer.

Lassen Sie sich aber nicht von diesen Supernoten verschrecken, sehen Sie dieses Niveau als Ansporn für Ihre Ausbildung. Denn: Wer auf 4 Punkte lernt, landet leicht bei 3!

Basics, Skriptenreihe und Hauptkurs sind als **modernes, offenes und flexibles Lernsystem** aufeinander abgestimmt und ergänzen sich ideal.

Wir hoffen, als Repetitoren mit unserem Gesamtangebot bei der Konkretisierung des Rechts mitzuwirken und wünschen Ihnen **viel Spaß beim Durcharbeiten** unserer Skripten.
Wir würden uns freuen, mit Ihnen später als Hauptkursteilnehmer mit der **hemmer-Methode** gemeinsam Verständnis an der Juristerei im Hinblick auf Examina zu trainieren.

Hemmer *Wüst*

Baurecht/Bayern

Hemmer/Wüst/Grieger

März 2010

Hemmer/Wüst Verlagsgesellschaft
Hemmer/Wüst/Grieger, Baurecht/Bayern

ISBN 978-3-89634-974-3

9. Auflage, März 2010

gedruckt auf chlorfrei gebleichtem Papier
von Schleunungdruck GmbH, Marktheidenfeld

Kommentare:

Battis/Krautzberger/Löhr Baugesetzbuch

Ernst/Zinkahn/Bielenberg Baugesetzbuch, Loseblattsammlung

Jäde/Dirnberger/Weiss BauGB – BauNVO

Koch/Molodovsky/Rahm Bayerische Bauordnung, Loseblattsammlung

Kopp/Schenke Verwaltungsgerichtsordnung

Kopp/Ramsauer Verwaltungsverfahrensgesetz

Masson/Samper Bayerische Kommunalgesetze, Loseblattsammlung

Simon Bayerische Bauordnung, Loseblattsammlung

Lehrbücher:

Dürr/König Baurecht für Bayern

Koch/Hendler Baurecht, Raumordnungs- und Landesplanungsrecht

Knemeyer Bauplanungs- und Bauordnungsrecht; in Maunz/Obermeyer/Knemeyer, Staats- und Verwaltungsrecht

Maurer Allgemeines Verwaltungsrecht

Pietzner/Ronellenfitsch Assessorexamen im Öffentlichen Recht

Schmitt Glaeser Verwaltungsprozessrecht

Schwarzer Handbuch des Baurechts in Bayern

Weiterführende Literatur siehe Fußnoten

§ 1 EINFÜHRUNG

A) Die Baurechtsklausur im Juristischen Staatsexamen

Baurechtsklausur: Prozessuale und baurechtliche Probleme

Baurechtliche Klausuren sind beliebter Prüfungsgegenstand i.R.d. öffentlich-rechtlichen Klausuren juristischer Zwischenprüfungen und vor allem der juristischen Staatsexamina. Dies deshalb, weil sich hierbei sehr gut Querverbindungen zum sonstigen Verwaltungsrecht (z.B. zum Beschlussverfahren im Gemeinderat innerhalb des Aufstellungsverfahrens von Bauleitplänen) herstellen lassen. Zudem ist eine prozessuale Einkleidung üblich, wobei sich z.B. im Bereich des baurechtlichen Nachbarschutzes Spezialprobleme stellen. 1

prüfungstypischer Aufbau

Wegen der Abstraktion eines Lehrbuches fällt es den Studenten aber oft sehr schwer, die eingepaukten Probleme in der Klausur dort zu verorten, wo sie wirklich hingehören. Zudem verliert man aufgrund einer Fülle von Einzelfakten zu leicht den Überblick, sieht „vor lauter Bäumen den Wald nicht mehr“. Dieses Skript verfolgt daher eine examens- und damit klausurtypische Herangehensweise, die eine möglichst prüfungsnahe Darstellung ermöglicht und die Dinge dort problematisiert, wo sie systematisch in der Klausur behandelt werden müssen. Nicht träges Wissen, sondern der Überblick, das mit Wissen untermauerte Verständnis für das System sind die Voraussetzungen für das gute Bestehen einer Klausur.

Kenntnis typischer Klausurvarianten notwendig

Ausgehend von dieser Konzeption werden nach einer kurzen Einführung die typischen Klausurvarianten im Einzelnen dargestellt. Innerhalb der verschiedenen Klagetypen werden alle wichtigen baurechtlichen Gesichtspunkte umfassend und an der richtigen Stelle aufgezeigt. Am Ende werden noch einige Sonderprobleme abgehandelt.

B) Zum Begriff des Baurechts

Baurechtsbegriff

Umfasst werden vom Begriff des Baurechts all diejenigen Vorschriften des Privat- und Verwaltungsrechts, die sich auf Art und Ausmaß der baulichen Nutzung eines Grundstücks, die Ordnung der Bebauung und die Rechtsverhältnisse der an der Erstellung eines Bauwerkes Beteiligten beziehen. 2

öffentlich und privat

Aus dieser Umschreibung ergibt sich eine Zweiteilung in einen öffentlich-rechtlichen und einen privatrechtlichen Bereich:

I. Das private Baurecht

privates Baurecht, §§ 903 ff. BGB

Zum privaten Baurecht zählt man zum einen die §§ 631 ff. BGB[1], die das Verhältnis zwischen Bauherrn und Bauunternehmer bzw. Architekt regeln. Zum anderen sind die §§ 903 ff. BGB[2] Teil des privaten Baurechts, die die Bebauung oder Unterhaltung eines Bauwerkes allein im Hinblick auf bestimmte Einzelpersonen, insbesondere die Nachbarn regeln. 3

Auf diese Vorschriften haben Behörden beim Erlass von Baumaßnahmen grundsätzlich keine Rücksicht zu nehmen, vgl. nur Art. 68 IV BayBO. Etwas anderes gilt nur im Falle rechtskräftiger Entscheidungen über privatrechtliche Berechtigungen, die das Bauen verhindern,[3] oder sonstiger (privatrechtlicher) Titel.

---

1 In der Praxis wird meist die VOB/B greifen.

2 Vgl. aber auch Art. 62 ff. AGBGB sowie Art. 124 EGBGB.

3 BGH, NJW 1965, 551.

hemmer-Methode: Liquide Privatrechte sind unbestrittene oder durch rechtskräftiges Zivilurteil festgestellte Ansprüche. In den Fällen, in denen der Bauherr nicht nur vorübergehend keinen Gebrauch von der Baugenehmigung machen kann, fehlt ihm das Bescheidungsinteresse.[4]

II. Das öffentlich-rechtliche Baurecht

Gegenstand im Folgenden ist das öffentliche Baurecht. 4

öffentliches Baurecht

Unter öffentlichem Baurecht ist die Gesamtheit aller Rechtsvorschriften zu verstehen, die die Zulässigkeit und die Grenzen, die Ordnung und die Förderung der baulichen Nutzung des Bodens, insbesondere durch Errichtung, bestimmungsgemäße Nutzung, wesentliche Veränderung und Beseitigung baulicher Anlagen, unter Berücksichtigung öffentlicher Interessen betreffen.[5]

besondere Bedeutung für Einzelnen und Allgemeinheit

Schon dieser Begriffsbestimmung kann die besondere Bedeutung entnommen werden, die das (öffentliche) Baurecht sowohl für den Einzelnen als auch die Allgemeinheit besitzt. 5

Durch die Entscheidung, wo und in welcher Weise Wohngebäude errichtet werden dürfen, werden maßgeblich die Lebensverhältnisse jedes Einzelnen beeinflusst, durch die Bestimmung von Ort, Art und Umfang gewerblicher Ansiedlungen werden wesentliche Daten für die wirtschaftliche Entwicklung gesetzt. Gestaltet werden so die äußeren Bedingungen für das Zusammenleben einer gewissen (unter Umständen wachsenden) Bevölkerungszahl auf einem in seinem Umfang nicht vermehrbaren Raum.

Sozialstaatsprinzip, Art. 20 GG

Die Verpflichtung, angemessene Lebensverhältnisse und Entwicklungsmöglichkeiten der Gesamtheit und des Einzelnen zu gewährleisten, ergibt sich bereits aus dem Sozialstaatsprinzip (Art. 20 GG). 6

Aufgabe des Baurechts ist es, dieser Pflicht durch Vorbereitung und Durchführung entsprechender Maßnahmen nachzukommen sowie gleichzeitig die damit verbundene Kollision von Individual- und Allgemeininteressen (z.B. bei Belangen der Umwelt) auszugleichen.

C) Der Grundsatz der Baufreiheit

Art. 14 GG, Baufreiheit

Alle baurechtlichen Vorschriften sind vor dem Hintergrund des Art. 14 I GG zu sehen, denn zum Inhalt des dort geschützten Eigentums an Grund und Boden gehört auch das Recht der baulichen Nutzung. 7

subjektiv öffentl. Recht als Bestandteil des Eigentumsrechts

Dieses „Recht zum Bauen“, die sog. Baufreiheit,[6] gewährt jedem Einzelnen ein subjektiv öffentliches Recht auf Bebauung seines Grundstücks. 8

Die Baufreiheit beruht also nicht auf einer öffentlich-rechtlichen Verleihung (z.B. durch Bauleitplanung oder eine einzelne Baugenehmigung),[7] sondern ist Bestandteil des Eigentumsrechts.

4 BVerwG, NJW 1973, 1518.

5 B/K/L, Einleitung Rn. 3.

6 Grundlegend bereits das Preuß. Allgemeine Landrecht: „In der Regel ist jeder Eigentümer seinen Grund und Boden mit Gebäuden zu besetzen, oder seine Gebäude zu verändern wohl befugt“ (§ 65 I ALR).

7 Die Notwendigkeit einer Baugenehmigung (Art. 68 I BayBO) normiert lediglich einen präventiven Erlaubnisvorbehalt, die Baugenehmigung ist insoweit auch nur eine sog. Unbedenklichkeitsbescheinigung.

hemmer-Methode: Vergegenwärtigen Sie sich noch einmal, dass diese verschiedenen gesetzlichen Vorschriften in der Klausur bei der Frage nach der materiellen Zulässigkeit von Bauvorhaben stets nebeneinander zu überprüfen sind. Denn ein Bauvorhaben ist nur dann zulässig (d.h. die Genehmigung darf nur dann erteilt werden), wenn es (auch sonstigen) öffentlich-rechtlichen Vorschriften, die im bauaufsichtlichen Verfahren zu prüfen sind, nicht widerspricht.[12] Eine Baurechtsklausur kann deshalb im Examen wie auch in der Zwischenprüfung zu einem regelrechten Rundumschlag durch das formelle und materielle Baurecht werden. Zusätzlich werden typische Fragen der VwGO eine Rolle spielen.
Achtung: Für denjenigen, der bislang noch keine oder erst wenige Baurechtsklausuren geschrieben bzw. gelesen hat, empfiehlt es sich zum besseren Verständnis der folgenden Ausführungen, vorab einmal den Übungsfall unter Rn. 256 am Ende dieses Kapitels kurz zu überfliegen: Wer das Ziel kennt, findet den Weg leichter!

Übersicht über die Klagearten im Baurecht[13]

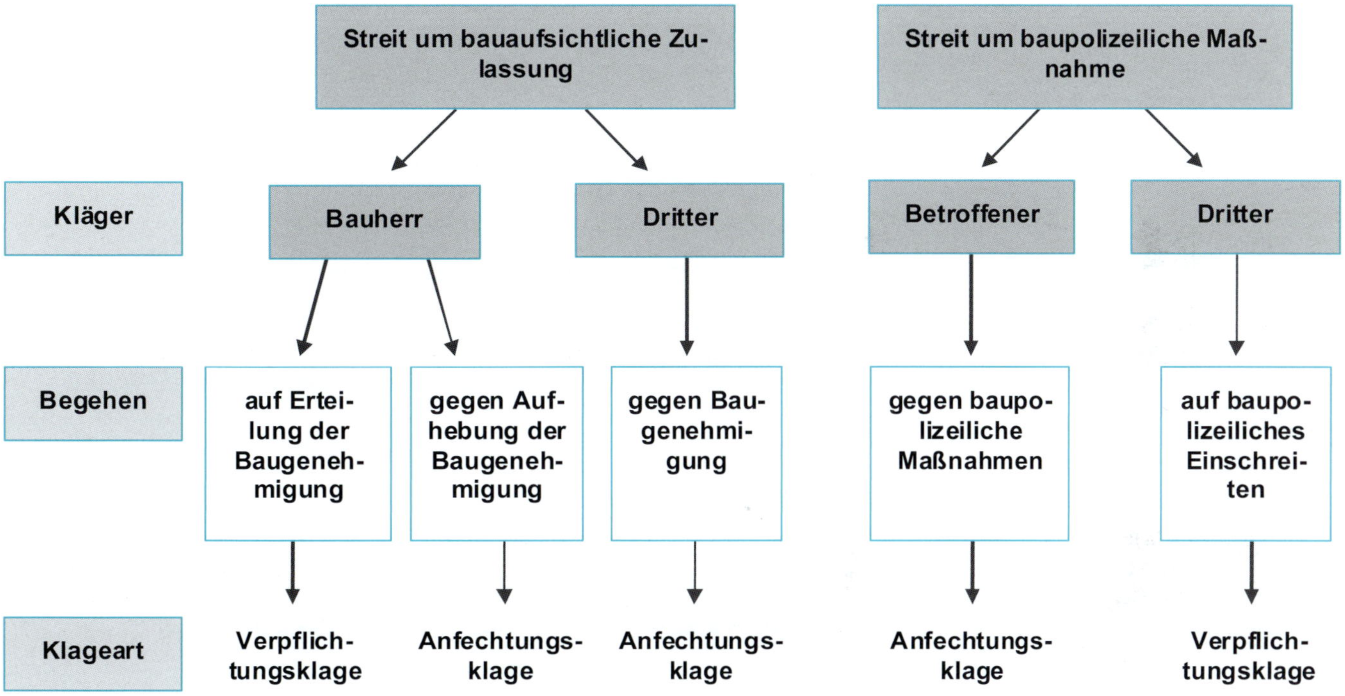

12 So Art. 68 I BayBO und - zumindest entsprechend - auch alle anderen LBauOen.

13 Übersichtskarteikarten Öffentliches Recht in Bayern, Baurecht, KK 1.

§ 2 DAS BEGEHREN EINER BAUGENEHMIGUNG

Begehren v. Baugenehmigung

Baurechtsstreitigkeiten beginnen nicht erst dann, wenn eine Baugenehmigung bereits in der Welt oder gar eine bauliche Anlage erstellt ist. Häufig ist nämlich bereits für die Erteilung der vom Bauherrn begehrten Baugenehmigung die Austragung eines gerichtlichen Rechtsstreits notwendig. 18

Bsp.: Bauherr Berti (B) möchte sein im Gemeindegebiet von Arndorf gelegenes Grundstück mit einem Zweifamilienhaus bebauen. Die von ihm bei der zuständigen Behörde beantragte Baugenehmigung wird ihm mit der Begründung verweigert, dass sein Vorhaben den Festsetzungen des für dieses Gebiet geltenden qualifizierten Bebauungsplanes widerspreche. Nachdem B das Widerspruchsverfahren erfolglos und ordnungsgemäß durchgeführt hat, erhebt er Klage zum zuständigen Verwaltungsgericht mit dem Antrag, den Träger der Behörde zur Erteilung der Baugenehmigung zu verurteilen.

Hat die Klage Aussicht auf Erfolg?

Die Klage hätte Aussicht auf Erfolg, wenn sie zulässig und begründet wäre.

hemmer-Methode: Selbstverständlich entspricht dieser Fall nicht dem Examensniveau. Er soll lediglich in die im Folgenden dargestellte sehr examenstypische Grundkonstellation einführen.

A) Sachentscheidungsvoraussetzungen der Klage

<u>Kurzübersicht zu den Sachentscheidungsvoraussetzungen der Klage:</u>

I. Eröffnung des Verwaltungsrechtsweges

II. Zulässigkeitsvoraussetzungen

1. Klageart = Verpflichtungsklage, da VA begehrt wird (§ 42 I Alt. 2 VwGO)
2. Klagebefugnis aus Art. 68 BayBO (§ 42 II VwGO)
3. Vorverfahren entbehrlich, Art. 15 II AGVwGO
4. Beteiligten- und Prozessfähigkeit
5. ggf. sonstige Voraussetzungen

B) Eröffnung des Verwaltungsrechtsweges

hemmer-Methode: Zur Unterteilung des Aufbaus in Rechtswegeröffnung und Zulässigkeitsprüfung seit der Aufhebung des § 41 VwGO siehe Hemmer/Wüst, Verwaltungsrecht I, Rn. 16. Der früher übliche Aufbau mit einer einheitlichen Zulässigkeitsstation ist weiterhin vertretbar, da die Frage, ob überhaupt der Weg zu den deutschen Gerichten eröffnet ist, eine Frage der Zulässigkeit ist. Wenn man den dreistufigen Aufbau konsequent verfolgt, müsste man eigentlich auch die Zuständigkeit vor der Klage prüfen, da § 83 VwGO die Vorschrift des § 17a II GVG auch hier für anwendbar erklärt. Allerdings hängt die örtliche Zuständigkeit von der Klageart ab, die erst in der Zulässigkeit geklärt werden kann. Ein „salomonischer" Weg wäre der Aufbau in Sachurteilsvoraussetzungen und Begründetheit. Solange sich dieser nicht eingebürgert hat, sollten Sie damit in der Klausur zurückhaltend sein.[14]

---

[14] Umfassend zu dieser „Problemstellung" Fischer, JURA 2003, 748.

§ 40 I VwGO (+)

Da das Begehren auf Erlass einer Baugenehmigung als Streitgegenstand von Vorschriften des öffentlichen Baurechts bestimmt wird und somit eine öffentlich-rechtliche Streitigkeit vorliegt (Sonderrechtstheorie), die Streitigkeit nichtverfassungsrechtlicher Art ist und eine anderweitige Rechtswegzuweisung nicht ersichtlich ist, ist der Verwaltungsrechtsweg gem. § 40 I S. 1 VwGO eröffnet.[15] 19

hemmer-Methode: Wenn die Eröffnung des Verwaltungsrechtsweges derart unproblematisch zu bejahen ist, erscheint ausnahmsweise eine kurze Prüfung im Urteilsstil angebracht. Der Vollständigkeit halber können Sie noch erwähnen, dass die Rechtswegzuweisung zu den ordentlichen Gerichten nach § 217 I BauGB evident nicht einschlägig ist. Nach § 217 I S. 4 BauGB entscheiden über Entschädigungsansprüche nach dem BauGB, bspw. nach §§ 18 und 39 BauGB die Baurechtskammern bei den Landgerichten.

C) Zulässigkeit der Klage

I. Klageart

Die statthafte Klageart wird durch den Klagegegenstand und das Klagebegehren bestimmt. 20

wenn Klagebegehren = VA ⇨ Verpflichtungsklage

Ist das Klagebegehren auf Erteilung einer Baugenehmigung gerichtet, ist die statthafte Klageart eine Verpflichtungsklage i.S.d. § 42 I Alt. 2 VwGO, da die Baugenehmigung ein Verwaltungsakt i.S.d. Art. 35 S. 1 BayVwVfG darstellt.

Lösung Ausgangsfall (Rn. 18):

Vorliegend begehrt B die Erteilung einer abgelehnten Baugenehmigung. Somit wäre die Verpflichtungsklage in Form der Versagungsgegenklage[16] i.S.v. § 42 I Alt. 2 UF 1 VwGO die richtige Klageart, wenn es sich bei der begehrten Baugenehmigung um einen Verwaltungsakt (VA) i.S.v. Art. 35 S. 1 BayVwVfG handeln würde.

1. Nähere Qualifikation der Baugenehmigung

Baugenehmigung ist VA i.S.v. Art. 35 BayVwVfG

Die unter den Voraussetzungen des Art. 68 I BayBO zu erteilende Baugenehmigung ist die Maßnahme einer Verwaltungsbehörde (vgl. Art. 1 II BayVwVfG) auf dem Gebiet des öffentlichen Baurechts zur einseitig verbindlichen Regelung eines Einzelfalles mit Außenwirkung und somit ein VA i.S.v. Art. 35 S. 1 BayVwVfG.[17] 21

<u>**Die Baugenehmigung ist ein:**</u>

⇨ mitwirkungsbedürftiger VA, d.h. es ist ein Antrag notwendig (Art. 64 I BayBO).

⇨ gebundener VA, d.h. es besteht ein Anspruch auf Genehmigung, wenn das Vorhaben öffentlich-rechtlichen Vorschriften, die im bauaufsichtlichen Genehmigungsverfahren zu prüfen sind, entspricht (Art. 68 I BayBO). Das ist die Konsequenz aus dem aus Art. 14 GG folgenden subjektiv öffentlichen Recht der Baufreiheit.

⇨ sachbezogener VA, d.h. die Genehmigung wird nicht einer Person, sondern für ein Vorhaben erteilt (Art. 54 II S. 3 BayBO).

---

15 Vgl. ausführlich Hemmer/Wüst, Verwaltungsrecht I, Rn. 16 ff.

16 Zur Abgrenzung von Vornahme- und Untätigkeitsklage vgl. ausführlich Hemmer/Wüst, Verwaltungsrecht II, Rn. 24 f.

17 Eigentlich müsste hier § 35 (Bundes-)VwVfG zitiert werden, da der Bund für die VwGO die Definitionshoheit besitzt. Angesichts des gleichen Wortlauts ist der Streit - zugegebenermaßen - müßig, vgl. hierzu Kopp/Schenke, Anh. § 42 VwGO, Rn. 2.

Die Baugenehmigung hat:

⇨ feststellende Wirkung, d.h. die Genehmigung stellt fest, dass das Vorhaben den im Genehmigungsverfahren geprüften öffentlich-rechtlichen Vorschriften entspricht (Art. 68 I BayBO).

⇨ rechtsgestaltende und damit gestattende Wirkung, d.h. Aufhebung des präventiven Verbots und Baufreigabe (Art. 68 V BayBO).

⇨ Doppelwirkung, d.h. für den Bauherrn begünstigende und einzelne Nachbarn eventuell belastende Wirkung.

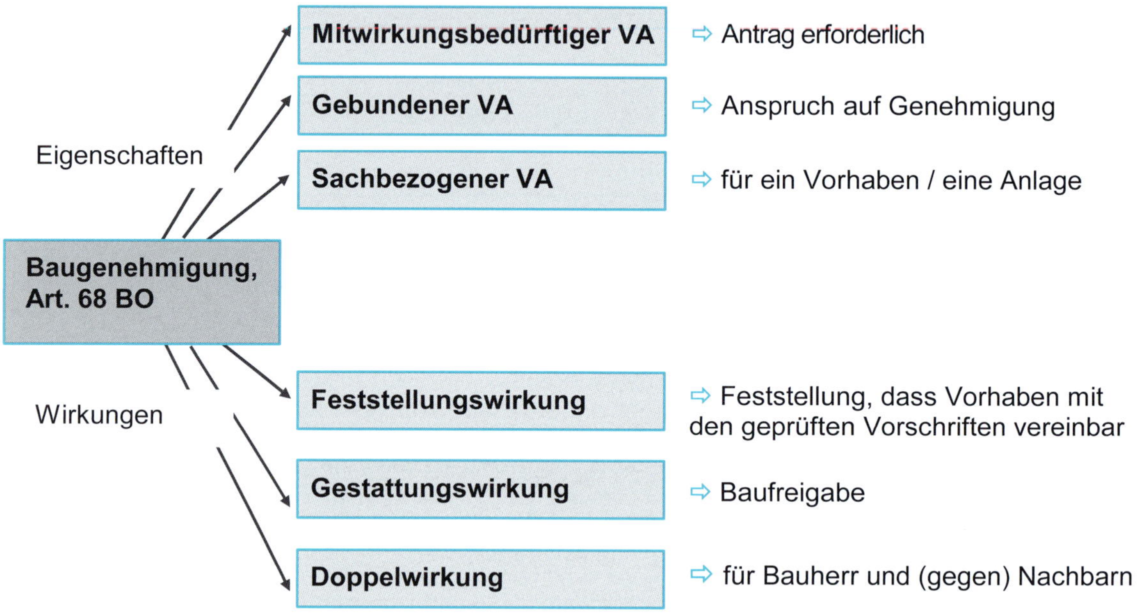

hemmer-Methode: Trotz dieser verschiedenen Wirkungen ist die Rechtsnatur der Baugenehmigung als Verwaltungsakt i.S.d. Art. 35 BayVwVfG jedenfalls so eindeutig, dass sie in der Klausur nicht näher zu problematisieren ist. In der Baurechtsklausur gibt es stets eine Fülle von anderen Problemen, sodass Sie auf die oben genannten Differenzierungen nur dann eingehen sollten, wenn im Sachverhalt danach gefragt ist.

Im vorliegenden Fall ist also die Verpflichtungsklage in Form der Versagungsgegenklage die statthafte Klageart.

2. Abgrenzung zu weiteren baurechtlichen Genehmigungen

Abgrenzung

Statt einer Baugenehmigung kann der Bauherr auch den Erlass anderer baurechtlicher Genehmigungen beantragen. 22

a) Der Vorbescheid (Art. 71 BayBO)

Vorbescheid, Art. 71 BayBO

Der Vorbescheid ist eine vorgezogene Entscheidung über Teilfragen der späteren Baugenehmigung.[18] 23

[18] BVerwGE 48, 244; JZ 1990, 291; BayVGH, BayVBl. 1993, 85.

Feststellender VA

Es ist die verbindliche, hoheitliche, befristete, schriftliche Erklärung der Bauaufsichtsbehörde, dass einem Vorhaben in bestimmter Hinsicht nach dem zur Zeit der Entscheidung geltenden öffentlichen Recht keine Hindernisse entgegenstehen.[19] Es handelt sich bei dem Vorbescheid nicht nur um die Zusicherung einer künftigen Erteilung der Baugenehmigung, sondern um einen feststellenden VA, in dem Teile der Baugenehmigung bereits im Voraus geklärt werden.

Der Vorbescheid dient der verbindlichen Klärung von Einzelfragen, wodurch im Einzelfall Arbeit, Zeit und Kosten gespart werden. 24

Bindungswirkung; jedoch keine Gestattungswirkung

Die wichtigste Wirkung des bestandskräftigen Vorbescheids ist die (dreijährige) Bindungswirkung im nachfolgenden Baugenehmigungsverfahren (Art. 71 S. 2 BayBO).[20] Aus der Bindungswirkung folgt die Konsequenz, dass der Inhalt des Vorbescheids nur nachrichtlich in die spätere Baugenehmigung übernommen wird. Dem Vorbescheid kommt aber, anders als der (Teil-)Baugenehmigung, keine Gestattungswirkung (= Gestaltungswirkung) zu; er berechtigt nicht dazu, mit den Bauarbeiten zu beginnen, vgl. die fehlende Verweisung in Art. 71 S. 4 BayBO auf Art. 68 V BayBO. Er hat vielmehr lediglich Feststellungswirkung. 25

Da dem Vorbescheid keine Gestattungs- sondern nur Feststellungswirkung zukommt, stellt er keine bauaufsichtliche Zulassung eines Vorhabens nach § 212a BauGB dar. Ein gegen den Vorbescheid gerichteter Widerspruch hat also aufschiebende Wirkung.[21]

hemmer-Methode: Wer nach erteiltem Vorbescheid zu bauen beginnt, baut wenigstens formell rechtswidrig, sodass eine Baueinstellungsverfügung ergehen kann, Art. 75 BayBO. Bei gleichzeitiger materiellrechtlicher Rechtswidrigkeit ist sogar eine Baubeseitigungsanordnung möglich, Art. 76 BayBO.[22]

kein Ermessen, sondern Rechtsanspruch

Der Antragsteller hat einen Rechtsanspruch auf Erteilung eines Vorbescheids, wenn das Vorhaben in den zur Prüfung gestellten Fragen den öffentlich-rechtlichen Vorschriften nicht widerspricht (Art. 71 S. 4, 68 I BayBO). 26

Bebauungsgenehmigung = Vorbescheid über planungsrechtliche Zulässigkeit

Ein Unterfall des Vorbescheids ist die sog. Bebauungsgenehmigung. Hierunter ist die verbindliche Entscheidung über die bauplanungsrechtliche Zulässigkeit eines konkreten Vorhabens zu verstehen. 27

hemmer-Methode: Es besteht eine den Bauherrn schützende Amtspflicht des Beamten der Bauaufsichtsbehörde, einen Vorbescheid nicht zu erlassen, der den verfahrensgegenständlichen baurechtlichen Vorschriften widerspricht.[23] Ein nach § 839 BGB ersatzfähiger Schaden kann dem Bauherrn entstehen, der im Vertrauen auf die Richtigkeit des Vorbescheides nutzlose Aufwendungen macht, wenn ihm die Baugenehmigung aus eben den Gründen, die den Vorbescheid rechtswidrig machen, versagt wird. (Das setzt natürlich den Wegfall der Bindungswirkung des Vorbescheides voraus, etwa durch Rücknahme gem. Art. 48 BayVwVfG oder nach Ablauf der Bindungsfrist.[24])

[19] Simon, Art. 75 BayBO, Rn. 10, 20.

[20] Vgl. dazu unten, Rn. 83 ff.

[21] BayVGH, BayVBl. 1999, 467.

[22] Dazu ausführlich unten Rn. 442 ff.; z.B. dann, wenn der Vorbescheid rechtswidrig und noch nicht bestandskräftig ist.

[23] BGHZ 60, 112 (117).

[24] Im Verstreichenlassen der Bindungsfrist ohne Stellung eines Verlängerungsantrages ist kein Mitverschulden i.S.d. § 254 BGB zu sehen, da einem solchen Antrag nicht hätte entsprochen werden dürfen: BGH, NJW 1988, 2884 f.

b) Die Teilbaugenehmigung (Art. 70 BayBO)[25]

Teilbaugenehmigung, Art. 70 BayBO

Bei der Teilbaugenehmigung handelt es sich nicht um eine teilweise Baugenehmigung, sondern um einen gestaltenden VA, mit dem der Baubeginn abweichend von Art. 68 V BayBO für einzelne Bauabschnitte freigegeben wird. 28

hemmer-Methode: In dieser Baufreigabe liegt der entscheidende Unterschied zum bloßen Vorbescheid![26]

Strittig ist, ob Voraussetzung für die Erteilung die vorherige Prüfung ist, dass das Gesamtvorhaben dem öffentlichen Recht grundsätzlich nicht widerspricht. Nach dem BGH[27] genügt die grundsätzliche Vereinbarkeit des gesamten Vorhabens mit dem Bauplanungsrecht und den wesentlichen bauordnungsrechtlichen Vorschriften. 29

str., ob Prüfung von Gesamtvorhaben notwendig

Sinn macht die Genehmigung eines Teils eines Vorhabens wohl nur, wenn vorher festgestellt wurde, dass gegen das Vorhaben insgesamt keine Einwendungen zu erheben sind. In die Einzelprüfung hinsichtlich des beantragten Teils ist somit gleichzeitig auch eine grundsätzliche Prüfung des Gesamtvorhabens mit einzubeziehen.[28]

Gestattung bzgl. bestimmter Teile

Die Teilbaugenehmigung räumt das Recht ein, mit der Ausführung bestimmter Teile des geplanten Vorhabens zu beginnen (Art. 70 S. 2, 68 V BayBO). 30

Die Wirkung der Teilbaugenehmigung endet mit bestandskräftiger Erteilung der Baugenehmigung (Erledigung). 31

Ermessen der Behörde

Die Erteilung der Teilbaugenehmigung steht im Ermessen der Bauaufsichtsbehörde. Ein Rechtsanspruch auf Erteilung besteht auch dann nicht, wenn öffentlich-rechtliche Hindernisse nicht entgegenstehen. Will der Bauherr also auf Erlass einer Teilbaugenehmigung klagen, so hat er (auch schon i.R.d. Klagebefugnis) nur einen Anspruch auf fehlerfreie Ermessensausübung, der ausnahmsweise – bei Ermessensreduzierung auf Null – in einen Anspruch auf Genehmigung übergehen kann.[29] 32

hemmer-Methode: Diese umfassende Darstellung der Genehmigungsarten dient der problemorientierten Wissensvermittlung, da sich die Frage der Klageart nach dem tatsächlichen Klagebegehren richtet.
Sie prüfen also schon hier, was der Kläger wirklich will: eine Baugenehmigung, einen Vorbescheid oder eine Teilbaugenehmigung. In der Klausur kann der Punkt „Klageart" aber regelmäßig kurz abgehandelt werden, weil die i.d.R. begehrte Baugenehmigung unschwer als VA zu qualifizieren und damit die Verpflichtungsklage einschlägig ist.

II. Klagebefugnis

Klagebefugnis, § 42 II VwGO

Gem. § 42 II VwGO müsste der Bauherr geltend machen, durch die Ablehnung des VA in seinen subjektiv-öffentlichen Rechten verletzt zu sein. Nach der von der h.M. vertretenen Möglichkeitstheorie genügt es, wenn sich aus dem Vortrag des Verletzten zumindest die Möglichkeit einer Rechtsverletzung ergibt.[30] 33

[25] Zur Bindungswirkung vgl. unten Rn. 93.

[26] Vgl. oben Rn. 25.

[27] NVwZ 1983, 500 f.

[28] So auch BGH, NVwZ 1983, 500 (501).

[29] Vgl. dazu Hemmer/Wüst, Verwaltungsrecht II, Rn. 41 ff. und 77 ff.

[30] Vgl. dazu ausführlich Hemmer/Wüst, Verwaltungsrecht I, Rn. 114 ff.

Anspruch aus Art. 68 BayBO

Das grundsätzliche Bauverbot ist ein sog. präventives Verbot mit Erlaubnisvorbehalt. Anders als bei den sog. repressiven Verboten mit Befreiungsvorbehalt, bei denen eine Befreiung nur ausnahmsweise erteilt wird (vgl. z.B. die Befreiungsmöglichkeit nach § 31 II BauGB), hat die Baugenehmigung gem. Art. 68 I BayBO grundsätzlich zu ergehen, wenn das Vorhaben der „Unbedenklichkeitsprüfung“ standhält. *34*

Diese Qualifikation als präventives Verbot mit Erlaubnisvorbehalt ist Ausdruck der gem. Art. 14 I GG grundrechtlich geschützten Baufreiheit.[31]

Wegen der möglichen Verletzung seines Anspruchs aus Art. 68 I BayBO ist B klagebefugt.

hemmer-Methode: In der Klausur genügt ein kurzer Hinweis auf die mögliche Verletzung des Anspruchs aus Art. 68 I BayBO.

III. Vorverfahren

Vorverfahren, §§ 68 ff. VwGO

Gem. § 68 II, I S. 2 VwGO i.V.m. Art. 15 II AGVwGO ist ein Vorverfahren unstatthaft, da die begehrte Erteilung einer Baugenehmigung kein Fall des Art. 15 I AGVwGO ist. *35*

IV. Frist

Frist

Gem. § 74 II, I S. 2 VwGO ist bei der Verpflichtungsklage in Form der Versagungsgegenklage eine Monatsfrist einzuhalten, die mit Bekanntgabe des Ablehnungsbescheides zu laufen beginnt. Die Fristberechnung erfolgt gem. § 57 II VwGO i.V.m. § 222 I ZPO i.V.m. §§ 187 I, 188 II Alt. 1 BGB. *36*

ggf. Untätigkeitsklage

Wird ein vom Bauherrn gestellter Antrag auf Erlass einer Baugenehmigung nicht in angemessener Frist verbeschieden, so kann der Bauherr ohne den Ablehnungsbescheid abwarten zu müssen eine sog. Untätigkeitsklage erheben, §§ 42 I Alt. 2 UF 2, 75 S. 1 Alt. 2 VwGO.[32] Die Klage ist dabei grundsätzlich erst nach Ablauf von drei Monaten zulässig, § 75 S. 2 VwGO.

hemmer-Methode: § 75 S. 2 VwGO ist missverständlich formuliert. Die Drei-Monats-Frist muss entgegen dem Wortlaut nicht im Zeitpunkt der Klageerhebung, sondern der letzten mündlichen Verhandlung abgelaufen sein, da es sich um eine bloße Sachurteilsvoraussetzung handelt. Eine vor Ablauf von drei Monaten erhobene Klage wächst in die Zulässigkeit hinein. § 75 VwGO ist unmittelbar eigentlich nicht anwendbar, da er lediglich den Verzicht auf das (abgeschlossene) Vorverfahren regelt. Mit der (weitgehenden) Abschaffung des Vorverfahrens durch Art. 15 AGVwGO n.F. ist die Vorschrift im Baurecht eigentlich nicht mehr anwendbar. Wenn kein Vorverfahren erforderlich ist, kann das Erfordernis eines Widerspruchs auch nicht nach Ablauf von drei Monaten entfallen. Die Frist des § 75 S. 2 VwGO dürfte aber weiterhin für die Frage heranzuziehen sein, wann das Gericht frühestens über eine Verpflichtungsklage entscheiden darf, ohne dass die Behörde einen Ablehnungsbescheid erlassen hätte.

V. Beteiligungs- und Prozessfähigkeit, §§ 61, 62 VwGO

Die Beteiligungs- und die Prozessfähigkeit folgt den allgemeinen Regeln der §§ 61, 62 VwGO. Probleme auf Klägerseite ergeben sich hier allenfalls dann, wenn der Kläger keine natürliche Person ist.

---

31 Vgl. dazu Hemmer/Wüst, Verwaltungsrecht II, Rn. 73.

32 Zur Untätigkeitsklage vgl. Hemmer/Wüst, Verwaltungsrecht II, Rn. 25 und 52; zu weiteren Ausnahmen des Vorverfahrens vgl. Hemmer/Wüst, Verwaltungsrecht I, Rn. 157 ff.

Beteiligungs- und Prozessfähigkeit

Beteiligungs- und Prozessfähigkeitsvoraussetzungen des Beklagten sind jeweils davon abhängig, wer verklagt wird. Besteht die Möglichkeit, dass der Freistaat Bayern als Träger einer Kreisverwaltungsbehörde verklagt wird, so sollte erwähnt werden, dass neben der Vertretung durch Ausgangs- oder Widerspruchsbehörde auch eine Vertretung durch die Landesanwaltschaft in Betracht kommt, Art. 16 AGVwGO, § 3 I, II S. 2 LABV[33]). 37

hemmer-Methode: Dieser Punkt kann für ungeübte Klausurbearbeiter durchaus Probleme aufwerfen. Besonders problematisch kann diese Prüfungsstufe dann sein, wenn im Sachverhalt davon die Rede ist, dass das Landratsamt den Erlass des VA abgelehnt hat und der Kläger daraufhin Klage erhebt, ohne dass der Beklagte näher bezeichnet ist. Wegen der Doppelnatur des Landratsamtes als Kreisbehörde (Art. 37 I S. 1 LKrO) und Staatsbehörde (Art. 37 I S. 2 LKrO) sollte dann in der Zulässigkeit alternativ die Beteiligungs- und Prozessfähigkeit des Landkreises (im ersten Fall) und des Freistaates Bayern (im zweiten Fall) geprüft werden. Die Frage, wer richtiger Beklagter ist, stellt sich nämlich erst innerhalb der Begründetheitsprüfung i.R.d. Passivlegitimation.

VI. Sonstige Zulässigkeitsvoraussetzungen

Finden sich im Sachverhalt Ortsangaben, ist die örtliche Zuständigkeit des Gerichts nach § 52 Nr. 1 VwGO i.V.m. Art. 1 II AGVwGO zu bestimmen. Sachlich ist nach § 45 VwGO das VG erstinstanzlich zuständig. Weitere Zulässigkeitsvoraussetzungen wie die ordnungsgemäße Klageerhebung nach §§ 81 f. VwGO sind nur zu prüfen, wenn diesbezüglich im Sachverhalt Probleme ersichtlich sind.[34] 38

D) Beiladung, § 65 VwGO

wichtig: Beiladung wegen Rechtskrafterstreckung

Die Beiladung ist keine Sachurteilsvoraussetzung, sondern eine prozessuale Erleichterung. Mit der Beiladung werden die Beigeladenen Beteiligte des Prozesses, § 63 Nr. 3 VwGO, das Urteil hat folglich ihnen gegenüber auch materielle Rechtskraftwirkung (vgl. § 121 Nr. 1 VwGO). Die Beiladung ist als eigener Prüfungspunkt zwischen Zulässigkeit und Begründetheit zu prüfen.[35] 39

bei Einvernehmen von Gemeinde notwendige Beiladung

Soweit für die Erteilung der Baugenehmigung gem. § 36 I BauGB ihr Einvernehmen erforderlich ist (dazu später unter Rn. 425 ff.), ist die Gemeinde, wenn sie nicht selbst als Bauaufsichtsbehörde Beklagte ist, gem. § 65 II VwGO notwendig beizuladen.

bzgl. Nachbarn nicht notwendig, aber empfehlenswert

Zweckmäßig, wenn auch kein Fall notwendiger Beiladung, ist auch die Beteiligung der Nachbarn, die dem Bauantrag nicht durch ihre Unterschrift zugestimmt haben. Sie sind dann durch das Urteil endgültig gebunden. 40

hemmer-Methode: Runden Sie Ihre Klausur mit Prüfungspunkten wie dem der Beiladung ab, soweit diese ernsthaft in Betracht zu ziehen ist (keine überflüssigen Schematapunkte!). Die gute Klausur zeichnet sich auch dadurch aus, dass praxisrelevante Probleme angesprochen werden, die die meisten Bearbeiter übersehen.

E) Begründetheit der Verpflichtungsklage

Begründetheit

I.R.d. Begründetheit ist nunmehr zu prüfen, ob ein Anspruch auf die begehrte Baugenehmigung besteht bzw. ob diesbezügliche Versagungsgründe vorliegen. 41

---

33 Z/T Nr. 903.

34 Siehe dazu ausführlich Hemmer/Wüst, Verwaltungsrecht I, Rn. 211 ff.

35 Bzgl. Funktion und Arten der Beiladung vgl. Hemmer/Wüst, Verwaltungsrecht I, Rn. 251 ff.

Folgende Prüfungspunkte sind dabei regelmäßig zu beachten:

Begründetheit der Verpflichtungsklage:

I. Obersatz, § 113 V S. 1 VwGO[36]

II. Passivlegitimation, § 78 I Nr. 1 VwGO

 1. Festlegung der zuständigen Behörde

 2. Bestimmung von deren Rechtsträger

III. Anspruchsgrundlage, Art. 68 BayBO

IV. Formelle Genehmigungsvoraussetzungen (Bsp. Antrag)

V. Genehmigungspflichtigkeit feststellen

VI. Genehmigungsfähigkeit prüfen

 1. ggf. Bindung der Verwaltung durch Vorbescheid o.a.

 2. Anspruch aus Art. 68 I BayBO i.V.m. Art. 59, 60 BayBO: **zwingend** zu prüfen:

  a) Prüfungsmaßstab bei Sonderbauten Art. 60 BayBO, sonst Art. 59 BayBO

  b) **immer** bauplanungsrechtliche Zulässigkeit zu prüfen, vgl. Art. 59 S. 1 Nr. 1, 60 S. 1 Nr. 1 BayBO

  c) bauordnungsrechtliche Zulässigkeit bei Sonderbauten, Art. 60 S. 1 Nr. 2 BayBO, zu prüfen, sonst nur Einhaltung örtlicher Bauvorschriften und Abweichungen nach Art. 63 I, II S. 2 BayBO, vgl. Art. 59 S. 1 Nr. 1 u. 2 BayBO

  d) sonstige öffentlich-rechtliche Vorschriften, soweit Baugenehmigung andere Genehmigung ersetzt, formelle Konzentrationswirkung, vgl. Art. 59 S. 1 Nr. 3, 60 S. 1 Nr. 3 BayBO

  und **fakultativ** zu prüfen

  e) Verletzung sonstiger öffentlich-rechtlicher Vorschriften, Art. 68 I S. 1 HS 2 BayBO.

I. Obersatz

Obersatz, § 113 V VwGO

Die Verpflichtungsklage ist begründet, wenn sie sich gegen den gem. § 78 VwGO richtigen Beklagten wendet, die Ablehnung des VA rechtswidrig und der Kläger dadurch in seinen Rechten verletzt ist und die Sache spruchreif ist, § 113 V S. 1 VwGO.[37] Dies ist der Fall, wenn der Kläger einen Anspruch aus Art. 68 I BayBO auf Erteilung der Baugenehmigung hat. 42

hemmer-Methode: Im Folgenden werden die wichtigsten Problemkreise, die sich i.R.d. Verpflichtungsklage des Bauherrn stellen können, dargestellt. Die Erörterung der einzelnen Probleme erfolgt dabei jeweils auch an der Stelle, an der diese in der Klausur zu verorten sind.

II. Passivlegitimation

Problem: Passivlegitimation
⇨ Träger der Behörde

Gem. § 78 I Nr. 1 VwGO ist die Klage gegen die Körperschaft zu richten, deren Behörde den beantragten VA unterlassen hat. Der Wortlaut ist missverständlich. 43

36 In Ausnahmefällen kann der Genehmigungsanspruch noch nicht spruchreif sein, sodass lediglich ein Bescheidungsurteil nach § 113 V S. 2 VwGO ergehen kann, vgl. Hemmer/Wüst, Verwaltungsrecht II, Rn. 56.

37 Vgl. zu den typischen Obersätzen bei der Verpflichtungsklage Hemmer/Wüst, Verwaltungsrecht II, Rn. 57 ff.

Die Klage ist gegen den richtigen Beklagten, also den Rechtsträger der zuständigen Stelle, zu richten. Hat nämlich eine unzuständige Stelle den Erlass des VA versagt, so ist eine Klage gegen den Träger dieser Behörde auf jeden Fall unbegründet.

hemmer-Methode: Sinnvollerweise ist daher bei der Prüfung der Passivlegitimation in zwei Schritten zu verfahren:
1. Welches ist die zuständige Behörde?
2. Wer ist deren Rechtsträger?

1. Feststellung der zuständigen Behörde

a) Sachliche Zuständigkeit

Doppelschritt:
- *Prüfung der zust. Behörde*
- *Festlegung des Trägers*

Gem. Art. 53 I S. 2 BayBO ist grundsätzlich die untere Bauaufsichtsbehörde, nach Art. 53 I S. 1 BayBO also die Kreisverwaltungsbehörde, sachlich zuständig. Kreisverwaltungsbehörde ist die Bezeichnung für die untere staatliche Verwaltungsbehörde. 44

bei kreisangeh. Gemeinde i.d.R. Landratsamt zuständig

Diese ist in Gebieten kreisangehöriger Gemeinden grundsätzlich das Landratsamt als Staatsbehörde, vgl. Art. 37 I S. 2 LKrO, Art. 54 I BayBO. Als solche sind die Landratsämter an die Weisungen ihrer vorgesetzten Behörden (Regierungen und das Bayerische Staatsministerium des Innern) gebunden, der Landrat wird gem. Art. 37 VI LKrO als Organ des Staates tätig. 45

hemmer-Methode: Vergegenwärtigen Sie sich die Doppelfunktion des Landratsamtes. Dieses kann wie hier gem. Art. 37 I S. 2 LKrO als Staatsbehörde oder bei Erfüllung der Aufgaben des Landkreises als Kreisbehörde i.S.v. Art. 37 I S. 1 LKrO tätig werden. Die strikte Differenzierung von Kreisverwaltungs- und Kreisbehörde müssen Sie als Klausurbearbeiter unbedingt beherrschen. Die Klausurrelevanz zeigt sich gerade auch i.R.d. Passivlegitimation. Rechtsträger des Landratsamtes als Kreisverwaltungsbehörde ist der Freistaat Bayern, Rechtsträger des Landratsamtes als Kreisbehörde hingegen der Landkreis als kommunale Gebietskörperschaft.[38] Eine parallele Problematik ergibt sich i.R.d. Haftung nach § 839 BGB, Art. 34 GG, vgl. Art. 35 III LKrO.

aber kreisfreie Gemeinde ist selbst zuständig

In Gebieten kreisfreier Gemeinden erfüllen diese die Aufgaben, die sonst vom Landratsamt als unterer staatlicher Verwaltungsbehörde wahrgenommen werden. Die kreisfreien Gemeinden werden insoweit im übertragenen Wirkungskreis tätig, vgl. Art. 53 I S. 1 BayBO i.V.m. Art. 9 I S. 1 GO. 46

ebenso Große Kreisstadt

Die Großen Kreisstädte sind gem. Art. 9 II S. 1 GO in dem Umfang, in denen ihnen die sonst vom Landratsamt als unterer staatlicher Verwaltungsbehörde wahrzunehmenden Aufgaben durch Rechtsverordnung übertragen sind, Kreisverwaltungsbehörden. 47

Nach § 1 Nr. 1 GrKrV (Z/T Nr.284) gehören dazu die Aufgaben der unteren Bauaufsichtsbehörde gem. Art. 53 I BayBO.

Delegierung bei kreisangehörigen Gemeinden möglich

Das Staatsministerium des Innern kann größeren kreisangehörigen Gemeinden auf Antrag durch Rechtsverordnung die Aufgaben der unteren Bauaufsichtsbehörde ganz oder teilweise übertragen (sog. große Delegation, vgl. Art. 53 II S. 1 Nr. 1 BayBO i.V.m. § 5 I ZustVBau[39]). 48

---

38 Vgl. hierzu genauer Hemmer/Wüst, Verwaltungsrecht I, Rn. 259 f.

39 Z/T Nr. 63.

Ferner können durch Verordnung die Aufgaben der unteren Bauaufsichtsbehörde für bestimmte Vorhaben übertragen werden (sog. kleine Delegation, vgl. Art. 53 II S. 2 BayBO i.V.m. § 5 II ZustVBau).

hemmer-Methode: Sollten diese Delegationsmöglichkeiten einschlägig sein, wird der Sachverhalt hierzu ausdrückliche Hinweise enthalten. Beachten Sie bei der Erfüllung der Aufgaben der unteren Bauaufsichtsbehörden durch Gemeinden stets, dass diese hierbei im übertragenen Wirkungskreis gem. Art. 8 GO tätig werden. Davon sind die eigenen Angelegenheiten der Gemeinden, zu denen die baurechtliche Planungshoheit i.S.v. § 2 I S. 1 BauGB gehört, strikt zu trennen.

Untere Bauaufsichtsbehörden sind somit

1. die Landratsämter als Staatsbehörden,
2. die kreisfreien Gemeinden,
3. die Großen Kreisstädte und
4. sonstige kreisangehörige Gemeinden nach Maßgabe des Art. 53 II BayBO.

b) Örtliche Zuständigkeit

örtlich zuständig, Art. 3 BayVwVfG

Gem. Art. 3 I Nr. 1 BayVwVfG ist in Bauangelegenheiten grundsätzlich die Behörde zuständig, in deren Bezirk das Grundstück liegt. Für den Vollzug des BauGB trifft § 206 I S. 1 BauGB die inhaltsgleiche Regelung. Bei Handeln einer örtlich unzuständigen Behörde greift als Rechtsfolge meist die Unbeachtlichkeitsregelung des Art. 46 BayVwVfG. Anders im Baurecht! Hier führt die örtliche Unzuständigkeit meist zur Nichtigkeit des Verwaltungsakts, Art. 44 II Nr. 3 BayVwVfG. 49

2. Bestimmung des Rechtsträgers

Träger d. LRA ist Freistaat Bayern

Rechtsträger des Landratsamtes als unterer staatlicher Verwaltungsbehörde und somit richtiger Beklagter i.S.v. § 78 I Nr. 1 VwGO ist der Freistaat Bayern. 50

Gemeinden sind eigener Rechtsträger

Auch wenn die Gemeinden die staatlichen Aufgaben der Bauaufsichtsbehörden wahrnehmen, so sind sie doch immer ihre eigenen Rechtsträger. Passivlegitimiert nach § 78 I Nr. 1 VwGO sind dann also allein die Gemeinden.

hemmer-Methode: Lassen Sie sich nicht aufs Glatteis führen. Aus dem Umstand, dass Gemeinden staatliche Aufgaben wahrnehmen, folgt nicht die Passivlegitimation des Freistaates. Machen Sie sich diesen Unterschied zwischen Landratsamt und Gemeinde unbedingt klar. Beachten Sie dabei vor allem, dass Fehler, die im Bereich der Passivlegitimation gemacht werden, vom Korrektor meist besonders übel genommen werden.

III. Prüfung der Anspruchsgrundlage

Anspruch aus Art. 68 BayBO

Gem. Art. 55, 68 I BayBO ist die Baugenehmigung zu erteilen, wenn das Vorhaben genehmigungspflichtig und genehmigungsfähig ist. 51

hemmer-Methode: Geben Sie dem Korrektor durch Obersatzbildung zu verstehen, wie Sie Ihre Prüfung aufbauen. Eine gut gegliederte Klausur erfreut den Korrektor. Beachten Sie dabei aber die richtige Reihenfolge: Die Genehmigungsfähigkeit ist immer erst der zweite Schritt nach der Genehmigungspflichtigkeit, denn ein nicht genehmigungspflichtiges Vorhaben braucht bzw. darf von der Behörde gar nicht erst auf die Genehmigungsfähigkeit hin überprüft zu werden.

IV. Formelle Genehmigungsvoraussetzungen

i.d.R. keine formellen Probleme bei Bauantrag

I.R.d. Begründetheit der Verpflichtungsklage des Bauherrn stellen sich hinsichtlich der formellen Genehmigungsvoraussetzungen regelmäßig keine Probleme. Einzig der nach Art. 64 BayBO erforderliche Bauantrag sollte erwähnt werden. Weist der Bauantrag Mängel auf, fordert die Bauaufsichtsbehörde unter Fristsetzung den Bauherrn auf, diese zu beheben, Art. 65 II S. 1 BayBO. Geschieht dies nicht, gilt der Bauantrag als zurückgenommen, Art. 65 II S. 2 BayBO. 51a

Die Frage, ob der Bauherr einen Antrag bei der zuständigen Behörde gestellt hat, Art. 64 BayBO, stellt sich auch schon bei der Prüfung des Rechtsschutzbedürfnisses in der Zulässigkeit der Klage. Was die Mitwirkung anderer Behörden und damit den im Baurecht problematischen § 36 BauGB angeht, so liegt hier der Schwerpunkt eindeutig im materiellen Bereich. Verfahrensprobleme tauchen regelmäßig nur i.R.d. Nachbarklage auf und werden daher ausführlich unter Rn. 319 ff. erörtert.

hemmer-Methode: Entsprechend der klausurtypischen Konzeption dieses Skripts werden die Probleme dort erörtert, wo sie sich in der Klausur tatsächlich stellen: Jedenfalls i.R.d. Verpflichtungsklage spielt die formelle Rechtmäßigkeit i.d.R. keine Rolle, da das begehrte Genehmigungsverfahren noch in der Zukunft liegt. Formelle Fehler des Versagungsbescheides sind nicht zu prüfen, vgl. Hemmer/Wüst, Verwaltungsrecht II, Rn. 55.

V. Genehmigungspflichtigkeit

Grundvoraussetzung für den Erlass einer Baugenehmigung ist, dass das Vorhaben einer solchen überhaupt bedarf. 52

<u>Es empfiehlt sich folgende Vorgehensweise:</u>

1. Anwendbarkeit der BayBO, vgl. Art. 1, 2 I BayBO (selten problematisch)

2. Ist das Vorhaben gem. Art. 55 I BayBO grundsätzlich genehmigungspflichtig?

3. Entfällt diese Pflicht nach Art. 56 bis 58, 72, 73 BayBO?

1. Der Grundsatz des Art. 55 I BayBO

Genehmigungspflichtigkeit, Art. 55 BayBO

Gem. Art. 55 I BayBO sind die Errichtung, die Änderung oder die Nutzungsänderung von Anlagen i.S.d. Art. 2 I S. 4 BayBO grundsätzlich genehmigungsbedürftig. Unter Anlagen sind dabei (v.a. in der Klausur) in erster Linie bauliche Anlagen zu verstehen: 53

a) Der Begriff der baulichen Anlage

bauliche Anlage, Art. 2 BayBO

Dieser Begriff ist in Art. 2 I S. 1 BayBO legaldefiniert. Danach sind bauliche Anlagen mit dem Erdboden verbundene, aus Bauprodukten (also künstlich) hergestellte Anlagen. 54

Auch ohne feste Verankerung ist eine Anlage dann mit dem Erdboden verbunden, wenn sie so schwer ist, dass sie ohne technische Hilfsmittel nicht bewegt werden kann.

Für Werbeanlagen bestimmt Art. 2 I S. 2 BayBO ausdrücklich, dass auch ortsfeste Anlagen der Wirtschaftswerbung einschließlich Automaten bauliche Anlagen i.S.d. BayBO darstellen.

Art. 2 I S. 3 BayBO erweitert den Begriff der baulichen Anlage weiterhin durch eine gesetzliche Fiktion; unter den Begriff „bauliche Anlagen“ fallen auch: 55

⇨ Anlagen, die nach ihrem Verwendungszweck dazu bestimmt sind, überwiegend ortsfest benutzt zu werden,

⇨ die in S. 3 Nr 1 - 5 ausdrücklich erwähnten Anlagen.

Bsp.: Ein Kiosk, der unzerlegt nur mit besonderen technischen Hilfsmitteln vom Boden entfernt werden kann, ist eine bauliche Anlage i.S.d. Art. 2 I S. 1 BayBO.

Ein Verkaufswagen, der regelmäßig an einem bestimmten Platz aufgestellt wird, ist eine bauliche Anlage i.S.d. Art. 2 I S. 3 BayBO.

hemmer-Methode: Auch wenn die Prüfung der baulichen Anlage im Regelfall keine Probleme in der Klausur aufwerfen wird, sollten Sie unbedingt kurz auf die wesentlichen Begriffsmerkmale eingehen, um dem Korrektor zu zeigen, dass Sie sich im System des Baurechts auskennen.

Aufteilung der baulichen Anlagen

Art. 2 II BayBO definiert den Begriff des Gebäudes als Unterfall der baulichen Anlage. In Art. 2 III BayBO werden dann die Gebäude in verschiedene Gebäudeklassen eingeteilt. Art. 2 IV BayBO zählt sodann abschließend die sogenannten Sonderbauten auf. 56

hemmer-Methode: Diese Aufteilung hat bspw. Auswirkungen auf die Genehmigungsfreistellung nach Art. 58 BayBO und den Umfang des Prüfungsmaßstabs im Genehmigungsverfahren nach Art. 59 BayBO und soll daher i.R.d. Genehmigungsfähigkeit besprochen werden.
Soweit Art. 55 I BayBO alle Anlagen und nicht nur bauliche Anlagen einer Genehmigungspflicht unterwirft, sind in erster Linie Abgrabungen und Aufschüttungen gemeint, die zwar nicht aus Bauprodukten hergestellt sind und damit keine baulichen Anlagen sind, an die aber dennoch Anforderungen nach der BayBO gestellt werden, Art. 2 I S. 4, 1 I S. 2 BayBO. Allerdings ist in solchen Fälle an den Vorrang der Verfahren nach dem Abgrabungsgesetz zu denken, vgl. Art. 56 S. 1 Nr. 2 BayBO.

b) Errichtung, Änderung, Nutzungsänderung

Errichtung, Änderung, Nutzungsänderung

Diese Begriffe werfen regelmäßig keine größeren Probleme auf. Zu beachten ist, dass die Änderung von der (gemäß Art. 57 VI BayBO verfahrensfreien) Instandhaltungsarbeit abzugrenzen ist. 57

c) Abbruch und Beseitigung

Abbruch und Beseitigung

Der Abbruch und die Beseitigung baulicher Anlagen sind nach Art. 57 V S. 1 BayBO verfahrensfrei. Im Übrigen gilt das Anzeigeverfahren nach Art. 57 V S. 2 ff. BayBO 58

2. Ausnahmen und Sonderregeln

Ausnahmeregelungen

Gem. Art. 55 I BayBO besteht die Genehmigungspflicht nur, soweit in Art. 56 bis 58, 72 und 73 BayBO nichts anderes bestimmt ist. 59

Einen Anspruch darauf, dass die Verfahrensfreiheit durch einen Negativ-Bescheid bestätigt wird, gibt es nicht.

a) Die Ausnahmen nach Art. 57 BayBO

Grund für die Verfahrensfreiheit nach Art. 57 BayBO ist, dass derartige, in der Regel kleinere Anlagen besondere bauordnungsrechtliche Probleme nicht aufwerfen. 60

hemmer-Methode: Der frühere Begriff der „Genehmigungsfreiheit" wurde zur besseren Abgrenzung zur Genehmigungsfreistellung nach Art. 58 BayBO in „Verfahrensfreiheit" geändert. Dieser Begriff stellt klar, dass es bei den in Art. 57 BayBO genannten Vorhaben überhaupt keines bauordnungsrechtlichen Verfahrens bedarf, während Art. 58 BayBO nur auf das Erfordernis einer Baugenehmigung verzichtet, wohl aber die Einhaltung gewisser Verfahrensschritte voraussetzt.

Gesamtvorhaben maßgeblich

I.R.d. Art. 57 BayBO ist jeweils auf das Gesamtvorhaben abzustellen. Als Teile eines Gesamtvorhabens sind auch Vorgänge genehmigungspflichtig, die für sich betrachtet genehmigungsfrei wären.

hemmer-Methode: Meist erkennen Sie schon an der Formulierung des Sachverhalts, dass ein Problem des Art. 57 BayBO vorliegt. Dies gilt ganz besonders dann, wenn im Sachverhalt die Größe des Vorhabens (z.B. einer Aufschüttung, Art. 57 I S. 1 Nr. 9 BayBO) oder die Lage (Mauer im Außenbereich, Art. 57 I S. 1 Nr. 7a BayBO) besonders betont wird: Hier müssen Sie immer genau prüfen, ob das Vorhaben eine Ausnahme von der Genehmigungspflicht darstellt. Ein klassisches Problem sind auch landwirtschaftliche Vorhaben i.S.d. Art. 57 I Nr. 1c BayBO. Hier knüpft die BayBO an den Begriff des „Dienens" im Sinne der §§ 35 I Nr. 1, 201 BauGB an.[40] Maßstab ist damit auch hier der „vernünftige Landwirt".

andere öffentlich-rechtliche Vorschriften beachten

Zu beachten ist zudem Art. 55 II BayBO: Die Verfahrensfreiheit lässt Anforderungen, die sich aus (anderen) öffentlich-rechtlichen Vorschriften ergeben, sowie die bauaufsichtlichen Eingriffsbefugnisse, unberührt. 61

hemmer-Methode: Die Erörterung der einzelnen Tatbestände des Art. 57 BayBO würde den Rahmen dieses Skripts sprengen. In der Klausur empfiehlt es sich, den Katalog des Art. 57 BayBO kurz quer zu lesen. Spezialwissen ist diesbezüglich regelmäßig nicht gefragt. Sie sollten allerdings Art. 57 IV BayBO kennen, der die Verfahrensfreiheit von Nutzungsänderungen regelt. Beachten Sie schließlich noch, dass ein nach der BayBO nicht genehmigungspflichtiges Vorhaben gleichwohl nach anderen Vorschriften, z.B. im naturschutzrechtlichen Verfahren, genehmigungspflichtig sein kann. Dieses Problem spielt in einer Klausur dann aber vor allem beim Erlass einer Beseitigungsanordnung, weniger beim Bauantrag eine Rolle. 62

b) Genehmigungsfreistellung nach Art. 58 BayBO

hemmer-Methode: Die Genehmigungsfreistellung geht von der Erwägung aus, dass es eines (präventiven) bauaufsichtlichen Genehmigungsverfahrens nicht bedarf, wenn die einschlägigen Vorhaben einerseits „planungsrechtlich einfach" und andererseits „bautechnisch einfach" sind, sodass die Primärverantwortung für die rechtmäßige Ausführung des Bauvorhabens, vorbehaltlich (repressiver) bauaufsichtlicher Sanktionen, dem Bauherrn überlassen werden kann.

[40] Zum „Dienen" vgl. BVerwG, NVwZ-RR 1992, 400.

Genehmigungsfreistellung

Art. 58 BayBO nimmt die Errichtung, Änderung und Nutzungsänderung baulicher Anlagen, die keine Sonderbauten i.S.d. Art. 2 IV BayBO sind, von der Genehmigungspflicht aus, wenn: 63

- ⇨ das Vorhaben im Geltungsbereich eines qualifizierten Bebauungsplans durchgeführt wird und diesen Regelungen sowie etwa geltenden örtlichen Bauvorschriften nicht widerspricht,
- ⇨ die Erschließung gesichert ist und
- ⇨ die Gemeinde nicht erklärt, dass das Genehmigungsverfahren durchgeführt werden soll, vgl. Art. 58 II BayBO.

Während die Bauaufsichtsbehörde bei genehmigungsfreien baulichen Anlagen allein auf das nachträgliche bauaufsichtliche Einschreiten beschränkt ist, besteht i.R.d. Genehmigungsfreistellung (für die Gemeinde) auch die Möglichkeit, ein Genehmigungsverfahren durchzuführen. 64

Darauf, dass die Gemeinde von ihrer Erklärungsmöglichkeit i.S.v. Art. 58 II Nr. 4 BayBO keinen Gebrauch macht, hat der Bauherr gem. Art. 58 IV S. 2 BayBO keinen Rechtsanspruch. Allerdings darf der Bauherr, wenn die Gemeinde die Erklärung nicht abgibt, nach Maßgabe des Art. 58 III S. 3 BayBO mit der Ausführung des Vorhabens beginnen.[41] Die Erklärung der Gemeinde stellt keinen VA dar, sondern ist eine nach § 44a VwGO nicht isoliert angreifbare Verfahrenshandlung.[42] 65

Die Gemeinde hat nach Art. 58 I S. 2 BayBO auch die Möglichkeit, die Genehmigungsfreistellung durch eine örtliche Bauvorschrift für bestimmte handwerkliche und gewerbliche Bauvorhaben gänzlich auszuschließen.

c) Fliegende Bauten

fliegende Bauten

Fliegende Bauten (Legaldefinition in Art. 72 I BayBO, Beispiele: Tribünen, Buden, Zelte usw.) bedürfen statt einer Baugenehmigung einer sog. Ausführungsgenehmigung, vgl. Art. 72 II BayBO. Diese kann nach entsprechender Verlängerung (Art. 72 II S. 2 BayBO) für die gesamte Lebensdauer des fliegenden Baus gelten. 66

Die Aufstellung muss jeweils der Bauaufsichtsbehörde angezeigt werden. Die Inbetriebnahme ist grundsätzlich von einer Gebrauchsabnahme abhängig, es sei denn dies ist nach der Ausführungsgenehmigung nicht erforderlich oder wenn nicht im Einzelfall darauf verzichtet wird (Art. 72 V BayBO).

d) Bauvorhaben des Bundes, der Länder und der kommunalen Gebietskörperschaften

Bund, Länder und Gebietskörperschaften

Unter bestimmten Voraussetzungen (Art. 73 I S. 1 Nr. 1 u. 2 BayBO) bedürfen Bauvorhaben des Bundes, der Länder und der Bezirke keiner Baugenehmigung. 67

Ist das Vorhaben aber an sich genehmigungspflichtig, so muss die Regierung zustimmen (Art. 73 I S. 2 BayBO). 68

---

41 Zum Problem des Nachbarschutzes im Rahmen des Art. 58 BayBO, insbesondere zum Eilrechtsschutz vgl. Martini, „Baurechtsvereinbarung und Nachbarschutz", DVBl. 2001, 1488.

42 Vgl. Jäde/Weinl/Dirnberger, „Schwerpunkte des neuen Bauordnungsrechts", BayVBl. 1994, 321 (325).

Diese Zustimmung ist bei Vorhaben des Bundes, eines anderen Landes als Bayern, eines Bezirkes oder eines Dritten sicher ein VA (anderer Rechtskreis und damit Außenwirkung), den Betroffene (z.B. ein Nachbar oder eine Gemeinde) anfechten können.

Bei Vorhaben des Freistaates Bayern (Zustimmung dann interner Vorgang zwischen zwei Behörden des gleichen Rechtsträgers) ist im Ergebnis wohl ebenfalls ein VA zu bejahen.[43]

Die Vorhaben der Gemeinden, Landkreise sowie Körperschaften, Anstalten und Stiftungen des öffentlichen Rechts unterliegen dem ordentlichen Baugenehmigungsverfahren (Privilegierung der Landkreise und Gemeinden in Art. 73 VI BayBO). 69

e) Verhältnis zur Erlaubnispflicht nach anderen Vorschriften

wichtig: weitere Erlaubnispflichten

Soweit für ein Bauvorhaben neben der Baugenehmigung weitere öffentlich-rechtliche Genehmigungen erforderlich sind, hängt die Konkurrenz der parallelen Anlagegenehmigungen vom Einzelfall ab. 70

keine Mehrfachverfahren

Nach Art. 56 BayBO entfällt die Genehmigungspflicht für Anlagen, die nach anderen Rechtsvorschriften der staatlichen Aufsicht unterliegen (Vermeidung von Mehrfachverfahren). 71

hemmer-Methode: Entfällt die Genehmigungspflicht bereits nach anderen Vorschriften der BayBO, so ist Art. 56 BayBO zumindest für die Bauüberwachung von Bedeutung.

Die Genehmigungspflicht entfällt zunächst bei den in Art. 56 I Nr.1 - 10 BayBO aufgezählten Vorhaben. 72

> *Bsp.: Bootshäuser sind Anlagen in oder an Gewässern, die nur mit Genehmigung der Kreisverwaltungsbehörde errichtet werden dürfen (Art. 59 I Nr. 5 BayWG). Die Genehmigungspflicht nach Art. 55 ff. BayBO entfällt somit gem. Art. 56 S. 1 Nr. 1 BayBO. Handelt es sich aber bei dem Bootshaus um ein Gebäude (Art. 2 II BayBO), dann bleibt die Genehmigungspflicht nach BayBO bestehen (Art. 56 S. 1 Nr. 1 HS 2 BayBO). Dann aber schließt die Baugenehmigung die wasserrechtliche Genehmigung ein (Art. 59 VII BayWG). Die wasserrechtlichen Voraussetzungen sind dann im Baugenehmigungsverfahren zu prüfen, Art. 59 S. 1 Nr. 3, 60 S. 1 Nr. 3 BayBO.*

formelle Konzentrationswirkung

Daneben gibt es zahlreiche weitere Gesetze, die festlegen, dass die dort erforderliche Genehmigung alle nach anderen Rechtsvorschriften notwendigen Genehmigungen einschließt (sog. formelle Konzentrationswirkung). 73

> *Bsp.: Planfeststellungen nach Art. 75 I BayVwVfG oder die Genehmigung nach § 13 BImSchG.*

hemmer-Methode: Es gibt auch den umgekehrten Fall. Ist ein Vorhaben nach der BayBO genehmigungspflichtig, dann entfällt z.B. die Erlaubnis nach Art. 6 III S. 1 DSchG (weiteres Beispiel oben Art. 59 VII BayWG, sowie 61h II BayWG). 74

Keine materielle, nur formelle Konzentrationswirkung, z.B. § 6 BImSchG

Unabhängig davon, ob die Genehmigung nach BayBO aufgrund des Art. 56 BayBO oder der sog. formellen Konzentrationswirkung nach bspw. § 13 BImSchG entfällt, ist stets zu beachten: Eine materielle Konzentrationswirkung hat dies grundsätzlich nicht zur Folge (Ausnahme: § 38 BauGB im Bauplanungsrecht). Schließt eine Erlaubnis eine andere ein, so ist die materielle Prüfung dennoch niemals auf die Vorschriften des Gesetzes beschränkt, nach dem die Erlaubnis zu erteilen ist. 75

[43] Simon, Art. 73 BayBO, Rn. 14 (Fiskustheorie).

In dem Erlaubnisverfahren sind vielmehr auch alle materiell-rechtlichen Anforderungen der eingeschlossenen Gesetze in vollem Umfang zu prüfen.

Bsp.: Im immissionsrechtlichen Genehmigungsverfahren ist auch das materielle Baurecht Prüfungsmaßstab i.R.v. § 6 I Nr. 2 BImSchG.

hemmer-Methode: Wenn es um Konzentrationswirkung geht, können Sie zeigen, dass Sie die Zusammenhänge zwischen den verschiedenen Teilbereichen des Besonderen Verwaltungsrechts verstanden haben. Damit sind relativ schwierige Probleme verbunden. Fragen Sie sich deshalb in der Baurechtsklausur:
Welche Art von Genehmigung will der Antragsteller (z.B. gaststätten-, bau- oder immissionsrechtliche Genehmigung)?
Bei welcher Behörde beantragt er eine Genehmigung (Gewerbe-, Bau- oder Umweltbehörde)?
Daran anschließend legen Sie das diesbezügliche Verfahren fest und prüfen, ob eine Konzentrationswirkung vorliegt (z.B. im immissionsschutzrechtlichen Verfahren, § 13 BImSchG).

Konzentrationswirkung nur bei gesetzlicher Anordnung

Ist gesetzlich weder der Wegfall der Baugenehmigung noch der anderen in Betracht kommenden Regelung geregelt, sind mehrere Erlaubnisse nebeneinander notwendig (z.B. § 34 I FlurbG, § 144 I BauGB, Baugenehmigung und gaststättenrechtliche Erlaubnis). 75a

76-77

VI. Genehmigungsfähigkeit

1. Bindung der Verwaltung

ggf. Prüfung, ob Bindung der Verwaltung besteht

Bevor in die eingehende Erörterung des Art. 68 I BayBO eingestiegen wird, ist zu fragen, ob die Baugenehmigung nicht schon deshalb zu erteilen ist, weil sich die Behörde bereits wirksam gebunden hat. Hierbei sind verschiedene Problemkreise zu berücksichtigen, die hier nur insoweit erörtert werden, als sie spezifische baurechtliche Probleme aufwerfen. 78

hemmer-Methode: Sprechen Sie diese Problemkreise aber nur dann an, wenn der Sachverhalt diesbezügliche Hinweise gibt. In der Regel beginnt Ihre Prüfung unmittelbar mit Art. 68 BayBO.

a) Anspruch aus Zusicherung, Art. 38 I BayVwVfG

Zusicherung, Art. 38 I BayVwVfG

Diesbezüglich stellen sich im Baurecht meist keine besonderen Probleme.[44] Allenfalls bei der Bindungswirkung des Vorbescheides bzw. der Teilungsgenehmigung ist die Abgrenzung von Art. 38 III BayVwVfG zu problematisieren (vgl. anschließend Rn. 83). Die „Zusicherung" kann aber auch als Prüfstein des Allgemeinen Verwaltungsrechts in die Klausur eingebaut sein. 79

Bsp.: A bekommt vom Bürgermeister (B) der kreisangehörigen Gemeinde G eine schriftliche Zusicherung, dass ihm eine Baugenehmigung erteilt werde. Gegenüber dem Landratsamt beruft sich A auf die „Zusicherung".

Hier fehlt es schon am Tatbestandsmerkmal der „zuständigen Behörde" i.S.v. Art. 38 I S. 1 BayVwVfG, sodass die „Zusicherung" des B für das Landratsamt als der wirklich zuständigen Behörde[45] keine Bindungswirkung haben kann.

---

[44] Vgl. dazu ausführlich Hemmer/Wüst, Verwaltungsrecht II, Rn. 62 ff.

[45] Zur Festlegung der Zuständigkeit vgl. oben, Rn. 44 ff.

Anders nur dann, wenn innerhalb der gleichen Behörde ein funktionell unzuständiger Sachbearbeiter die Zusicherung erteilt hat.[46]

Bsp. 1: A bekommt diesmal vom Abteilungsleiter der Baurechtsabteilung im Landratsamt eine telefonische „Zusicherung", dass die Genehmigung erteilt werde. 80

Wenngleich hier eine zuständige Person gehandelt hat, fehlt es an der Schriftlichkeit der Zusicherung. In diesen Fällen kommt allenfalls ein Amtshaftungsanspruch in Geld in Betracht.[47]

Bsp. 2: Diesmal lässt die Zusicherung die ausstellende Behörde nicht erkennen. 81

Die Zusicherung ist hier nach Art. 44 II Nr. 1 BayVwVfG nichtig.

b) Anspruch aus öffentlich-rechtlichem Vertrag, Art. 54 ff. BayVwVfG

Anspruch aus öff.-rechtl. Vertrag möglich

Bezüglich der vertraglichen Bindung stellen sich insbesondere inhaltliche Probleme.[48] Zur Zulässigkeit vertraglicher Vereinbarungen siehe Rn. 564 ff. 82

c) Bindungswirkung des Vorbescheids, Art. 71 S. 2 BayBO[49]

wichtig bei Vorbescheid ist die Abgrenzung

Der Vorbescheid ist von der Teilgenehmigung[50] sowie der bloßen Auskunft und der Zusicherung zu unterscheiden. Nach h.M.[51] ist der Vorbescheid gerade keine Zusicherung i.S.v. Art. 38 BayVwVfG. Deshalb kommt Art. 38 III BayVwVfG nicht zur Anwendung, falls sich nach Erlass des Vorbescheids die Rechtslage ändert. Die Bindungswirkung des Vorbescheides entfällt nur, wenn er zurückgenommen oder widerrufen wird (Art. 48, 49 BayVwVfG) oder sich auf andere Weise erledigt, vgl. Art. 43 II BayVwVfG. 83

hemmer-Methode: Achten Sie darauf, dass die Baugenehmigungsbehörde den Vorbescheid nicht unbedingt ausdrücklich, sondern möglicherweise konkludent i.R.d. endgültigen Verweigerung der Baugenehmigung aufhebt.[52] Dann müssen Sie an diesem Punkt inzident die Wirksamkeit der Aufhebung nach Art. 48, 49 BayVwVfG prüfen. Meist wird der Sachverhalt jedoch einen deutlichen Hinweis für die Aufhebung enthalten.

Erklärt die Behörde losgelöst von einem konkreten Vorhaben lediglich Voraussetzungen und Grenzen einer Bebauung, fehlt eine rechtsverbindliche Feststellung im Sinn einer Vorabentscheidung über einen Teil der Baugenehmigung. Es handelt sich dann um eine (bloße) Rechtsauskunft.[53] 84

endgültige Regelung einzelner Voraussetzungen

Wird die Zustimmung zur Errichtung eines Vorhabens in Aussicht gestellt, wird ebenfalls keine verbindliche Regelung getroffen. Es liegt dann allenfalls eine Zusicherung (Art. 38 I BayVwVfG) vor.[54]

---

[46] Kopp/Ramsauer, § 38 VwVfG, Rn. 18.

[47] Kopp/Ramsauer, § 38 VwVfG, Rn. 20; bei der Amtshaftung gibt es gerade keine Naturalrestitution, vgl. Palandt, § 249 BGB, Rn. 1 und § 839 BGB, Rn. 79.

[48] Vgl. den ausführlichen Fall mit Aufhänger im Baurecht in Hemmer/Wüst, Verwaltungsrecht II, Rn. 266 ff.

[49] Zu den Voraussetzungen siehe bereits oben, Rn. 23 ff.

[50] Vgl. oben Rn. 28.

[51] Vgl. z.B. BVerwG, NJW 1984, 1473; der Vorbescheid sagt keinen künftigen VA zu: Hemmer/Wüst, Verwaltungsrecht II, Rn. 66.

[52] Dabei ist jedoch Vorsicht geboten, vgl. OVG Kassel, BRS 36, 350 (353 f.).

[53] OVG Münster, NVwZ 1986, 580.

[54] OVG Berlin, NVwZ 1986, 579.

Der Vorbescheid hingegen enthält bezüglich einzelner Genehmigungsvoraussetzungen eine endgültige Regelung. Die Baugenehmigungsbehörde darf die im Vorbescheid entschiedenen Teilfragen nachträglich nicht mehr anders beurteilen, solange der Vorbescheid wirksam, also nicht nach Art. 48, 49 BayVwVfG aufgehoben ist.

Nach Bestandskraft ⇨ Wiederholende Verfügung

Ist der Vorbescheid bereits bestandskräftig, wird sein Inhalt nur der Vollständigkeit halber in die Baugenehmigung übernommen, ohne dass diesbezüglich eine erneute Sachprüfung stattfindet. Die Baugenehmigung ist insoweit nur wiederholende Verfügung. 85

Vor Bestandskraft ⇨ Zweitbescheid

Ist ein erteilter Vorbescheid noch nicht bestandskräftig (etwa wenn die Widerspruchsfrist noch nicht abgelaufen ist), stellt die Baugenehmigung für den Nachbarn einen sog. Zweitbescheid dar.[55] Dies bedeutet, dass das, was durch die Bebauungsgenehmigung vorab entschieden worden ist, erneut i.R.d. Baugenehmigung entschieden und zur Anfechtung gestellt wird.

Somit genügt für den Dritten die isolierte Anfechtung der Baugenehmigung. Andererseits muss er, sofern er bereits den Vorbescheid angefochten hat, jetzt auch gesondert den Zweitbescheid anfechten. Die Anfechtungsklage gegen den Vorbescheid könnte sich hiermit allerdings erledigt haben.[56]

hemmer-Methode: Denken in Zusammenhängen! Auf den Vorbescheid finden die verfahrensrechtlichen Vorschriften für die Baugenehmigung teilweise Anwendung (Art. 71 S. 4 BayBO). Wird einem Nachbarn keine Ausfertigung zugestellt (Art. 71 S. 4 BayBO i.V.m. Art. 66 I S. 6 BayBO), so hat er eine theoretisch unbegrenzte Anfechtungsfrist.[57] Solange der Vorbescheid aber noch nicht bestandskräftig ist, entfaltet er zu Lasten des Nachbarn noch keine Bindungswirkung. Der Bauherr kann sich allerdings der Behörde gegenüber von Anfang an auf den Vorbescheid berufen, diese kann die Bindungswirkung nur über eine Aufhebung nach Art. 48 f. BayVwVfG durchbrechen.

Art. 71 S. 4 HS 2 BayBO ermöglicht es dem Bauherrn über die Reichweite der personalen Bindungswirkung des Vorbescheids zu disponieren. Denn danach kann die Bauaufsichtsbehörde auf Antrag des Bauherrn von der Anwendung des Art. 66 BayBO, der Nachbarbeteiligung, absehen. 86

Unterbleibt die Nachbarbeteiligung, entfaltet der Vorbescheid Bindungswirkung grundsätzlich allein zwischen Bauherrn und Rechtsträger der Bauaufsichtsbehörde. Die nachbarlichen Belange werden nicht präjudiziert und sind in vollem Umfang im nachfolgenden Baugenehmigungsverfahren zu würdigen. Etwas anderes gilt dann, wenn der Nachbar seine Rechte verwirkt hat.[58] 87

Fall zum Vorbescheid:

Fall: *Anton (A) möchte sein Grundstück mit einem Wohnhaus von 35 m Höhe bebauen. Bevor A eine aufwendige Planung mit allen Bauvorlagen einreicht, lässt er die Frage der bauplanungsrechtlichen Zulässigkeit in einem Vorbescheidsverfahren prüfen. Er erhält daraufhin eine entsprechende Bebauungsgenehmigung, die bestandskräftig wird. Als A seine Planungsvorbereitungen abgeschlossen hat, beantragt er bei der Baugenehmigungsbehörde die Erteilung der Baugenehmigung. Diese wird ihm mit der Begründung versagt, dass der einschlägige qualifizierte Bebauungsplan, der nach Erteilung des Vorbescheides erlassen wurde, in dem fraglichen Gebiet nur dreigeschossige Wohnhäuser vorsieht. Deshalb werde auch der Vorbescheid aufgehoben.*

Wurde die Baugenehmigung zu Recht verweigert?

55 Vgl. BVerwG, DVBl. 1989, 673 (674 f.).

56 Beispielsfall in Hemmer/Wüst, Verwaltungsrecht II, Rn. 109.

57 Zur analogen Anwendung des § 58 II VwGO vgl. Rn. 310; regelmäßig erfährt der Nachbar dann erst mit der Baugenehmigung vom Vorbescheid.

58 Umfassend hierzu Rn. 311 ff.

A könnte einen Anspruch auf Erteilung der Baugenehmigung aus Art. 68 I BayBO haben, wenn sein Vorhaben genehmigungspflichtig und genehmigungsfähig wäre. In diesem Fall wäre die Verweigerung rechtswidrig.

1. A plant die Errichtung einer baulichen Anlage i.S.v. Art. 2 I BayBO. Da keine Ausnahme ersichtlich ist, ist sein Vorhaben gem. Art. 55 I BayBO genehmigungspflichtig.

2. Das Vorhaben wäre gem. Art. 68 I BayBO genehmigungsfähig, wenn es öffentlich-rechtlichen Vorschriften, die im bauaufsichtlichen Genehmigungsverfahren zu prüfen sind, nicht widerspricht. Da es sich hier um einen Sonderbau i.S.d. Art. 2 IV Nr. 2 BayBO handelt, ist das Genehmigungsverfahren nach Art. 60 BayBO durchzuführen.

a) Vorliegend verstößt das Vorhaben gegen Bauplanungsrecht, das nach Art. 60 S. 1 Nr. 1 BayBO Prüfungsmaßstab ist. Das unter § 29 I BauGB fallende Vorhaben des A widerspricht den zwingenden Festsetzungen des qualifizierten Bebauungsplanes und ist daher gem. § 30 I BauGB unzulässig. Eine Befreiung nach § 31 II BauGB kommt nicht in Betracht, da Grundzüge der Planung berührt werden.

hemmer-Methode: Diese verkürzte Prüfung der bauplanungsrechtlichen Zulässigkeit im Urteilsstil erfolgt hier deshalb, weil die §§ 29 ff. BauGB erst später ausführlich dargestellt werden und in diesem Fall letztlich nur als Aufhänger dienen. In der Klausur müssen Sie diesen Punkt natürlich genauer und im Gutachtenstil erörtern.

b) Allerdings ist fraglich, ob die Baugenehmigungsbehörde auf die bauplanungsrechtliche Unzulässigkeit vorliegend überhaupt abstellen darf. Es ist zu beachten, dass in einem Vorbescheid die bauplanungsrechtliche Zulässigkeit zuvor bejaht wurde. Diese Bebauungsgenehmigung bindet die Behörde gem. Art. 71 S. 2 BayBO.

aa) Man könnte jedoch daran denken, dass diese Bindungswirkung wegen der nachträglichen Änderung der Rechtslage weggefallen ist. Dies wäre gem. Art. 38 III BayVwVfG der Fall, wenn es sich bei dem Vorbescheid um einen Unterfall der Zusicherung handeln würde. Dies ist nach h.M. aber gerade nicht der Fall. Anders als die Zusicherung trifft der Vorbescheid eine endgültige und verbindliche Regelung.

bb) Die Bindungswirkung wäre dann weggefallen, wenn der Vorbescheid wirksam aufgehoben worden wäre. Da der Vorbescheid bei Erteilung dem geltenden Recht entsprach, kann er nur gem. Art. 49 BayVwVfG widerrufen werden. Der Vorbescheid als begünstigender VA kann lediglich nach Maßgabe des Art. 49 II BayVwVfG widerrufen worden sein.

Nach Art. 49 II S. 1 Nr. 4 BayVwVfG konnte der Vorbescheid nur widerrufen werden, wenn die Behörde aufgrund einer geänderten Rechtsvorschrift berechtigt wäre, den Vorbescheid nicht zu erlassen, soweit A hiervon noch keinen Gebrauch gemacht hätte, und wenn ohne den Widerruf das öffentliche Interesse gefährdet würde. Der Erlass eines Bebauungsplans als Satzung (§ 10 BauGB) ist als nachträgliche Rechtsänderung i.S.d. Vorschrift anzusehen. Nach diesem Bebauungsplan dürfte der dem A erteilte Vorbescheid auch nicht mehr erlassen werden.

Allerdings könnte A von der Vergünstigung in der Weise Gebrauch gemacht haben, dass er aufgrund dessen eine aufwendige und kostenintensive Planung durchgeführt hat. Unter Gebrauchmachen ist jede rechtserhebliche Handlung zur Nutzung der Vergünstigung zu verstehen, insbesondere auch Aufwendungen zur Vorbereitung der Verwirklichung von Maßnahmen aufgrund einer Erlaubnis. Allerdings ist zu berücksichtigen, dass dem Vorbescheid nur Feststellungs- und keine Gestattungswirkung zukommt.

Da also der Vorbescheid anders als die Baugenehmigung nicht zu irgendwelchen Ausführungshandlungen berechtigt, ist nach Auffassung des OVG Berlin[59] für ein „Gebrauchmachen“ schon begrifflich kein Raum.

[59] OVG Berlin, NVwZ-RR 1988, 6 (9).

Wegen der den Festsetzungen des Bebauungsplans widersprechenden Bebauung, die ohne den Widerruf zu befürchten ist, wird ohne den Widerruf des Vorbescheides auch das öffentliche Interesse an der geordneten städtebaulichen Entwicklung gefährdet. Die Voraussetzungen des Art. 49 II Nr. 4 BayVwVfG sind damit gegeben, der Widerruf scheint rechtens zu sein.

Etwas anders würde aber dann gelten, wenn § 14 III BauGB die Folgen einer Veränderung des Bebauungsplans nach Erteilung einer Genehmigung i.w.S. abschließend regeln würde. § 14 III BauGB ordnet an, dass baurechtliche Genehmigungen durch eine Veränderungssperre **unberührt** bleiben. Hieraus folgt, dass solche Genehmigungen, unter die auch der Vorbescheid als vorweggenommener Teil der Baugenehmigung fällt auch von der später erfolgenden Änderung eines Bebauungsplanes nicht berührt werden. Es ergäbe keinen Sinn, wenn sich die erteilte Genehmigung gegenüber einer Veränderungssperre durchsetzen würde, nicht aber gegenüber dem Bebauungsplan. Denn einziger Zweck der Veränderungssperre ist die Sicherung der Bauleitplanung[60]. Das Gleiche muss auch dann gelten, wenn sofort der Bebauungsplan geändert wird, ohne dass zuvor eine Veränderungssperre erlassen wird.

Aus Sicht des Bürgers, der bereits im Besitz einer baurechtlichen Genehmigung i.S.d. § 14 III BauGB ist, macht es keinerlei Unterschied, ob die Gemeinde sofort den Bebauungsplan ändert oder zuvor noch eine Veränderungssperre erlässt.

hemmer-Methode: In § 14 III BauGB wird der erteilten Genehmigung der Fall gleichgestellt, dass die Gemeinde in einem Anzeigeverfahren Kenntnis von dem Vorhaben erlangt, ihm aber nicht widersprochen hat und mit dem Bau vor Erlass der Veränderungssperre hätte begonnen werden dürfen. Gemeint ist damit in erster Linie das Genehmigungsfreistellungsverfahren nach Art. 58 BayBO.

Änderungen des Bebauungsplans oder allgemein der Rechtslage lassen demnach, egal ob mit oder ohne zuvor erlassener Veränderungssperre, den zuvor erteilten Vorbescheid unberührt. Fraglich ist allerdings, was unter „unberührt“ zu verstehen ist. Denkbar wäre eine Auslegung, nach der die Folgen der Änderungen der Rechtslage in § 14 III BauGB abschließend geregelt werden. Ein Widerruf nach Art. 49 II Nr. 4 BayVwVfG würde demnach ausscheiden.[61] Die h.M. sieht § 14 III BauGB hingegen lediglich als deklaratorische Wiederholung des Art. 43 II BayVwVfG, wonach die Wirksamkeit des Vorbescheides durch den Erlass einer Veränderungssperre oder eines Bebauungsplans nicht automatisch berührt wird.[62] Für diese Ansicht spricht, dass der Bauherr durch die Möglichkeit einer Entschädigung nach Art. 49 V BayVwVfG hinreichend geschützt ist.

hemmer-Methode: Bei dem dargestellten Problem handelt es sich nicht um Standardwissen, das von Ihnen in der Klausur zwingend erwartet würde. Nutzen Sie solche Möglichkeiten, um sich von der Masse der Bearbeiter abzuheben!

Somit war der Widerruf des Vorbescheids rechtmäßig. Für die im Vertrauen auf den Bestand des Vorbescheids entstandenen Vermögensnachteile ist A unter den Voraussetzungen des Art. 49 V BayVwVfG zu entschädigen.

Da die Verwaltung somit nicht mehr an den Vorbescheid gebunden war, wurde die Baugenehmigung zu Recht verweigert.

d) Bindungswirkung der Teilungsgenehmigung

Teilungsgenehmigung

Die Teilungsgenehmigung i.S.d. §§ 19 ff. BauGB ist ein Mittel zur Sicherung der Bauleitplanung.[63] 88

[60] BVerwG, NJW 1984, 1473.

[61] J/D/W, § 14 BauGB, Rn. 38; Ortloff, NVwZ 1983, 705 (708).

[62] Simon, Art. 71 BayBO, Rn. 111; Weidemann, BauR 1987, 9 (12).

[63] Vgl. dazu auch Rn. 264 ff.

Sie dient der Prüfung der bauplanungsrechtlichen Unbedenklichkeit einer beabsichtigten Grundstücksnutzung im Vorfeld. Durch diese Präventivkontrolle soll verhindert werden, dass durch Teilungen Grundstücksverhältnisse entstehen und somit Fakten geschaffen werden, die die gemeindliche Planungsfreiheit einschränken (sog. Sicherungsfunktion der Teilungsgenehmigung).

hemmer-Methode: Unterscheiden Sie unbedingt die Begriffe Teilbaugenehmigung (Art. 70 BayBO) und Teilungsgenehmigung (§ 22 BauGB). Während Erstere zur Ausführung der genehmigten Teile des Vorhabens berechtigt, betrifft Letztere die Frage, welche Anforderungen und Folgen die Teilung eines Grundstücks im Baurecht hat.

Keine Bindungswirkung für das Baugenehmigungsverfahren!

Da der Teilungsgenehmigung nach der aktuellen Gesetzesfassung keine Bindungswirkung (mehr) zukommt, ergeben sich unter dem Gesichtspunkt der Erteilungspflicht aufgrund Bindung der Verwaltung keine Probleme mehr. 89

hemmer-Methode: Die Teilungsgenehmigung wird Ihnen also nicht mehr unter dem Aspekt „Bindungswirkung" begegnen. Völlig „gestorben" ist die Teilungsgenehmigung als Klausurproblem damit allerdings nicht. Dazu die folgenden Ausführungen als Exkurs.

90

Exkurs: Teilungsgenehmigung

Gesetzlich nicht zwingend, nur durch gemeindliche Satzung „vorgeschrieben"

Eine Teilungsgenehmigung ist (anders als früher) bundesrechtlich nicht zwingend vorgeschrieben. Gemeinden, deren Teile überwiegend durch den Fremdenverkehr geprägt sind, können aber nach § 22 I BauGB in einem Bebauungsplan oder durch eine sonstige Satzung bestimmen, dass zur Sicherung der Zweckbestimmung von Gebieten mit Fremdenverkehrsfunktionen die Begründung oder Teilung von Wohnungseigentum oder Teileigentum der Genehmigung unterliegt.

Im Erteilungsverfahren ist Folgendes zu beachten:

⇨ Die Regelfrist für die Entscheidung über den Antrag auf Erteilung der Teilungsgenehmigung beträgt einen Monat. Wird die Genehmigung in diesem Zeitraum nicht erteilt, so wird die Erteilung mit Ablauf der Frist fingiert (§ 22 V S. 4 BauGB). 91

⇨ Nach § 22 V S. 3 BauGB müssen die Gemeinden auf Antrag eines Beteiligten ein Zeugnis ausstellen, wenn eine Teilungsgenehmigung nicht erforderlich ist (sog. Negativzeugnis) oder sie als erteilt gilt (sog. Fiktionszeugnis). 92

hemmer-Methode: Das Negativ– und Fiktionszeugnis stehen der ausdrücklich erteilten Teilungsgenehmigung gleich und sind somit Verwaltungsakte i.S.d. Art. 35 BayVwVfG. Wurde ein solches Zeugnis nicht erteilt, kann die Problematik der Rücknahme fiktiver VAe entstehen. In diesem Bereich kann die Teilungsgenehmigung nach wie vor klausurrelevant sein.

Exkurs Ende

e) Bindungswirkung der Teilbaugenehmigung[64]

Teilbaugenehmigung

Prüfungsmaßstab i.R.d. Teilbaugenehmigung i.S.v. Art. 70 BayBO ist die grundsätzliche Vereinbarkeit des gesamten Vorhabens mit dem Bauplanungsrecht und den wesentlichen bauordnungsrechtlichen Vorschriften. Der Prüfungsumfang bestimmt sich hierbei nach dem Prüfungsumfang für das Gesamtvorhaben. 93

---

[64] Siehe bereits oben, Rn. 28 ff.

Fällt das Gesamtvorhaben also z.B. unter das vereinfachte Verfahren des Art. 59 BayBO, so gilt der eingeschränkte Prüfungsumfang auch für das Teilbaugenehmigungsverfahren, da die Anforderungen an die Teilbaugenehmigung nicht weitergehen können als an die Baugenehmigung für das Gesamtvorhaben.[65]

Feststellung bzgl. gesamten Vorhabens

Wenn die Teilbaugenehmigung also die grundsätzliche Feststellung der Genehmigungsfähigkeit des Gesamtvorhabens enthält, dann kann nach ihrer Erteilung die Baugenehmigung nicht mehr versagt werden, es sei denn, die Voraussetzungen der Rücknahme oder des Widerrufs der Teilbaugenehmigung (Art. 48 und 49 BayVwVfG) liegen vor oder treten ein.[66] Es tritt also eine Bindungswirkung ein.

f) Bindungswirkung der Gaststättenerlaubnis?

Eine Bindung der Baugenehmigungsbehörde durch eine bereits vorliegende gaststättenrechtliche Erlaubnis in Bezug auf den Regelungsinhalt des § 4 I Nr. 3 GastG tritt nicht ein. 94

Allenfalls bindet die zuvor erlassene Baugenehmigung die Gaststättenbehörde. Diese Problematik wird unter Rn. 105 ff. erörtert.[67]

Übersicht zur Bindungswirkung[68]

Anspruch auf die Baugenehmigung aufgrund (teilweiser) Bindung der Verwaltung:

Zusicherung	⇨ bei wirksamer Zusicherung besteht Anspruch auf die Baugenehmigung, wenn Bindung nicht gem. Art. 38 III VwVfG entfallen ist
Vorbescheid	⇨ Abgrenzung zu: unverbindlicher Auskunft, Zusicherung ⇨ Bindung der Behörde an die entschiedenen Fragen, wenn und solange der Vorbescheid wirksam ist; unerheblich sind Rechtsmäßigkeit und Bestandskraft des Vorbescheids (h.M.) ⇨ Dauer der Bindung gem. Art. 71 S. 2 BayBO drei Jahre
Teilbaugenehmigung	⇨ Bindung hinsichtlich des genehmigten Teils des Vorhabens (h.M.) ⇨ Bindung bzgl. grundsätzlicher Zulässigkeit des gesamten Vorhabens
Öffentlich-rechtlicher Vertrag	Sofern der Vertrag wirksam ist (Art. 57, 58 u. insbes. 59 VwVfG), besteht ein Anspruch auf die versprochene Baugenehmigung ⇨ v.a. Unwirksamkeit gem. Art. 59 II Nr. 4 VwVfG i.V.m. Art. 56 I, II VwVfG

2. Die Regelung der Art. 68, 59, 60 BayBO

zentrale Norm: Art. 68 BayBO: Widerspruch zu öff.-rechtl. Vorschriften?

Ist kein Fall der Bindungswirkung einschlägig, ist Voraussetzung für einen Anspruch des Bauherrn gem. Art. 68 I S. 1 BayBO, dass 95

⇨ sein Vorhaben keinen Vorschriften widerspricht, die zwingend von der Baubehörde im Genehmigungsverfahren zu prüfen sind und dass

---

65 BGH, NVwZ 1983, 500 (501); siehe oben, Rn. 29.

66 Simon, Art. 70 BayBO, Rn. 55 ff.

67 Beispielsfall aus dem Examen, Termin 1985 I/8 in BayVBl. 1987, 543 und 572.

68 Vgl. Übersichtskarteikarten Öffentliches Recht in Bayern, Baurecht, KK 6.

⇨ sein Vorhaben auch nicht in einer Weise gegen sonstige öffentlich-rechtliche Vorschriften verstößt, die die Baubehörde zur ermessensfehlerfreien Verweigerung der Baugenehmigung berechtigten würde, Art. 68 I S. 1 HS 2 BayBO.

hemmer-Methode: Die Trennung zwischen zwingendem und fakultativem Prüfungsmaßstab ist die klausurrelevanteste Neuerung der BayBO-Änderung zum 01.08.2009. Hält das Bauvorhaben alle öffentlichrechtlichen Anforderungen ein, besteht weiterhin ein Anspruch auf Erteilung der Baugenehmigung. Die Behörde hat dann kein Ermessen. Verletzt das Vorhaben Vorschriften, die zwingend zu prüfen sind, und kommt weder eine Ausnahme noch eine „Reparatur" durch eine Nebenbestimmung in Betracht, muss die Baugenehmigung verweigert werden. Bei Verstößen gegen Vorschriften, die nur zum fakultativen Prüfungsmaßstab gehören, hat die Baubehörde hingegen ein Ermessen: Sie kann trotz des Verstoßes die Baugenehmigung erteilen oder im Rahmen einer fehlerfreien Ermessensentscheidung die Baugenehmigung auch verweigern.

Zwingender Prüfungsmaßstab

Welche Vorschriften im Baugenehmigungsverfahren zwingend und welche fakultativ zu prüfen sind kann Art. 68 I BayBO allerdings nicht entnommen werden. Art. 68 I, IV BayBO stellen lediglich klar, dass die Erteilung der Baugenehmigung unabhängig von privaten Rechten Dritter ist, dass zivilrechtliche Vorschriften also nicht geprüft werden. 95a

Prüfungsmaßstab aus Art. 59, 60 BayBO

Der konkrete Prüfungsmaßstab für das Vorhaben bestimmt sich vielmehr nach Art. 59, 60 BayBO. In dem sog. vereinfachten Genehmigungsverfahren wird der Prüfungsumfang der Baubehörde für alle Vorhaben eingeschränkt, die keine Sonderbauten i.S.d. Art. 2 IV BayBO sind. Nur bei Sonderbauten gilt der umfassende Prüfungsmaßstab des Art. 60 BayBO.

hemmer-Methode: Auch wenn damit Art. 60 BayBO den Ausnahme- und Art. 59 BayBO den Regelfall darstellt, wird im Folgenden dennoch zunächst der Prüfungsmaßstab des Art. 60 BayBO dargestellt, da nur so verständlich wird, inwieweit Art. 59 BayBO demgegenüber eine Vereinfachung und Reduzierung darstellt.

a) Prüfungsmaßstab des Art. 60 BayBO

Zwingeder Prüfungsmaßstab nach Art. 60 BayBO

Nach Art. 60 S. 1 BayBO sind zwingend zu prüfen: 96

⇨ Nr. 1 des Bauplanungsrechts, die sich mit der Zulässigkeit der Nutzung von Grund und Boden befassen, §§ 29 ff. BauGB,

⇨ Nr. 2 des Bauordnungsrechts, die sich mit den sicherheitsrechtlichen Anforderungen an bauliche Anlagen befassen, Art. 3 ff. BayBO und

⇨ Nr. 3: sonstige öffentlich-rechtliche Vorschriften, soweit die Baugenehmigung andere Genehmigungen ersetzt, formelle Konzentrationswirkung.

Nach Art. 60 S. 2 BayBO bleibt Art. 62 BayBO unberührt. Dieser regelt die Vorlage bautechnischer Nachweise, die allerdings nur in den Fällen des Art. 62 III BayBO von der Baubehörde geprüft werden, vgl. Art. 62 IV BayBO. Nach Art. 62 III S. 3 Nr. 1 BayBO muss bei Sonderbauten zumindest ein Brandschutznachweis erbracht werden.

Überblick über die Stellung der Art. 68, 60 BayBO im Genehmigungsverfahren:

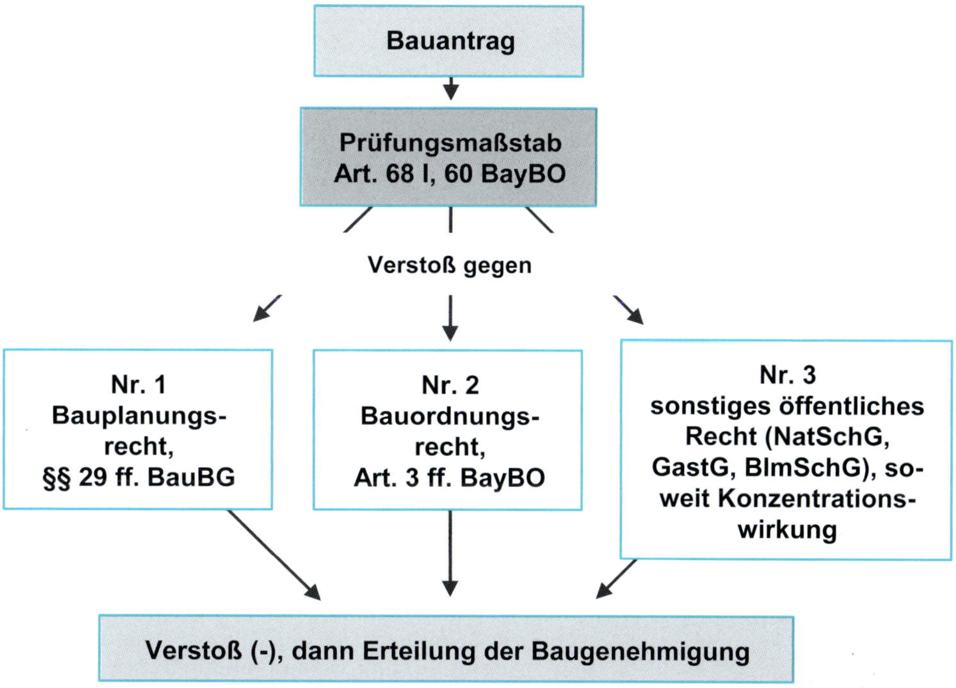

Art. 60 S. 1 Nr. 3 BayBO Sonstige Vorschriften = anlagenbezogene Vorschriften

Neben den Vorschriften des BauGB und der BayBO sind im Verfahren nach Art. 60 S. 1 Nr. 3 BayBO sonstige öffentlich-rechtliche Vorschriften zu prüfen, wenn wegen der Baugenehmigung eine andere behördliche Entscheidung entfällt, ersetzt oder eingeschlossen wird, sog. formelle Konzentrationswirkung. 97

Bsp.: Eine Baugenehmigung ersetzt die aufgrund Art. 61h I, II BayWG[69] erforderliche wasserrechtliche Ausnahmegenehmigung. Hier ist nach Art. 60 Nr. 3 BayBO auch über die Vereinbarkeit mit den Anforderungen des Art. 61h II S. 1 BayWG zu entscheiden (Art. 61h II S. 5 BayWG stellt dies nochmals klar). Den umgekehrten Fall regeln §§ 13, 6 I Nr. 2 BImSchG. Nach § 13 BImSchG ersetzt die immissionsschutzrechtliche Genehmigung die Baugenehmigung. Voraussetzung für die Erteilung einer solchen Genehmigung ist nach § 6 I Nr. 2 BImSchG aber (auch) die Einhaltung der baurechtlichen Vorgaben.

hemmer-Methode: Dass für ein und dasselbe Vorhaben mehrere Genehmigungen erforderlich sind, ist keine Besonderheit. Grundsätzlich liegen in einem solchen Fall mehrere selbstständige, unabhängige Verfahren und damit auch selbstständige Verwaltungsakte vor, die alle isoliert angefochten werden können bzw. müssen.[70] Etwas anderes gilt nur dann, wenn gesetzlich eine Konzentrationswirkung angeordnet ist, wenn also das eine Genehmigungsverfahren „zurücktritt", d.h. die eine Genehmigung von der anderen mit umfasst ist. Dies ist aber in der Regel allein eine Verfahrensfrage, sodass das materielle Recht der „ersetzten" Genehmigung nun im anderen Genehmigungsverfahren mitzuprüfen ist, man spricht von einer formellen Konzentrationswirkung.

Sonstiger zwingender Prüfungsmaßstab bei höherrangigem Bundesrecht

Ungeachtet der Beschränkung des Art. 60 S. 1 Nr. 3 BayBO dürfte auch sonstiges öffentliches Recht zwingender Prüfungsmaßstab sein, wenn in Bundesgesetzen dieses speziell zum Gegenstand des Baugenehmigungsverfahrens deklariert wird. 98

---

69 Ziegler/Tremel, Nr. 930.

70 Etwas anderes ist allenfalls dann vertretbar, wenn aufgrund einer bestandskräftigen, die Bauaufsichtsbehörde bindenden Entscheidung bereits feststeht, dass eine neben der Baugenehmigung erforderliche Erlaubnis nicht erteilt werden kann, so kann die Bauaufsichtsbehörde das Sachentscheidungsinteresse des Antragsstellers verneinen.

So ist nach § 9 II, IIIa FStrG bei Baugenehmigungen die Zustimmung der obersten Landesstraßenbaubehörde einzuholen bzw. es sind straßenrechtliche Belange von der Baubehörde zu prüfen. An diesen spezialgesetzlichen Vorgaben vermag Landesrecht schon wegen Art. 31 GG nichts zu ändern.[71]

Daneben: Fakultativer Prüfungsmaßstab nach Art. 68 I S. 1 HS 2 BayBO

Nach Art. 68 I S. 1 HS 2 BayBO kann die Baubehörde die Baugenehmigung auch dann verweigern, wenn das Vorhaben gegen sonstige öffentlich-rechtliche Vorschriften verstößt, die nicht zum Pflichtprüfprogramm gehören. 99

Darunter sind nur solche Vorschriften zu verstehen, die sich auf die Anlage beziehen. Personenbezogene Vorschriften sind bei der Erteilung der Baugenehmigung vollkommen irrelevant. Weitere Voraussetzung ist, dass für die jeweiligen anlagenbezogenen Vorschriften kein eigenes Genehmigungsverfahren besteht. 100

> ***Bsp.:*** *Die §§ 22 ff. BImSchG sind anlagenbezogene öffentlich-rechtliche Anforderungen. Da es kein eigenes Genehmigungsverfahren gibt, können die entsprechenden Anforderungen von der Baubehörde nach Art. 68 I S. 1 HS 2 BayBO im Baugenehmigungsverfahren berücksichtigt werden.*

hemmer-Methode: Eine Versagung der Baugenehmigung wird in solchen Fällen aber nur selten verhältnismäßig und damit ermessensfehlerfrei sein. Die eigentliche Bedeutung des Art. 68 I S. 1 HS 2 BayBO zeigt sich im vereinfachten Genehmigungsverfahren nach Art. 59 BayBO. 101-103

Exkurs: Überschneidung der materiellen Anforderungen paralleler Anlagegenehmigungen

Problem: parallele Genehmigungspflichten

Grundsätzlich stehen mehrere Genehmigungsverfahren unabhängig voneinander nebeneinander. Allerdings ergeben sich bei dem Nebeneinander mehrerer Genehmigungspflichten dann Probleme, wenn sich das jeweils anzuwendende materielle Recht überschneidet. 104

Gefahr divergierender Entscheidungen

Da es im Interesse der Rechtssicherheit für den Bürger nicht sein kann, dass verschiedene Behörden über dieselbe Frage unter Umständen verschiedene Entscheidungen treffen, müssen Kriterien gefunden werden, nach welchen die in den sich überschneidenden Vorschriften gestellten Anforderungen entweder dem einen oder dem anderen Genehmigungsverfahren zugeordnet werden können.

maßgebl. „stärkerer Bezug“

Nach der Rechtsprechung des BVerwG[72] ist jeweils entscheidend, zu welchem Verfahren „der stärkere Bezug“ besteht.[73] 105

> ***Bsp.:*** *Für eine geplante Gaststätte liegt eine unanfechtbare Baugenehmigung vor. Die Gaststättenbehörde ist der Ansicht, dass eine Gaststätte an dieser Stelle „nicht ins Bild“ passt. Kann eine beantragte Gaststättenerlaubnis unter Hinweis auf die örtliche Lage nach § 4 I Nr. 3 GastG abgelehnt werden?*
>
> Grundsätzlich ersetzt die Baugenehmigung nicht die Gaststättenerlaubnis und umgekehrt die Gaststättenerlaubnis nicht die Baugenehmigung, auch die Reihenfolge der Genehmigungen spielt keine Rolle (keine Konzentrationswirkung, da keine gesetzliche Anordnung).[74]

---

71 Vgl. VGH Kassel, NVwZ-RR 2007, 740 = **Life & Law 2007, Heft 12; Unser Service-Angebot an Sie: kostenlos hemmer-club-Mitglied werden (www.hemmer-club.de) und Entscheidungen der Life & Law lesen und downloaden.**

72 Z.B. BVerwG, DÖV 1987, 293 (296).

73 Vgl. BVerwGE 74, 315 (326).

74 Michel/Kienzle, § 4, Rn. 56 ff.

Allerdings bindet die Genehmigung die Gaststättenbehörde insoweit, als über fachspezifische Anforderungen des Baurechts entschieden wurde, da die Baubehörde insoweit die „sachnähere" Behörde ist.[75]

Die zuständige Gaststättenbehörde (§ 30 GastG i.V.m. § 1 GastV[76]) kann somit die Erlaubnis nicht mit der Begründung versagen, die Errichtung oder Nutzung der Gaststätte verstoße gegen Vorschriften des Baurechts.

Auch im Hinblick auf § 4 I Nr. 3 GastG stellt die Bauaufsichtsbehörde mithin bindend fest, dass die genehmigte Anlage den bauplanerischen Anforderungen entspricht. Im Baugenehmigungsverfahren wird aber gerade nicht auf die im konkreten Fall geplante Nutzung durch eben diesen Antragsteller abgestellt; die Baugenehmigung wird gerade personenunabhängig erteilt.

Die Baugenehmigung entfaltet somit keine Bindungswirkung dahin gehend, dass § 4 I Nr. 3 GastG als Versagungsgrund ausgeschlossen wird, wenn die Gaststättenerlaubnis im Hinblick auf die zu stellenden persönlichen Anforderungen abzulehnen ist.[77]

Fazit: Ob die Gaststätte als bauplanungsrechtliche Nutzungsart in diesem Gebiet zulässig ist, ist von der Bauaufsichtsbehörde zu entscheiden („Grobsteuerung"). Einzelheiten der Nutzung jedoch, insbesondere solche, die mit der Person des Betreibers und seiner besonderen Betriebsweise zusammenhängen, fallen in den Aufgabenbereich der Gaststättenbehörde, denn insoweit besteht zu diesem Verfahren der stärkere Bezug („Feinsteuerung").

hemmer-Methode: Vergleichbare Probleme ergeben sich i.R.d. § 4 I Nr. 2 GastG. Hier ist eine Überschneidung mit den Vorgaben der BayBO über die Ausgestaltung des Gebäudeinneren, vgl. etwa Art. 31 ff. BayBO, denkbar. *106-108*

b) Art. 59 BayBO – vereinfachtes Genehmigungsverfahren

Vereinfachtes Genehmigungsverfahren

Art. 60 BayBO ist nur bei Sonderbauten einschlägig. In allen anderen Fällen bestimmt sich das Pflichtprüfprogramm i.S.d. Art. 68 I S. 1 HS 1 BayBO nach Art. 59 BayBO, dem sog. vereinfachten Genehmigungsverfahren. Das Regel-/Ausnahmeverhältnis wird seit der Neufassung der BayBO zum 01.01.2008 auch durch die systematische Stellung im Gesetz betont, indem zuerst das vereinfachte Genehmigungsverfahren normiert wird, erst im Anschluss daran das „vollumfassende" Genehmigungsverfahren. *109-111*

aa) Prüfungsumfang

(1) Pflichtprogramm

eingeschränkter Prüfungsumfang

Gem. Art. 59 BayBO ist die bauaufsichtliche Prüfung im Baugenehmigungsverfahren grundsätzlich auf das dort genannte Pflichtprüfprogramm beschränkt. Die hier genannten Vorschriften sind jedoch zwingend zu prüfen. *112*

hemmer-Methode: Der eingeschränkte Prüfungsumfang gilt auch für das Vorbescheidsverfahren nach Art. 71 BayBO und das Teilbaugenehmigungsverfahren nach Art. 70 BayBO, wenn es sich auf ein dem vereinfachten Genehmigungsverfahren unterliegendes Vorhaben bezieht. Da in einem Vorbescheid nach dem Wortlaut des Art. 71 BayBO „einzelne Fragen des Bauvorhabens" zu klären sind, kann der Vorbescheid nur zu solchen Punkten beantragt und erteilt werden, die auch im Baugenehmigungsverfahren relevant sind.[78]

75 BVerwG, NVwZ 1989, 258 = Hemmer/Wüst, Classics Öffentliches Recht, E 53; JuS 1993, 83.

76 Z/T Nr. 265.

77 Ähnlich BVerwG, GewArch 1989, 100.

78 BayVGH, BayVBl. 2009, 310 = **Life & Law 2009, 501**.

insbesondere Bauplanungsrecht

Prüfungsmaßstab im vereinfachten Genehmigungsverfahren ist nach Art. 59 S. 1 Nr. 1 BayBO primär die bauplanungsrechtliche Zulässigkeit nach den §§ 29 - 38 BauGB, d.h. insbesondere die Einhaltung der Festsetzungen eines Bebauungsplans. 113

Nach Art. 59 S. 1 BayBO sind weiterhin zu prüfen: 114

⇨ die Übereinstimmung mit örtlichen Bauvorschriften i.S.d. Art. 81 BayBO (Nr. 1): Hierüber können mittelbar andere Probleme der BayBO relevant werden, wie die Erfüllung der Stellplatzpflicht, da die Anzahl der erforderlichen Stellplätze nach Art. 47 II BayBO über örtliche Bauvorschriften festgesetzt werden kann, Art. 81 I Nr. 4 BayBO.

⇨ Beantragte Abweichungen nach Art. 63 I, II S. 2 BayBO (Nr. 2): Auch über diese Abweichungen kann mittelbar das Bauordnungsrecht zum Prüfungsmaßstab werden, wenn der Bauherr von den Vorgaben der BayBO abweichen will **und** dies ausdrücklich beantragt.[79]

⇨ andere öffentlich-rechtliche Vorschriften, soweit durch die Baugenehmigung eine Entscheidung nach anderen öffentlichrechtlichen Vorschriften entfällt oder ersetzt wird (Nr. 3, vgl. z.B. Art. 59 VII, 61 II BayWG, Art. 6 III DSchG). Daneben wird sonstiges öffentliches Recht auch hier zu prüfen sein, wenn es eine bundesgesetzliche Spezialzuweisung gibt, vgl. oben Rn. 98.[80]

⇨ Nach Art. 59 S. 2 BayBO bleibt Art. 62 BayBO unberührt. Allerdings dürfte in den meisten Fällen, die unter Art. 59 BayBO fallen, die Prüfung der bautechnischen Nachweise nach Art. 62 IV BayBO entfallen.

Fazit: Das Pflichtprüfprogramm des Art. 59 BayBO wurde mit der Neufassung der BayBO zum 01.01.2008 deutlich reduziert. Insbesondere bauordnungsrechtliche Anforderungen fallen, abgesehen von Art. 62, 63, 81 BayBO nun komplett heraus. Bisher waren hier zusätzlich die Vorgaben der Baugestaltung, der Abstandsflächen und der erforderlichen Stellplätze zu prüfen.
Die Baugenehmigung ist somit kaum noch eine umfassende öffentlichrechtliche Unbedenklichkeitsbescheinigung, sondern nur noch planungsrechtliche Gestattung. Bereits die Genehmigungspflicht soll nach Art. 58 BayBO überall da entfallen, wo über die planungsrechtliche Zulässigkeit bereits vorab entschieden ist, also bei plankonformen Vorhaben im Geltungsbereich eines qualifizierten Bebauungsplans i.S.d. § 30 I BauGB. Bei anderen Vorgaben prüft die Behörde nach Art. 59 BayBO nur noch einen kleinen Ausschnitt der baurechtlichen Anforderungen.
Sowohl die Verfahrens- bzw. die Genehmigungsfreiheit nach Art. 57 f. BayBO als auch die Beschränkung des Prüfungsmaßstabes nach Art. 59 BayBO lassen allerdings die Pflicht des Bauherrn, sämtliche baurechtliche Anforderungen zu erfüllen unberührt, Art. 55 II BayBO. Die entfallenden präventiven behördlichen Prüfungen werden durch Anforderungen an Entwurfsverfasser, Ersteller und bautechnische Nachweise kompensiert. Bauen ist damit mit deutlich höheren Risiken für den Architekten und den Bauherrn verbunden. Dieser trägt das Risiko einer nachträglichen baupolizeilichen Maßnahme. Der Architekt haftet dem Bauherrn für die Einhaltung der Vorgaben, die nicht vom Prüfprogramm erfasst sind.
Will sich der Bauherr auf dieses Risiko des nachträglichen Einschreitens der Baubehörde nicht einlassen, kann er einen Antrag auf Abweichung nach Art. 63 BayBO stellen, vgl. Art. 59 S. 1 Nr. 2 BayBO.

---

[79] Vgl. Jäde/Famers, Schwerpunkte der Bayerischen Bauordnung 2008, 34: Voraussetzung ist aber tatsächlich ein Antrag des Bauherrn, die reine Abweichung von Vorgaben der BayBO genügt gerade nicht, da diese eben als solche nicht Prüfungsmaßstab sind. Anders wohl Jäde/Famers, da der entsprechende Antrag nachgeholt werden kann, Art. 45 I Nr. 1 BayVwVfG. Ähnlich Koehl, Abstandsflächenrecht, BayVBl. 2009, 645, der ein Pflicht sieht, den Antrag nach Art. 63 II BayBO zu stellen, da andernfalls der Antrag unvollständig ist, Art. 65 II BayBO. Mit diesen Ansätzen wäre dann aber doch wieder die komplette BayBO zumindest im Ermessen der Behörde Prüfungsmaßstab, was eindeutig der Intention des Gesetzgebers widerspricht.

[80] VGH Kassel, NVwZ-RR 2007, 740 = **Life & Law 2007, Heft 12**.

(2) weiteres Ermessens-(fakultatives) Prüfprogramm

Alte Rechtslage: Art. 59 BayBO abschließend – kein fakultatives Prüfungsprogramm

Art. 68 I S. 1 BayBO i.V.m. Art. 59 BayBO sollte nach dem Willen des Gesetzgebers ein abschließendes Prüfprogramm darstellen. Die Behörde war verbindlich auf die Prüfung der dort erwähnten Normen beschränkt. Es stand nicht in ihrem Ermessen daneben weitere öffentlich-rechtliche Anforderungen zu prüfen und deren Verletzung zur Versagung der Baugenehmigung heranzuziehen. 115

Insoweit war es nur konsequent, wenn der BayVGH auch Versuchen eine Absage erteilte, in Fällen, in denen das Vorhaben nur gegen Vorschriften verstieß, die nicht zum Prüfprogramm des Art. 59 BayBO gehören, den Bauantrag am mangelnden Sachbescheidungsinteresse scheitern zu lassen.[81] Im Klartext bedeutete dies für die Baubehörde: Diese musste sehenden Auges eine Baugenehmigung für ein Vorhaben bewilligen, obwohl dieses Vorhaben eindeutig rechtswidrig war und deshalb evtl. überhaupt nicht, jedenfalls nur mit Änderungen gebaut werden durfte. Statt die Baugenehmigung in einem solchen verweigern zu können, war die Baubehörde darauf verwiesen, nachträglich gegen das Vorhaben baupolizeilich vorzugehen.

Neuer Art. 68 I S. 1 HS 2 BayBO

Weil diese Rechtslage politisch als unbefriedigend empfunden wurde, änderte der Landtag zum 01.08.2009 den Art. 68 BayBO und fügte dem Satz 1 einen zweiten Halbsatz an: „ *...die Baubehörde darf den Bauantrag auch ablehnen, wenn das Bauvorhaben gegen sonstige öffentlich-rechtliche Vorschriften verstößt.*“ 116

Materielle Vorgaben der BayBO als fakultatives Prüfprogramm

Bedeutung hat diese Vorschrift gerade in den Fällen des Art. 59 BayBO, wenn es also nicht um einen Sonderbau geht. Die Behörde darf die Baugenehmigung auch dann verweigern, wenn das Vorhaben gegen Vorschriften verstößt, die nicht in das Pflichtprüfprogramm gehören. Damit sind v.a. die materiellen Vorgaben der BayBO gemeint, die von Art. 59 BayBO nahezu gar nicht mehr erfasst sind, s.o. Daneben können es aber auch sonstige öffentlich-rechtliche Vorschriften sein, die anlagenbezogen sind und für die kein eigenes Genehmigungsverfahren existiert.[82]

Rechtsfolge bei Verstößen gegen fakultatives Prüfprogramm

Die Verweigerung der Baugenehmigung wegen der Verletzung sonstiger, nicht von Art. 59 BayBO erfasster Vorschriften dürfte aber nur dann verhältnismäßig sein, wenn diese Verletzung schwerwiegend und irreversibel ist. Liegt nur eine behebbare Verletzung vor, wird die Baubehörde die Baugenehmigung erteilen und die Behebung des Mangels über eine Nebenbestimmung sicherstellen müssen, vgl. unten. Rn. 121a. 117

hemmer-Methode: Das Ermessen der Baubehörde nach Art. 68 I S. 1 HS 2 BayBO wird m.a.W regelmäßig zugunsten der Genehmigungserteilung auf Null reduziert sein.

bb) Weitere Folgen des fakultativen Prüfprogramms

Das eingeschränkte Prüfungsprogramm hat vor allem für den Nachbarn Auswirkungen auf den gerichtlichen Rechtschutz. 118

Feststellungswirkung bzgl. Pflichtprüfungsprogramm

Die im vereinfachten Verfahren nach Art. 59 BayBO ergangene Baugenehmigung stellt nur noch eine beschränkte öffentlich-rechtliche Unbedenklichkeitsbescheinigung dar, d.h. die Feststellungswirkung der Baugenehmigung bezieht sich nur auf das Pflichtprüfprogramm.

[81] BayVGH, BayVBl. 2009, 507 = **Life & Law 2009, 691**; für diesen Ansatz v.a. Jäde, BayVBl. 2004, 481 sowie BayVBl. 2005, 301.

[82] Vgl. oben Rn. 100 für Art. 60 BayBO.

Verstoß gegen andere Rechtsvorschriften

Werden Verstöße gegen andere nicht hierzu gehörende Rechtsvorschriften festgestellt, so darf die Behörde im Rahmen ihres Ermessens die Erteilung der Genehmigung versagen, sie muss dies aber nicht. Dies hat Auswirkungen sowohl auf den Rechtsschutz von Nachbarn als auch auf die Zulässigkeit von Nebenbestimmungen.

hemmer-Methode: Zur Klarstellung sei nochmals betont, dass die Beschränkung des Prüfprogramms nach Art. 59 BayBO nichts daran ändert, dass der Bauherr sämtliche Vorgaben der BayBO einhalten muss. Art. 55 II BayBO stellt dies nun ausdrücklich klar.

(1) Rechtschutz des Nachbarn

Die Feststellungswirkung der Baugenehmigung ist grundsätzlich auf den Prüfungsumfang der Baubehörde beschränkt. Vorschriften, die diese nicht prüft und auch nicht prüfen muss, können durch die Baugenehmigung auch nicht verletzt werden. Die Konsequenz ist, dass der Nachbar die Baugenehmigung auch nicht unter Berufung auf solche Vorschriften anfechten kann. 119

keine Klagebefugnis

In diesem Fall fehlt dem Nachbarn eigentlich schon die Klagebefugnis, da eine Rechtsverletzung aufgrund nachbarschützender Normen, die gar nicht Prüfungsgegenstand sind, eigentlich von vornherein ausgeschlossen ist.

hemmer-Methode: Da diese Feststellung allerdings schon eine umfangreiche Prüfung des Art. 59 BayBO auch in Abgrenzung zu Art. 60 BayBO voraussetzt, besteht die Gefahr einer „kopflastigen" Klausur. Diese können Sie allerdings in den meisten Fällen dadurch vermeiden, dass Sie die Klagebefugnis mit einer möglichen Verletzung drittschützender planungsrechtlicher Vorgaben begründen, die nach Art. 59 S. 1 Nr. 1, 60 S. 1 Nr. 1 BayBO auf jeden Fall zu prüfen sind.

Konkret bedeutet dies für den Nachbarschutz Folgendes: Er kann sich immer auf Vorschriften berufen, die zum Pflichtprüfprogramm gehören. Auf Vorschriften aus dem fakultativen Prüfprogramm kann er sich nur berufen, wenn die Baubehörde diese Vorschriften geprüft hat und sie die Baugenehmigung trotz einer Verletzung dieser Vorschriften erteilt hat, ohne durch Auflagen die Einhaltung der entsprechenden Vorgaben sicherzustellen.[83]

Aufforderung zu bauaufsichtlichem Handeln

Soweit die Baubehörde sich auf das Pflichtprüfprogramm beschränkt hat, bleibt dem Nachbarn, der sich auf die Verletzung sonstiger Vorschriften beruft, nur die Möglichkeit, die Bauaufsichtsbehörde zum bauaufsichtsrechtlichen Einschreiten aufzufordern, und nach Ablehnung die Erhebung einer Verpflichtungsklage.[84] 120

Ermessen der Behörde

Der Erlass einer bauaufsichtlichen Anordnung nach Art. 75, 76, 54 II S. 2 BayBO steht dabei grundsätzlich im pflichtgemäßen Ermessen der Behörde. Im Rahmen dieses Ermessens kann die Behörde auch berücksichtigen, dass der Nachbar direkt und unmittelbar gegen den Bauherrn auf dem Zivilrechtsweg vorgehen kann, vgl. §§ 823, 1004 BGB, er also auf ein bauaufsichliches Einschreiten gar nicht angewiesen ist. Das Ermessen der Baubehörde ist deshalb nach h.M. nur bei besonders schweren und irreversiblen Verstößen auf Null reduziert.[85]

---

83 Vgl. Koehl, „Abstandsflächenrecht", BayVBl. 2009, 645; a.A. wohl Jäde, „Aktuelle Fragen des bayerischen Bauordnungsrechts", BayVBl. 2009, 709, der in Art. 68 I S. 1 HS 2 BayBO eine Norm sieht, die nur der bauaufsichtlichen Verfahrensökonomie dient, ohne jeden Bezug auf Bauherr oder Nachbar.

84 Zu den Voraussetzungen eines solchen Anspruchs auf bauaufsichtliches Einschreiten vgl. OVG Lüneburg, NVwZ-RR 2008, 374; BVerwG, **Life & Law 2008, 830**.

85 BVerwG, **Life & Law 2008, 830**; OVG Lüneburg, NVwZ-RR 2008, 374.

hemmer-Methode: In einem solchen Fall lässt sich aber auch vertreten, dass das Ermessen der Behörde nach Art. 68 I S. 1 HS 2 BayBO, sonstige Vorschriften zu prüfen und ggf. die Genehmigung zu verweigern, in Richtung der Versagung der Baugenehmigung auf Null reduziert ist. Konsequenz wäre, dass der Nachbar auch die Baugenehmigung anfechten könnte.

Bsp.: Bauherr B möchte für sich und seine Familie ein Einfamilienhaus bauen, für das ihm im vereinfachten Genehmigungsverfahren nach Art. 59 BayBO eine Baugenehmigung erteilt wird. Da das Gebäude gegen drittschützende Brandschutzvorschriften des Art. 12 BayBO verstößt, möchte Nachbar N gegen die Baugenehmigung klagen. In der Begründung der Baugenehmigung findet sich kein Hinweis auf eine Prüfung des Art. 12 BayBO. 121

A) Verwaltungsrechtsweg (+)

B) Zulässigkeit der Klage

I. Statthafte Klageart:

Nachbar N möchte gegen die Baugenehmigung des B vorgehen. Statthafte Klageart ist hier die Anfechtungsklage nach § 42 I Alt. 1 VwGO.

II. Klagebefugnis, § 42 II VwGO

Dann müsste N geltend machen können, durch die Baugenehmigung möglicherweise in eigenen Rechten verletzt zu sein. Da er nicht Adressat des Genehmigungsbescheides ist, müsste er die Verletzung drittschützender Normen geltend machen können.

Laut Sachverhalt verstößt die Baugenehmigung gegen die drittschützenden Brandvorschriften des Art. 12 BayBO. Fraglich ist dennoch, ob N diese Verletzung geltend machen kann.

Die Baugenehmigung wurde im vereinfachten Genehmigungsverfahren nach Art. 59 BayBO erteilt. In diesem Verfahren prüft die Behörde nur die im Pflichtprüfungsprogramm des Art. 59 S. 1 Nr.1 - 3 BayBO genannten Vorschriften, sodass auch nur über diese Vorschriften eine „Unbedenklichkeitsbescheinigung“ ausgestellt wird. Vorschriften, die im vereinfachten Verfahren nicht geprüft wurden, nehmen an der Feststellungswirkung der Baugenehmigung nicht teil.

Da Art. 12 BayBO in Art. 59 BayBO nicht erwähnt ist, trifft die Baugenehmigung keinerlei Feststellung über die Einhaltung der Brandschutzvorschriften und kann den N daher auch nicht in seinen Rechten verletzen. Etwas anderes gilt nur dann, wenn die Baubehörde im Rahmen ihres Ermessens nach Art. 68 I S. 1 HS 2 BayBO sonstige Vorschriften aus der Bauordnung wie Art. 12 BayBO geprüft hat. Dies ist hier aber nicht ersichtlich.

N fehlt bereits die Klagebefugnis.[86] Die Klage ist unzulässig, obwohl das Gebäude des B materiell baurechtswidrig wäre.

hemmer-Methode: Nach anderer Ansicht fehlt es erst an der subjektiven Rechtsverletzung des Nachbarn. Klausurtaktisch hat diese Ansicht den Vorteil, dass Sie die Klausur bis zum Ende durchprüfen können, ohne ins Hilfsgutachten ausweichen zu müssen.

N bleibt nur noch die Möglichkeit, bei der Behörde einen Antrag auf bauaufsichtliches Einschreiten zu stellen. Es steht nun im Ermessen der Behörde, ob sie gegen B eine Baueinstellungsverfügung nach Art. 75 BayBO erlässt oder nicht.

86 Winkler, BayVBl. 1997, 749.

Dieses Ermessen ist ihr auch dann nicht genommen, wenn ihr bereits bei Erteilung der Baugenehmigung der Verstoß gegen die Brandschutzvorschriften bekannt war. Eine Ermessensreduzierung auf Null kommt nur dann in Betracht, wenn eine schwerwiegende Gefährdung wichtiger Rechtsgüter wie Leben, Gesundheit oder Eigentum vorliegt.

(2) Erlass von Nebenbestimmungen

Art. 59 BayBO wirkt sich auch auf den Erlass von Nebenbestimmungen zu einer Baugenehmigung aus. Da in der BayBO keine speziellen Vorschriften die Anordnung von Nebenbestimmungen regeln[87], ist der Erlass einer Nebenbestimmung zu einer Baugenehmigung als gebundener Entscheidung nach Art. 36 I Alt. 2 BayVwVfG nur zulässig, wenn durch die Nebenbestimmung die Genehmigungsfähigkeit sichergestellt wird, wenn also der Inhalt der Nebenbestimmung zu den Genehmigungsvoraussetzungen gehört. 121a

Bsp.: Durch Erlass einer Auflage darf die Verwendung bestimmter Gebäudefarben oder Dachziegel sichergestellt werden, soweit diese Vorgaben einer örtlichen Bauvorschrift nach Art. 81 I Nr. 1 BayBO entstammen, da die Einhaltung deren Voraussetzungen nach Art. 59 S. 1 Nr. 1 BayBO zu den zwingenden Genehmigungsvoraussetzungen gehört.

Die Errichtung eines Spielplatzes hingegen kann zwar nach Art. 7 II BayBO eine Verpflichtung des Bauherrn sein. Da Art. 7 II BayBO aber nicht zum Pflichtprüfungsprogramm der Baubehörde zählt, kam bislang eine Durchsetzung mittels Auflage zur Baugenehmigung nicht in Betracht. Stattdessen musste die Behörde hier einen selbstständigen Verwaltungsakt auf Grundlage der Generalklausel nach Art. 54 II S. 2 BayBO erlassen. Eine rechtswidrigerweise erlassene Auflage konnte aber evtl. in einen solchen selbstständigen Verwaltungsakt umgedeutet werden, vgl. Art. 47 BayVwVfG.

Aufgrund Art. 68 I S. 1 HS 2 BayBO ist die Baubehörde aber nicht mehr auf das Prüfprogramm des Art. 59 BayBO beschränkt. Sie darf auch sonstige öffentlich-rechtliche Anforderungen prüfen und wegen entsprechender Verstöße die Baugenehmigung versagen. Dementsprechend kann die Baubehörde die Einhaltung dieser öffentlich-rechtlichen Anforderungen auch durch den Erlass von Nebenbestimmungen sicherstellen.

So kann die Baubehörde in obigem Beispiel durch eine Auflage die Errichtung eines Spielplatzes anordnen, Art. 36 I Alt. 2 BayVwVfG i.V.m. Art. 7 II, 68 I S. 1 HS 2 BayBO.

hemmer-Methode: Wenn die Baubehörde die Verletzung von fakultativ zu prüfenden Vorschriften zum Anlass nehmen darf, die Baugenehmigung zu verweigern, kann sie die Einhaltung dieser Vorschriften erst recht über den Erlass von Nebenbestimmungen sicherstellen. Im Regelfall wird sie dies sogar müssen, da der Erlass der Baugenehmigung mit Nebenbestimmung gegenüber der Verweigerung der Baugenehmigung das weniger einschneidende Mittel ist. Im Erlass von entsprechenden Nebenbestimmungen wird damit die eigentliche Bedeutung der Änderung des Art. 68 I S. 1 HS 2 BayBO liegen!

[87] Insbesondere Art. 68 III BayBO regelt nicht die Zulässigkeit von Nebenbestimmungen, sondern setzt den rechtmäßigen Erlass einer solchen voraus.

Zusammenfassung[88]

Auswirkungen des eingeschränkten Prüfungsumfangs bei der Baugenehmigung im vereinfachten Verfahren gem. Art. 59, 60 BO:

	bzgl. Vorschriften, die gem. Art. 59, 60 BO zu prüfen sind:	bzgl. sonstiger öffentl.-rechtl. Vorschriften, die Anforderungen an das Vorhaben stellen:
Wirkung der Baugenehmigung	**Feststellungswirkung** bzgl. dieser Vorschriften	Feststellungswirkung, wenn freiwillige, fakultative Prüfung
Klage des Bauherrn auf Erteilung der Genehmigung	Vorhaben muss mit diesen Vorschriften **vereinbar** sein; sonst kein Anspruch mangels Genehmigungsfähigkeit	Baugenehmigung **darf** trotz Verstoß gegen solche Vorschriften erteilt werden
Rechtsschutz des Dritten, um Einhaltung der Vorschriften durchzusetzen	Dritter muss die **Baugenehmigung anfechten**	Dritter muss Verpflichtungsklage auf baupolizeiliches Einschreiten erheben, wenn keine fakultative Prüfung

3. Bauplanungsrechtliche Zulässigkeit eines Vorhabens

a) Allgemeines

aa) Gesetzliche Systematik

Bauleitplanung ist Instrument städtebaulicher Entwicklung

Vorbereitung und Leitung der Grundstücksnutzung sollen nach § 1 I BauGB durch die Bauleitplanung erfolgen. Nach diesem sog. Planmäßigkeitsprinzip stellt die Bauleitplanung das zentrale Lenkinstrument der städtebaulichen Entwicklung dar. 122

Grundsätzlich sind drei Gebietstypen zu unterscheiden:

1. Zulässigkeit von Vorhaben im Geltungsbereich eines qualifizierten Bebauungsplanes, § 30 I BauGB (Sonderfall: § 33 BauGB)
2. Zulässigkeit von Vorhaben innerhalb der im Zusammenhang bebauten Ortsteile, § 34 BauGB (i.V.m. § 30 III BauGB beim sog. einfachen BBauPl.)
3. Zulässigkeit von Vorhaben im Außenbereich, § 35 BauGB (i.V.m. § 30 III BauGB beim einfachen BBauPl.)

drei planungsrechtliche Gebietstypen

Die drei Gebietstypen enthalten eine abschließende bauplanungsrechtliche Einteilung des Gemeindegebietes. 123

trennen: einfacher und qualifizierter BBauPl.

Ein einfacher Bebauungsplan (§ 30 III BauGB) vermag die vorgegebene Zuordnung eines Gebiets zum Innen- oder Außenbereich nicht zu ändern.[89] Die Beschränkungen der §§ 34, 35 BauGB bleiben voll wirksam und treten neben diejenigen, die sich aus dem (einfachen) Bebauungsplan ergeben.

---

88 Vgl. Übersichtskarteikarten Öffentliches Recht in Bayern, Baurecht, KK 7.

89 J/D/W, § 30 BauGB, Rn. 8; B/K/L, vor § 29 BauGB, Rn. 7.

vorhabenbezogener BBauPl.

Eine besondere Form des Bebauungsplans ist der vorhabenbezogene Bebauungsplan i.S.d. § 12 BauGB, auf den in § 30 II BauGB abgestellt wird. 124

Exkurs: Kurze Qualifikation des Bebauungsplans

Bauleitpläne: BBauPl. u. Flnpl.

Unter dem Oberbegriff der Bauleitpläne werden der Flächennutzungsplan (Flnpl.) als vorbereitender Bauleitplan und der grundsätzlich gem. § 8 II S. 1 BauGB aus dem Flächennutzungsplan zu entwickelnde Bebauungsplan als verbindlicher Bauleitplan zusammengefasst, vgl. § 1 II BauGB. 125

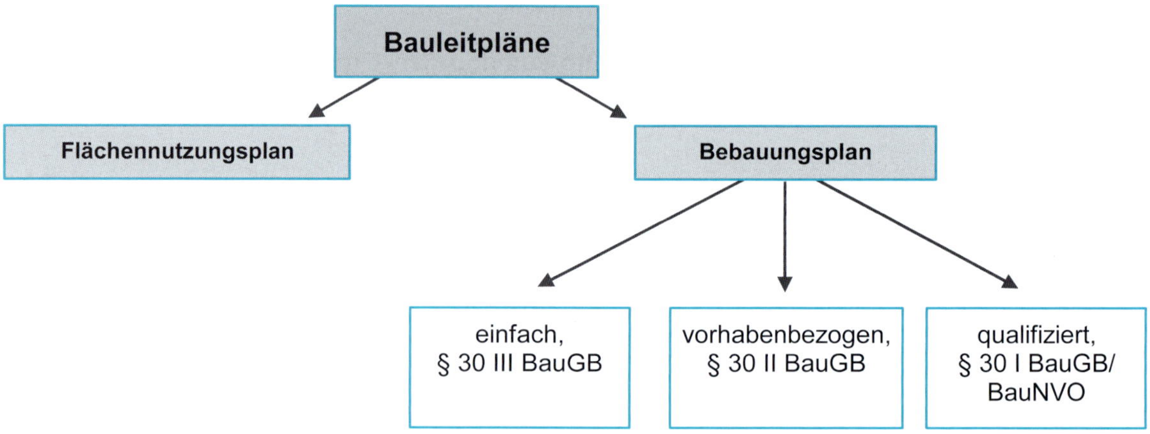

Vorbereitung der Grundstücksnutzung

Aufgabe der Bauleitplanung ist es, die bauliche und sonstige Nutzung der Grundstücke in der Gemeinde nach Maßgabe des BauGB vorzubereiten und zu leiten, § 1 I BauGB. 126

BBauPl. = Satzung

Der Bebauungsplan, der gem. § 10 BauGB als Satzung beschlossen wird, enthält die in § 9 BauGB abschließend aufgezählten möglichen Festsetzungen. Eine Ausnahme ergibt sich aus § 12 III S. 2 HS 1 BauGB für den vorhabenbezogenen Bebauungsplan, hier besteht keine Bindungswirkung an den Festsetzungskatalog des § 9 BauGB und an die BauNVO. Dem Bebauungsplan kommt i.R.d. Prüfung der bauplanungsrechtlichen Zulässigkeit eine entscheidende Bedeutung zu, vgl. § 30 BauGB.

Exkurs Ende

wenn BBauPl. (-), dann §§ 34, 35 BauGB

Fehlt ein Bebauungsplan, so richtet sich die Zulässigkeit entweder allein nach § 34 BauGB (unbeplanter Innenbereich) oder allein nach § 35 BauGB (unbeplanter Außenbereich). 127

ggf. § 33 BauGB oder Art. 14 GG

Ist das Vorhaben nicht nach den §§ 30, 34, 35 BauGB zulässig, kann sich die Zulässigkeit aus § 33 BauGB ergeben, wenn zu erwarten ist, dass das Vorhaben den künftigen Festsetzungen eines Bebauungsplans entsprechen wird.

hemmer-Methode: Ein Zulassungsanspruch aus dem Grundsatz des aktiven Bestandsschutzes ist jedoch nach neuerer Rechtsprechung des BVerwG nicht mehr möglich. Siehe hierzu die ausführliche Besprechung der Entscheidung unter Rn. 201.

Folgende Prüfungsreihenfolge ist deshalb im Bereich des Bauplanungsrechts einzuhalten:[90]

Vorab: Anlage i.S.d. § 29 BauGB

↓

Wenn ja, Zulässigkeit des Vorhabens nach:

↓

Bebauungsplan

↓

Wenn nicht § 30, dann § 34 BauGB

↓

Wenn nicht §§ 30 und 34, dann § 35 BauGB

↓

Wenn weder §§ 30, 34 noch 35 BauGB, dann ggf. § 33 BauGB

bb) Anwendbarkeit der Vorschriften: §§ 38, 29 BauGB

Einstiegsnorm ist § 29 BauGB

Die §§ 30 bis 37 BauGB kommen nur unter zwei Voraussetzungen zur Anwendung: 128

In Fällen des § 37 BauGB gelten die §§ 30 ff. BauGB nur eingeschränkt, in Fällen des § 38 BauGB überhaupt nicht.[91]

Vor allem aber müssen für die Anwendbarkeit der §§ 30 bis 37 BauGB die Voraussetzungen des § 29 BauGB vorliegen. Ausgangspunkt bei jeder Prüfung der §§ 30 ff. BauGB muss also immer § 29 BauGB sein, denn nach dem Wortlaut dieser Vorschrift finden die §§ 30 ff. BauGB nur dann Anwendung, wenn die Voraussetzungen von § 29 BauGB gewahrt sind. 129

§ 29 I BauGB umfasst: 130

⇨ Errichtung, Änderung, Nutzungsänderung (nicht: Abbruch, Beseitigung) von baulichen Anlagen (gebaut, ortsfest, planungsrechtlich relevant)

⇨ Aufschüttungen, Abgrabungen, Ausschachtungen, Ablagerungen, Lagerstätten

wenn § 29 BauGB (-), dann ggf. Bauordnungsrecht

Liegt kein Vorhaben i.S.d. § 29 BauGB vor, so sind die §§ 30 ff. BauGB - mit Ausnahme der Festsetzungen des Bebauungsplans[92] - nicht anwendbar. Eine bauordnungsrechtliche Überprüfung ist allerdings auch dann notwendig (§ 29 II BauGB). 131

---

90 Vgl. Sie zur diesbezüglichen Technik der Klausurlösung den Abschlussfall zu diesem Kapitel unter Rn. 256.

91 Siehe unten, Rn. 585.

92 Siehe dazu unter Rn. 138.

Voraussetzungen:

Zu den Voraussetzungen des § 29 BauGB im Einzelnen:

bauliche Anlage i.S.v. § 29 BauGB (nicht identisch mit Art. 2 BayBO)

(1) Es muss sich gem. § 29 I BauGB um eine bauliche Anlage handeln. Dieser Begriff ist im BauGB nicht definiert. Auch wenn sich der Begriff der baulichen Anlage i.S.v. § 29 I BauGB weitgehend mit Art. 2 I BayBO deckt, darf dieser nicht unmittelbar zur Erläuterung herangezogen werden. Die BayBO als Landesrecht kann nicht zur Interpretation eines bundesrechtlichen Begriffes dienen. Ansonsten hätte der bauplanungsrechtliche Begriff der baulichen Anlage bei unterschiedlicher Regelung in den verschiedenen Ländern einen jeweils unterschiedlichen Inhalt. 132

Die bauliche Anlage i.S.v. § 29 I BauGB muss daher als eigenständiger planungsrechtlicher Begriff interpretiert werden. 133

Mit Erdboden fest verbundene künstliche Anlage

Nach der Rechtsprechung[93] ist eine bauliche Anlage in diesem Sinne eine auf Dauer mit dem Erdboden verbundene künstliche Anlage, wobei sich die Dauer nach der Funktion bestimmt, die der Anlage von ihrem Eigentümer beigemessen wird.

> *Bsp.: Ein Wohnwagen soll die Funktion eines (ortsfesten) Wochenendhauses ersetzen. Hier ist Dauerhaftigkeit zu bejahen.*
>
> *Wird hingegen ein Wohnwagen, der nur für den Urlaub benutzt werden soll, auf der Straße abgestellt, so liegt keine Anlage i.S.d. § 29 BauGB vor.*

„bodenrechtliche Relevanz“ notwendig

Ungeschriebenes Tatbestandsmerkmal des § 29 I BauGB ist die planungsrechtliche oder auch bodenrechtliche Relevanz.[94] Hintergrund ist Art. 74 I Nr. 18 GG, wonach der Bund die Kompetenz nur für das Bodenrecht und nicht für das komplette Baurecht hat. Planungsrechtliche Relevanz i.d.S. ist gegeben, wenn die in § 1 VI BauGB genannten Belange in einer Weise berührt werden können, die geeignet ist, das Bedürfnis nach einer die Zulässigkeit regelnden verbindlichen Bauleitplanung hervorzurufen.[95] Nach neuerer Rechtsprechung[96] kann ein solches Bedürfnis nur bestehen, wenn das Vorhaben auch tatsächlich Gegenstand bauplanerischer Festsetzungen nach § 9 I BauGB sein kann.

hemmer-Methode: Ein kurzes Eingehen auf die planungsrechtliche Relevanz genügt in der Klausur, wenn es um die Neuerrichtung einer baulichen Anlage geht. Meist werden Sie im Rahmen von § 29 I BauGB zum gleichen Ergebnis wie bei Art. 2 I BayBO kommen. Ein erster Schwerpunkt ist hier aber regelmäßig dann zu setzen, wenn es um eine Nutzungsänderung geht (dazu sogleich mehr).

Errichtung, Änderung oder Nutzungsänderung notwendig

(2) Das Vorhaben muss die Errichtung, Änderung oder Nutzungsänderung zum Inhalt haben, § 29 I BauGB. 134

Eine Nutzungsänderung ist nur dann von planungsrechtlicher Relevanz und unterfällt damit dem § 29 BauGB, wenn sich die rechtliche Qualität der bisherigen Nutzung ändert und damit in bodenrechtlicher Hinsicht die Genehmigungsfrage neu aufgeworfen wird[97] (weil z.B. Belange des § 1 VI BauGB durch die neue Nutzung anders als durch die bisherige berührt werden).

Ein Indiz hierfür ist, dass die neue Nutzung nach der BauNVO einem anderen Zulässigkeitsmaßstab unterliegt als die bisherige.[98]

---

93 Z.B. BVerwGE 44, 59 (62), sog. Wohnboot-Entscheidung = Hemmer/Wüst, Classics Öffentliches Recht, E 54.

94 J/D/W, § 29 BauGB, Rn. 14.

95 Vgl. BVerwGE 44, 59 (61).

96 BVerwG, NVwZ 1994, 1010 = JuS 1995, 273.

97 BVerwG, ZfBR 89, 72 ff.

98 J/D/W, § 29 BauGB, Rn. 21.

Bsp.: *Aus einer Scheune wird eine Appartementwohnung, aus einem Lebensmittelladen ein Bistro. In beiden Fällen werden die gesunden Wohnverhältnisse, § 1 VI Nr. 1 BauGB, durch die neue Nutzung in anderer Weise berührt als durch die bisherige. Keine planungsrechtlich relevante Nutzungsänderung läge hingegen vor, wenn aus einem Buchladen ein Spielwarengeschäft wird.*

§ 29 BauGB unabhängig von Genehmigungspflichtigkeit

§ 29 BauGB und damit die Anwendbarkeit der §§ 30 ff. BauGB ist (mittlerweile[99]) unabhängig davon, ob nach der BayBO überhaupt eine Genehmigungspflicht besteht und in welchem Verfahren die Genehmigung zu erteilen ist. Die §§ 30 ff. BauGB gelten damit für alle Vorhaben, die die Errichtung, Änderung oder Nutzungsänderung von baulichen Anlagen in irgendeiner Weise zum Gegenstand haben. 135

Bsp.: *Im Außenbereich soll eine Fabrik zur Glasherstellung errichtet werden. Bestimmt sich die Zulässigkeit des Vorhabens auch nach § 35 BauGB?*

Die Fabrik bedarf nach § 4 BImSchG i.V.m. Nr. 2.8 des Anhangs zur 4. VO zum BImSchG der immissionsschutzrechtlichen Genehmigung. Nach § 13 BImSchG umfasst diese auch die Baugenehmigung (formelle Konzentrationswirkung). Eine selbstständige bauaufsichtliche Genehmigung ist somit nicht notwendig.

§ 35 BauGB findet dennoch Anwendung. Das ergibt sich zum einen aus § 29 I BauGB, da ein Vorhaben betroffen ist, das die Errichtung einer baulichen Anlage zum Inhalt hat; zum anderen auch aus § 6 I Nr. 2 BImSchG, da das Bauplanungsrecht zu den öffentlich-rechtlichen Vorschriften i.S.d. § 6 I Nr. 2 BImSchG gehört.

Bsp.: *Das Grundstück des A liegt im Gebiet eines wirksamen qualifizierten Bebauungsplans, nach dem Swimmingpools grundsätzlich unzulässig sind, um keinen Neid zwischen den Nachbarn aufkommen zu lassen. A will einen Swimmingpool mit 90 m^3 errichten.*

Ein solcher Swimmingpool ist nach Art. 57 I Nr. 10a BayBO genehmigungsfrei. Dies ändert nichts an seiner Unzulässigkeit nach § 30 I BauGB, was durch Art. 55 II BayBO klargestellt wird. A benötigt deshalb eine isolierte Befreiung nach Art. 63 II, III BayBO i.V.m. § 31 BauGB.

Aufschüttungen, Abgrabungen etc.

(3) Aufschüttungen, Abgrabungen größeren Umfangs sowie Ausschachtungen, Ablagerungen und Lagerstätten werden von § 29 I BauGB ebenfalls erfasst. Der Begriff des „größeren Umfangs" ist dabei gleichbedeutend mit dem der planungsrechtlichen Relevanz. 136

(4) § 29 II BauGB stellt klar, dass das Bauordnungsrecht der Länder sowie sonstiges öffentliches Recht von § 29 I BauGB unberührt bleiben. Auch bei einem Vorhaben, das keine planungsrechtliche Relevanz besitzt und auf das somit die §§ 30 ff. BauGB nicht anwendbar sind, kann mithin die Baubehörde auf Grundlage der BayBO einschreiten. 138

hemmer-Methode: Auch für Vorhaben, die (i.d.R. mangels planungsrechtlicher Relevanz) nicht unter § 29 I BauGB fallen, gelten die Festsetzungen eines Bebauungsplans. Denn diese sind Rechtsnormen und finden somit ohne Rücksicht auf § 29 BauGB kraft ihrer Eigenschaft als objektives gemeindliches Satzungsrecht „ohne weiteres aus sich heraus" Anwendung. Der Bebauungsplan ist sonstiges öffentliches Recht i.S.d. § 29 II BauGB.[100] Die Durchsetzung des Bebauungsplans ist der Baubehörde insbesondere über Art. 75, 76 BayBO möglich.

---

99 Anders bis 1998.

100 BVerwGE 25, 243 (248); **Life & Law 1998, 45 ff.**

b) Zulässigkeit von Vorhaben im Geltungsbereich eines qualifizierten BBauPl.

qualifizierter BBauPl.
⇨ § 30 I BauGB maßgeblich

Liegen die Voraussetzungen des § 29 BauGB vor, so ist § 30 BauGB die Einstiegsnorm für die weitere Prüfung der bauplanungsrechtlichen Zulässigkeit des Vorhabens. 139

aa) Prüfungsschema zu § 30 I BauGB

Ein Vorhaben ist gem. § 30 I BauGB zulässig, wenn

⇨ ein wirksamer qualifizierter Bebauungsplan besteht,

⇨ das Vorhaben den Festsetzungen des Bebauungsplans entspricht (beachte jedoch die Möglichkeiten des § 31 BauGB sowie die Einschränkungen des § 15 BauNVO) und

⇨ die Erschließung gesichert ist.

bb) Vorliegen eines wirksamen qualifizierten Bebauungsplans

Festsetzungen notwendig

(1) Im Gegensatz zum einfachen Bebauungsplan enthält der qualifizierte Plan – eventuell zusammen mit sonstigen baurechtlichen Vorschriften (BauNVO) – zumindest Festsetzungen über die Art und das Maß der baulichen Nutzung, die überbaubaren Grundstücksflächen und die örtlichen Verkehrsflächen, vgl. § 30 I BauGB. 140

hemmer-Methode: Achten Sie beim Lesen des Sachverhalts also immer genau darauf, ob für den Bereich des beantragten Vorhabens ein Bebauungsplan aufgestellt wurde.
§ 30 I BauGB greift dann aber nur bei einem rechtswirksamen Bebauungsplan. Wenn diesbzgl. im Sachverhalt Probleme angelegt sind, müssen Sie daher hier die Wirksamkeit des Bebauungsplans im Rahmen einer Inzidentkontrolle prüfen.[101]
Kommen Sie dabei zu dem Ergebnis, dass der Bebauungsplan wegen noch nicht geheilter Fehler (vgl. § 214 IV BauGB) keine Rechtswirkungen entfaltet, gar nichtig ist, müssen Sie dann die Prüfung von § 30 BauGB beenden und stattdessen die Zulässigkeit nach §§ 34, 35 BauGB beurteilen.

Innerhalb seines Geltungsbereiches ist dieser Plan alleiniger Maßstab für die planungsrechtliche Zulässigkeit eines Vorhabens. 141

Voraussetzungen der Zulässigkeit

Das Vorhaben ist gem. § 30 I BauGB zulässig, wenn es den Festsetzungen des Bebauungsplans nicht widerspricht und die Erschließung gesichert ist.

Die Zulässigkeit von Vorhaben im Geltungsbereich eines vorhabenbezogenen Bebauungsplans (§ 12 I S. 1 BauGB) ist in § 30 II BauGB geregelt. Ein vorhabenbezogener Bebauungsplan muss nicht unbedingt die Voraussetzungen eines qualifizierten Bebauungsplanes erfüllen. Damit in diesen Fällen für die Zulässigkeit von Vorhaben nicht wie beim einfachen Bebauungsplan ergänzend auf die §§ 34, 35 BauGB zurückgegriffen werden muss, ist der vorhabenbezogene Bebauungsplan in § 30 II BauGB in seinen Rechtswirkungen dem qualifizierten Bebauungsplan gleichgestellt worden. 142

[101] Inzidentkontrolle bedeutet, dass die Wirksamkeit des Bebauungsplans als Grundlage der erteilten Baugenehmigung vom Verwaltungsgericht ebenfalls überprüft wird und der Plan ggf. nicht angewendet wird (Inzidentverwerfung); das Verwaltungsgericht kann dann aber nicht den Bebauungsplan für nichtig erklären (das kann nur der VGH im Rahmen einer Normenkontrolle, § 47 VwGO, vgl. unten, Rn. 462 ff.); ist die Wirksamkeit des Bebauungsplans in einem Normenkontrollverfahren dagegen bereits rechtskräftig festgestellt (vgl. § 121 VwGO), so ist das Verwaltungsgericht daran gebunden. Sehr strittig ist, ob die Baubehörde auch ein Inzidentverwerfungsrecht hat, also den unwirksamen Plan auch unangewendet lassen kann; vgl. m.w.N. BGH, NVwZ 2004, 1143 = **Life & Law 2004, 775**.

Auch bei ihm richtet sich also die Zulässigkeit eines Vorhabens allein danach, ob es seinen Festsetzungen und – da der vorhabenbezogene Bebauungsplan nach § 12 III S. 1 BauGB nicht an die Festsetzungen des § 9 BauGB und der BauNVO gebunden ist – sonstigen Inhalten nicht widerspricht und die Erschließung gesichert ist.

Exkurs: Die rechtliche Bedeutung der sog. einfachen Bebauungspläne innerhalb der §§ 33 - 35 BauGB

einfacher BBauPl. hat keine Festsetzungen

Der einfache Bebauungsplan ist nicht zu verwechseln mit dem sog. Flächennutzungsplan, denn dieser stellt eine Vorstufe zum Bebauungsplan dar. Einfache Bebauungspläne sind solche, die nicht die Mindestfestsetzungen des § 30 I BauGB zum Inhalt haben, vgl. § 30 III BauGB. 143

hemmer-Methode: Ein einfacher Bebauungsplan kann auch dadurch entstehen, dass in einem als qualifiziert beschlossenen Bebauungsplan die getroffenen Festsetzungen unwirksam sind.

Soweit der einfache Bebauungsplan bestimmte Festsetzungen nicht enthält, bspw. über das Maß der baulichen Nutzung, finden je nach Lage des Grundstücks ergänzend die Bestimmungen der §§ 34, 35 BauGB Anwendung. 144

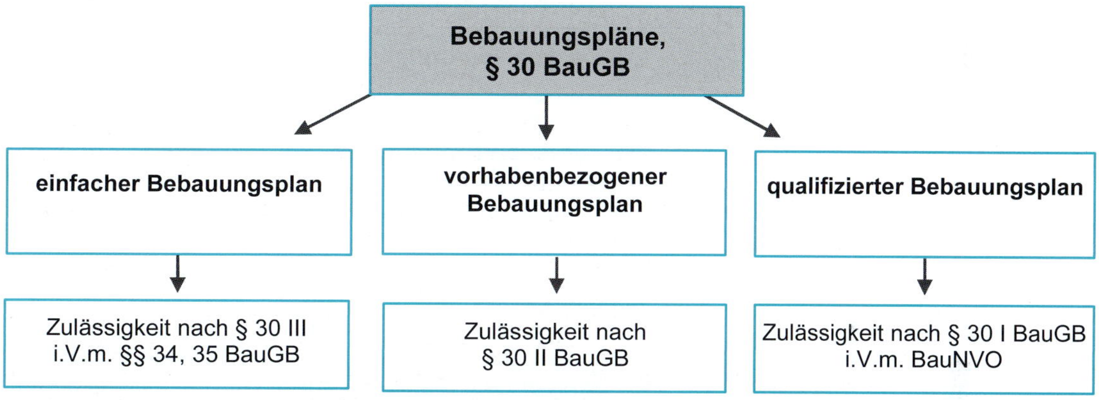

Einen abschließenden bauplanungsrechtlichen Maßstab bildet nur der qualifizierte Bebauungsplan. Beide Pläne sind somit zwar gleichartig, jedoch nicht gleichwertig. 145

> ***Bsp.:** In einem zum Innenbereich gehörenden Gebiet besteht ein einfacher Bebauungsplan. Dem Bauvorhaben stehen Festsetzungen des Plans entgegen. Der Bauherr beruft sich darauf, dass sich das Vorhaben gleichwohl in die nähere Umgebung i.S.d. § 34 I BauGB einfügt.*
>
> Für die Frage nach der Zulässigkeit ist das Vorbringen des Bauherrn nicht von Bedeutung. Nach § 30 III BauGB richtet sich die Zulässigkeit eines Vorhabens zunächst nach den Festsetzungen des Planes. Nur ergänzend („im Übrigen") findet § 34 BauGB Anwendung. Über die Unzulässigkeit kann der einfache BBauPl. somit allein entscheiden (zu beachten allerdings § 31 BauGB), über die Zulässigkeit dagegen nur in Verbindung mit § 34 (bzw. § 35) BauGB.

Exkurs Ende

typisierte Betrachtungsweise bei Art der baulichen Nutzung

(2) Festsetzungen über die Art der baulichen Nutzung (§ 9 I Nr. 1 BauGB i.V.m. §§ 1 ff. BauNVO; gem. § 1 III S. 2 BauNVO werden die §§ 2 - 14 BauNVO Inhalt des Bebauungsplans) regeln die Frage, welche Vorhaben in den einzelnen Baugebieten zulässig sind. 146

Maß der baulichen Nutzung

Weniger klausurrelevant sind die Festsetzungen über das Maß der baulichen Nutzung (§ 9 I Nr. 1 BauGB i.V.m. §§ 16 ff. BauNVO) sowie über die überbaubaren Grundstücksflächen (§§ 22, 23 BauNVO) und die örtlichen Verkehrsflächen. 148

hemmer-Methode: Wichtig ist das Verständnis für das System der Regelungen. Zur Vertiefung können Sie sich Einzelfälle unter Zuhilfenahme eines Kommentars erschließen.
Bedenken Sie schließlich noch, dass die verschiedenen Gebietstypen der BauNVO nicht nur i.R.d. § 30 BauGB eine Rolle spielen können. In den Fällen des § 34 II BauGB können diese ebenfalls als Orientierungsmaßstab gelten.[102]

im Einzelfall Ausschluss nach § 15 BauNVO

(3) Zu beachten ist, dass nach § 15 BauNVO die in den einzelnen Baugebieten zulässigen Vorhaben im Einzelfall unzulässig sein können: 149

⇨ wenn sie nach Anzahl, Lage, Umfang oder Zweckbestimmung der Eigenart des Baugebiets widersprechen (§ 15 I S. 1 BauNVO),

⇨ wenn von ihnen für das Baugebiet oder dessen Umgebung unzumutbare Belästigungen oder Störungen ausgehen können (§ 15 I S. 2 BauNVO),

⇨ oder sie solchen Belästigungen oder Störungen ausgesetzt werden (§ 15 I S.2 BauNVO).

gesetzl. Fall des Gebots der Rücksichtnahme

Für den beplanten Innenbereich stellt § 15 BauNVO die gesetzliche Regelung des baurechtlichen Gebots der Rücksichtnahme dar.[103] 150

Die Vorschrift ermöglicht, im einzelnen Genehmigungsverfahren bestimmte Probleme zu lösen, die im Planaufstellungsverfahren offen blieben und offen bleiben durften.[104]

hemmer-Methode: Beachten Sie den mit § 15 BauNVO verbundenen zweistufigen Prüfungsaufbau:
1. **Die grundsätzliche Zulässigkeit des Vorhabens nach den Festsetzungen des Bebauungsplans muss gegeben sein.**
2. **Dann erst ist die ausnahmsweise Unzulässigkeit nach § 15 BauNVO zu überprüfen.**

cc) Ausnahmen und Befreiungen

Dispens, § 31 I, II BauGB

Das Bauvorhaben darf den Festsetzungen des Bebauungsplans grundsätzlich nicht widersprechen (Baugenehmigung als gebundener Verwaltungsakt). Der Komplexität städtebaulicher Planung und Ordnung kann dieser Grundsatz nicht immer gerecht werden. 151

Einzelfallgerechtigkeit

§ 31 BauGB räumt daher einen Abweichungsvorbehalt ein, der in erster Linie der Einzelfallgerechtigkeit und damit dem rechtsstaatlichen Übermaßverbot dient.[105] § 31 BauGB bietet eine Dispensmöglichkeit für einfache und qualifizierte Bebauungspläne.

Befreiungsmöglichkeit als Teil des Bebauungsplans ⇨ § 31 I BauGB

(1) Nach § 31 I BauGB kann die Gemeinde Ausnahmen hinsichtlich bestimmter Festsetzungen nach Art und Umfang ausdrücklich im Bebauungsplan vorsehen. 152

---

102 Zu § 34 BauGB später unter Rn. 157 ff.

103 Z.B. BVerwGE 67, 334.

104 Vgl. unten Rn. 617.

105 J/D/W, § 31 BauGB, Rn. 5.

Von besonderer Bedeutung sind insoweit die jeweiligen Absätze 3 der §§ 2 - 9 BauNVO. Nach § 1 III S. 2 BauNVO werden die dort vorgesehenen Ausnahmen Bestandteil des Bebauungsplans (es sei denn, die Gemeinde macht von den Möglichkeiten des § 1 IV - X BauNVO Gebrauch).

ansonsten nach § 31 II BauGB im Einzelfall zu entscheiden

(2) Nach § 31 II BauGB sind darüber hinaus im Einzelfall Befreiungen von bestimmten Festsetzungen möglich. 153

Die Befreiung ist das Mittel, um unvorhersehbaren Besonderheiten Rechnung tragen zu können. Der Zielsetzung entsprechend sind die Zulässigkeitsvoraussetzungen streng.

1. **Alternative Voraussetzungen:**

⇨ entweder Gründe des Wohls der Allgemeinheit **oder**

⇨ städtebauliche Vertretbarkeit der Abweichung **oder**

⇨ offenbar nicht beabsichtigte, grundstücksbezogene Härte bei der Durchführung des Planes

2. **Zusätzliche kumulative Voraussetzungen stets:**

⇨ Beibehaltung der Grundzüge der Planung **und**

⇨ Vereinbarkeit der Abweichung mit den öffentlichen Belangen auch unter Würdigung nachbarlicher Interessen

kein konkludenter Dispens

Ein Dispens muss stets ausdrücklich erfolgen und in der Baugenehmigung hervorgehoben werden. Eine konkludente Erteilung des Dispenses durch bloße Erteilung der Baugenehmigung ist damit nicht möglich. Ein ausdrücklicher Befreiungsantrag des Bauherrn ist dagegen nicht erforderlich. 154

hemmer-Methode: Der Dispens ist ein eigener Verwaltungsakt, was Sie weniger in der Klausur, der Bauherr vielmehr an dem Kostenbescheid der Baubehörde merken wird. Er wird nicht nur die Kosten für die Baugenehmigung, sondern auch für den Dispens zu tragen haben.

§ 31 I BauGB vor § 31 II BauGB prüfen

Bei der Klausurprüfung ist zunächst mit der Befreiungsmöglichkeit des § 31 I BauGB zu beginnen. Liegen dessen Voraussetzungen nicht vor, so ist die Befreiungsmöglichkeit des § 31 II BauGB zu überprüfen. 155

Bsp.: *In einem reinen Wohngebiet wird die Genehmigung für den Umbau eines Wohnhauses in eine Gaststätte unter Befreiung von den Festsetzungen des Bebauungsplans beantragt. Derartige Ausnahmen sind im Plan weder ausdrücklich noch in § 3 III BauNVO vorgesehen.*

Das Vorhaben entspricht nicht den Festsetzungen des Plans. Da auch derartige Ausnahmen nicht vorgesehen sind (§ 31 I BauGB), kommt lediglich die Möglichkeit einer Befreiung nach § 31 II BauGB in Betracht.

Denkbar wäre hier § 31 II Nr. 2 BauGB. Die Abweichung wäre städtebaulich vertretbar, wenn sie nach §§ 1, 9 BauGB zulässiger Inhalt eines Bebauungsplans sein könnte.[106] Im vorliegenden Fall ist dies grundsätzlich vorstellbar.

Auch die Grundzüge der Planung (also die dem Plan insgesamt zugrunde liegende planerische Konzeption) dürften hierdurch wohl nicht berührt werden. Ob die Abweichung auch unter Würdigung nachbarlicher Interessen mit den öffentlichen Belangen vereinbar ist, ist Frage des Einzelfalles.

---

[106] So BVerwG, ZfBR 90, 198 (200).

hemmer-Methode: § 31 II BauGB enthält als Mischtatbestand auf der Tatbestandsseite unbestimmte Rechtsbegriffe und auf der Rechtsfolgenseite eine Ermessensermächtigung.[107] Fraglich ist allerdings, wem das Ermessen zusteht. Überzeugend erscheint, allein der Gemeinde, deren Planungshoheit betroffen ist, Ermessen einzuräumen. Die Genehmigungsbehörde ist dann an die Entscheidung der Gemeinde gebunden.[108]

Einvernehmen beachten

Beachte: Da die Befreiung in das Gefüge des von der Gemeinde beschlossenen Bebauungsplanes eingreift, hat die Baugenehmigungsbehörde, die über die Befreiung entscheidet, nach § 36 I S. 1 BauGB das Einvernehmen der plangebenden Gemeinde einzuholen. 156

hemmer-Methode: Denken in Zusammenhängen! Wird ein Dispens von einer (nachbarschützenden) Vorschrift erteilt, so wird sich der Nachbar i.d.R. besonders ärgern und die Baugenehmigung anfechten. Der Dispens ist deshalb (auch wegen der Begründungsvorschrift des Art. 68 II BayBO) besonders im Bereich der Nachbarklage von Bedeutung.

c) Zulässigkeit von Vorhaben im Innenbereich, § 34 BauGB

aa) Abgrenzung

§ 30 BauGB gegenüber § 34 BauGB vorrangig zu prüfen

Liegt ein qualifizierter Bebauungsplan vor, so entscheidet allein § 30 I BauGB über die Zulässigkeit des Vorhabens (s.o. Rn. 139 ff.). 157

Bei einem einfachen Bebauungsplan (§ 30 III BauGB) und im unbeplanten Bereich kommt § 34 BauGB zur Anwendung, wenn sich das Vorhaben im sog. Innenbereich befindet. Ist dies nicht der Fall, beurteilt sich die Zulässigkeit des Vorhabens nach § 35 BauGB.

Abgrenzung Innen- und Außenbereich

Die Zuordnung zu dem einen oder dem anderen Gebietstyp entscheidet in zahlreichen Fällen über die bauliche Nutzbarkeit eines Grundstücks. 158

Innenbereich grds. bebaubar

Während der Innenbereich nach Vorstellung des Gesetzgebers grundsätzlich bebaubar sein soll, besteht für sog. nicht-privilegierte Vorhaben im Außenbereich praktisch ein Bauverbot.

Definition: im Zusammenhang bebauter Ortsteil

Definition: Unter „im Zusammenhang bebaute Ortsteile" i.S.d. § 34 BauGB ist mit der ständigen Rechtsprechung[109] jede Bebauung im Gebiet einer Gemeinde zu verstehen, die – trotz vorhandener Baulücken – den Eindruck von Geschlossenheit und Zusammengehörigkeit erweckt, nach der Zahl der vorhandenen Bauten ein gewisses Gewicht hat und Ausdruck einer organischen Siedlungsstruktur ist.[110] Maßgeblich für die Beurteilung ist die jeweils vorhandene Bebauung. 159

Für die Beurteilung der Frage, ob eine zusammenhängende Bebauung ein Ortsteil i.S.v. § 34 I BauGB ist, ist nur auf die Bebauung im jeweiligen Gemeindegebiet - nicht auf die in der angrenzenden Nachbargemeinde - abzustellen.[111] Auch zwei unmittelbar aneinandergrenzende Grundstücke können unterschiedlichen Baugebieten angehören, wenn z.B. einem Steilhang oder anderen topographischen Gegebenheiten eine trennende Funktion zukommt.[112]

---

107 Hemmer/Wüst, Verwaltungsrecht I, Rn. 359.

108 J/D/W, § 31 BauGB, Rn. 27; unklar BayVGH, BayVBl. 2008, 307. Nach Ansicht des BayVGH können i.R.d. Ermessensentscheidung auch Aspekte berücksichtigt werden, die bereits auf Tatbestandsseite eine Rolle spielen.

109 Grundlegend BVerwGE 31, 20 (21); vgl. aus neuerer Zeit BVerwG, JUS 2001, 405 f.

110 Zu den Einzelheiten J/D/W, § 34 BauGB, Rn. 3 ff.

111 BverwG, NVwZ 1999, 527 = **Life & Law 1999, 389 ff.**

112 J/D/W, § 34 BauGB, Rn. 26.

Bsp.: *K will seinen Gewerbebetrieb erweitern. Im Süden des Grundstücks schließen sich andere Betriebe an, die Bebauung geht in den Ort über. Im Osten und Westen befinden sich nur landwirtschaftlich genutzte Flächen. Auf dem nördlich angrenzenden Grundstück befinden sich die Zufahrt zu dem Betrieb des K und ein kleiner Parkplatz, der Rest wird landwirtschaftlich genutzt. Hier will K eine Ausstellungshalle errichten. Weitere Bebauung findet sich nördlich des Grundstücks nicht. Kommt § 34 BauGB zur Anwendung?*

Der Betrieb des K steht noch am Rand eines im Zusammenhang bebauten Ortsteils, da sich anschließend weitere Gewerbebetriebe befinden. Der Betrieb selbst könnte demnach noch ein Innenbereichsvorhaben darstellen.

Das bedeutet aber nicht automatisch, dass auch das angrenzende Vorhaben zum Innenbereich gehört. Der vorhandene Parkplatz wird ebenfalls noch vom Bebauungszusammenhang umfasst, der Rest des Grundstücks allerdings wird landwirtschaftlich genutzt.

Somit stellt der Parkplatz das Ende der Bebauung dar, an ihn angrenzend beginnt der Außenbereich. Die Abgrenzung ist nicht abhängig von Grundstücks- oder Parzellengrenzen, sondern nur von den Baugrenzen. Der Außenbereich kann also auch mitten in einem Grundstück beginnen.[113]

hemmer-Methode: Gerade im Zusammenhang mit der Beurteilung von Baugrenzen (oft sogar anhand von Skizzen) ist § 34 BauGB beliebter Prüfungsgegenstand im Examen.
Die Abgrenzung von § 34 BauGB und § 35 BauGB ist dann ein zentrales Problem der Arbeit, bei dem pauschales Lernen nicht zum Erfolg führt, sondern einzig und allein die genaue Würdigung des Einzelfalles. Vergegenwärtigen Sie sich daher die Abgrenzungskriterien, und beachten Sie vor allem die Wertung des Gesetzgebers: Liegt das Vorhaben im Außenbereich, so ist es i.d.R. nur dann zulässig, wenn es sich um ein privilegiertes Vorhaben handelt. Fällt es dagegen in den unbeplanten Innenbereich, so gelten die Grundsätze des § 34 BauGB, die gegenüber § 35 BauGB bei nicht-privilegierten Vorhaben eine vereinfachte Zulassung ermöglichen.[114]

ggf. in Satzung festlegbar

Nach § 34 IV BauGB können die Gemeinden die Abgrenzung von Innen- und Außenbereich durch Satzung festsetzen. 160

Während die Klarstellungssatzung (Nr. 1) nur deklaratorischen Charakter hat, wirken Entwicklungs- (Nr. 2) und Abrundungssatzung (Nr. 3) konstitutiv.[115]

bb) Zulässigkeit von Bauvorhaben nach § 34 I BauGB

§ 34 I BauGB, BBauPl. ist vorrangig

Liegt im Innenbereich ein Bebauungsplan vor, so richtet sich die Zulässigkeit eines Vorhabens zunächst nach den Festsetzungen dieses Plans. 161

Widerspricht es diesen Festsetzungen, so ändert auch das Vorliegen der Voraussetzungen des § 34 BauGB nichts an der Unzulässigkeit.

hemmer-Methode: Aus genau diesem Grunde versuchen viele Rechtsanwälte, einen Bebauungsplan mit aller Gewalt (und viel Erfindungsreichtum) als nichtig darzustellen! Dann würde nämlich im Innenbereich doch wieder unmittelbar § 34 BauGB gelten – was das Vorhaben möglicherweise entgegen den Festsetzungen wieder zulässig machen würde. In der Praxis kann es so zu einem „Eiertanz“ zwischen §§ 35, 34 und 30 BauGB kommen. Meist liefert § 34 BauGB die einfachsten Genehmigungsvoraussetzungen.

113 BVerwG, BauR 1993, 435 ff.

114 Zum Außenbereich und zu nichtprivilegierten Vorhaben anschließend ausführlich unter Rn. 170 ff.

115 J/D/W, § 34 BauGB, Rn. 39 ff.

Für § 34 I BauGB bietet sich folgendes Prüfungsschema an: 162

<u>Nach § 34 I BauGB ist ein Bauvorhaben zulässig, wenn:</u>

1. es im Innenbereich liegt,

2. es sich hinsichtlich

- der Art der baulichen Nutzung,
- des Maßes der baulichen Nutzung,
- der Bauweise,
- der Grundstücksfläche, die überbaut werden soll,

in die Eigenart der näheren Umgebung einfügt (vgl. anschließendes Schema),

3. die Erschließung gesichert ist,

4. die Anforderungen an gesunde Wohn- und Arbeitsverhältnisse gewahrt bleiben, § 34 I S. 2 BauGB,

5. das Ortsbild nicht beeinträchtigt wird, § 34 I S. 2 BauGB,

6. es den Festsetzungen eines evtl. bestehenden einfachen Bebauungsplans (§ 30 III BauGB) nicht widerspricht,

7. keine schädlichen Auswirkungen auf zentrale Versorgungsbereiche in der Gemeinde oder in anderen Gemeinden sind, § 34 III BauGB, und

8. die Gemeinde ihr Einvernehmen nach § 36 I S. 1 BauGB erteilt hat.[116]

Die Punkte 3., 4. und 5. sind in Examensklausuren meist von nur geringer Bedeutung.

Hinsichtlich des Punktes Nr. 2, dem „Einfügen in die nähere Umgebung" empfiehlt sich folgende Vorgehensweise:[117] 163

⇨ **Feststellung der Umgebung**

(Bereich, auf den sich das Vorhaben auswirken kann und der andererseits selbst das Baugrundstück prägt)

⇨ **Feststellung der dortigen Bebauung**

(anhand der oben genannten Kriterien: Art und Maß, Bauweise, überbaute Fläche; diesbzgl. ist die BauNVO als Auslegungshilfe heranzuziehen); **Fremdkörper** in der Umgebung bleiben dabei außer Betracht.

⇨ Prüfung, ob das **geplante Vorhaben** diesen Rahmen einhält.

⇨ Überprüfung des Vorhabens anhand des **Gebots der Rücksichtnahme** (Abwägung)

⇨ Sollte das Vorhaben sich nach diesen Kriterien als unzulässig erweisen, ist eine **Befreiung** nach § 34 IIIa BauGB zu prüfen.

abschließende Abwägung

Im Ergebnis bedeutet das, dass eine nach den ersten vier Prüfungsschritten festgestellte Zulässigkeit durch eine abschließende Abwägung nochmals zur Disposition gestellt wird. 164

---

116 Siehe dazu später unter Rn. 425 ff.

117 So Dürr/König, Rn. 171 ff., der sich an BVerwGE 55, 369 orientiert; vgl. auch J/D/W, § 34, Rn. 65 ff.

Zu berücksichtigen ist in der Abwägung, wie empfindlich und schutzwürdig die Stellung derer ist, zu deren Gunsten Rücksicht genommen wird, und wie gewichtig andererseits das Interesse derer ist, die ein bauliches Vorhaben verwirklichen wollen.[118] 165

hemmer-Methode: Das Gebot der Rücksichtnahme ist ein Klassiker des Baurechts. Die Bedeutung dieses Instituts, das das ganze Baurecht betrifft, muss Ihnen bekannt sein. Eine sehr wichtige Rolle kommt dem Gebot der Rücksichtnahme bei der Beurteilung zu, ob eine Vorschrift nachbarschützende Wirkung aufweist.[119]

Bsp.: *Geplant ist im Innenbereich ein großflächiger Einzelhandelsbetrieb. In der Umgebung befinden sich Wohngrundstücke.*

Umgebung und die dortige Bebauung (der sog. Rahmen) sind hier vorgegeben. Zu überprüfen bleibt, ob das geplante Vorhaben diesen Rahmen einhält. Das ist hier eindeutig (Art der baulichen Nutzung) nicht der Fall.

Die Prüfung wäre damit beendet. Allerdings kann ein Vorhaben, das den Rahmen überschreitet, ausnahmsweise dennoch zulässig sein, § 34 IIIa BauGB.

Hier ist die Abweichung mit den nachbarlichen Belangen nicht vereinbar, § 34a III Nr. 3 BauGB, sodass eine Genehmigung nicht in Betracht kommt.[120]

Abwandlung: *In der Umgebung des geplanten Vorhabens befinden sich bereits Einzelhandelsbetriebe. Das geplante Vorhaben lässt jedoch aufgrund besonders regen Zu- und Abfahrtsverkehrs wesentlich stärkere Belastungen für umliegende Anwohner erwarten.*

In diesem Fall scheint das Vorhaben den vorgegebenen Rahmen einzuhalten.

Zu prüfen bleibt, ob die Genehmigungserteilung auch das Gebot der Rücksichtnahme hinreichend berücksichtigen würde.[121] Abzuwägen sind die schutzwürdigen Interessen der Anwohner und die mit dem Vorhaben verfolgten Interessen des Bauwilligen. Kommt es zu erheblich höheren Belastungen benachbarter Wohngebiete durch Lärm und Abgase, so ist die Genehmigung zu versagen, vgl. auch § 34 I S. 2 BauGB.[122]

momentane Bebauung entscheidend

Entscheidend ist jeweils die tatsächlich momentan vorhandene Bebauung. 166

Bsp.: *N betreibt einen Bauernhof mit Viehhaltung. Momentan werden die Nachbargrundstücke durch Geruchsemissionen nicht belästigt. Gegen ein Vorhaben auf einem Nachbargrundstück wendet er sich mit der Begründung, eine Wohnbebauung dort würde es ihm unmöglich machen, seinen Betrieb zukünftig ganz auf Mast umzustellen. Er sei deshalb in der künftigen Nutzung des Grundstücks beeinträchtigt.*

Ein (Wohn-)Vorhaben kann auch dann nach § 34 I BauGB unzulässig sein, wenn es sich in der Umgebung bereits vorhandenen Immissionen aussetzt. Da in einer solchen Situation gerichtliche Auseinandersetzungen über die Zulässigkeit der Immissionen zu erwarten sind, verletzt das geplante Vorhaben u.U. das Gebot der Rücksichtnahme.[123]

Problematisch ist hier allerdings, dass die beeinträchtigenden Immissionen noch gar nicht vorliegen, sondern allenfalls von N geplant sind.

---

118 BVerwGE 52, 122 (126).

119 Vgl. dazu Rn. 347 ff.

120 J/D/W, § 34 BauGB, Rn. 103 ff.

121 J/D/W, § 29 BauGB, Rn. 75 ff.

122 B/K/L, § 34 BauGB, Rn. 42; allgemein zum Einfügungsgebot vgl. J/D/W, § 34 BauGB, Rn. 65 ff.

123 BGH, BayBl. 2002, 536.

Grundsätzlich können künftige Entwicklungen nur insoweit berücksichtigt werden, als sie im vorhandenen baulichen Bestand ihren Niederschlag gefunden haben.

Die bloße Möglichkeit zukünftiger Betriebserweiterungen kann schon vollzogenen Änderungen nicht gleichgestellt werden. Andernfalls könnte jeder Nachbar durch bloße Absichtserklärungen die Bebaubarkeit der Grundstücke in seiner Umgebung beeinflussen.[124]

cc) Die Zulässigkeit nach § 34 II BauGB

§ 34 II BauGB i.V.m. BauNVO

Entspricht die Eigenart der näheren Umgebung einem der Baugebiete der BauNVO, so ist ein Vorhaben nach seiner Art nur zulässig, wenn es nach der BauNVO in dem Gebiet zulässig wäre. (Gem. § 34 II HS 2 BauGB findet § 31 BauGB entsprechende Anwendung auf nach der BauNVO ausnahmsweise zulässige Vorhaben.) 167

Bleiben hinsichtlich der Zuordnung Zweifel, so ist allein § 34 I BauGB anzuwenden.

BauNVO nur bezüglich Art der baulichen Nutzung

Diese Bezugnahme auf die BauNVO gilt allerdings nur für die Art der baulichen Nutzung. Es bedarf insoweit keiner Prüfung, ob sich das Vorhaben einfügt oder nicht. Hinsichtlich der anderen in § 34 I S. 1 BauGB genannten Kriterien bleibt es bei der oben dargestellten Prüfung. 168

Gebot der Rücksichtnahme

Zu beachten ist, dass auch bei § 34 II BauGB das Gebot der Rücksichtnahme gilt. Das ergibt sich aus § 15 BauNVO, der eine Ausprägung des baurechtlichen Gebots der Rücksichtnahme ist und von der Bezugnahme des § 34 II BauGB mit umfasst wird.[125] 169

hemmer-Methode: § 34 II BauGB ist beliebtes Klausurthema, denn zum einen kann man so vorab die Abgrenzung von § 34 BauGB zu § 35 BauGB prüfen, zum anderen können Fragen der BauNVO einfließen. Insbesondere die Vorschrift des § 15 BauNVO kann dann im Einzelfall ein eigentlich zulässiges Vorhaben wieder unzulässig werden lassen: Hier können (bzw. müssen) Sie zeigen, dass Sie die Systematik des § 34 II BauGB verstanden haben.

d) Zulässigkeit von Vorhaben im Außenbereich, § 35 BauGB

aa) Allgemeines

Bauen im Außenbereich, § 35 BauGB

Der Begriff des Außenbereichs wird negativ dadurch definiert, dass keiner der in §§ 30 I, 34 BauGB genannten Bereiche einschlägig ist. 170

grds. keine Bebauung erwünscht

Von den drei Planungsbereichen (§§ 30, 34, 35 BauGB) ist der Außenbereich derjenige, in dem grundsätzlich nicht gebaut werden soll.

hemmer-Methode: Dieser Grundsatz erleichtert Ihnen das Verständnis der §§ 30 ff. BauGB. Daraus folgt, dass die Zulässigkeit von Vorhaben nur unter strengeren Voraussetzungen als bei den §§ 30 I, 34 BauGB gegeben sein kann.

aber: privilegierte Vorhaben

Hinsichtlich bestimmter (sog. privilegierter) Vorhaben macht § 35 I BauGB hiervon Ausnahmen. 171

nicht: sonstige Vorhaben

Sonstige (nicht-privilegierte) Vorhaben sind nur in Einzelfällen zulässig (§ 35 II BauGB). 172

---

[124] BVerwG, BauR 1993, 445 ff.; VGH Mannheim, NVwZ-RR 2010, 45.

[125] BVerwG, DÖV 86, 571; VGH Mannheim, NVwZ-RR 2010, 45; vgl. auch J/D/W, § 34 BauGB, Rn. 120.

öffentliche Belange, § 35 III BauGB

§ 35 III BauGB zählt die wichtigsten Gründe auf, die gegen ein Vorhaben im Außenbereich sprechen können und somit bei der Entscheidung über die Zulässigkeit mit den für das Vorhaben sprechenden Gründen abgewogen werden müssen.[126] 173

hemmer-Methode: Genauigkeit im Detail! § 35 III S. 1 BauGB gilt nach dem Wortlaut („Beeinträchtigung") eigentlich nur für die Fälle des § 35 II BauGB. Die dort aufgeführten Belange sind aber grds. ebenso für die Fälle des § 35 I BauGB heranzuziehen. Dort sind sie aber nur Ausgangspunkt für eine Interessenabwägung im Einzelfall! Anders § 35 III S. 3 BauGB: Dieser regelt ausdrücklich ein Entgegenstehen öffentlicher Belange im Sinne des § 35 I BauGB.

§ 35 IV BauGB bei bestimmten sonstigen Vorhaben

Für bestimmte sonstige Vorhaben nach § 35 II BauGB fingiert § 35 IV BauGB, dass einige öffentliche Belange, die derartige Vorhaben typischerweise beeinträchtigen, als nicht beeinträchtigt angesehen werden (sog. teilprivilegierte Vorhaben). 174

Alle nach § 35 I - IV BauGB zulässigen Vorhaben müssen in einer flächensparenden und den Außenbereich schonenden Weise ausgeführt werden (§ 35 V BauGB).

bb) Zulässigkeit gem. § 35 I BauGB

(1) Prüfungsschema zu § 35 I BauGB

Ein Vorhaben ist gem. § 35 I BauGB zulässig, wenn:

1. es im Außenbereich liegt,
2. einer der Fälle des § 35 I Nr.1 - 7 BauGB vorliegt,
3. öffentliche Belange (insb. i.S.v. § 35 III BauGB) nicht entgegenstehen,
4. es den Festsetzungen eines evtl. bestehenden einfachen BBauPl. (§ 30 III BauGB) nicht widerspricht,
5. die ausreichende Erschließung gesichert ist
6. in den Fällen des § 35 I Nr.2 - 6 BauGB die Erklärung nach § 35 V S. 2 BauGB abgegeben ist und
7. die Gemeinde ihr gem. § 36 I S. 1 BauGB erforderliches Einvernehmen erteilt hat.

(2) Privilegierte Vorhaben

privilegierte Vorhaben; § 35 I BauGB abschließend

Die im Außenbereich privilegierten Vorhaben hat der Gesetzgeber enumerativ und abschließend in § 35 I BauGB geregelt. Damit wird dem Umstand Rechnung getragen, dass es für bestimmte Vorhaben gerade besondere Gründe für einen Standort im Außenbereich gibt. 175

***Bsp. 1:** A plant einen Schweinemastbetrieb im Außenbereich.*

Das Vorhaben könnte einem landwirtschaftlichen Betrieb i.S.d. § 35 I Nr. 1 BauGB[127] dienen.

---

126 BVerwGE 28, 148 (151).

127 Voraussetzung für eine Privilegierung nach § 35 I Nr. 1 BauGB ist eine gewisse Nachhaltigkeit der landwirtschaftlichen Nutzung. Diese ist bei nur gepachtetem Land nicht gewährleistet. vgl. BayVGH, BayVBl. 1999, 309.

Der Begriff der Landwirtschaft wird als Tätigkeit definiert, bei der der Boden planmäßig und eigenverantwortlich bewirtschaftet werden kann, um den Ertrag (pflanzliche und tierische Erzeugnisse) zu nutzen (vgl. die beispielhafte Aufzählung in § 201 BauGB).[128]

Ein landwirtschaftlicher Betrieb liegt somit nur vor, wenn das Futter überwiegend selbst erzeugt werden kann. Dies einmal vorausgesetzt, müsste das Vorhaben dem landwirtschaftlichen Betrieb dienen.[129]

Ein Betrieb ist ein nachhaltiges, ernsthaftes, auf Dauer angelegtes und lebensfähiges Unternehmen mit einer bestimmten Organisation.[130] Davon ist bei dem Unternehmen des A auszugehen. Dafür spricht insbesondere die Möglichkeit und Absicht des A, einen Gewinn zu erzielen.

Beim Begriff des Dienens ist darauf abzustellen, ob ein „vernünftiger Landwirt", der die Entscheidung des Gesetzes, dass im Außenbereich grundsätzlich nicht gebaut werden soll, soweit wie möglich respektiert, für einen entsprechenden Betrieb das Vorhaben in etwa gleicher Weise errichten würde.[131] Da man vorliegend davon ausgehen kann, ist das Vorhaben des A bei eigener Fütterungsgrundlage privilegiert i.S.v. § 35 I Nr. 1 BauGB.

hemmer-Methode: Verständnis schaffen! In der Praxis kommt es häufig vor, dass ein Landwirt einen Schaf- bzw. Kuhstall im Außenbereich beantragt. Kommt dann die Bauaufsicht tatsächlich einmal an dem Vorhaben vorbei, muss nicht selten festgestellt werden, dass der Stall als (teuer vermietete) Behausung für Reitpferde fungiert, welche gerade nicht dem landwirtschaftlichen Betrieb dienen. Dann muss i.d.R. eine Teilabrissverfügung ergehen.

Sollte A das Futter nicht im eigenen Betrieb erzeugen können, fällt das Vorhaben jedenfalls unter § 35 I Nr. 4 BauGB. Aufgrund der von Mastbetrieben ausgehenden nachteiligen Wirkungen auf die Umgebung (Geruchsbelästigung) sollen derartige Vorhaben nur im Außenbereich ausgeführt werden.[132]

hemmer-Methode: Beachten Sie auch hier die Zusammenhänge! Landwirtschaftliche Gebäude sind häufig Gegenstand von Baurechtsklausuren, denn hier müssen Sie zunächst prüfen, ob nicht bereits eine Ausnahme nach Art. 57 I S. 1 Nr.1c BayBO vorliegt.[133]
Außerdem eröffnen sich bei landwirtschaftlichen Vorhaben sehr oft Fragen des Immissionsschutzrechts (z.B. bei einem Schweinemastbetrieb). Hier kann es sein, dass auch eine immissionsschutzrechtliche Genehmigung nach § 4 BImSchG erforderlich ist und damit nach § 13 BImSchG die Baugenehmigung entfällt (formelle Konzentrationswirkung).[134]

limitierte Generalklausel, § 35 I Nr. 4 BauGB

I.R.d. Privilegierungstatbestände kommt dem § 35 I Nr. 4 BauGB ganz allgemein die Funktion eines Auffangtatbestandes zu.[135] In Form einer limitierten Generalklausel fasst er alle Vorhaben zusammen, die auf einen Standort im Außenbereich angewiesen sind. 176

Die Voraussetzungen sind stets genau zu prüfen.

Wochenendhäuser

Bsp. 2: Im Außenbereich ist ein Wochenendhaus geplant. „Richtige Erholung ist nur im Grünen möglich."

128 Vgl. BVerwG, BayVBl. 1981, 119 (121); DÖV 1983, 816; DÖV 1993, 869.

129 J/D/W, § 35 BauGB, Rn. 13 ff.

130 Vgl. BVerwG, NVwZ 1986, 916.

131 Vgl. BVerwG, DÖV 1986, 573; DÖV 1992, 73.

132 Vgl. J/D/W, § 35 BauGB, Rn. 70 f.

133 Dazu schon Rn. 59; dies wird aber i.d.R. nicht der Fall sein, da Sie ansonsten gar nicht mehr zu § 35 BauGB vorstoßen würden - erwähnen sollten Sie Art. 57 I Nr.1c BayBO dennoch.

134 Vgl. oben Rn. 96 ff.

135 J/D/W, § 35 BauGB, Rn. 58 ff.mit vielen Einzelfällen.

Wochenendhäuser müssen weder wegen der besonderen Anforderungen an die Umgebung, noch wegen ihrer besonderen Zweckbestimmung (auch wenn der Antragssteller dies häufig anders sehen wird) im Außenbereich gebaut werden, da es hierbei auf eine objektive Zweckbestimmung im Interesse der Allgemeinheit ankommt.

Sie dienen allein der individuellen Erholung und schließen gleichzeitig die Allgemeinheit von der Nutzung des Außenbereichs als Erholungsgebiet aus.[136] Das Tatbestandsmerkmal „soll“ des § 35 I Nr. 4 BauGB ist daher nicht erfüllt.[137]

hemmer-Methode: Würde man tatsächlich Wochenendhäuser im Außenbereich zulassen, so gäbe es bald keine unberührte Natur mehr! In den Bauaufsichtsbehörden werden sogar regelmäßig Luftbildaufnahmen herangezogen, um zu prüfen, wo ungenehmigte Wochenendhäuser gebaut wurden.[138] Ein klassisches Problem i.R.d. § 35 I Nr. 4 BauGB ist (gerade in Abgrenzung zu den Wochenendhäusern) dle Zulässigkeit von Jagdhütten.[139] Diese können angesichts der Bedeutung der Jagd für die Pflege des Waldes durchaus privilegiert sein, dürfen aber nach Ausstattung und Einrichtung dann keine „verkappten“ Wochenendhäuser sein.

Transportbeton

Bsp. 3: X plant ein Kiesabbauunternehmen mit Transportbetonanlage im Außenbereich.

Bei dem Vorhaben des X könnte es sich um ein privilegiertes Vorhaben i.S.d. § 35 I Nr. 3 BauGB handeln. Dann müsste es einem ortsgebundenen gewerblichen Betrieb dienen. Ortsgebunden in diesem Sinne sind Betriebe, die aufgrund geologischer oder geographischer Gegebenheiten nur an einer bestimmten Stelle realisiert werden können, insbesondere Betriebe, die Bodenschätze abbauen. Das Kiesabbauunternehmen des X ist also ortsgebunden.

Allerdings ist fraglich, in welchem Umfang neben dem Abbau auch nicht-ortsgebundene Betriebszweige (Verarbeitung der abgebauten Rohstoffe) unter § 35 I Nr. 3 BauGB fallen.

Das BVerwG stellt darauf ab, ob zu dem ortsgebundenen Betrieb aufgrund technischer Erfordernisse typischerweise auch nicht ortsgebundene Tätigkeiten gehören.[140] Daran angelehnt hat der BayVGH entschieden, dass zu einem Kiesabbauunternehmen nicht typischerweise eine Transportbetonanlage gehört.[141] Insofern ist das Vorhaben des X nicht privilegiert.

(3) Kein Entgegenstehen öffentlicher Belange

Belange müssen „entgegenstehen“

Zulässig sind privilegierte Vorhaben nur, wenn öffentliche Belange nicht entgegenstehen, § 35 I BauGB. 177

Die Formulierung „Entgegenstehen“ bringt zum Ausdruck, dass sich die privilegierten Vorhaben in der Regel gegen die berührten öffentlichen Belange durchsetzen werden, während sonstige Vorhaben i.S.d. § 35 II BauGB schon unzulässig sind, wenn sie öffentliche Belange nur beeinträchtigen. 178

hemmer-Methode: Die Privilegierung eines Außenbereichsvorhabens wirkt quasi wie ein Planersatz. Sonstige Vorhaben sind im Außenbereich regelmäßig unzulässig. Machen Sie sich diesen Unterschied zwischen privilegierten und sonstigen Vorhaben klar.

136 Vgl. z.B. BVerwG, BayVBl. 2001, 22 (24).

137 BayVGH, BayVBl. 1988, 656.

138 Auch ein Golfplatz erfüllt regelmäßig nicht die Anforderungen des § 35 I Nr. 4 BauGB, vgl. J/D/W, § 35 BauGB, Rn. 66, ausführlich zu diesem Problem: Buchner, BayVBl. 1989, 673.

139 J/D/W, § 35 BauGB, Rn. 75.

140 BVerwG, BayVBl. 1977, 20.

141 BayVGH, BayVBl. 1979, 501; weitere Beispiele bei J/D/W, § 35 BauGB, Rn. 49.

Belange in § 35 III BauGB

§ 35 III BauGB enthält einen (allerdings nicht abschließenden Katalog)[142] der in Betracht kommenden Belange. Die Vorschrift des § 35 III S. 1 BauGB ist entgegen dem Wortlaut „Beeinträchtigung" auch bei § 35 I BauGB zumindest entsprechend heranzuziehen, der vom „Entgegenstehen" öffentlicher Belange spricht.[143] 179

Allerdings kann die Berührung eines Belanges i.S.d. Abs. 3 Satz 1 im Abs. 1 immer nur Ausgangspunkt für eine Abwägung sein![144] § 35 III S. 2 u. 3 BauGB sind hingegen direkt auf privilegierte Vorhaben nach § 35 I BauGB anwendbar.[145]

Nr. 1: Darstellungen des Flnpl.

Bei einem Widerspruch zu den Darstellungen des Flächennutzungsplanes (§ 35 III Nr. 1 BauGB) ist zu beachten, dass nur sachlich konkrete, standortbezogene Aussagen in einem Flächennutzungsplan der Zulässigkeit eines privilegierten Vorhabens entgegenstehen. Die bloße Darstellung von Flächen für die Landwirtschaft enthält im Allgemeinen keine solche qualifizierte Standortzuweisung.[146] 180

> ***Bsp.:*** *Eine Gemeinde stellt in ihrem Flächennutzungsplan ein Baugebiet dar. Diese Darstellung kann als konkrete Standortaussage einem privilegierten Vorhaben entgegenstehen, das in diesem Bereich angesiedelt werden soll und dessen Realisierung die Baugebietsausweisung erschweren oder unmöglich machen würde.*

Nr. 3: Gebot der Rücksichtnahme

Der Belang in § 35 III S. 1 Nr. 3 („schädliche Umwelteinwirkungen") ist eine gesetzliche Ausformung des Gebots der Rücksichtnahme. Darüber hinaus verankert die Rechtsprechung seit BVerwGE 52, 122 an diesem Punkt das Gebot der Rücksichtnahme als umfassenden öffentlichen Belang i.S.d. § 35 III BauGB.[147] 181

Abwägung der öffentlichen Belange mit privaten Interessen notwendig

Bei der Beurteilung der Zulässigkeit ist eine Abwägung zwischen den privaten Interessen des Bauwilligen und den öffentlichen Belangen vorzunehmen.[148] Im Gegensatz zu § 1 VII BauGB handelt es sich hierbei um eine „nachvollziehende, die allgemeine gesetzliche Wertung für den Einzelfall konkretisierende Abwägung", die anders als die Abwägung nach § 1 VII BauGB gerichtlich voll nachgeprüft werden kann.[149] 182

Dabei ist zu beachten, dass ein Vorhaben, dem bestimmte öffentliche Belange nach einer Abwägung entgegenstehen, auch nicht im Wege der Kompensation mit anderen öffentlichen Belangen, die für das Vorhaben sprechen mögen, genehmigt werden kann.

ggf. Rechtsanspruch auf Genehmigung

Liegen die Voraussetzungen (a) bis (c) vor und ist auch die Erschließung gesichert, besteht ein Rechtsanspruch auf Zulassung. 183

---

142 Vgl. Rn. 185.

143 BVerwG, **Life & Law 1998, 808**.

144 J/D/W, § 35 BauGB, Rn. 255.

145 § 35 III S. 3 BauGB soll den Wildwuchs von Windenergieanlagen verhindern. Durch die Ausweisung von Konzentrationsgebieten für diese Art der Nutzung im Flächennutzungsplan sind Windenergieanlagen an anderen Stellen der Gemeinde grundsätzlich unzulässig.

146 Vgl. BVerwG, NuR 1990, 79.

147 An dieser Stelle kann auch die Berücksichtigung des Immissionsschutzes in die Prüfung des Baugenehmigungsverfahrens Eingang finden. vgl. dazu BayVGH, **Life & Law 1999, 54 ff.**

148 So BVerwG, DVBl. 69, 256.

149 Vgl. BVerwG, NVwZ 88, 54 (56).

cc) Zulässigkeit gem. § 35 II BauGB

(1) Prüfungsschema zu § 35 II BauGB

Ein Vorhaben ist gem. § 35 II BauGB zulässig, wenn:

1. es im Außenbereich liegt,
2. kein Fall des § 35 I BauGB gegeben ist,
3. das Vorhaben öffentliche Belange (insb. i.S.v. § 35 III BauGB) nicht beeinträchtigt,
4. es den Festsetzungen eines evtl. bestehenden einfachen BBauPl. (§ 30 III BauGB) nicht widerspricht,
5. die ausreichende Erschließung gesichert ist und
6. die Gemeinde ihr gem. § 36 I S. 1 BauGB erforderliches Einvernehmen erteilt hat.

(2) Nichtprivilegierte Vorhaben

nichtprivilegierte Vorhaben nach § 35 II BauGB

Alle nicht nach § 35 I BauGB privilegierten Vorhaben sind sonstige Vorhaben i.S.d. § 35 II BauGB. 184

(3) Keine Beeinträchtigung öffentlicher Belange

für Unzulässigkeit ist Beeinträchtigung ausreichend

Während privilegierte Vorhaben öffentlichen Belangen (lediglich) nicht entgegenstehen dürfen, dürfen sonstige Vorhaben öffentliche Belange nicht beeinträchtigen. 185

Diese unterschiedliche Bewertung ergibt sich aus dem Umstand, dass Vorhaben nach § 35 I BauGB ihrem Wesen nach in den Außenbereich gehören und deswegen privilegiert zulässig sind, sie also den öffentlichen Belangen gegenüber ein stärkeres „Durchsetzungsvermögen“ haben.[150] Sonstige Vorhaben hingegen sollen nur im Einzelfall zugelassen werden.

hemmer-Methode: Anders als bei privilegierten Vorhaben findet i.R.d. Abs. 2 gerade keine Abwägung zwischen den berührten Belangen und dem Vorhaben statt. Wenn öffentliche Belange beeinträchtigt sind, ist das Vorhaben unzulässig. Allerdings kann i.R.d. einzelnen, möglicherweise berührten Belange eine Abwägung notwendig sein. Ob bspw. durch das Vorhaben schädliche Umwelteinwirkungen i.S.d. § 35 III Nr. 3 BauGB hervorgerufen werden, richtet sich nach § 3 I BImSchG, in dessen Rahmen es wiederum auf die Erheblichkeit und somit die Zumutbarkeit der Beeinträchtigung ankommt. Ob eine Beeinträchtigung aber noch zumutbar ist oder nicht, muss letztlich durch eine umfassende Abwägung aller relevanten Belange im Einzelfall festgestellt werden. Anders ausgedrückt: Nicht jede Berührung eines Belangs ist zugleich eine Beeinträchtigung.[151]

§ 35 III BauGB nicht abschließend

Bereits dem Wortlaut des § 35 III BauGB ist zu entnehmen, dass die Aufzählung der Belange nicht abschließend ist („insbesondere“). Es gibt über den Wortlaut des § 35 BauGB hinaus weitere, ungeschriebene Belange, bei deren Beeinträchtigung ein Vorhaben unzulässig sein kann.

150 Vgl. J/D/W, § 35 BauGB, Rn. 8.

151 Umfassend J/D/W, § 35 BauGB, Rn. 247 ff.

Bsp.: Ein Investor will im Außenbereich ein sog. factory-outlet-center (FOC) von bislang nicht gekannter Größe errichten.

Nach BVerwG beeinträchtigt dieses Vorhaben den ungeschriebenen Belang des Planungserfordernisses. Durch ein solch überdimensionales Vorhaben werden Fragen aufgeworfen, die nur im Rahmen einer Abwägung nach § 1 VII BauGB, nicht aber im Rahmen einer Einzelfallgenehmigung geklärt werden können.[152]

(4) Kein Ermessen entgegen dem Wortlaut

entgegen Wortlaut kein Ermessen der Behörde

Dem Wortlaut nach („können") räumt § 35 II BauGB der Genehmigungsbehörde einen Ermessensspielraum ein. Der Bauwillige hätte somit lediglich Anspruch auf eine ermessensfehlerfreie Entscheidung. Nach h.M. besteht jedoch, liegen die Voraussetzungen vor, auch hier ein Rechtsanspruch auf Zulassung des Vorhabens.[153] 186

keine Inhaltsbestimmung von Eigentum durch Behörde

Begründet wird dies damit, dass die Prüfung der Beeinträchtigung öffentlicher Belange die Entscheidung über einen unbestimmten Rechtsbegriff zum Gegenstand hat. Sind keine öffentlichen Belange beeinträchtigt, sei nach dem Gesetz kein Raum für weitere rechtliche Erwägungen, die eine Ablehnung zur Folge haben könnten. Ein zusätzlicher Ermessensspielraum in diesem Bereich brächte der Genehmigungsbehörde die Möglichkeit, den Inhalt des Eigentums zu bestimmen. Das jedoch sei dem Gesetzgeber vorbehalten (Art. 14 I S. 2 GG). Es wäre überdies unverhältnismäßig eine Baugenehmigung auch dann zu versagen, wenn keinerlei Belange beeinträchtigt sind. Das Ermessen der Behörde ist quasi immer auf Null reduziert. 187

Es handelt sich somit um eine verfassungskonforme Auslegung des § 35 II BauGB.

(5) Gesicherte Erschließung

Erschließung notwendig

Auch hier muss eine ausreichende Erschließung gesichert sein. 188

dd) Teilprivilegierte Vorhaben

§ 35 IV BauGB

Einzelne Vorhaben i.S.d. § 35 II BauGB werden gem. § 35 IV BauGB in ihrer Durchführung rechtlich dadurch begünstigt, dass ihnen bestimmte öffentliche Belange i.S.d. § 35 III BauGB nicht entgegengehalten werden können. 189

Gedanke des Bestandsschutzes

Gerechtfertigt wird diese gesetzgeberische Entscheidung dadurch, dass es in allen Fällen um schon im Außenbereich bestehende, zulässigerweise errichtete Anlagen geht. Es liegen also Gedanken des (aktiven) Bestandsschutzes zugrunde. 190

---

[152] BVerwG, DVBl. 2003, 62 = NVwZ 2003, 86 = IBR 2003, 10 = **Life & Law 2003, 287**, bspr. v. Wurzel/Probst, DVBl. 2003, 197; J/D/W, § 35 BauGB, Rn. 242 ff.

[153] BVerwGE 18, 247 = Hemmer/Wüst, Classics Öffentliches Recht, E 56; B/K/L, § 35 BauGB, Rn. 43; a.A. J/D/W, § 35 BauGB, Rn. 274.

e) Zulässigkeit nach § 33 BauGB

aa) Prüfungsschema zu § 33 BauGB

Ein Vorhaben ist gem. § 33 I BauGB zulässig, wenn:

1. es nicht schon nach §§ 30 I, 34, 35 BauGB zulässig ist,
2. ein Beschluss zur Aufstellung eines Bebauungsplans gefasst ist,[154]
3. die formelle Planreife nach § 33 I Nr. 1 BauGB gegeben ist (siehe aber auch § 33 II BauGB),
4. anzunehmen ist, dass das Vorhaben den künftigen Festsetzungen des Bebauungsplans nicht entgegensteht (materielle Planreife),
5. der Antragsteller diese Festsetzungen für sich und seine Rechtsnachfolger schriftlich anerkennt,
6. die Erschließung gesichert ist und
7. die Gemeinde ihr gem. § 36 I S. 1 BauGB erforderliches Einvernehmen erteilt hat.

bb) Die Regelung im Einzelnen

§ 33 BauGB

Die Behandlung des § 33 BauGB an dieser Stelle, also nach den §§ 30, 34, 35 BauGB, weicht zwar von der gesetzlichen Reihenfolge ab, gleichwohl entspricht allein dies dem Prüfungssystem. 192

hemmer-Methode: Hier schlägt sich wieder der klausurtaktische Aufbau dieses Skripts nieder. Sie müssen die §§ 30 ff. BauGB in der Klausur in derselben Reihenfolge prüfen und nacheinander „abschießen". Erst wenn §§ 30, 34 und 35 BauGB nicht greifen, kommt § 33 BauGB zur Anwendung.
Dass nach § 33 BauGB gefragt ist, werden Sie i.d.R. leicht am Sachverhalt erkennen können, denn dann werden dort Ausführungen darüber enthalten sein, dass ein Aufstellungsbeschluss für einen Bebauungsplan vorliegt und dass der Bauherr z.B. für sich und seine Rechtsnachfolger die Festsetzungen anerkennt (vgl. § 33 I Nr. 3 BauGB).

nur positiver Zulässigkeitstatbestand

Die Vorschrift schafft keinen zusätzlichen, neben §§ 30, 34, 35 BauGB bestehenden planungsrechtlichen Bereich, sondern enthält ausschließlich einen die zunächst negative Beurteilung nach §§ 30, 34 oder 35 BauGB aufhebenden positiven Zulässigkeitstatbestand.[155] 193

Stets ist also zuerst zu prüfen, ob ein Vorhaben nach §§ 30, 34, 35 BauGB zulässig ist. Ist dies der Fall, findet § 33 BauGB keine Anwendung.

§ 33 I BauGB bzgl. formeller und materieller Planreife ⇨ Anspruch

Liegen die Voraussetzungen des § 33 I BauGB vor (insbesondere die sog. formelle Planreife nach Nr. 1 – Ausnahme hiervon in Abs. 2 – und die materielle Planreife nach Nr. 2), so hat der Antragsteller einen Rechtsanspruch darauf, so behandelt zu werden, als ob die zu erwartenden Festsetzungen schon rechtswirksam wären. 194

[154] Rn. 531 ff.

[155] BVerwGE 20, 127 (130).

Schematisches Beispiel für eine typische Klausurvariante zu § 33 BauGB:

1. § 30 BauGB scheitert, da bislang noch kein wirksamer Bebauungsplan vorhanden ist.

↓

2. § 34 BauGB scheitert, da Vorhaben nach ausführlicher Abgrenzung zu § 35 BauGB im Außenbereich liegt.

↓

3. § 35 I BauGB scheitert, da kein privilegiertes Vorhaben vorliegt, § 35 II BauGB scheitert, da öffentliche Belange beeinträchtigt sind.

↓

4. Vorhaben aber nunmehr nach § 33 BauGB zulässig bzw. nach §§ 34, 35 BauGB unzulässig (vgl. Punkte 2./3.).

bei § 33 II BauGB Ermessen

Beachte: Während § 33 I BauGB einen Anspruch auf Genehmigung begründet, sind § 33 II, III BauGB als Ermessensentscheidung ausgestaltet.[156]

Unzulässigkeit ergibt sich aus § 34 oder § 35 BauGB

Aus § 33 BauGB kann sich nie die Unzulässigkeit eines Vorhabens ergeben. Dies widerspräche dem Charakter dieser Vorschrift als positivem Zulässigkeitstatbestand. Wenn § 33 BauGB nicht weiterhilft, ist das Vorhaben gem. § 30 I BauGB oder § 34 BauGB oder § 35 BauGB unzulässig. 196

f) Bestandsschutz; eigentumskräftig verfestigte Anspruchsposition

Bestandsschutz

Im Einzelfall kann ein Vorhaben auch dann zulässig sein, wenn die Voraussetzungen der §§ 30, 34, 35, 33 BauGB nicht vorliegen. 197

ggf. Zulässigkeit unmittelbar aus Art. 14 GG

Die Rechtsprechung[157] hat unter den Gesichtspunkten des Bestandsschutzes und der eigentumskräftig verfestigten Anspruchsposition Grundsätze für die Zulässigkeit von Vorhaben entwickelt, die sich unmittelbar aus Art. 14 GG ergeben.

aa) Bestandsschutz

Der aus Art. 14 GG hergeleitete Bestandsschutz bezieht sich in erster Linie auf die Fälle nunmehr nicht rechtmäßiger baulicher Anlagen, die zu irgendeinem Zeitpunkt rechtmäßig gewesen sind. 198

Recht, bestimmten Zustand zu erhalten ⇨ passiver Bestandsschutz

Aus dem Grundsatz des Bestandsschutzes ergibt sich das Recht, diesen Zustand erhalten zu dürfen. Kommt dem Bestandsschutz eine solche bewahrende, abwehrende Funktion zu, spricht man vom passiven Bestandsschutz.

---

[156] Letzteres ist str.; vgl. J/D/W, § 33 BauGB, Rn. 25 f.

[157] Vgl. zusammenfassend BVerwGE 47, 126.

hemmer-Methode: Dieses Problem spielt vor allem dann eine Rolle, wenn es um eine angedrohte Baubeseitigung geht.

aktiver Bestandsschutz bzgl. Erweiterungsmaßnahmen

Hier, also i.R.d. beantragten Baugenehmigung, ist der sog. aktive (oder überwirkende) Bestandsschutz von Bedeutung. In Ausnahmefällen konnten dadurch Nutzungsänderungen oder Erweiterungsbaumaßnahmen zulässig werden, die für eine sinnvolle Nutzung der im Bestand geschützten Anlage erforderlich sind. 199

besondere Voraussetzungen notwendig

Nach der früheren Rechtsprechung konnte damit aufgrund des Schutzes einer bereits vorhandenen baulichen Anlage ein hiermit zusammenhängendes weiteres bauliches Vorhaben gestattet werden, auch wenn es nach der aktuellen Rechtslage nicht zulässig ist.[158] 200

Aufgabe des aktiven Bestandsschutzes

Das BVerwG hat seine Rechtsprechung zum aktiven Bestandsschutz ausdrücklich aufgegeben.[159] Es stellt fest, dass das BauGB z.B. in § 35 IV BauGB ausdrückliche Regelungen zum Bestandsschutz enthält. Diese gesetzlichen Regelungen stellen Inhalts- und Schrankenbestimmungen der Eigentumsgarantie gem. Art. 14 I S. 2 GG dar, welche auch die Baufreiheit umfasst.

kein Zulassungsanspruch aus aktivem Bestandsschutz mehr

Vorhaben, die nicht von den gesetzlichen Regelungen umfasst sind, werden daher nicht durch Art. 14 I S. 1 GG geschützt. Somit scheidet ein auf Art. 14 I S. 1 GG gestützter aktiver Bestandsschutz für diese Vorhaben aus. Damit besteht für diese Vorhaben auch kein auf aktiven Bestandsschutz gestützter Zulassungsanspruch.

hemmer-Methode: Der aktive Bestandsschutz ist also aufgegeben worden, damit nicht auf diesem Weg die in den Baugesetzen vom Gesetzgeber explizit vorgegebenen Bestimmungen (vgl. Art. 35 IV BauGB) umgangen werden.

Bsp.: *Für ein ehemaliges Bauernhaus im Außenbereich ist eine Garage geplant. Nach § 35 II, IV BauGB ist dies im konkreten Fall nicht zulässig.*

Das ehemalige Bauernhaus ist in seinem Bestand geschützt. Bei dem Garagenbau handelt es sich um eine begrenzte Erweiterung dieses Bestandes. Obwohl hier ein „untrennbarer Funktionszusammenhang" wohl nicht zu bejahen ist, sollte die Erweiterung nach früherer Rechtsprechung zulässig sein, soweit eine zeitgemäße und funktionsgerechte Nutzung dies erfordert.[160]

Nach der neueren Rechtsprechung des BVerwG kann sich aus Art. 14 GG jedoch kein Zulassungsanspruch mehr ergeben. Das Vorhaben kann nur unter den Voraussetzungen des § 35 BauGB genehmigt werden. Da diese hier jedoch nicht erfüllt sind, ist das Vorhaben unzulässig.

bb) Die eigentumskräftig verfestigte Anspruchsposition

anders bzgl. ehemaliger Bebauungsmöglichkeit

Nach diesem Grundsatz waren Vorhaben, die nach §§ 30, 34, 35 BauGB nicht zulässig waren, ausnahmsweise dann zu genehmigen, wenn unbebaute Grundstücke früher bebaubar waren und sich diese einstmalige Bebauungsmöglichkeit nach der Verkehrsauffassung so verfestigt hatte, dass sie wie Eigentum zu behandeln war. 202

Dieser Grundsatz wurde von der neueren Rechtsprechung[161] aufgegeben mit der Begründung, dass die Rechtsfigur hinreichend durch § 35 IV BauGB und §§ 39 ff. BauGB kompensiert worden ist.

---

158 BVerwGE 50, 49 = Hemmer/Wüst, Classics Öffentliches Recht, E 57.

159 BVerwG, **Life & Law 1998, 600 ff.**

160 So BVerwG, NJW 1986, 2126.

161 Z.B. BVerwG, BayVBl. 1991, 180.

g) Einvernehmen der Gemeinde

gemeindliches Einvernehmen, § 36 BauGB

In den Fällen der §§ 31, 33, 34, 35 BauGB ist Voraussetzung für die Genehmigungsfähigkeit, dass die Gemeinde ihr Einvernehmen erteilt hat, § 36 I S. 1 BauGB. Hintergrund ist, dass in diesen Fällen entweder kein Bebauungsplan existiert oder von einem bestehenden Bebauungsplan abgewichen wird, sodass zur Wahrung der gemeindlichen Planungshoheit die Erteilung des gemeindlichen Einvernehmens notwendig ist. 203

hemmer-Methode: Das gemeindliche Einvernehmen spielt in der Baurechtsklausur vor allem dann eine Rolle, wenn die bereits existente Baugenehmigung ohne gemeindliches Einvernehmen von der zuständigen Bauaufsichtsbehörde erteilt wurde. Aus diesem Grunde erfolgt eine ausführliche Darstellung der mit dem gemeindlichen Einvernehmen verbundenen Fragen in einem eigenen Kapitel. Die diesbezüglichen Ausführungen gelten aber hier i.R.d. Verpflichtungsklage auf Erteilung der Baugenehmigung entsprechend.[162]

h) Zustimmung der höheren Verwaltungsbehörde

Zustimmung höherer Behörde

Von dem nach § 36 I S. 4 BauGB eingeräumten Recht der Länder, durch Rechtsverordnung die Zustimmung der höheren Verwaltungsbehörde vorauszusetzen, wird in Bayern (zur Zeit) kein Gebrauch gemacht. 204

i) Erschließung

Erschließung

Alle Zulässigkeitstatbestände der §§ 30 ff. BauGB verlangen die (ggf. ausreichende) Sicherung der Erschließung des Grundstücks, auf dem gebaut werden soll. 205

Auch die Erschließung, geregelt in den §§ 123 ff. BauGB, gehört sachlich zur Verwirklichung (oder zu den Folgeaufgaben) der Bauleitplanung.[163]

aa) Zur Erschließung im umfassenden Sinn gehört, dass das Gebiet sowohl verkehrsmäßig und technisch als auch in sozialer Hinsicht (z.B. Grünanlagen) erschlossen ist.[164] 206

bb) Die Erschließung i.S.d. §§ 30 ff. BauGB erfordert zumindest den Anschluss des Baugrundstücks an das öffentliche Straßennetz, seine Versorgung mit Wasser und (zumindest im Innenbereich) mit Strom sowie eine Möglichkeit zur Abwasserbeseitigung. 207

im Zeitpunkt der Fertigstellung notwendig

cc) „Gesicherte“ Erschließung bedeutet nicht „Erschlossensein“. Es genügt, wenn aufgrund der objektiven Gegebenheiten (Finanzierung!) und des Standes der Erschließungsarbeiten damit gerechnet werden kann, dass die Erschließungsanlagen im Zeitpunkt der Fertigstellung des Bauvorhabens hergestellt sein werden,[165] vgl. auch § 123 II BauGB. 208

> ***Bsp.:*** *Das gemeindliche Kanalprojekt ist bereits in Bau. Es ist abzusehen, dass das geplante Vorhaben in etwa einem halben Jahr an die Kanalisation angeschlossen werden kann.*

kein Anspruch auf Erschließung

dd) Das Gesetz bürdet den Gemeinden zwar die Erschließungslast auf, ein Rechtsanspruch auf Erschließung wird dem Bauwilligen grundsätzlich jedoch nicht eingeräumt (§ 123 I und III BauGB).[166] 209

---

162 Zum Einvernehmen ausführlich unten, Rn. 425 ff.

163 Zum Ganzen Weyreuther, DVBl. 1970, 3 ff.

164 Vgl. J/D/W, § 123 BauGB, Rn. 1; B/K/L, vor § 123 BauGB, Rn. 1.

165 BVerwG, DVBl. 1986, 685.

166 Ausnahme siehe BVerwG, DVBl. 1982, 540 ff.

j) Sicherung der Bauleitplanung durch Veränderungssperre und Zurückstellung von Baugesuchen

aa) Sinn und Zweck

Veränderungssperre

Veränderungssperre und Zurückstellung von Baugesuchen (§§ 14 - 18 BauGB) bezwecken die Sicherung der beabsichtigten bauplanerischen Festsetzungen im Zeitraum der Aufstellung, Änderung oder Aufhebung von Bebauungsplänen. Durch die Untersagung von Errichtung, Änderung oder Beseitigung baulicher Anlagen kann die mit einem Aufstellungsbeschluss eingeleitete Planung gesichert werden. *210*

bb) Voraussetzung für eine Veränderungssperre

Voraussetzungen

Voraussetzung für eine Veränderungssperre ist das Vorliegen eines wirksamen Planaufstellungsbeschlusses. Dieser muss nicht nur formell ordnungsgemäß gefasst worden sein, sondern auch bereits inhaltlich hinreichend bestimmt sein.[167] Eine Veränderungssperre, die einer Gemeinde erst die Zeit für die Erstellung eines bestimmten Plankonzepts geben soll, ist mangels eines beachtlichen Sicherungsbedürfnisses unwirksam.[168] *210a*

cc) Auswirkung auf die Zulässigkeit eines Vorhabens

Rechtsfolge

(1) Der Erlass einer (wirksamen) Veränderungssperre hat nach § 14 I Nr. 1 BauGB zur Folge, dass die Baugenehmigung nicht erteilt werden darf.[169] Gleiches gilt für die Erteilung einer Bebauungsgenehmigung (= Vorbescheid über die planungsrechtliche Zulässigkeit eines Vorhabens, Art. 71 BayBO) oder einer Teilungsgenehmigung.[170] *211*

> **Bsp.:** *Eine Baugenehmigung für ein Gebäude auf einem Grundstück, das im Gebiet einer Veränderungssperre liegt, wird abgelehnt, weil der in der Aufstellung befindliche Plan in diesem Gebiet vorhandene Grünflächen sichern soll.*
>
> Die Verweigerung der Genehmigung erfolgte zu Recht. Die Errichtung einer baulichen Anlage ist gem. § 14 I Nr. 1 BauGB grundsätzlich unzulässig. Dabei spielt keine Rolle, dass § 14 BauGB im Prüfprogramm nach Art. 59, 60 BayBO nicht genannt ist. § 14 BauGB regelt nicht, welche Vorgaben bei Erlass einer Baugenehmigung zu überwachen sind, sondern verbietet als vorrangiges Bundesrecht, Art. 31 GG, generell den Erlass einer Baugenehmigung.

(2) Von der Veränderungssperre können nach § 14 II BauGB Ausnahmen zugelassen werden, wenn überwiegende öffentliche Belange nicht entgegenstehen.

(3) Von der Veränderungssperre sind nach § 14 III BauGB bereits genehmigte Vorhaben ausgenommen. Gleiches gilt für solche Vorhaben nach Art. 58 BayBO, wenn mit der Ausführung vor dem Inkrafttreten der Veränderungssperre hätte begonnen werden dürfen, vgl. Art. 58 III S. 3 BayBO.

---

[167] BverwG, NVwZ 2004, 858 = **Life & Law 2004, 701;** NVwZ 2010, 42; J/D/W, § 14 BauGB, Rn. 8.

[168] BVerwG NVwZ 2004, 858 = **Life & Law 2004, 701**.

[169] Erledigt sich ein Verpflichtungsantrag auf Erteilung einer Baugenehmigung durch Erlass einer Veränderungssperre, so kann einer Fortsetzungsfeststellungsklage nicht entgegengehalten werden, der Antrag auf Erteilung einer Baugenehmigung hätte von Anfang an zurückgewiesen werden müssen, wenn die Gemeinde die Veränderungssperre sofort aufgestellt hätte. vgl. BVerwG, NVwZ 1999, 523.

[170] OVG Lüneburg, NJW 1971, 447; str.

dd) Zurückstellungsantrag nach § 15 BauGB

vor Aufstellungsbeschluss Aussetzungsantrag möglich

Liegen die Voraussetzungen für den Erlass einer Veränderungssperre vor, wurde diese aber nicht beschlossen bzw. ist sie noch nicht in Kraft getreten, so ist die Entscheidung über die Zulässigkeit des Vorhabens auf Antrag der Gemeinde nach Maßgabe des § 15 I BauGB auszusetzen, wenn zu befürchten ist, dass die Durchführung der Planung durch das Vorhaben unmöglich gemacht oder wesentlich erschwert werden würde. 212

Die Gemeinden haben neben der Rückstellung von Baugesuchen auch die Möglichkeit, genehmigungsfreie Bauvorhaben zeitlich befristet zu verhindern, wenn sie einer künftigen Bebauungsplanung zuwider laufen, § 15 I S. 2 BauGB. 213

hemmer-Methode: Beachten Sie im Zusammenhang mit §§ 14 ff. BauGB auch § 36 I S. 3 BauGB. Nach dieser Regelung haben die Länder die Verpflichtung, dafür Sorge zu tragen, dass die Gemeinden bei Vorhaben im Geltungsbereich eines qualifizierten Bebauungsplans rechtzeitig vor Ausführung des Vorhabens unterrichtet werden, auch wenn das Vorhaben in der Landesbauordnung genehmigungsfrei gestellt wurde. In Bayern ist dies über Art. 64 BayBO gewährleistet, wonach der Bauantrag bei der Gemeinde einzureichen ist. Die Gemeinden haben so die Möglichkeit, über Maßnahmen zur Sicherung der Bauleitplanung nach den §§ 14, 15 BauGB zu entscheiden.

Abschließende Übersicht zu denkbaren Fallvarianten im Bauplanungsrecht[171]

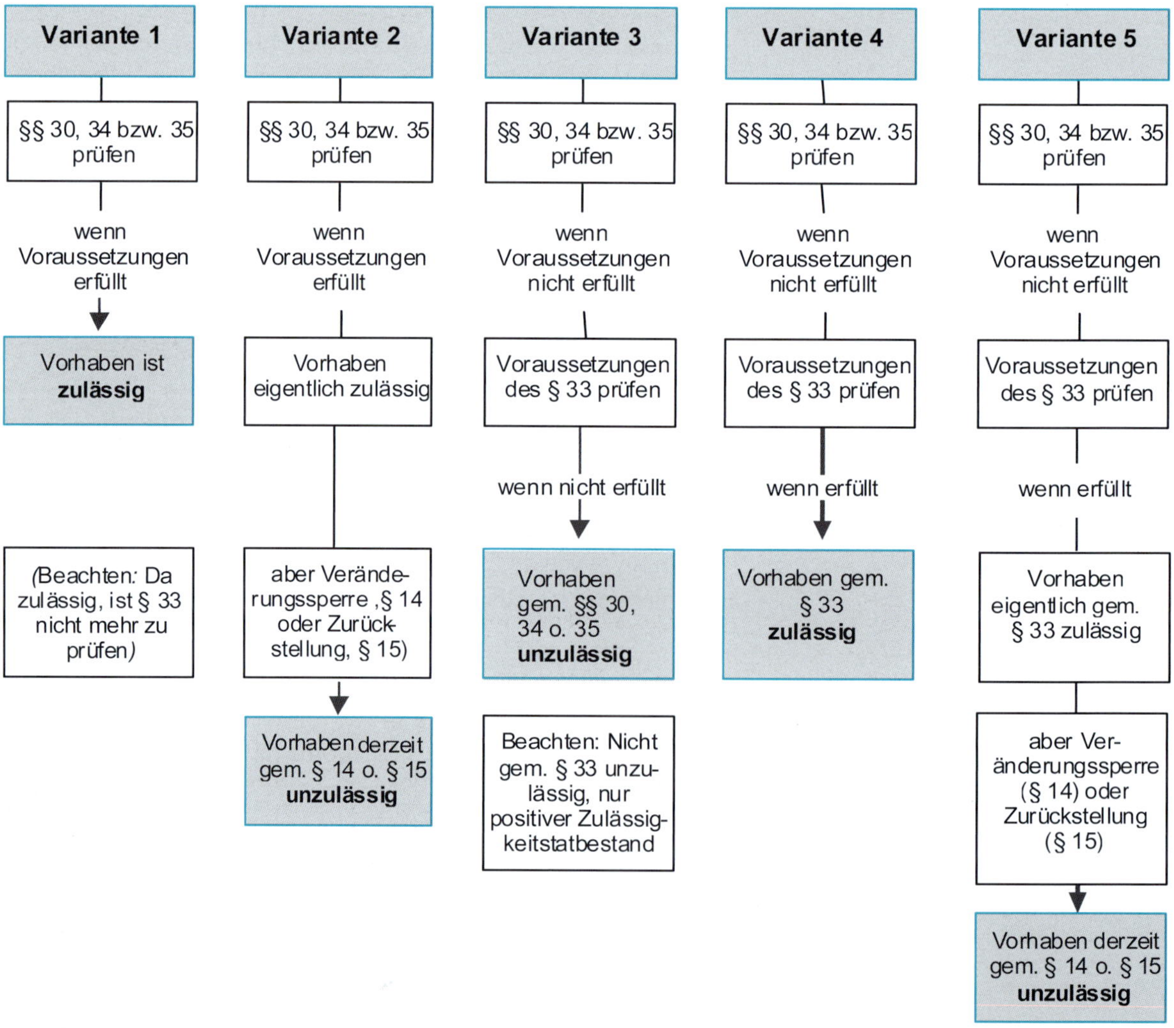

[171] Mit Ausnahme von Vorbescheid, Teilbaugenehmigung, Teilungsgenehmigung etc., dazu schon oben, Rn. 78 ff.

hemmer-Methode: Die bauplanungsrechtlichen Aspekte der Baurechtsklausur sind damit abgeschlossen. Während zuvor die Frage gestellt wurde, „wo" das Vorhaben gebaut werden soll, wird nachfolgend die Frage zu beantworten sein, „wie" das konkrete Vorhaben gestaltet werden darf. Überschneidungen treten allerdings dann auf, wenn Fragen des „Wie" bereits in den Festsetzungen eines Bebauungsplans integriert sind (z.B. Abstandsflächen). Dann gehen diese als Spezialregelungen dem Bauordnungsrecht vor.

4. Prüfung der bauordnungsrechtlichen Zulässigkeit

bauordnungsrechtliche Zulässigkeit

Ist das in Frage stehende Vorhaben bauplanungsrechtlich zulässig, so ist i.R.d. Art. 59, 60 BayBO weiterhin die bauordnungsrechtliche Zulässigkeit zu überprüfen. 214

hemmer-Methode: I.R.d. bauordnungsrechtlichen Zulässigkeit zeigt sich die eigentliche Bedeutung des vereinfachten Genehmigungsverfahrens nach Art. 59 BayBO. Während die Prüfung der bauplanungsrechtlichen Zulässigkeit nach Art. 59 BayBO und Art. 60 BayBO identisch ist, divergiert die Prüfung des Bauordnungsrechts erheblich: Bei Art. 60 BayBO ist die komplette BayBO zwingender Prüfungsmaßstab für die Genehmigungsfähigkeit, vgl. S. 1 Nr. 2, bei Art. 59 BayBO hingegen nur Art. 63 und 81 BayBO, vgl. S. 1 Nr. 1 und 2.[172] Die weiteren Anforderungen der BayBO sind nur fakultativer Prüfungsmaßstab, vgl. Art. 68 I S. 1 HS 2 BayBO.

a) Sinn und Zweck des Bauordnungsrechts

Zweck

Das Bauordnungsrecht regelt die Errichtung, Änderung, Nutzung und den Abbruch von baulichen Anlagen, insbesondere von Gebäuden. 215

einzelnes Bauwerk maßgeblich

Im Mittelpunkt steht das einzelne Bauwerk mit seinen Eigenschaften (z.B. Benutzbarkeit) sowie seine Beziehung zur unmittelbaren Nachbarschaft.

An einzelne Anlagen können dabei Anforderungen gestellt werden, die über diejenigen des Bauplanungsrechts hinausgehen. 216

> ***Bsp.:** Selbst wenn bauplanungsrechtlich eine Grenzbebauung zulässig sein sollte, kann bauordnungsrechtlich die Einhaltung von Grenzabständen verlangt werden.*

wichtig: Gefahrenabwehr

Zentrale Funktion des Bauordnungsrechts ist die Gefahrenabwehr (Erhaltung der öffentlichen Sicherheit und Ordnung[173]). 217

Daneben soll es Verunstaltungen vorbeugen und Missstände bei der Benutzung der Gebäude verhindern.

maßgeblich: Art. 3 ff. BayBO

I.R.d. Genehmigungsfähigkeit eines Vorhabens interessieren allein die materiell-rechtlichen Anforderungen an bauliche Anlagen, die in den Art. 3 ff. BayBO geregelt sind. 218

Eine Vielzahl dieser materiell-rechtlichen Anforderungen der BayBO hat trotz großer praktischer Relevanz für das Examen keine Bedeutung, z.B. Art. 10 BayBO (Standsicherheit), Art. 12 BayBO (Brandschutz) oder Art. 15 ff. BayBO (Baustoffe). Die Darstellung ist aus diesem Grund auf das Wesentliche beschränkt. 219

hemmer-Methode: Beachten Sie nochmals, dass das vereinfachte Verfahren nach Art. 59 BayBO den Regelfall bei der Erteilung der Baugenehmigung darstellt. Dort werden zwingend nur die in Art. 59 BayBO ausdrücklich genannten bauordnungsrechtlichen Normen geprüft!

---

[172] Vgl. oben Rn. 109!

[173] Vgl. die frühere Bezeichnung „Baupolizeirecht".

b) Die Generalklausel des Art. 3 BayBO

Grundnorm: Art. 3 BayBO

Art. 3 BayBO ist die materiell-rechtliche Grundnorm des gesamten Bauaufsichtsrechts, die klarstellt, welche allgemeinen Anforderungen bauliche Anlagen, andere Anlagen und Einrichtungen i.S.v. Art. 1 I S. 2 BayBO sowie ihre Teile (Art. 3 I BayBO) und Baustellen sowie Baugrundstücke (Art. 3 III BayBO) erfüllen müssen. 220

Diese Anforderungen beziehen sich auf alle baurechtlich bedeutsamen Sachverhalte, nämlich: Anordnung, Errichtung, Änderung, Instandhaltung (Abs. 1), Abbruch und Nutzungsänderung (Abs. 3).

Rahmen für bauordnungsrechtliche Anforderungen

Die Vorschrift steckt damit den Rahmen ab für die speziellen bauordnungsrechtlichen Anforderungen und begrenzt so auch die Reichweite bauaufsichtlicher Anordnungen, die auf der Grundlage einzelner Befugnisnormen der BayBO ergehen. 221

Verdrängung durch Spezialregelungen

Sind in spezielleren Vorschriften einzelne Anforderungen normiert, kann die Aufsichtsbehörde nur unter besonderen Voraussetzungen (vgl. Art. 54 III BayBO) weitergehende Anforderungen stellen. Grundsätzlich verdrängt die speziellere Zugriffsermächtigung die Generalklausel. 222

> **Bsp.:** *Brandwände müssen nur in den in Art. 28 II BayBO aufgeführten Fällen errichtet werden. Die Aufsichtsbehörde kann auch unter Berufung auf Art. 3 BayBO keine darüber hinausgehenden Anforderungen stellen.*

„Schutzgut“ des Art. 3 BayBO sowie des Bauordnungsrechts insgesamt sind: 223

aa) Die öffentliche Sicherheit und Ordnung, Art. 3 I S. 1 BayBO

Schutzgut: öffentliche Sicherheit und Ordnung

Diesen Begriffen kommt hier keine andere Bedeutung zu als im allgemeinen Sicherheitsrecht. 224

Zur öffentlichen Sicherheit gehört die Erhaltung der Unversehrtheit von Leben, Gesundheit, Freiheit, Ehre und Vermögen sowie der Rechtsordnung und der grundlegenden Einrichtungen des Staates.

Unter der öffentlichen Ordnung ist die Gesamtheit jener ungeschriebenen Regeln für das Verhalten des Einzelnen in der Öffentlichkeit zu verstehen, deren Beachtung nach den jeweils herrschenden Anschauungen als unerlässliche Voraussetzung eines geordneten staatsbürgerlichen Gemeinschaftslebens betrachtet wird. 225

bb) Die natürlichen Lebensgrundlagen, Art. 3 I S. 1 BayBO

Schutz natürlicher Lebensgrundlagen

Art. 3 BayBO stellt in Erfüllung der Staatszielaufträge aus Art. 20a GG, Art. 141 BV ausdrücklich klar, dass bauliche Anlagen die natürlichen Lebensgrundlagen nicht gefährden dürfen. Einige der zu diesem Umweltverträglichkeitsgebot gehörenden Schutzgüter werden in Art. 141 I BV allgemein umschrieben (z.B. Boden, Wasser, Luft, Wald). 226-228

unbestimmte Rechtsbegriffe

Bei diesen Schutzgütern handelt es sich jeweils um unbestimmte Rechtsbegriffe, die in vollem Maße der richterlichen Nachprüfung unterliegen.[174] 229

[174] BverwGE 2, 172 (175 ff.).

technische Regeln beachtlich

Art. 3 II S. 1 BayBO verlangt die Beachtung der technischen Regeln, die vom Staatsministerium des Innern oder von der von diesem bestimmten Stelle durch öffentliche Bekanntmachung als Technische Baubestimmungen eingeführt worden sind. Abweichungen sind gem. Art. 3 II S. 3, 63 II, I BayBO möglich. Zu beachten ist die eine Beweislastumkehr zugunsten des Bauherrn bewirkende Regelvermutung des Art. 3 II S. 4 BayBO. 230

c) Einzelne materiell-rechtliche Vorschriften

aa) Abstandsflächen (Art. 6 BayBO)

Art. 6 BayBO bzgl. Abstandsflächen

Unter Abstandsflächen sind die Flächen vor den Außenwänden von Gebäuden zu verstehen, die von (oberirdischen) baulichen Anlagen freizuhalten sind (Art. 6 I S. 1 BayBO). gem. Art. 6 I S. 2 BayBO gilt diese Regel auch für andere bauliche Anlagen sowie andere Anlagen und Einrichtungen sinngemäß, wenn von diesen Wirkungen wie von Gebäuden ausgehen. 231

Wahrung nachbarlichen Wohnfriedens

Abstandsflächen dienen in erster Linie der ausreichenden Belichtung, Belüftung und Besonnung von Gebäuden sowie dem Brandschutz. Sie schaffen Freiflächen für notwendige Nebenanlagen (z.B. Spielplätze, Stellplätze) und sollen insgesamt dazu beitragen, den nachbarlichen Wohnfrieden zu wahren.[175] 232

Art. 6 BayBO muss im Zusammenhang mit bauplanungsrechtlichen Vorschriften gesehen werden: 233

Vorrang des Bauplanungsrechts

Darf oder muss aus planungsrechtlichen Gründen an die Grundstücksgrenze gebaut werden, müssen keine Abstandsflächen eingehalten werden (Art. 6 I S. 3 BayBO – Vorrang des Planungsrechts). Ob Art. 6 I S. 3 BayBO voraussetzt, dass das Vorhaben in seiner Gesamtheit planungsrechtlich zulässig ist, ist streitig. Systematisch erscheint es überzeugender, lediglich auf Kriterien abzustellen, die gerade die Zulässigkeit einer Grenzbebauung betreffen.[176] 234

hemmer-Methode: Der alte Art. 6 I S. 4 BayBO, wonach selbst wenn nach planungsrechtlichen Vorschriften an die Grenze eines Grundstücks gebaut werden muss, die Einhaltung von Abstandsflächen gestattet oder verlangt werden konnte, wurde in der Neufassung der BayBO gestrichen, da diese Vorschrift aus Kompetenzgründen äußerst problematisch war, Art. 31 GG. 234

Abweichungsmöglichkeiten für Gemeinde

Neben dem Vorrang des Bauplanungsrechts nach Art. 6 I S. 3 BayBO, kann die Gemeinde in örtlichen Bauvorschriften gem. Art. 81 I Nr. 6 BayBO andere Abstandsflächen festlegen. Zudem gibt Art. 6 VII BayBO den Gemeinden die Möglichkeit, Abstandsflächen abweichend von Art. 6 IV, V BayBO festzulegen.[177] 235

Weiter zu beachten sind: 236

⇨ Die Grundregeln, Art. 6 V BayBO i.V.m. der Begriffsbestimmung des Art. 6 IV BayBO

⇨ Das sog. 16 m – Privileg (Art. 6 VI BayBO)

⇨ Nach Art. 6 IX BayBO sind untergeordnete oder unbedeutende Anlagen (z.B. Terrassen) zulässig.

---

175 Simon, Art. 6 BayBO, Rn. 1.

176 BayVGH, BauR 1992, 605.

177 Vgl. hierzu Jäde/Famers, „Schwerpunkte der Bayerischen Bauordnung 2008“, BayVBl. 2008, 33, 44.

hemmer-Methode: Auch im Bereich der Abstandsflächen gilt: Regelmäßig wird kein Einzelwissen verlangt, es genügt vielmehr, das System verstanden zu haben.

bb) Baugestaltung (Art. 8 BayBO)

Verunstaltungsverbot, Art. 8 BayBO

Bauliche Anlagen sind demnach (insb. hinsichtlich Form und Farbe) so zu gestalten, dass sie nicht verunstaltend wirken (S. 1). *237*

ästhetisches Empfinden

Verunstaltend wirkt die Anlage nur, wenn sie „das ästhetische Empfinden eines gebildeten Durchschnittsbetrachters verletzt".[178] Dass die Anlage als unschön empfunden wird, genügt nicht. *238*

> ***Bsp.:*** *Verunstaltung des Giebels eines Baudenkmals durch eine großflächige Werbetafel.*[179]

Art. 8 S. 2 BayBO bzgl. Umgebung

Während Art. 8 S. 1 BayBO sich nur auf die bauliche Anlage selbst bezieht, stellt Art. 8 S. 2 BayBO auf die Auswirkungen der Anlage auf die Umgebung ab.[180] *239*

Straßen-, Landschafts- und Ortsbild

Die Anlage steht dann mit ihrer Umgebung im Einklang, wenn der Gegensatz zwischen baulicher Anlage und der Umgebung „von dem für ästhetische Eindrücke offenen Betrachter nicht als belastend oder unlusterregend empfunden wird".[181] Maßstab ist das bestehende Straßen-, Orts- oder Landschaftsbild. *240*

> ***Bsp.:*** *Verunstaltung einer durch klassizistische Wohnhäuser geprägten Umgebung durch das Ersetzen der Stuckverzierung einer Fassade mit Glattputz.*[182]

Art. 8 S. 3 BayBO stellt klar, dass eine störende Häufung von Werbeanlage unzulässig ist.

cc) Baustellen (Art. 9 BayBO)

Baustellen

Baustellen sind Plätze, auf denen bauliche Anlagen errichtet, geändert oder abgebrochen werden.[183] *241*

Die Baustellen sind so einzurichten, dass bauliche Anlagen ordnungsgemäß errichtet, geändert, abgebrochen oder instandgehalten werden können und dass keine Gefahren, vermeidbare Nachteile oder Belästigungen entstehen (Art. 9 I BayBO). *242*

> ***Bsp.:*** *Hierunter fällt z.B. das Gebot, übermäßigen Baustellenlärm zu verhindern.*

ggf. Sicherheitsvorkehrungen

Nach Art. 9 II BayBO sind für die Dauer der Arbeiten insbesondere die öffentlichen Verkehrsflächen zu schützen und, wenn erforderlich, unter den notwendigen Sicherheitsvorkehrungen zugänglich zu halten. *243*

Zu beachten ist, dass manche Baustelleneinrichtungen selbst eine bauliche Anlage darstellen (z.B. Mischanlagen, die fest mit dem Erdboden verbunden sind) und daher ihrerseits den Anforderungen der BayBO entsprechen müssen (Art. 3 BayBO, aber z.B. auch Art. 1, 12 oder 14 BayBO). *244*

---

[178] Grundlegend BVerwGE 2, 172 (177).

[179] BayVGH, BayVBl. 1980, 21.

[180] Simon, Art. 8 BayBO, Rn. 102, 190 ff.

[181] BVerwGE 2, 172 (177).

[182] OVG Berlin, BauR 1984, 624.

[183] Simon, Art. 9 BayBO, Rn. 1.

dd) Garagen und Stellplätze

Garagen und Stellplätze

Werden bauliche Anlagen oder andere Anlagen errichtet, bei denen ein Zu- oder Abfahrtsverkehr zu erwarten ist, so sind gem. Art. 47 I S. 1 BayBO Stellplätze in ausreichender Zahl und Größe und in geeigneter Beschaffenheit herzustellen. Ob Stellplätze oder Garagen errichtet werden, kann grundsätzlich (Ausnahme: Art. 81 I Nr. 4 BayBO) der Bauherr entscheiden. Auch bei Änderungen und Nutzungsänderungen von baulichen Anlagen sind nach Maßgabe des Art. 47 I S. 2 BayBO für den Mehrbedarf Stellplätze herzustellen. 245

drei Möglichkeiten

Folgende drei Möglichkeiten bestehen zur Erfüllung der Stellplatzpflicht: 246

- ⇨ auf dem Baugrundstück selbst, Art. 47 III Nr. 1 BayBO (Regelfall),
- ⇨ in der Nähe des Baugrundstücks, Art. 47 III Nr. 2 BayBO,
- ⇨ durch die Gemeinde im Wege eines Ablösungsvertrages, Art. 47 III Nr. 3 BayBO

Ermessensentscheidung der Gemeinde bzgl. Ablösung

Bei der Frage des Einverständnisses der Gemeinde mit einer Ablösung handelt es sich grundsätzlich um eine Ermessensentscheidung der Gemeinde.[184] Ausnahmsweise kann die Ablösung von der Gemeinde verlangt werden, wenn dies durch örtliche Bauvorschriften vorgesehen ist, Art. 81 I Nr. 4 BayBO.[185] 247

Die Anzahl der erforderlichen Stellplätze wird durch eine Rechtsverordnung festgesetzt, wobei die Gemeinde die Möglichkeit hat, durch örtliche Bauvorschriften hiervon abzuweichen, Art. 47 II, 81 I Nr. 4 BayBO. Relevant wird dies im Hinblick auf den Prüfungsmaßstab des Art. 59 S. 1 BayBO. Während Art. 47 BayBO selbst nicht zwingend, sondern nur fakultativ zu prüfen ist, ist die Einhaltung der Vorgaben örtlicher Bauvorschriften Genehmigungsvoraussetzung, vgl. Art. 59 S. 1 Nr. 1 BayBO.[186]

hemmer-Methode: Art. 47 III Nr. 2 BayBO sieht jetzt einen Rechtsanspruch des Bauherrn darauf vor, Stellplätze nicht auf dem Baugrundstück, sondern auf einem geeigneten Grundstück in dessen Nähe zu errichten, wenn dessen Benutzung für diesen Zweck gegenüber dem Rechtsträger der Bauaufsichtsbehörde rechtlich gesichert ist. 248
In Hinblick auf die Entfernung zum Nachbargrundstück kommt es auf die Häufigkeit der Nutzung an; so kann ein Firmenparkplatz durchaus weiter von der Firma entfernt sein, wenn die Angestellten nur einmal morgens und einmal abends den Weg vom bzw. zum Parkplatz zurücklegen müssen. Anders, wenn der Weg häufig zurückgelegt werden müsste: Dann ist bei größerer Entfernung davon auszugehen, dass der Parkplatz tatsächlich nicht genutzt wird.

5. Prüfung sonstigen öffentlichen Rechts

sonstiges öffentliches Recht

Nach Bejahung der bauplanungs- und bauordnungsrechtlichen Zulässigkeit ist i.R.d. Art. 59 S. 1 Nr. 3, 60 S. 1 Nr. 3 BayBO schließlich noch zu prüfen, ob das Vorhaben sonstigen öffentlich-rechtlichen Vorschriften widerspricht, die im bauaufsichtlichen Genehmigungsverfahren zu prüfen sind. 249

---

184 BayVGH, BayVBl. 1987, 85.

185 In einer vergleichbaren Vorschrift des Bundeslandes Hamburg erblickte das BVerwG eine zulässige Sonderabgabe, BVerwG, IBR 2005, 116 = NVwZ 2005, 215, bestätigt durch BVerfG, NVwZ 2009, 837 = **Life & Law 2009, 549**.

186 Zu den Folgen vgl. oben Rn. 116 ff.

Sowohl im vereinfachten wie auch im vollumfassenden Genehmigungsverfahren geschieht dies zwingend nur insoweit, als durch die Baugenehmigung eine Entscheidung nach anderen öffentlich-rechtlichen Vorschriften entfällt oder ersetzt wird (z.B. Art. 59 VII BayWG, Art. 6 III DSchG), sog. formelle Konzentrationswirkung. Sonstige anlagenbezogene Vorschriften, für die kein eigenes Genehmigungsverfahren besteht, kann, muss die Baubehörde aber nicht prüfen, vgl. Art. 68 I S. 1 HS 2 BayBO.

hemmer-Methode: Im Ersten Staatsexamen werden hier meist keine Probleme auftauchen. Sollte doch auf das sonstige öffentliche Recht einzugehen sein, ist ein ausdrücklicher Hinweis im Sachverhalt wahrscheinlich. Auf jeden Fall sollten Sie diesen Prüfungspunkt kurz ansprechen, um Ihre Arbeit abzurunden. 250

VII. Rechtsverletzung

Rechtsverletzung notwendig

Wenn nach eingehender Prüfung ein Anspruch aus Art. 68 I, 59, 60 BayBO zu bejahen ist, ist die Klage wegen der rechtswidrigen Versagung der Baugenehmigung und der Verletzung des Klägers in seinen Rechten aus Art. 55, 68 I BayBO, Art. 14 I (Art. 2 I) GG begründet. Da die Sache i.d.R. spruchreif ist,[187] ergeht ein Vornahmeurteil i.S.d. § 113 V S. 1 VwGO. 251

VIII. Entscheidungsrelevanter Zeitpunkt

maßgeblicher Zeitpunkt bei der Verpflichtungsklage i.d.R. letzte mündliche Verhandlung

Als Faustregel gilt für die Verpflichtungsklage: Der Anspruch auf Vornahme des VA bzw. erneute Bescheidung muss im Zeitpunkt der letzten mündlichen Verhandlung bestehen. Entscheidet das Gericht ohne mündliche Verhandlung gem. § 84 VwGO durch Gerichtsbescheid, kommt es auf den Zeitpunkt der gerichtlichen Entscheidung an.[188] Auch wenn im Zeitpunkt der letzten Behördenentscheidung der Anspruch noch möglich gewesen wäre, (aber jetzt wegen Änderung der Rechtslage nicht mehr realisierbar ist,) gilt dieser Grundsatz.[189] Denn anderenfalls müsste die Behörde einen VA erlassen, den sie alsbald mangels Rechtsanspruchs nach § 48 BayVwVfG wieder aufheben müsste. 253

hemmer-Methode: Ein zulässiger und begründeter Antrag des Bauwerbers wird also bspw. durch Änderung des Bebauungsplans unbegründet. In diesen Fällen bleiben aber die Möglichkeiten einer Klageumstellung analog § 113 I S. 4 VwGO sowie die Geltendmachung evtl. Entschädigungs- und Staatshaftungsansprüche offen, vgl. u.a. § 39 BauGB (dazu ausführlich Hemmer/Wüst, Verwaltungsrecht II, Rn. 126 ff.).

F) Vorläufiger Rechtsschutz, § 123 VwGO[190]

§ 123 VwGO i.d.R. (-)

Bei der Verpflichtungsklage als Hauptsache steht für den vorläufigen Rechtsschutz die einstweilige Anordnung nach § 123 VwGO zur Verfügung (zum Verhältnis zu §§ 80, 80a VwGO siehe § 123 V VwGO). 254

Es ist jedoch zu beachten, dass i.R.d. vorläufigen Rechtsschutzes die Hauptsache nicht vorweggenommen werden darf. Deshalb ist die Erteilung einer einstweiligen Baugenehmigung ausgeschlossen.

---

187 Ausnahmefall in Hemmer/Wüst, Verwaltungsrecht II, Rn. 56.

188 H.M. bei Kopp/Schenke, § 113 VwGO, Rn. 217; vgl. auch BVerwG, NVwZ 2008, 437 = **Life & Law 2008, 553**.

189 BayVGH, Beschl. v. 23.06.2003, bspr. bei Jäde, BayVBl. 2004, 481, 487.

190 Zur Prüfung des § 123 VwGO siehe Hemmer/Wüst, Verwaltungsrecht III, Rn. 202 ff.

Eine Ausnahme ist unter dem Blickwinkel des Art. 19 IV GG insoweit denkbar, als der effektive Rechtsschutz ohne den Erlass einer einstweiligen Anordnung nicht ermöglicht werden kann. Dafür bedarf es jedoch ganz enger Voraussetzungen.[191]

Im Regelfall kann der Bauherr daher nicht mit Aussicht auf Erfolg vorläufigen Rechtsschutz im Hinblick auf den Erlass einer Baugenehmigung beantragen. 255

G) Klausurfall zur Verpflichtungsklage[192]

Klausurfall zur Verpflichtungsklage

Bauherr B ist Eigentümer eines am Waldrand gelegenen Grundstücks in der bayerischen Großen Kreisstadt K. Der für diesen Bereich erst vor kurzem erlassene Bebauungsplan enthält Festsetzungen über die bebaubaren Grundstücksflächen, die örtlichen Verkehrsflächen sowie Art und Maß der baulichen Nutzung. Das maßgebliche Gebiet ist als allgemeines Wohngebiet festgesetzt. 256

B will auf seinem Grundstück ein Haus mit einer Höhe von über 30 m errichten, in dessen beiden obersten Geschossen er mit seiner Familie wohnen möchte.

Im Erdgeschoss will er eine Schank- und Speisewirtschaft einrichten, die den übrigen Bewohnern des Hauses und den geplanten weiteren Wohnhäusern als Treffpunkt dienen soll. Die Erschließung des Grundstücks ist gesichert. Allerdings ist es nicht möglich, dort oder in der Nähe Stellplätze herzustellen. B bietet der Stadt K daher an, die Kosten für die Herstellung der erforderlichen Stellplätze zu übernehmen. Die Stadt K lehnt dies jedoch ab. B beantragt daraufhin eine Baugenehmigung bei der Stadt K. Diese lehnt den Erlass jedoch mit der Begründung ab, dass der Bebauungsplan wegen Widerspruchs zu den Festsetzungen des Flächennutzungsplans, der für das fragliche Gebiet ein Industriegebiet vorgesehen hat, in einem Normenkontrollverfahren vor dem BayVGH für unwirksam erklärt worden ist. Zudem würden auch die nötigen Stellplätze fehlen. B erhebt fristgerecht Klage zum zuständigen Verwaltungsgericht mit dem Antrag, die Stadt K zur Erteilung der Baugenehmigung zu verurteilen.

Hat die Klage Aussicht auf Erfolg?

Die Klage des B hätte Aussicht auf Erfolg, wenn sie zulässig und begründet wäre.

A) Zulässigkeit

I. Verwaltungsrechtsweg

Im vorliegenden Fall handelt es sich um eine Streitigkeit auf dem Gebiet des öffentlichen Baurechts. Sie ist nichtverfassungsrechtlicher Art, eine anderweitige Rechtswegzuweisung ist nicht ersichtlich. Der Verwaltungsrechtsweg ist daher nach § 40 I VwGO eröffnet.

II. Klageart

B begehrt den Erlass einer Baugenehmigung. Da diese als Verwaltungsakt (VA) i.S.v. Art. 35 S. 1 BayVwVfG zu qualifizieren ist, ist die Verpflichtungsklage nach § 42 I Alt. 2 VwGO die richtige Klageart. Wegen der vorausgegangenen Ablehnung durch die Stadt K ist der Unterfall der Versagungsgegenklage einschlägig.

III. Klagebefugnis

Gem. § 42 II VwGO müsste B geltend machen, durch die Ablehnung des VA möglicherweise in subjektiv-öffentlichen Rechten verletzt zu sein. Klagebefugt i.S.d. § 42 II VwGO wäre B, wenn ihm möglicherweise ein Anspruch auf die Baugenehmigung zustünde.

---

[191] BayVGH, Beschl. v. 2.4.1976, BRS 30 Nr. 130, S. 249 ff.

[192] Nach Häde, JuS 1993, 225.

Das Recht zur Bebauung des eigenen Grundstücks i.R.d. Gesetze ergibt sich schon aus der in Art. 14 I GG enthaltenen Baufreiheit. Zudem kommt die Verletzung des einfachgesetzlichen Anspruchs aus Art. 68 I BayBO in Betracht. B ist klagebefugt.

IV. Rechtsschutzbedürfnis

Da B einen Antrag auf Erlass der Baugenehmigung gestellt hat, ist kein einfacherer Weg als die Inanspruchnahme gerichtlicher Hilfe ersichtlich, um zu seinem Ziel zu kommen. Das allgemeine Rechtsschutzbedürfnis ist somit gegeben.

V. Vorverfahren

Das gem. § 68 II, I S. 1 VwGO grundsätzlich erforderliche Widerspruchsverfahren entfällt nach § 68 I S. 2 VwGO i.V.m. Art. 15 II AGVwGO.

VI. Beteiligungs- und Prozessfähigkeit

B ist nach § 61 Nr. 1 VwGO beteiligungs- und gem. § 62 I Nr. 1 VwGO prozessfähig.

Die Stadt K ist nach § 61 Nr. 1 VwGO als Gebietskörperschaft des öffentlichen Rechts (vgl. Art. 1 GO) ebenfalls beteiligungsfähig. Für sie handelt gem. § 62 III VwGO ihr gesetzlicher Vertreter, also gem. Art. 38 I GO grundsätzlich der Oberbürgermeister (vgl. zur Amtsbezeichnung Art. 34 I S. 2 GO).

Da weitere Zulässigkeitsprobleme nicht ersichtlich sind, ist die Klage zulässig.

B) Begründetheit

Die Verpflichtungsklage ist als Vornahmeklage begründet, wenn sie gegen den richtigen Beklagten gerichtet ist, die Ablehnung des VA rechtswidrig, der Kläger dadurch in seinen Rechten verletzt und die Sache spruchreif ist, § 113 V S. 1 VwGO. Dies ist der Fall, wenn der Kläger einen Anspruch auf die Erteilung der Baugenehmigung hat.

I. Passivlegitimation

Richtiger Klagegegner ist nach § 78 I Nr. 1 VwGO der Rechtsträger der Behörde, die für den Erlass des VA zuständig gewesen wäre. Gem. Art. 53 I BayBO ist die Kreisverwaltungsbehörde als untere Bauaufsichtsbehörde für die Erteilung der Baugenehmigung zuständig. Bei kreisangehörigen Gemeinden ist also grundsätzlich das Landratsamt als Staatsbehörde i.S.v. Art. 37 I S. 2 LKrO zuständig. Eine Ausnahme gilt für die Große Kreisstadt gem. Art. 9 II S. 1 GO. In dem Umfang, der durch die GrKrV bestimmt wird, wird die Große Kreisstadt als Kreisverwaltungsbehörde tätig. Da die Aufgaben der unteren Bauaufsichtsbehörde nach § 1 Nr. 1 GrKrV in diesem Sinne der Großen Kreisstadt übertragen sind, ist die Stadt K richtige Beklagte.

II. Anspruchsgrundlage

B würde ein Anspruch aus Art. 55, 68 I BayBO auf Erteilung der Baugenehmigung zustehen, wenn sein Vorhaben genehmigungsbedürftig und -fähig wäre.

III. Genehmigungsbedürftigkeit

Gem. Art. 55 I BayBO ist die Errichtung einer baulichen Anlage genehmigungspflichtig, soweit in Art. 56 bis 58, 72 und 73 BayBO nichts anderes bestimmt ist. B beabsichtigt die Errichtung eines Wohn- und Geschäftshauses. Dieses ist zweifellos eine bauliche Anlage i.S.d. Legaldefinition des Art. 2 I BayBO. Eine Ausnahme von der Genehmigungspflicht kommt nicht in Betracht. Insbesondere Art. 58 I BayBO ist nicht einschlägig.

Das Vorhaben des B ist genehmigungspflichtig.

IV. Genehmigungsfähigkeit

Mangels formeller Rechtmäßigkeitsprobleme ist das Vorhaben gem. Art. 68 I BayBO zu genehmigen, wenn es öffentlich-rechtlichen Vorschriften nicht widerspricht, die im bauaufsichtlichen Genehmigungsverfahren zu prüfen sind. Der vereinfachte Prüfungsmaßstab des Art. 59 BayBO ist nicht heranzuziehen, da es sich um einen Sonderbau i.S.d. Art. 2 IV Nr. 2 BayBO handelt. Maßgeblich ist damit das Prüfprogramm des Art. 60 BayBO

Problematisch erscheint vorliegend allein die bauplanungs- und bauordnungsrechtliche Zulässigkeit, Art. 60 S. 1 Nr. 1 u. 2 BayBO. Für eine Konzentrationswirkung nach Art. 60 S. 1 Nr. 3 BayBO ist nichts ersichtlich.

1. Bauplanungsrechtliche Zulässigkeit

a) Nach § 29 I BauGB gelten die §§ 30 bis 37 BauGB für Vorhaben, die die Errichtung baulicher Anlagen zum Inhalt haben.

Der Begriff der baulichen Anlage deckt sich nicht mit dem in Art. 2 I BayBO verwendeten Begriff, wenngleich man in den meisten Fällen zum gleichen Ergebnis kommt. Vorausgesetzt wird eine auf Dauer mit dem Erdboden verbundene künstliche Anlage mit planungsrechtlicher Relevanz. Daran ist bei dem Wohn- und Geschäftshaus des B nicht zu zweifeln. Die §§ 30 bis 37 BauGB sind demnach anwendbar.

b) Das Haus des B soll auf einem Grundstück errichtet werden, das im Geltungsbereich eines Bebauungsplanes liegt, der den Anforderungen des § 30 I BauGB entspricht. Die Zulässigkeit des Vorhabens richtet sich grundsätzlich nach § 30 I BauGB. § 30 BauGB kann aber nur dann Anwendung finden, wenn der zugrunde liegende Bebauungsplan rechtswirksam ist. Laut Sachverhalt wurde jedoch die Unwirksamkeit des Bebauungsplanes durch den BayVGH in einem Normenkontrollverfahren festgestellt. Diese Unwirksamkeitserklärung wirkt nach § 47 V S. 2 VwGO allgemein verbindlich (inter omnes). Als Folge der Nichtigkeit des Bebauungsplanes beurteilt sich die bauplanungsrechtliche Zulässigkeit des Vorhabens nicht nach § 30 BauGB, sondern nach den §§ 33, 34, 35 BauGB.

hemmer-Methode: In diesem Punkt ist der vorliegende Fall vereinfacht. In der Klausur werden Sie regelmäßig die Wirksamkeit des Bebauungsplanes im Wege einer Inzidentprüfung beurteilen müssen. Die dabei einzuhaltende Vorgehensweise wird unter § 4 ausführlich dargestellt.

c) Läge das Grundstück innerhalb der im Zusammenhang bebauten Ortsteile der Stadt K, käme § 34 BauGB zur Anwendung. Entspricht die Eigenart der näheren Umgebung einem der Baugebiete, die in der aufgrund des § 9a BauGB erlassenen Verordnung (also der BauNVO) bezeichnet sind, dann beurteilt sich die Zulässigkeit des Vorhabens nach seiner Art gem. § 34 II BauGB ausschließlich danach, ob es nach der BauNVO in dem Baugebiet allgemein zulässig wäre. Die entgegenstehenden Festsetzungen des Flächennutzungsplanes sind insoweit unschädlich.
Im Sachverhalt ist von zahlreichen weiteren Wohnhäusern in der Umgebung die Rede; diese Gebäude sind jedoch bisher nur geplant. Daraus ist zu folgern, dass das Haus des B das erste in diesem Gebiet wäre. Damit liegt sein Grundstück nicht innerhalb der im Zusammenhang bebauten Ortsteile. Es liegt vielmehr im Außenbereich. Die Zulässigkeit seines Vorhabens richtet sich also nach § 35 BauGB.

d) § 35 BauGB unterscheidet zwischen privilegierten Vorhaben in Abs. 1, die der Gesetzgeber selbst dem Außenbereich zugewiesen hat und die dort allgemein zulässig sind, und den sonstigen Vorhaben in Abs. 2. Privilegierten Vorhaben können Festsetzungen des Flächennutzungsplanes jedenfalls nur sehr eingeschränkt entgegengehalten werden. Die Errichtung eines Wohnhauses mit Speisewirtschaft gehört aber nicht zu den nach § 35 I BauGB privilegierten Vorhaben.

Nach § 35 II BauGB kann die Bauaufsichtsbehörde sonstige Vorhaben zulassen, wenn sie öffentliche Belange nicht beeinträchtigen. Trotz dieser Formulierung besteht ein Rechtsanspruch auf Erteilung, wenn diese Voraussetzung erfüllt ist. § 35 III BauGB zählt beispielhaft auf, wann eine Beeinträchtigung öffentlicher Belange vorliegt. Dies ist nach § 35 III S. 1 Nr. 1 BauGB der Fall, wenn das Vorhaben den Darstellungen des Flächennutzungsplanes widerspricht. Der Flächennutzungsplan weist das fragliche Gebiet als Industriegebiet aus. Wegen des ausreichend konkret zum Ausdruck kommenden entgegenstehenden Planungswillens der Stadt ist daher das Vorhaben des B auch nicht gem. § 35 II BauGB zulässig.

e) Somit kann das Vorhaben höchstens über den positiven Zulässigkeitstatbestand des § 33 BauGB planungsrechtlich zulässig sein. gem. § 33 I BauGB ist ein Aufstellungsbeschluss bzgl. des Bebauungsplanes Grundvoraussetzung. Die Stadt K hat zweifellos im Zusammenhang mit dem für nichtig erklärten Bebauungsplan einen entsprechenden Aufstellungsbeschluss gefasst. Allerdings führte dieser Beschluss nicht zur Verabschiedung eines rechtswirksamen Bebauungsplanes.

Somit wurden auch die in § 33 I Nr. 1 BauGB für die sog. formelle Planreife erforderlichen Schritte für die Aufstellung eines neuen, wirksamen Planes nicht getroffen. Die Voraussetzungen des § 33 II, I Nr. 2 BauGB, wonach anzunehmen sein müsste, dass das Vorhaben den künftigen Festsetzungen des Bebauungsplanes nicht entgegensteht, sind auch nicht gegeben, da überhaupt nicht ersichtlich ist, wie die Stadt K auf die Nichtigkeit des Planes reagieren wird. Auch § 33 BauGB führt nicht zur planungsrechtlichen Zulässigkeit. Das Vorhaben ist aber nicht gem. § 33 BauGB, sondern gem. § 35 BauGB unzulässig. Es ist mit der Funktion des § 33 BauGB als positivem Zulassungstatbestand nicht vereinbar, daraus die Unzulässigkeit herzuleiten.

f) Ein weiteres Problem könnte sich daraus ergeben, dass die Stadt K ihr bei Außenbereichsvorhaben gem. § 36 I S. 1 BauGB erforderliches Einvernehmen nicht erteilt hat. Hier hat die Große Kreisstadt K, die zugleich Baugenehmigungsbehörde ist, den Antrag des B negativ verbeschieden.

Zwar bedarf es bei einer Gemeinde, die zugleich Bauaufsichtsbehörde ist, der formellen Erklärung des Einvernehmens nicht.[193] Der Gemeinde könnte aber materiell die Rechte aus § 36 BauGB zustehen, sodass eine Erteilung der Baugenehmigung nur unter Beteiligung der Gemeinde zulässig wäre. Nach Ansicht des BVerwG kommt § 36 BauGB allerdings bei einer Gemeinde, die zugleich Bauaufsichtsbehörde ist, überhaupt nicht zur Anwendung.

Schutzzweck des § 36 BauGB ist es, der Gemeinde auf einen Bauantrag, der ihren Planungsabsichten zuwiderläuft, eine Reaktionsmöglichkeit einzuräumen. Ist die Gemeinde selbst Bauaufsichtsbehörde, ist diese Reaktionsmöglichkeit bereits durch das Genehmigungsverfahren gegeben. Einer weiteren „Beteiligung“ der Gemeinde bedarf es nicht. Ihre Planungshoheit wird über die §§ 30 – 35 BauGB hinreichend geschützt.[194] Im vorliegenden Fall ist diese Problematik letztlich nicht entscheidend, da das Vorhaben ohnehin unzulässig ist, s.o.

2. Bauordnungsrechtliche Zulässigkeit

hemmer-Methode: Soweit diese Probleme aufwirft, müssen Sie in einem Gutachten auch dann zur bauordnungsrechtlichen Zulässigkeit Stellung nehmen, wenn Sie zuvor schon zur bauplanungsrechtlichen Unzulässigkeit gekommen sind. Eine Bezeichnung als Hilfsgutachten ist möglich, aber wohl überflüssig.

I.R.d. nach Art. 60 S. 1 Nr. 2, 2 IV BayBO zu prüfenden bauordnungsrechtlichen Zulässigkeit ist mangels anderer Angaben im Sachverhalt nur die Frage relevant, ob B seiner ihm gem. Art. 47 I BayBO obliegenden Pflicht, Stellplätze in ausreichender Zahl und Größe und in geeigneter Beschaffenheit herzustellen, nachgekommen ist.

193 BayVGH, BayVbl. 2003, 210 auch bei Jäde, BayBl. 2003, 101.

194 BVerwG, NVwZ 2005, 83.

Wegen der beabsichtigten Errichtung einer Speisewirtschaft durch B ist zu erwarten, dass ein relativ großer Zu- und Abfahrtsverkehr entsteht. Das hat gem. Art. 47 I S. 1 BayBO Einfluss auf die Höhe der Zahl der erforderlichen Stellplätze. Grundsätzlich hat die Erfüllung der Stellplatzpflicht gem. Art. 47 III BayBO real, entweder auf dem Baugrundstück oder auf einem geeigneten, in der Nähe befindlichen Grundstück, dessen Nutzung zu diesem Zweck rechtlich gesichert ist, oder aber durch einen Ablösungsvertrag mit der Gemeinde zu erfolgen.

Da eine Realherstellung laut Sachverhalt jedoch nicht möglich ist, bleibt nur die Stellplatzablösung nach Art. 47 III Nr. 3 BayBO. Dabei liegt es grundsätzlich im Ermessen der Stadt K, ob sie ihr Einverständnis mit der Ablösung erklärt und einen entsprechenden Ablösungsvertrag schließt.[195] Die Stadt darf die Ablösung auch dann verweigern, wenn das Vorhaben ansonsten baurechtlich zulässig wäre. Hier ist nichts dafür ersichtlich, dass die Stadt die Ablösung ermessensfehlerhaft verweigert hat.

Aber selbst wenn die Ablehnung rechtswidrig wäre, könnte B daraus keinen Anspruch auf Erteilung der Baugenehmigung herleiten. Der Beschluss der Stadt stellt eine der Erteilung der Baugenehmigung vorgreifliche, selbstständige Entscheidung dar. B hätte zunächst den Abschluss eines Ablösungsvertrages mit einer Leistungsklage erstreiten müssen. Da er dies nicht getan hat, kann er seine Verpflichtung aus Art. 47 I S. 1 BayBO nicht erfüllen.

Das Vorhaben des B ist somit auch bauordnungsrechtlich unzulässig, Art. 60 S. 1 Nr. 2 BayBO.

3. Anspruch auf Erteilung der Baugenehmigung

Da das Vorhaben des B maßgeblichen öffentlich-rechtlichen Vorschriften widerspricht, steht ihm kein Anspruch aus Art. 68 I BayBO auf Erteilung der Baugenehmigung zu.

V. Ergebnis

Die Ablehnung der Baugenehmigung durch die Große Kreisstadt K war somit nicht rechtswidrig. Die zulässige Klage des B ist daher durch Sachurteil als unbegründet abzuweisen.

[195] Vgl. BayVGH, BayVBl. 1987, 185.

§ 3 WEITERE FÄLLE DER VERPFLICHTUNGSKLAGE

Hauptfall ist Baugenehmigung

Neben dem Hauptfall der Klage auf Erteilung einer Baugenehmigung sind noch weitere Verpflichtungsklagen im Baurecht denkbar. Im Folgenden werden einige typische Konstellationen hierfür angerissen. Um Wiederholungen zu § 2 zu vermeiden, wird jedoch nur zu den spezifischen Problempunkten Stellung genommen. Es empfiehlt sich daher, zur Verdeutlichung die Schemata zu den Sachentscheidungsvoraussetzungen (Rn. 18) und zur Begründetheit (Rn. 41) der Klage auf Erteilung einer Baugenehmigung heranzuziehen. 257

A) Klage auf Vorbescheid oder Teilbaugenehmigung

Verwaltungsakte

Vorbescheid (Art. 71 BayBO) und Teilbaugenehmigung (Art. 70 BayBO) sind Verwaltungsakte i.S.d. Art. 35 BayVwVfG. Statthafte Klageart für das Begehren dieser Verwaltungsakte ist daher die Verpflichtungsklage. 258

hemmer-Methode: Zur rechtlichen Einordnung von Vorbescheid und Teilbaugenehmigung siehe bereits Rn. 23 ff.

I. Anspruch auf den Vorbescheid

Anspruchsgrundlage

Anspruchsgrundlage für die Erteilung des Vorbescheides ist Art. 71 S. 1 u. 4 BayBO i.V.m. Art. 68 I BayBO. Schon nach dem Wortlaut des Art. 71 S. 1 BayBO besteht für die Bauaufsichtsbehörde kein Ermessensspielraum in der Frage, ob ein Vorbescheid zu erteilen ist. 259

formelle Voraussetzung

Für die formellen Anspruchsvoraussetzungen verweist Art. 71 S. 4 BayBO auf die Art. 64 bis 67 BayBO. Es sind die in § 8 BauVorlV [Z/T Nr.62] genannten Bauvorlagen einzureichen. 260

Hauptfall des Vorbescheides: Bebauungsgenehmigung = Vorbescheid über planungsrechtliche Zulässigkeit

Der Hauptfall des Vorbescheides ist die Bebauungsgenehmigung, die die grundsätzliche Bebaubarkeit des Grundstücks unter planungsrechtlichen Gesichtspunkten klarstellt. Dementsprechend wäre in einer Klausur an dieser Stelle mit einer Prüfung der §§ 29 ff. BauGB zu rechnen.

II. Anspruch auf die Teilbaugenehmigung

Anspruchsgrundlage

Anspruchsgrundlage der Teilbaugenehmigung ist Art. 70 S. 1 u. 2 BayBO i.V.m. Art. 68 I BayBO. Der Erlass einer Teilbaugenehmigung ist eine echte Ermessensentscheidung. Eine Vornahmeklage kann somit erfolgreich nur bei einer Ermessensreduzierung auf Null erhoben werden. Anderenfalls hat nur die Bescheidungsklage (§ 113 V S. 2 VwGO) Aussicht auf Erfolg. 261

hemmer-Methode: Zur Prüfung eines Anspruchs aufgrund gebundenen Ermessens und zum Problem der Bescheidungsklage siehe Hemmer/Wüst, Verwaltungsrecht II, Rn. 26, 55, 78 ff.

formelle Voraussetzung

Als formelle Voraussetzung muss ein den Anforderungen der Art. 64 ff. BayBO entsprechender Bauantrag bereits eingereicht sein (Art. 70 S. 1 BayBO). 262

materielle Voraussetzung

Materiell ist die grundsätzliche Vereinbarkeit des Gesamtvorhabens (str. s.o. Rn. 29) mit dem im baurechtlichen Verfahren zu prüfenden öffentlichen Recht anspruchsbegründende Voraussetzung. 263

B) Klage auf Erteilung einer Teilungsgenehmigung[196]

hemmer-Methode: Während die Teilungsgenehmigung als inzidenter Prüfungsgegenstand bei der Baugenehmigung keine Rolle mehr spielt, da die Bindungswirkung der Teilungsgenehmigung aufgrund der Novelle des BauGB zum 01.01.1998 entfallen ist, ist die Klausurvariante „Klage auf Erteilung einer Teilungsgenehmigung“ weiterhin denkbar. Allerdings hat auch diese Variante sehr stark an Bedeutung verloren, da die Teilungsgenehmigung nur noch in Gebieten mit Fremdenverkehrsfunktion erforderlich ist, § 22 BauGB.

drei Varianten

Die §§ 19 ff. BauGB stellen drei Anspruchsgrundlagen auf Erteilung eines VA zur Verfügung. 264-265

1. Zum einen kann gem. § 22 I, IV BauGB eine Teilungsgenehmigung begehrt werden.

2. Aufgrund der Fiktionswirkung des § 22 V S. 4 BauGB kann ein Fiktionszeugnis erteilt werden, § 22 V S. 5 BauGB.

3. Und schließlich kann nach § 22 VIII BauGB eine Freistellungserklärung verlangt werden.

keine bes. Zulässigkeitsprobleme

Besondere Zulässigkeitsprobleme ergeben sich nicht. 266

hemmer-Methode: Allerdings ist in diesen Klausurvarianten immer an eine Eventualklagehäufung zu denken. Liegen die Voraussetzungen des Fiktionszeugnisses bzw. des Negativattests nicht vor, liegt es nahe, sogleich mittels eines Hilfsantrages die Erteilung der Teilungsgenehmigung einzuklagen. Die hilfsweise Antragstellung ist keine unzulässige bedingte Prozesshandlung, sondern lediglich an eine innerprozessuale Bedingung geknüpft, deren Eintritt von der Rechtsauffassung des Gerichts abhängt.[197]

I. Die Teilungsgenehmigung

Aufbau

Der Aufbau der Begründetheitsprüfung folgt im Wesentlichen dem bekannten Schema bei präventiven Verboten mit Erlaubnisvorbehalt (vgl. Rn. 41). 267

1. Passivlegitimation

Gemeinde als Genehmigungsbehörde

Die Passivlegitimation folgt aus § 78 I Nr. 1 VwGO i.V.m. § 22 V S. 1 BauGB. Die Baubehörde, d.h. nach Art. 53 I BayBO, ist für die Genehmigung zuständig und somit ist der Freistaat Bayern zu verklagen, vgl. Art. 54 I BayBO, Art. 37 I S. 2 LKrO. 268

2. Genehmigungspflichtigkeit

erste Voraussetzung: Genehmigungspflichtigkeit

Die Gemeinde kann in durch den Fremdenverkehr geprägten Gebieten durch Bebauungsplan oder sonstige Satzung bestimmen, dass die Teilung eines Grundstücks für ihre Wirksamkeit der Genehmigung bedarf, § 22 I BauGB. 269

---

196 Zur Teilungsgenehmigung siehe bereits oben, Rn. 88 ff.

197 Kopp/Schenke, vor § 40 VwGO, Rn. 15 und § 82 VwGO, Rn. 9.

3. Genehmigungsfähigkeit

zweite Voraussetzung: Genehmigungsfähigkeit

a) Formelle Voraussetzungen

formell: Antrag

Formell ist ein Antrag bei der zuständigen Behörde erforderlich. Die Genehmigung wird gem. § 22 V S. 1 BauGB, Art. 53 BayBO von der unteren Bauaufsichtsbehörde erteilt. 270

b) Versagungsgründe gem. § 22 IV BauGB

Die Versagungsgründe sind in § 22 IV BauGB abschließend aufgezählt. Detailkenntnisse werden hier von Ihnen nicht erwartet. Nach § 22 V S. 1 BauGB ist das Einvernehmen der Gemeinde erforderlich. Da die Versagungsgründe hier nicht geregelt sind, wird man wohl auf die Gründe des § 22 IV BauGB zurückgreifen müssen. 271

II. Das Fiktionszeugnis

Anspruchsgrundlage und formelle Voraussetzung

Anspruchsgrundlage für das Fiktionszeugnis ist § 22 V S. 5 BauGB i.V.m. § 22 V S. 4 BauGB. Formelle Voraussetzungen sind die Stellung eines vollständigen Antrages und das Verstreichen der Monatsfrist des S. 2 bzw. der verlängerten Frist des S. 3. 272

Genehmigungspfl. einzige materielle Vorauss.

Materielle Voraussetzung des Fiktionszeugnisses ist die Genehmigungspflichtigkeit aufgrund des § 22 I BauGB. 273

III. Die Freistellungserklärung

Anspruchsgrundlage

Anspruchsgrundlage des Negativattestes ist § 22 VIII BauGB. 274

C) Klage auf bauaufsichtliches Einschreiten gegenüber einem Dritten

bauaufsichtliche Befugnisse

Der Bauaufsichtsbehörde stehen verschiedene Befugnisnormen zur Verfügung, um baurechtlichen Missständen entgegenzutreten. Dazu gehören insbesondere: 275

- die Generalklausel des Art. 54 II S. 2 BayBO,
- die Baueinstellungsanordnung gem. Art. 75 I BayBO,
- die Baubeseitigungsanordnung gem. Art. 76 I S. 1 BayBO,
- die Nutzungsuntersagungsanordnung gem. Art. 76 I S. 2 BayBO sowie
- die Duldungsanordnung gegen den Zustandsstörer gem. Art. 75, 76 BayBO

Funktion als „Baupolizei“

Diese Befugnisse sind sicherheitsrechtlicher Natur (Stichwort „Baupolizei“). Auch in der Baurechtsklausur kann daher die aus dem Polizeirecht bekannte Problematik des Anspruchs auf sicherheitsbehördliches Tätigwerden relevant werden.[198] Dies gilt insbesondere dann, wenn für das Bauvorhaben überhaupt keine Genehmigung erforderlich ist, ein Rechtsschutz des Nachbarn über eine Anfechtungsklage also schon mangels Vorliegen eines Verwaltungsaktes ausscheidet. 276

198 Vgl. Hemmer/Wüst, Polizeirecht Bayern, Rn. 311 ff.

Gerade in solchen Fällen ist zu beachten, dass die Befugnis der Bauaufsichtsbehörde, auf die Einhaltung der öffentlich-rechtlichen Vorschriften hinzuwirken, grundsätzlich nicht verwirkt werden kann. Das schlichte Dulden baurechtswidriger Zustände durch die Bauaufsichtsbehörde begründet demnach kein Hindernis, in Zukunft einzuschreiten.[199]

Problem bei Drittbeteiligung: subjektives Recht

Ein Problemschwerpunkt liegt in diesen Konstellationen wie in allen Drittbeteiligungsfällen bei der Herausarbeitung eines drittschützenden Rechts als mögliche Anspruchsgrundlage in der Klagebefugnis und in der Begründetheit. Die bauaufsichtlichen Befugnisse als solche sind nicht drittschützend. Drittschutz ergibt sich aber ggf. daraus, dass die Baurechtswidrigkeit im Rahmen der Art. 75 f. BayBO sich gerade in der Verletzung drittschützender Vorschriften begründet. 277

Bsp.: *Nachbar N begehrt eine Teilbaubeseitigung, da Bauherr E mit seinem Vorhaben gegen Art. 6 BayBO verstößt. Anspruchsgrundlage ist in diesem Fall Art. 76 S. 1 BayBO. Dieser ist als solcher nicht drittschützend. Etwas anderes gilt dann, wenn wie im vorliegenden Fall die baurechtliche Illegalität sich gerade aus der Verletzung drittschützender Vorschriften ergibt.*

hemmer-Methode: Die Probleme der einzelnen Befugnisnormen werden weiter unten (Rn. 437 ff.) im Zusammenhang mit der Anfechtung durch den Adressaten behandelt. Da sich im Kontext der Anfechtungsklage weitere vollstreckungsrechtliche Probleme einbauen lassen, ist diese die typische Klausurvariante für baupolizeiliche Maßnahmen. Allerdings ist die Klausurrelevanz der Klage auf bauaufsichtliches Einschreiten gestiegen dadurch, dass Art. 59 BayBO das Bauordnungsrecht nahezu komplett aus dem Prüfungsmaßstab herausnimmt. Beruft sich ein Nachbar auf die Verletzung drittschützender bauordnungsrechtlicher Vorschriften, muss er den Anspruch auf bauaufsichtliches Einschreiten geltend machen, soweit die Baubehörde diese Vorschriften nicht im Rahmen ihres Ermessens nach Art. 68 I S. 1 HS 2 BayBO geprüft hat.[200]

Problem Ermessen der Bauaufsicht

Voraussetzung für einen Anspruch auf bauaufsichtliches Einschreiten ist neben der Verletzung einer drittschützenden Vorschrift, dass das der Behörde nach Art. 75, 76, 54 II S. 2 BayBO zustehende Ermessen im Einzelfall auf Null reduziert ist. Andernfalls steht dem Nachbarn maximal ein Anspruch auf Neuverbescheidung zu, wenn die bisherige Ermessensentscheidung fehlerhaft war, § 113 V S. 2 VwGO. 277a

Im Rahmen ihres Ermessens darf die Bauaufsicht auch berücksichtigen, dass der Nachbar die Möglichkeit hat, unmittelbar auf dem Zivilrechtsweg gegen den Bauherrn zu klagen, §§ 823 II, 1004 BGB. Die drittschützenden baurechtlichen Vorschriften sind insoweit Schutzgesetze i.S.d. § 823 II BGB. Der Nachbar ist demnach überhaupt nicht auf ein Einschreiten der Baubehörde angewiesen, er kann seine Rechte und Interessen auch selbst verteidigen. Aus diesem Grund bejaht die h.M eine Ermessensreduzierung auf Null nur bei schweren und irreversiblen Rechtsbeeinträchtigungen auf Seiten des Nachbarn.[201]

199 BayVGH, BayVBl. 1999, 590.

200 Vgl. schon oben, Rn. 116 ff.

201 Vgl. auch schon oben Rn. 120; OVG Lüneburg, NVwZ-RR 2008, 374; BVerwG, **Life & Law 2008, 830**.

Besonderheit Baufreistellung

Etwas anderes wird zum Teil vertreten, wenn das Vorhaben unter Art. 58 BayBO fällt. Das Genehmigungsfreistellungsverfahren wurde geschaffen, um die Behörden zu entlasten bzw. dem Bauwerber die Auseinandersetzung mit der Behörde zu vereinfachen, aber nicht um den Nachbarschutz zu beeinträchtigen; es muss insoweit über die Ermessenssteuerung für den Nachbarn ein äquivalenter Rechtsschutz erreicht werden, wie er früher über eine Anfechtungsklage möglich war. Aus diesem Grund wird bei einem Verstoß gegen eine drittschützende Vorschrift des Baurechts z.T. immer eine Ermessensreduzierung auf Null angenommen, da bei einer Nachbaranfechtungsklage bei der Verletzung einer nachbarschützenden Vorschrift die Baugenehmigung auch ohne weitere Ermessensprüfung aufgehoben wird.[202] *277b*

[202] Vgl. m.w.N. Kopp/Schenke, § 123 VwGO, Rn. 12., § 42 VwGO, Rn. 102 a.E.; a.A. OVG Saarlouis, NVwZ-RR 2010, 49.

§ 4 DIE ANFECHTUNG VON VERWALTUNGSAKTEN

Anfechtungsklage im Baurecht

Anfechtungsvarianten im Bereich des Baurechts: 278

⇨ Anfechtung einer Baugenehmigung (bzw. eines Vorbescheides/einer Teilbaugenehmigung) durch den Nachbarn

⇨ einstweiliger Rechtsschutz des Nachbarn gegen eine Baugenehmigung etc.

⇨ Anfechtung eines Aufhebungsbescheides durch den Bauherrn (ggf. auch eines Widerspruchsbescheids nach erfolgreicher Drittanfechtung der Baugenehmigung)

⇨ Anfechtung der Baugenehmigung durch eine Gemeinde bei fehlendem Einvernehmen

⇨ Anfechtung einer bauaufsichtlichen Maßnahme (z.B. Baubeseitigungs-, Nutzungsuntersagungsanordnung)

⇨ isolierte Anfechtung von Nebenbestimmungen der Baugenehmigung

A) Die Nachbarklage

wichtigster Fall: Nachbarklage

Dass der Nachbar einen dem Bauwilligen gegenüber ergangenen VA (Baugenehmigung bzw. Vorbescheid) mit Rechtsbehelfen angreifen kann, ist heute unstreitig. Gleichwohl gibt es eine Fülle von Einzelfallproblemen, die mit der Drittanfechtung verbunden sind. 279

Ausgangsfall: *A beantragt bei der zuständigen Behörde eine Baugenehmigung. Diese wird ihm auch antragsgemäß erteilt, obwohl Nachbar N dem Vorhaben nicht zugestimmt hat. Nach erfolglosem Widerspruchsverfahren möchte N klagen.*

Die Klage des N hat Aussicht auf Erfolg, wenn sie zulässig und begründet ist.

@

Kurzübersicht zu den Sachentscheidungsvoraussetzungen der Klage:

I. Eröffnung des Verwaltungsrechtsweges

II. Zulässigkeitsvoraussetzungen

1. Klageart = Anfechtungsklage, da Aufhebung eines VA begehrt wird (§ 42 I Alt. 1 VwGO)

2. Klagebefugnis aus drittschützendem Recht (§ 42 II VwGO)

3. Vorverfahren unstatthaft, § 68 I S. 2 VwGO, Art. 15 II AGVwGO

4. Beteiligten- und Prozessfähigkeit

5. ggf. sonstige Voraussetzungen

@

I. Eröffnung des Verwaltungsrechtsweges

§ 40 I VwGO (+)

Die streitentscheidenden Normen sind dem BauGB und der BayBO zu entnehmen, sodass nach der Zuordnungstheorie der Verwaltungsrechtsweg (§ 40 I VwGO) eröffnet ist. 280

II. Zulässigkeit der Nachbarklage

1. Klageart

da Aufhebung d. VA begehrt ⇨ Anfechtungsklage

Die Klageart richtet sich nach dem Klagebegehren. N begehrt hier die Beseitigung eines bereits erlassenen VA i.S.d. Art. 35 BayVwVfG, nämlich die Beseitigung der gegenüber A erteilten Baugenehmigung.[203] Es liegt ein bekannt gemachter und damit anfechtbarer VA vor (Art. 41 ff. BayVwVfG). Richtige Klageart ist deshalb die Anfechtungsklage, § 42 I Alt. 1 VwGO. 281

Dass der angefochtene VA nicht an N, sondern gegenüber A erlassen wurde, ist keine Frage der Klageart, sondern vielmehr der Klagebefugnis, § 42 II VwGO. 282

hemmer-Methode: Die richtige Klageart ist bei der Nachbarklage i.d.R. genauso unproblematisch wie die Eröffnung des Verwaltungsrechtsweges. Fassen Sie sich deshalb bei der Abhandlung dieser beiden Prüfungspunkte möglichst kurz. Längere Ausführungen können i.R.d. Klageart allerdings dann notwendig sein, wenn der Kläger beabsichtigt, die noch nicht erteilte, sondern lediglich „drohende" Baugenehmigung anzufechten. Dann käme wenigstens theoretisch die sog. vorbeugende Unterlassungsklage in Betracht.[204] Für sie fehlt es aber meist an dem dafür notwendigen besonderen Rechtsschutzbedürfnis, da die allgemeinen Rechtsbehelfe wie Widerspruch und Anfechtungsklage in aller Regel ausreichend Rechtsschutz gewähren.

2. Klagebefugnis, § 42 II VwGO

Problem: Klagebefugnis, § 42 II VwGO

Eine der wichtigsten Fragen der Zulässigkeit ist bei der Nachbarklage das Bestehen der Klagebefugnis (§ 42 II VwGO). 283

a) Möglichkeitstheorie und Schutznormtheorie[205]

Möglichkeit ausreichend

Die Klagebefugnis ist grds. dann gegeben, wenn der Kläger möglicherweise in eigenen subjektiv-öffentlichen Rechten verletzt ist, § 42 II VwGO (sog. Möglichkeitstheorie). Umgekehrt kann eine Klagebefugnis nur dann nicht angenommen werden, wenn unter jedem Blickwinkel eine Verletzung subjektiv-öffentlicher Vorschriften des Klägers ausscheidet. 284

Adressatentheorie (-)

Die Anwendung der sog. Adressatentheorie[206] kommt bei der Nachbarklage nicht in Betracht, da der Nachbar nicht unmittelbarer Adressat der Baugenehmigung selbst, sondern nur Adressat einer Ausfertigung der Baugenehmigung ist (Art. 66 I S. 6 BayBO). 285

hemmer-Methode: Dass die Adressatentheorie bei der Drittanfechtung nicht einschlägig ist, sollten Sie in der Klausur dennoch kurz erwähnen. Beachten Sie im Zusammenhang mit der Adressatentheorie außerdem noch, dass es sich bei einer Baugenehmigung für den tatsächlichen Adressaten (also den Bauherrn) grds. nicht um einen belastenden, sondern im Gegenteil um einen begünstigenden VA geht.
Dieser hat allerdings eine drittbelastende Doppelwirkung. Belastend für den Bauherrn wirken allenfalls Nebenbestimmungen (Hemmer/Wüst, Verwaltungsrecht I, Rn. 407 ff.).

203 Ebenso, wenn ein Vorbescheid angegriffen wird, Art. 71 BayBO; zum Vorbescheid schon ausführlich oben, Rn. 23 ff.

204 Dazu ausführlich Hemmer/Wüst, Verwaltungsrecht III, Rn. 271 ff.

205 Ein Überblick zum (bauplanungsrechtlichen) Nachbarschutz findet sich bei J/D/W, § 29 BauGB, Rn. 41 ff.

206 Zur Adressatentheorie vgl. Hemmer/Wüst, Verwaltungsrecht I, Rn. 115.

Verletzung drittschützender Norm prüfen; Schutznormtheorie

In Betracht kommt daher in erster Linie die Verletzung von drittschützenden Vorschriften des materiellen Baurechts. Ob eine Vorschrift des Baurechts dem betroffenen Nachbarn tatsächlich eigene Rechte gewährt, ist nach einhelliger Meinung[207] durch Auslegung der Norm zu ermitteln. Insbesondere der Wortlaut der Vorschrift, der systematische Zusammenhang sowie der Schutzzweck der Norm (man spricht insoweit auch von der „Schutznormtheorie") sind heranzuziehen. Wichtig ist dabei vor allem, dass der Nachbarschutz nicht lediglich faktisch (bloßer Rechtsreflex) erfolgt, sondern auch ausdrücklich vom Normgeber beabsichtigt ist. 286

***Bsp.:** Die Gemeinde G erlässt einen Bebauungsplan, in dessen Festsetzungen ein Mindestabstand von zehn Metern zwischen den verschiedenen Bauwerken eingehalten werden muss. Nach der Planbegründung soll diese Regelung eine offene Bauweise ermöglichen, die einen großzügigen Eindruck macht und damit vermögende Bauherren anlockt.*

Auch wenn der Mindestabstand dem Nachbarn faktisch zugute kommt, so ist die Festsetzung der Abstandsflächen hier nicht im Interesse der Nachbarn, sondern der Gemeinde selbst erfolgt. Nach der Schutznormtheorie sind damit die Festsetzungen speziell dieses Bebauungsplans nicht nachbarschützend.

bestimmbarer Kreis der Nachbarn notwendig

Weiter eingeengt wird dieser Kreis von Schutznormen durch das Erfordernis, dass der Kreis der geschützten Nachbarn aus der Norm heraus bestimmbar und abgrenzbar sein muss.[208] Auf eine erkennbare zahlenmäßige Begrenzung der Berechtigten kommt es hierbei jedoch nicht an. 287

Bauordnungsrecht oft (+)

Anerkanntermaßen nachbarschützende Vorschriften ergeben sich z.T. aus dem Bauordnungsrecht, z.B.: 288

⇨ Art. 6 BayBO in Hinblick auf die Einhaltung von Abstandsflächen, soweit keine diesbezüglichen Festsetzungen in einem Bebauungsplan vorhanden sind.[209]

⇨ Art. 9 u. 11 BayBO in Hinblick auf Baustellen und sonstige mögliche Einwirkungen auf Grundstücke.

hemmer-Methode: Zu beachten ist jedoch, dass eine nachbarschützende Norm nur dann Drittschutz entfalten kann, wenn sie im Genehmigungsverfahren auch zu prüfen ist. So kann ein Nachbar nicht aufgrund eines Verstoßes gegen eine Norm, die z.B. im vereinfachten Genehmigungsverfahren nach Art. 59 S. 1 BayBO nicht geprüft wurde, gegen eine Baugenehmigung vorgehen. Der Baugenehmigung fehlt eine diesbezügliche Feststellungswirkung und kann den Nachbarn somit nicht in seinen Rechten verletzen. Dieser muss einen Anspruch auf bauaufsichtliches Einschreiten mittels Verpflichtungsklage geltend machen, wenn die Baubehörde nicht im Rahmen ihres Ermessens nach Art. 68 I S. 1 HS 2 BayBO die bauordnungsrechtlichen Vorgaben von sich aus geprüft hat.[210]

Bauplanungsrecht an sich (-)

Ansonsten kommt den planungsrechtlichen Vorschriften der §§ 30 I, 31, 34, 35 BauGB aus sich allein heraus grds. keine nachbarschützende Bedeutung zu.[211] Nachbarschutz ist allenfalls i.V.m. dem Gebot der Rücksichtnahme anzunehmen.[212] Ausnahmen stellen insoweit folgende Vorschriften dar: 289

⇨ aber einzelne Vorschriften

⇨ Festsetzungen des Bebauungsplans, soweit diese Nachbarschutz beabsichtigen,

207 Ausführlich dazu J/D/W, § 29 BauGB, Rn. 42.

208 Vgl. J/D/W, § 29 BauGB, Rn. 42; B/K/L, § 31 BauGB, Rn. 56.

209 BayVGH, BayVBl. 1999, 534; BayVGH, BayVBl. 1999, 246.

210 Vgl. schon oben Rn. 116 ff.

211 Umfassend zum Drittschutz J/D/W, § 29 BauGB, Rn. 43 ff.; für § 35 BauGB ergibt sich dies bereits aus dem Wortlaut „öffentliche Belange".

212 J/D/W, § 29 BauGB, Rn. 75 ff.

⇨

⇨ § 15 I S. 2 BauNVO als gesetzlich geregelter Fall des Gebots der Rücksichtnahme,

⇨ § 31 II BauGB in Hinblick auf die Würdigung nachbarlicher Interessen,

⇨ § 34 I BauGB bzgl. des Merkmals „Einfügen“, § 34 II BauGB i.V.m. § 15 I S. 2 BauNVO, § 34 IIIa BauGB,

⇨ § 35 III S. 1 Nr. 3 BauGB als Niederschlag des Gebotes der Rücksichtnahme.

hemmer-Methode: Vergleichen Sie zu den Einzelfällen später Rn. 347 ff. Eine Kurzübersicht finden Sie auch im Skript Hemmer/Wüst, Verwaltungsrecht I, Rn. 125 ff.

b) Gebot der Rücksichtnahme

ggf. i.V.m. Gebot der Rücksichtnahme

Lässt sich ein Nachbarschutz nicht unmittelbar aus dem Gesetz selbst herleiten, so kann eine Rechtsvorschrift gleichwohl noch i.V.m. dem Gebot der Rücksichtnahme nachbarschützend sein. 290

c) Grundrechte

auch Art. 14, 2 II GG

Subjektiv-öffentliche Rechte des Nachbarn sind vor allem noch die Grundrechte als Abwehrrechte gegen staatliche Eingriffe (insbes. Art. 14, 2 II GG),[213] welche in der Klausurprüfung allerdings nur den „Notnagel“ darstellen sollten. 291

hemmer-Methode: Die Frage, wie ausführlich der Drittschutz von Normen in der Zulässigkeit der Klage zu prüfen ist, richtet sich vor allem nach der sog. Möglichkeitstheorie. Insofern ist i.R.d. Zulässigkeit fast immer vom Vorliegen der Klagebefugnis auszugehen, weil eine Verletzung des Gebotes der Rücksichtnahme bzw. die Verletzung von Grundrechten eigentlich immer „möglich“ bzw. „nicht völlig auszuschließen“ ist. Regelmäßig wird es daher genügen, dass Sie bei § 42 II VwGO die Schutznormtheorie kurz andiskutieren und einige denkbare Möglichkeiten der Rechtsverletzung erwähnen. Achten Sie aber darauf, dass die Prüfung der Zulässigkeit nicht zu breit und unübersichtlich wird.
Ob eine drittschützende Norm tatsächlich vorliegt bzw. ob sie auch wirklich verletzt ist, sollte dann aber umso ausführlicher in der Begründetheit der Anfechtungsklage bei der Frage der subjektiven Rechtsverletzung geprüft werden (§ 113 I VwGO). Insofern sei auf die diesbezüglichen Ausführungen verwiesen[214] (zu diesem Grundsatz, auch über das Baurecht hinaus, vgl. Hemmer/Wüst, Verwaltungsrecht I, Rn. 124).
Anders als der Richter in der Praxis, der eher dazu neigen wird, eine Klage als unzulässig abzuweisen, sollten Sie grds. von der Zulässigkeit der Klage ausgehen. Lehnen Sie die Zulässigkeit ab, müssten Sie ansonsten hilfsgutachtlich weiterprüfen, was vom Klausurersteller i.d.R. nicht gewollt ist.

d) Der Nachbarbegriff im Baurecht

Problem, ob Kläger = Nachbar i.S.d. Norm

Eine Klagebefugnis scheidet jedenfalls dann aus, wenn der Kläger kein Nachbar i.S.d. nachbarschützenden Vorschrift ist. Zu fragen bleibt stets, welchen Kreis von Personen eine als drittschützend eingestufte Norm begünstigt: 292

---

213 Rn. 366 f.

214 Dazu unten, Rn. 344 ff.

aa) Räumliche Abgrenzung

räumlich i.d.R. Grundstücks nachbarn

Eine räumliche Abgrenzung nach festen Kriterien (z.B. Entfernung in Metern) ist nicht denkbar. Jeder einzelnen drittschützenden Norm kommt eine eigene räumliche Reichweite zu. Nachbarn sind jeweils all diejenigen, deren Grundstücke von den Auswirkungen des geplanten Vorhabens berührt werden können. 293

> ***Bsp.:*** *Geht es um einzuhaltende Abstandsflächen, so sind in der Regel nur die unmittelbar an das Baugrundstück angrenzenden Grundstücke betroffen.*
>
> *Die Vorschriften über den Schutz gegen Einwirkungen (Art. 11 BayBO), beispielsweise von Rauch oder Ruß, begünstigen hingegen eine ungleich größere Zahl Betroffener.*

hemmer-Methode: Der Nachbar im Baurecht ist gerade in Hinblick auf die räumliche Betroffenheit zusätzlich noch vom Nachbarn i.S.d. Immissionsschutzrechts (BImSchG) abzugrenzen. Bei letzterem können durchaus auch größere Distanzen zwischen Baugrundstück und Nachbargrundstück liegen, ohne dass die Nachbareigenschaft verloren geht.[215] Im immissionsschutzrechtlichen Bereich ist aber ebenso der Kreis der personell Betroffenen weiter zu ziehen (vgl. anschließend).

bb) Personelle Abgrenzung

personell i.d.R. dinglich Berechtigte

Geschützt sind zunächst grundsätzlich die Eigentümer der benachbarten Grundstücke, bei Miteigentum oder Wohnungseigentum jeder Rechtsinhaber.[216] 294

Diesen Personen gleichgestellt sind die Inhaber beschränkt dinglicher Rechte, die in Bezug auf das Grundstück eine eigentümerähnliche Stellung haben (z.B. Erbbauberechtigte). 295

Auch der durch eine Vormerkung (§ 883 BGB) gesicherte Käufer ist Nachbar in diesem Sinn[217], wenn der Übergang von Besitz, Nutzungen und Lasten stattgefunden hat. Dagegen ist nicht Nachbar der durch ein dingliches Vorkaufsrecht gesicherte Käufer, da der Eintritt des Vorkaufsfalles ungewiss ist und damit die Rechtsstellung des Vorkaufsberechtigten nicht in der vergleichbaren Weise gesichert ist.[218]

Mieter u. Pächter (-)

Nach der einhelligen älteren Rspr. sind keine Nachbarn die nur obligatorisch Berechtigten (z.B. Mieter). Diese Ansicht, die zwischenzeitlich aufgrund des Urteils des BVerfG, in dem die Position des Mieters als von Art. 14 GG geschützt angesehen wurde[219], in Frage gestellt wurde, ist nun auch heute wieder herrschend. Das BVerwG[220] hat entschieden, dass die Entscheidung des BVerfG ohne Auswirkungen auf das grundsätzlich grundstücksbezogene öffentliche Baurecht ist. 296

anders bei BImSchG, hier auch Mieter

Wird dagegen die Verletzung immissionsschutzrechtlicher Vorschriften (z.B. § 22 BImSchG) gerügt, so ist auch der Mieter anerkanntermaßen aufgrund der Nutzung des Grundstücks als Nachbar anzusehen.[221] 297

---

215 Zum Nachbarbegriff im Immissionsschutzrecht, Hemmer/Wüst, Verwaltungsrecht I, Rn. 135 ff.

216 Str., nach anderer Ansicht nur die Wohnungseigentümergemeinschaft, vgl. VGH München, IBR 2005, 637.

217 BVerwG, NJW 1983, 1626.

218 VGH Mannheim, NJW 1995, 1308.

219 NJW 1993, 2035.

220 BVerwG, DVBl 98, 899 = **Life & Law 1998, 673**, vgl. auch OVG Lüneburg, NVwZ 1996, 918 = Hemmer/Wüst, Classics Öffentliches Recht, E 51.

221 Der Nachbarbegriff im Immissionsschutzrecht ist damit wesentlich weiter als im Bereich des Baurechts, vgl. m.w.N. Hemmer/Wüst, Verwaltungsrecht I, Rn. 135 ff.

hemmer-Methode: Zur Erinnerung: Ist ein Vorhaben nach § 4 BImSchG genehmigungspflichtig, entfällt nach § 13 BImSchG das Erfordernis einer gesonderten Baugenehmigung. In einem solchen Fall sind die baurechtlichen Anforderungen nach § 6 I Nr. 2 BImSchG im immissionsschutzrechtlichen Verfahren zu prüfen.

Prüfungsschema bei nachbarschützenden Vorschriften:

I. Festlegung der nachbarschützenden Vorschrift:

1. systematische und grammatische Auslegung der Norm

2. Gebot der Rücksichtnahme

3. ggf. Grundrechte

II. Anwendbarkeit der Norm bzw. des Grundrechts auf Kläger prüfen:

1. räumlicher bzw. sachlicher Anwendungsbereich

2. personeller Anwendungsbereich

cc) Sonderfall: Eigentümer des Baugrundstücks als „Nachbar"

wenn Bauherr nicht Eigentümer,, dann keine Klagebefugnis des Grundstückseigentümers gegenüber Bauherrn

Bauherr und Grundstückseigentümer brauchen nicht identisch zu sein. So kann z.B. der Pächter eines Grundstücks selbstständig eine eigene Baugenehmigung auch ohne Mitwirken des Eigentümers beantragen, vgl. Art. 64 IV S. 3 BayBO. Wird diese dann ohne Zustimmung des Eigentümers erteilt, so hat dieser gleichwohl keine Klagebefugnis i.S.d. § 42 II VwGO: Zum einen hat der Eigentümer kein förmliches Beteiligungsrecht in Hinblick auf den Erlass der Baugenehmigung (Art. 64 IV BayBO), zum anderen wird die Baugenehmigung „unbeschadet der Rechte Dritter" erteilt, vgl. Art. 68 IV BayBO. Schließlich ist auch eine Verletzung des Eigentumsrechts aus Art. 14 GG nicht möglich, da die Baugenehmigung lediglich einen rechtlichen Vorteil („es darf gebaut werden") für das Grundstück darstellt und damit keine Verletzung möglich ist. Insoweit bleibt es dem Eigentümer allein vorbehalten, zivilrechtlich gegen die Verwirklichung der Baugenehmigung vorzugehen, Art. 68 IV BayBO.[222] 298

e) Verzicht/Verwirkung

aa) Nachbarunterschrift nach Art. 66 I BayBO

Nachbarunterschrift

I.R.d. Klagebefugnis kann das Problem auftauchen, dass der Nachbar dem Bauvorhaben vor Erlass der Baugenehmigung bereits unterschriftlich zugestimmt hat (vgl. Art. 66 I S. 2 BayBO). 299

Bsp.: Anders als im Ausgangsfall hat N den Bauantrag des A diesmal zuvor unterschrieben. Kann er trotzdem klagen?

Eine öffentlich-rechtliche Verpflichtung, die Bauvorlagen zu unterschreiben, besteht für den Nachbarn grundsätzlich nicht. 300

bei Fehlen der Unterschrift Zustellung einer Ausfertigung notwendig

Das Fehlen der Unterschrift steht der Erteilung der Baugenehmigung auch nicht entgegen, vielmehr ist dem Nachbarn dann eine Ausfertigung der Baugenehmigung zuzustellen (Art. 66 I S. 6 BayBO i.V.m. VwZVG).

[222] So auch Kopp/Schenke, § 42 VwGO, Rn. 81; BayVGH, BayVBl. 2005, 693 = **Life & Law 2006, 119**.

wenn Unterschrift erfolgt, dann Klage unzulässig

Erfolgt allerdings die Unterschrift, so erteilt der Nachbar damit seine Zustimmung zum Bauvorhaben bzw. er verzichtet damit auf die ihm zustehenden subjektiv-öffentlichen Rechte (Art. 66 I S. 2 BayBO). Rechtsbehelfe sind nach der Nachbarunterschrift deshalb nicht mehr möglich, da ansonsten ein widersprüchliches Verhalten des Nachbarn vorliegen würde. 301

Die Klage ist deshalb nach wohl h.M. entweder wegen fehlender Klagebefugnis oder wegen fehlenden Rechtsschutzinteresses unzulässig.[223]

aber ggf. Widerruf oder Anfechtung möglich

Die Zustimmung des Nachbarn kann jedoch bis zum Eingang bei der Bauaufsichtsbehörde widerrufen werden (§ 130 BGB),[224] zudem besteht die Möglichkeit, die Zustimmung als Willenserklärung entsprechend §§ 119 ff. BGB gegenüber der Bauaufsichtsbehörde anzufechten, sodass unter diesen Umständen die Klagebefugnis wieder auflebt. 302

hemmer-Methode: Weniger entscheidend ist, ob Sie die Klage wegen fehlenden Rechtsschutzbedürfnisses oder aber wegen fehlender Klagebefugnis als unzulässig abweisen. Wichtig ist vielmehr, dass Sie das Problem überhaupt als Frage der Zulässigkeit erkennen und diskutieren.
Beachten Sie schließlich noch, dass die Nachbarunterschrift noch im Hinblick auf die zivilrechtlichen Abwehransprüche des Nachbarn von Bedeutung ist. Zwar wird nach Art. 68 IV BayBO die Genehmigung unbeschadet der Rechte Dritter erteilt, sodass zivilrechtliche Abwehransprüche des Nachbarn grds. erhalten bleiben, allerdings kann es ein widersprüchliches Verhalten darstellen, wenn der Nachbar einerseits unterschreibt, dann aber nachträglich zivilrechtlich gegen das Vorhaben vorgehen will (sog. venire contra factum proprium, § 242 BGB).[225]

bb) Materielle Präklusion nach § 10 III S. 5 BImSchG

bei Präklusion (-), z.B. § 10 III S. 5 BImSchG

Wegen der formellen Konzentrationswirkung der §§ 13, 6 I Nr. 2 BImSchG kann in der Baurechtsklausur die Ausschlussvorschrift des § 10 III S. 5 BImSchG Bedeutung gewinnen. Zwar sind die baurechtlichen Aspekte des Vorhabens bei Erteilung einer immissionsschutzrechtlichen Genehmigung ebenfalls zu prüfen, § 6 I Nr. 2 BImSchG. Allerdings ist die Klage eines Nachbarn wegen fehlender Klagebefugnis bereits unzulässig, wenn die Frist des § 10 III S. 5 BImSchG abgelaufen ist.[226] 303

f) Unzulässige Rechtsausübung

Kauf von Sperrgrundstück problematisch

Ein weiteres Sonderproblem ist die Klagebefugnis in den Fällen, in denen der Kläger sich erst ein Grundstück kauft, um dann als „frischgebackener" Nachbar mit einem Sperrgrundstück gegen eine Baugenehmigung klagen zu können. 304

> *Bsp.: Das Möbelhaus S plant den Bau einer neuen Filiale mit 50.000 qm Verkaufsfläche. Da keiner der Nachbarn dem Vorhaben widersprechen will, kauft sich der Konkurrent, Möbelhändler K – der um seine Existenz fürchtet – ein unmittelbar angrenzendes Nachbargrundstück, dessen Nutzung er aber gar nicht anstrebt. Anschließend erhebt er Nachbarklage.*

---

[223] Man kann in der Unterschrift auch einen vorweggenommenen Rechtsmittelverzicht sehen. Im Einzelnen ist hier die genaue Rechtsfolge strittig, vgl. VGH München, BauR 1980, 56, das entgegen der ganz h.M. sogar die Klage zulässig, aber unbegründet sein lassen will.

[224] BayVGH, BayVBl. 2006, 246 = **Life & Law 2006, 632**: Der Große Senat des BayVGH erteilt der Gegenansicht, die einen Widerruf bis zur Erteilung der Baugenehmigung entsprechend dem Rechtsgedanken des § 183 BGB zulassen will, eine Absage.

[225] Maßgeblich ist diesbezüglich die vorherige Erkennbarkeit für den Nachbarn, dazu informativ und interessant zur allgemeinen Einordnung der Nachbarunterschrift JuS 1993, S.20; zu den möglichen zivilrechtlichen Ansprüchen des Nachbarn vgl. Palandt, § 903 BGB, Rn. 9 ff.

[226] Wie bei Art. 66 I S. 2 BayBO ist str., ob es um die Klagebefugnis, das Rechtsschutzbedürfnis oder die subjektive Rechtsverletzung in der Begründetheit geht, vgl. VGH München, BauR 1980, 56.

Fraglich ist, ob K hier wegen einer möglichen Verletzung von Art. 14 GG klagebefugt sein kann. Jedenfalls nimmt ein Teil der Literatur in den Fällen „erkaufter Klagebefugnis" an, dass eine Geltendmachung des Rechts wegen Rechtsmissbrauchs (analog §§ 226, 242 BGB) unzulässig sei.[227]

Die diesbezüglichen Ansichten, die vor allem in Hinblick auf Klagen gegen einen Planfeststellungsbeschluss bei Großvorhaben von Bedeutung sind, können aber nicht ohne Weiteres auf das Baurecht übertragen werden.

Allerdings erscheint auch hier die Versagung der Klagebefugnis nicht ausgeschlossen, weil K das Sperrgrundstück nur erworben hat, weil er als Konkurrent – und eben nicht als Nachbar – gegen die Baugenehmigung vorgehen will.[228]

Je nach Einzelfall ist die Klage somit als unzulässig abzuweisen.

hemmer-Methode: Die erkaufte Klagebefugnis spielt in erster Linie bei der Klage gegen einen Planfeststellungsbeschluss eine Rolle (hier gibt es unabhängig von Art. 15 AGVwGO kein Vorverfahren, vgl. Art. 74 I, 69, 70 BayVwVfG!). Taucht sie allerdings auch einmal – wie hier – im Bereich des materiellen Baurechts auf, passen zumindest die Grundsätze des BVerwG[229] nicht uneingeschränkt: Dieses sieht beim Planfeststellungsverfahren die Klage zunächst als zulässig an, will den Inhaber des Sperrgrundstücks dann aber i.R.d. Begründetheit bei der Abwägung der Interessen wegen fehlender Schutzwürdigkeit scheitern lassen.[230] Eine solche Abwägung findet im Bereich des Baurechts aber allenfalls bei einem Dispens nach § 31 BauGB statt, sodass hier die Abweisung als unzulässig vorzugswürdig erscheint.

g) Rechtsmittelverzicht

Verzicht gegen Entgelt

Verzichtet der Nachbar[231] z.B. gegen Entgelt auf die ihm möglichen „Rechtsmittel", so ist die Klage bereits unzulässig, wenn dieser Verzicht gegenüber der Behörde erklärt wird. Wird er nur dem Bauherrn gegenüber erklärt, muss dieser Verzicht vom Bauherrn als Einrede erhoben werden.[232] Allerdings kann ein Verzicht auf Rechtsmittel nicht vor Bekanntgabe des betreffenden VA erfolgen. Insoweit ist der Rechtsmittelverzicht vom Verzicht auf materielle Einwendungen zu unterscheiden, der sehr wohl vor Bekanntgabe des VA möglich ist.[233] 305

bei nicht erbrachter Gegenleistung u.U. Rücktritt u. ggf. Wiedereinsetzung

Erfolgt die mit dem Verzicht vereinbarte Gegenleistung (z.B. Geldzahlung) durch den Bauherrn nicht, so ist der nur außergerichtlich erklärte Verzicht nach den Vorschriften des BGB angreifbar (§ 323 BGB). Dem Nachbarn ist ggf. Wiedereinsetzung nach § 60 VwGO zu gewähren. Wurde der Verzicht der Behörde gegenüber erklärt, ist er als Prozesshandlung unwiderrufbar und auch nicht anfechtbar. Der Nachbar ist dann auf die Geltendmachung von Schadensersatzansprüchen verwiesen.[234]

3. Vorverfahren

Vorverfahren unstatthaft

Bei einer Anfechtungsklage gegen eine Baugenehmigung entfällt das nach §§ 68 ff. VwGO grundsätzlich erforderliche Vorverfahren gem. § 68 I S. 2 VwGO, Art. 15 II AGVwGO. 306

227 Vgl. Hemmer/Wüst, Verwaltungsrecht I, Rn. 145 m.w.N.

228 BVerwG, DVBl. 2001, 385 = **Life & Law 2001, 584** = BayBl. 2001, 569.

229 Vgl. JuS 1991, 1067; a.A. BayVGH, der die Klage wegen Rechtsmissbrauchs als unzulässig abweisen will, ebenfalls JuS a.a.O.

230 Vgl. zur Abwägung bei der Planfeststellung Kopp/Ramsauer, § 74 VwVfG, Rn. 51 ff.

231 Für Rechtsreferendare: Zu den prozessualen Konsequenzen, wenn statt des Nachbarn der Bauherr selbst während des Prozesses auf die Ausübung seiner Baugenehmigung verzichtet, vgl. BVerwG, NVwZ-RR 1992, 276.

232 Kopp/Schenke, § 69 VwGO, Rn. 11.

233 Ein Rechtsbehelf ist damit dann zwar zulässig, wohl aber unbegründet, Pietzner/Ronellenfitsch, § 36 Rn. 5; hier erfolgt auch eine Bindung gegenüber dem Rechtsnachfolger.

234 Kopp/Schenke, § 69 VwGO, Rn. 11, § 74 VwGO, Rn. 21 f.

4. Klagefrist

§ 74 I S. 2 VwGO

Die Anfechtungsklage ist gem. § 74 I S. 2 VwGO binnen eines Monats nach Bekanntgabe der Baugenehmigung zu erheben. Da dem Nachbarn, der die Baugenehmigung nicht unterschreibt, eine Ausfertigung der Baugenehmigung zuzustellen ist, Art. 66 I S. 6 BayBO, tritt diese Zustellung an die Stelle einer einfachen Bekanntgabe, Art. 41 V BayVwVfG. 306a

a) Klagefrist bei unterbliebener Zustellung

Bsp.: *A beantragt ohne Wissen und Kenntnis seines Nachbarn N eine Baugenehmigung. Eine Ausfertigung der Baugenehmigung wird N nicht zugestellt.*

Als er schließlich fünf Monate nach Erteilung der Baugenehmigung von dem Bauvorhaben erfährt, erhebt er dagegen Anfechtungsklage.

vor allem dann, wenn keine Ausfertigung zugestellt wurde

Dem Nachbarn ist eine Ausfertigung der Baugenehmigung zuzustellen, wenn er dem Vorhaben nicht zugestimmt hat oder seinen Einwendungen nicht entsprochen wurde (Art. 66 I S. 6 BayBO). 307

⇨ BayVwZVG

Die Zustellung richtet sich dabei nach den Vorschriften des BayVwZVG, vgl. Art. 41 V BayVwVfG, Art. 1 I BayVwZVG. Erst die ordnungsgemäße Zustellung setzt die Ein-Monats-Frist nach §§ 74 I S. 2, 57 VwGO für mögliche Rechtsbehelfe des Nachbarn in Lauf. 308

hemmer-Methode: Beachten Sie stets das Regel-Ausnahme-Prinzip von Bekanntmachung (Art. 41 BayVwVfG) und Zustellung nach dem BayVwZVG. Eine förmliche Zustellung muss nach Art. 1 V BayVwZVG dann erfolgen, wenn dies – wie hier wegen Art. 66 I S. 6 BayBO – gesetzlich vorgeschrieben ist.

Übersicht zur Bekanntgabe und Zustellung nach BayVwVfG, BayVwZVG und VwZG

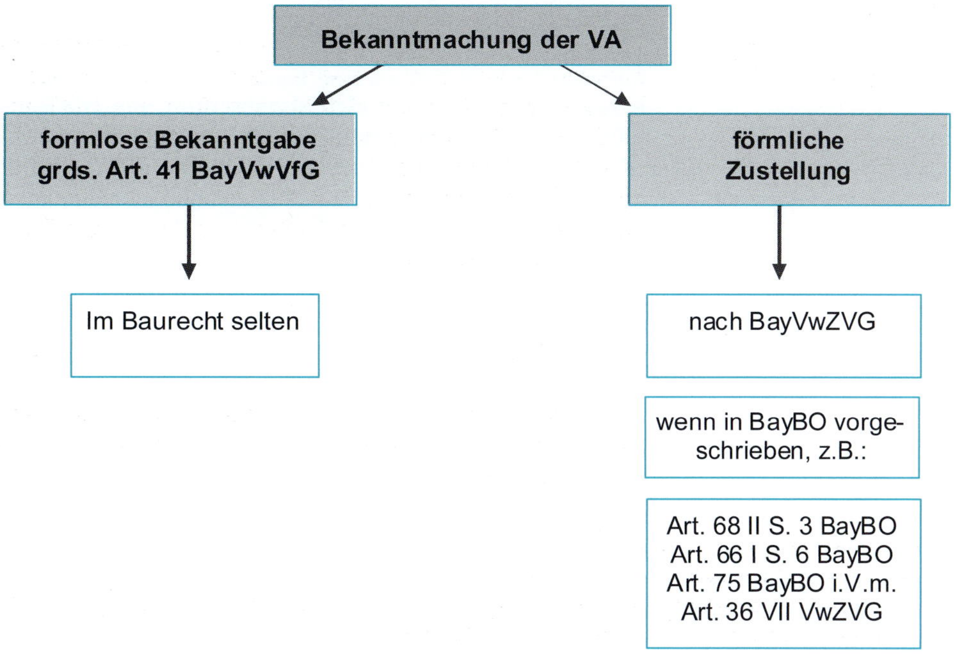

Heilung, Art. 9 BayVwZVG

Ist die Zustellung (bspw. nur ein einfacher Brief verschickt worden) unterblieben oder liegt ein Zustellungsmangel (bspw. Verstoß gegen Art. 8 BayVwZVG) vor, ist der Bescheid dem Nachbarn gegenüber nicht wirksam geworden. 309

Allerdings ist eine Heilung nach Art. 9 BayVwZVG in Betracht zu ziehen, wenn der Zustellungsmangel behoben wird, bspw. in den Fällen des Art. 8 I S. 2 BayVwZVG das Schreiben vom Mandanten an den Anwalt weitergeleitet wird, oder in den Fällen der nur einfachen Bekanntgabe der Nachbar das Schreiben nachweislich erhalten hat.

hemmer-Methode: Informiert die Behörde den Nachbarn vor Erlass der Genehmigung von ihrer Absicht, die Baugenehmigung zu erlassen, stellt diese aber dann nicht förmlich zu, kann die Kenntnis des Nachbarn freilich nicht ganz folgenlos bleiben (dazu sogleich).

aber mit sicherer Kenntnis beginnt Jahresfrist

Hat der Nachbar sichere Kenntnis von der erteilten Genehmigung erlangt oder hätte er von ihr zuverlässige Kenntnis haben müssen, so läuft nach h.M. von diesem Zeitpunkt an die Jahresfrist entsprechend der Regelung des § 58 II VwGO.[235] 310

Bsp.: Die gegenüber A erteilte Genehmigung wird N nicht zugestellt. Später erfährt N vom Baubeginn.

Für den Beginn der Frist hätte eine Ausfertigung der Genehmigung an N zugestellt werden müssen (Art. 66 I S. 6 BayBO).

Der Akt der tatsächlichen Ausnutzung der Genehmigung durch den Bauherrn kann, auch wenn der Nachbar davon Kenntnis nimmt, nicht als Zustellung der Baugenehmigung fingiert werden. Da es an den Voraussetzungen des § 57 I VwGO fehlt, wäre die Baugenehmigung durch N dem Grunde nach unbegrenzt anfechtbar.

Dies würde allerdings zu einer unzumutbaren Rechtsunsicherheit auf Seiten des Bauherrn führen. Deshalb verpflichtet die tatsächliche Kenntnisnahme den Nachbarn aufgrund des nachbarschaftlichen Gemeinschaftsverhältnisses[236] dazu, baldmöglichst festzustellen, ob und mit welchem Inhalt eine Genehmigung erteilt wurde. Dementsprechend ist nach h.M. davon auszugehen, dass wenigstens ab dem Zeitpunkt, in dem N von dem Bauvorhaben erfährt, die Frist des § 58 II VwGO[237] entsprechende Anwendung findet. N hätte danach ein Jahr lang nach Kenntnisnahme Zeit, die Baugenehmigung anzufechten.

hemmer-Methode: Wird eine Baugenehmigung tatsächlich einmal Monate nach Erlass erfolgreich angefochten, weil die Behörde die Zustellung an den Nachbarn vergessen hat, so ist dies zwar für den Bauherrn denkbar unbefriedigend. Als Ausgleich können ihm jedoch Amtshaftungsansprüche zustehen.
Für die Behörde hat die unterlassene Zustellung aber noch eine wichtige Bedeutung, denn solange wie eine Baugenehmigung noch anfechtbar ist, kann die Behörde diesen VA nach Art. 48, 49, 50 BayVwVfG selbstständig zurücknehmen, ohne ausgleichspflichtig zu sein.

[235] Kopp/Schenke, § 70 VwGO, Rn. 6g, § 57 VwGO, Rn. 17: Kopp/Schenke lehnt zwar eine analoge Anwendung des § 58 II VwGO ab, gesteht aber zu, dass nach einem Jahr eine Verwirkung regelmäßig eintreten wird, sodass die Ergebnisse die gleichen sind, wie bei einer analogen Anwendung des § 58 II VwGO.

[236] Aus diesem Grunde sind die hier ausgeführten Grundsätze über das Baurecht hinaus nicht allgemein auf VA mit Doppelwirkung zu verallgemeinern; die hier gefundene Regelung des BVerwG beruht in erster Linie auf dem nachbarschaftlichen Gemeinschaftsverhältnis, das eine Erkundigungspflicht nach Treu und Glauben gebietet, vgl. Pietzner/Ronellenfitsch, § 33 Rn. 11 ff.

[237] Kopp/Schenke, § 70 VwGO, Rn. 6g, § 57 VwGO, Rn. 17: Kopp/Schenke kommt bei Ablehnung der analogen Anwendung über die Verwirkung zum gleichen Ergebnis, s.o.

b) Verwirkung aus anderen Gründen

daneben auch Verwirkung möglich ⇨ Vertrauen des Bauherrn berechtigt?

Der Nachbar kann seine Abwehrrechte aber auch innerhalb der (entsprechend anzuwendenden) Frist des § 58 II VwGO anderweitig verwirken. Dieser auf Treu und Glauben beruhende Grundsatz bedeutet, dass ein Recht nicht mehr ausgeübt werden kann, wenn seit der Möglichkeit der Geltendmachung eine längere Zeit verstrichen ist und besondere Umstände hinzutreten, die eine verspätete Geltendmachung als treuwidrig erscheinen lassen.[238] 311

Das ist dann der Fall, wenn der Bauherr aufgrund des Verhaltens des Nachbarn darauf vertrauen konnte, dass dieser von möglichen Abwehrrechten keinen Gebrauch macht und sich darauf eingerichtet hat. Maßgebend sind die Umstände des Einzelfalles.[239]

Bsp.: *Ein Nachbar, dem keine Genehmigung zugestellt wurde, wartet sechs Monate, bis der Rohbau weitgehend fertig gestellt ist, um dem Bauherrn mit der nunmehr erfolgenden Anfechtung einen möglichst großen Schaden zuzufügen. In diesen sechs Monaten „beglückwünscht" er den Bauherrn mehrfach zu seinem schönen Neubau.*

Da es an der Zustellung einer Ausfertigung der Baugenehmigung fehlt, würde nach den obigen Ausführungen für die Dauer der Anfechtbarkeit die Regelung des § 58 II VwGO entsprechend heranzuziehen sein. N hätte also prinzipiell ein Jahr Zeit für die Anfechtung.

Wartet er allerdings mit der Anfechtung besonders lange, um den Nachbarn gezielt zu schädigen und erweckt er durch sein Verhalten ein besonderes Vertrauen des Bauherrn[240], so handelt N treuwidrig, da nach den Umständen des konkreten Falles von N zu erwarten war, dass er unverzüglich Widerspruch einlegt, wenn er von Art und Ausmaß des Bauvorhabens Kenntnis erlangt.[241] Unverzüglich kann aber nicht bedeuten, dass der Nachbar schneller reagieren muss, als das Gesetz dies bei ordnungsgemäßer Zustellung vorschreibt (vgl. §§ 57 I, 70, 74 VwGO, also ein Monat). Der Zeitraum von einem Monat ist hier jedoch bei weitem überschritten.

N hat somit seine Anfechtungsberechtigung (§ 42 II VwGO) verwirkt. Die Klage ist wegen fehlender Klagebefugnis als unzulässig abzuweisen.[242]

hemmer-Methode: Diese Fallvariante ist aufbautechnisch besonders schwierig in den Griff zu bekommen, denn einerseits fehlt es dem Kläger schon an der Klagebefugnis (§ 42 II VwGO), andererseits sollte man im vorliegenden Fall auch das Problem der Widerspruchsfrist darstellen, die i.d.R. erst nach der Klagebefugnis zu prüfen ist.
Am ehesten empfiehlt es sich, die beiden Prüfungspunkte i.R.d. Klagebefugnis zusammenzuziehen nach dem Motto: „Zwar ist die Baugenehmigung noch zeitlich anfechtbar ..., N könnte jedoch seine Klagebefugnis verwirkt haben ...". Vgl. im Übrigen Hemmer/Wüst, Verwaltungsrecht I, Rn. 210 und 186 a.E.

5. Sonstige Zulässigkeitsvoraussetzungen

sonstige Zulässigkeits-Voraussetzungen

Zu den sonstigen Zulässigkeitsvoraussetzungen sollten nur dann Ausführungen gemacht werden, wenn diesbezüglich Probleme in der Klausur angelegt sind.[243] 312-314

[238] BVerwGE 44, 339 (343).

[239] Troidl, NVwZ 2004, 315.

[240] Hieran fehlt es jedenfalls dann, wenn der Bauherr ohne Rücksicht auf das Verhalten des Nachbarn mit dem Bau beginnt, BVerwG, NVwZ 1991, 1182 = Hemmer/Wüst, Classics Öffentliches Recht, E 52.

[241] Hierfür wird aber das bloße Untätigbleiben grundsätzlich nicht ausreichen, da dann nach dem Rechtsgedanken des § 58 II VwGO von einer Verwirkung erst nach Ablauf der Jahresfrist auszugehen ist, Kopp/Schenke, § 74 VwGO, Rn. 20.

[242] Denkbar wäre hier auch eine Abweisung als unbegründet, wenn man davon ausgeht, dass N damit seine materiell-rechtlichen Ansprüche verwirkt hat; dies ist für den Bauherrn insbesondere in Hinblick auf die endgültige Rechtskraft eines abweisenden Sachurteils von Bedeutung.

[243] Dazu schon oben, Rn. 37 bei der Verpflichtungsklage, wo die Problematik der Partei- und Prozessfähigkeit in Hinblick auf das Landratsamt bereits ausgeführt wurde.

III. Beiladung, § 65 VwGO

wichtig: Beiladung, § 65 VwGO

Insbesondere im Bereich der Nachbarklage liegt stets ein Fall der notwendigen Beiladung vor (§ 65 II VwGO), da der Bauherr durch die Gerichtsentscheidung unmittelbar betroffen ist und die Entscheidung auch ihm gegenüber erfolgen muss. Der Bauherr ist damit ebenfalls Beteiligter des Rechtsstreits, §§ 63 Nr. 3, 65 II VwGO. 315

hemmer-Methode: Dass bei der Nachbarklage stets ein Fall der notwendigen Beiladung vorliegt, müssen Sie sich unbedingt einprägen! Zeigen Sie dem Korrektor außerdem durch den Aufbau der Klausur, dass Sie die Systematik der VwGO im Bereich der Drittanfechtung verstanden haben: Die Beiladung ist keine Frage der Zulässigkeit, sondern ein separater Prüfungspunkt, den Sie als solchen auch von Zulässigkeit und Begründetheit abheben müssen.
Für die Fortgeschrittenen: Bedenken Sie, dass neben den Parteien des Rechtsstreits auch der sog. Vertreter des öffentlichen Interesses (VÖI) in jedem Verfahren am Prozess beteiligt sein kann (§ 63 Nr. 4 VwGO und § 36 VwGO).
Wenn er die Beteiligung erklärt, muss auch er alle Schriftsätze, gerichtlichen Anordnungen usw. zugesendet bekommen, außerdem kann er sich durch Anträge am Prozess beteiligen.[244] Im Fall des Unterliegens kann seine Beteiligung schließlich bei den Prozesskosten zu berücksichtigen sein.

IV. Begründetheit

<u>Prüfungsschema der Begründetheit:</u>

1. Obersatz

2. Passivlegitimation

3. Rechtswidrigkeit der Baugenehmigung
- **a)** Formelle Rechtmäßigkeit
  - **aa)** Zuständigkeit
  - **bb)** Verfahren
- **b)** Materielle Rechtmäßigkeit
  - **aa)** Bauplanungsrechtliche Zulässigkeit des Vorhabens
  - **bb)** Bauordnungsrechtliche Zulässigkeit des Vorhabens

4. Rechtsverletzung des Klägers, § 113 I VwGO
- **a)** Festlegung nachbarschützender Vorschrift des Baurechts
  - **aa)** Räumlicher Anwendungsbereich
  - **bb)** Personeller Anwendungsbereich
- **b)** Hilfsweise Verletzung von Grundrechten, insbes. Art. 14 I GG

1. Obersatz

§ 113 I VwGO

Die Nachbarklage ist begründet, wenn sie gegen den richtigen Beklagten gerichtet (§ 78 I Nr. 1 VwGO) ist, die erteilte Baugenehmigung rechtswidrig und der Kläger dadurch in eigenen subjektivöffentlichen Rechten verletzt ist, § 113 I VwGO. 316

[244] Zum VÖI vgl. Kopp/Schenke, § 63 VwGO, Rn. 5 u. § 36 VwGO, Rn. 3.

2. Passivlegitimation

bzgl. Passivlegitimation Behördenträger, § 78 I Nr. 1 VwGO

317 Anders als im Zivilprozess ist vor den Verwaltungsgerichten gerade nicht der Bauherr selbst Klagegegner, sondern der Träger derjenigen Behörde, welche die Baugenehmigung erlassen hat, § 78 I Nr. 1 VwGO. Hat das Landratsamt als Kreisverwaltungsbehörde gehandelt, ist der Freistaat Bayern als Behördenträger richtiger Beklagter, (vgl. Art. 53 I, 54 I BayBO, Art. 37 I S. 2 LKrO. Hat die kreisfreie Gemeinde gehandelt, so ist diese passivlegitimiert, Art. 8, 9 I GO. Große Kreisstädte sind ebenfalls selbst passivlegitimiert.[245]

3. Rechtswidrigkeit der Baugenehmigung

a) Festlegung der Rechtsgrundlage

Rechtsgrundlage festlegen ⇨ i.d.R. Art. 68 BayBO

318 Rechtsgrundlage für die Baugenehmigung ist Art. 68 BayBO i.V.m. Art. 59 bzw. 60 BayBO. Wird ein Vorbescheid oder eine Teilbaugenehmigung angefochten, so ist die Rechtsgrundlage entweder Art. 71 BayBO (beim Vorbescheid) oder aber Art. 70 BayBO (bei der Teilbaugenehmigung).

hemmer-Methode: Die Rechtsgrundlage für einen VA ist streng genommen eine Frage der materiellen Rechtmäßigkeit – Grundsatz vom Vorbehalt des Gesetzes. Allerdings können viele formelle Fragen nur bei Kenntnis der Rechtsgrundlage beantwortet werden. So kann z.B. erst durch die Vorschrift des Art. 71 S. 2 BayBO beim Vorbescheid bestimmt werden, welche Verfahrensvorschriften Anwendung finden (z.B. Verweis auf Art. 64 BayBO). Die Prüfung der formellen Rechtmäßigkeit wird deshalb typischerweise aus der materiellen Rechtmäßigkeit heraus, vor die Klammer gezogen.

b) Formelle Rechtmäßigkeit

formelle Rechtmäßigkeit: Zuständigkeit und Verfahren

319 Anders als bei der Verpflichtungsklage spielt die formelle Rechtmäßigkeit im Bereich der Drittanfechtung der Baugenehmigung eine wichtige Rolle, da die Einhaltung des Verfahrens bei einem bereits existenten VA gut überprüft werden kann.

320 Prüfungspunkte der formellen Rechtmäßigkeit sind im Bereich des Baurechts insbesondere die sachliche und örtliche Zuständigkeit (Art. 53 f. BayBO, Art. 3 I Nr. 1 BayVwVfG), besondere Verfahrensvorschriften, insbesondere die Nachbarbeteiligung (Art. 64 ff., 66 BayBO), Bekanntgabe des VA (Art. 41 ff. BayVwVfG), dessen Begründung (Art. 39 BayVwVfG, Art. 68 II, 67 III BayBO) und ggf. die Heilung von Fehlern nach Art. 45, 46 BayVwVfG.

hemmer-Methode: In den meisten Lehrbüchern wird auch die Genehmigungspflichtigkeit als Frage der formellen Rechtmäßigkeit der Baugenehmigung behandelt. Hierfür spricht, dass die Genehmigungspflichtigkeit darüber entscheidet, ob überhaupt ein entsprechendes Verfahren stattfindet, es sich damit also um eine Verfahrensfrage handelt. Außerdem spricht man auch i.R.d. Art. 75, 76 BayBO von der formellen Baurechtswidrigkeit, wenn ohne erforderliche Genehmigung gebaut wird. Andererseits geht es bei der Genehmigungspflichtigkeit nicht darum, „wie“ oder „von wem“ die Genehmigung erteilt wird, sondern „ob“ überhaupt eine Genehmigung erteilt werden darf. Dies ist eher eine Frage der materiellen Rechtmäßigkeit. Letztlich können Sie diese Problematik umgehen, indem Sie die Begriffe der formellen und der materiellen Rechtmäßigkeit weglassen und lediglich nach Zuständigkeit, Nachbarbeteiligung, Genehmigungspflichtig- und Genehmigungsfähigkeit fragen.

---

245 Dazu schon ausführlich oben, Rn. 44 ff. bei der Verpflichtungsklage; die dortigen Ausführungen gelten hier entsprechend, insbesondere in Hinblick auf die Neuregelungen bei größeren kreisangehörigen Gemeinden.

Die begriffliche Unterscheidung in formelle und materielle Rechtmäßigkeit ist letztlich für die Folgen eines Fehlers nicht entscheidend. Auch rein formelle Fehler können - abgesehen von den Fällen des Art. 45, 46 BayVwVfG – zum Erfolg einer Anfechtungsklage führen.[246] In den Fällen der fehlenden Genehmigungspflichtigkeit wird z.T. sogar eine Nichtigkeit der trotzdem erteilten Baugenehmigung angenommen.[247]

aa) Sachliche Zuständigkeit

hemmer-Methode: Die Frage nach der sachlichen Zuständigkeit stellt sich bei der Anfechtungsklage – anders als bei der Verpflichtungsklage[248] – erst i.R.d. formellen Rechtmäßigkeit und nicht bereits i.R.d. Passivlegitimation (§ 78 VwGO): Unabhängig von der Zuständigkeit wird der Rechtsträger derjenigen Behörde verklagt, die den VA erlassen hat. Dennoch kann zur sachlichen Zuständigkeit ergänzend auf die Ausführungen bei der Verpflichtungsklage verwiesen werden.[249]

Untere Bauaufsichtsbehörden sind[250]:

1. die Landratsämter als Staatsbehörden,
2. die kreisfreien Gemeinden,
3. die Großen Kreisstädte und
4. diejenigen kreisangehörigen Gemeinden, denen diese Aufgabe durch VO nach Art. 53 II BayBO übertragen wurde.

Verstoß gegen sachliche Zuständigkeit

Im Rahmen der sog. kleinen Delegation nach Art. 53 II S. 1 Nr. 2 BayBO kann sich das Problem stellen, dass die Baugenehmigung nicht nach § 30 BauGB, sondern nach §§ 34, 35 BauGB zu beurteilen ist, weil das Gericht den zugrunde liegenden Bebauungsplan für rechtswidrig hält. Die Folge ist die sachliche Unzuständigkeit der jeweiligen Gemeinde, da Art. 53 II S. 1 Nr. 2 BayBO die Zuständigkeit nur für Baugenehmigungen im Geltungsbereich von Bebauungsplänen nach § 30 I, II BauGB begründet, Die Anfechtungsklage könnte demnach selbst dann erfolgreich sein, wenn das genehmigte Vorhaben auch nach §§ 34, 35 BauGB zulässig ist, die Genehmigung also in der Sache nicht zu beanstanden ist. 321

Nach Art. 53 II S. 5 BayBO führt ein Verstoß gegen die sachliche Zuständigkeit nach Art. 53 II S. 1 Nr. 2 BayBO aber dann nicht zur Aufhebung des VAs, wenn diese Zuständigkeit nur wegen der Nichtigkeit des zugrunde liegenden Bebauungsplans nicht begründet war. Anders ist zu entscheiden, wenn die Unwirksamkeit des Bebauungsplans nach § 47 V S. 2 VwGO bereits festgestellt war.

Art. 53 II S. 4 BayBO regelt den zeitlichen Ablauf der Delegierung für Entscheidungen über bestimmte Anträge.

hemmer-Methode: Beachten Sie, dass die Frage der funktionellen Zuständigkeit nicht mit der sachlichen Zuständigkeit verwechselt werden darf. Wird also z.B. die Baugenehmigung vom falschen Dezernat bzw. vom falschen Sachbearbeiter innerhalb des Landratsamtes erteilt, so hat nach Außen gleichwohl die betreffende Behörde gehandelt.

---

246 Problematisch wird bei einer Drittanfechtung allerdings meist die subjektive Rechtsverletzung sein, wenn der Verwaltungsakt nur formell rechtswidrig ist, vgl. VGH Mannheim, BauR 2006, 1291 ff.; LNRO 2006, 14205 = **Life & Law 2007, Heft 3**.

247 Simon, Art. 55 BayBO, Rn. 61.

248 Dazu bereits ausführlich oben, Rn. 43 f.

249 Dazu bereits ausführlich oben, Rn. 43 f.

250 Ausführlich oben Rn. 44 ff.

allgemeiner Behördenaufbau

Für die Bauaufsicht als eine der klassischen Sparten der staatlichen Verwaltung (Art. 54 I BayBO) gilt der typische dreistufige Verwaltungsaufbau (vgl. Art. 53 I BayBO): 323

1. Oberste Bauaufsichtsbehörde (Bayerisches Staatsministerium des Innern)
2. Höhere Bauaufsichtsbehörde (Regierungen)
3. Untere Bauaufsichtsbehörde (Kreisverwaltungsbehörden)

bb) Örtliche Zuständigkeit

Art. 3 I Nr. 1 BayVwVfG

Da die örtliche Zuständigkeit in der BayBO nicht geregelt ist, gilt allgemeines Verwaltungsrecht. Zuständig ist danach grundsätzlich die Bauaufsichtsbehörde, in deren Bezirk das Baugrundstück liegt (Art. 3 I Nr. 1 BayVwVfG). 324

Bei Verstoß Nichtigkeit, Art. 44 II Nr. 3 BayVwVfG

Wird die Baugenehmigung von einer örtlich unzuständigen Behörde erlassen, greift nicht die Unbeachtlichkeitsregelung des Art. 46 BayVwVfG. Die Baugenehmigung ist vielmehr nach Art. 44 II Nr. 3 BayVwVfG sogar nichtig!

cc) Das Genehmigungsverfahren

Verfahrensablauf

Häufig ist bei der Nachbarklage auf den Ablauf des Genehmigungsverfahrens einzugehen. Dieses stellt sich i.d.R. wie folgt dar: 325

Das baurechtliche Genehmigungsverfahren:

1. Nachbarbeteiligung
2. Antrag des Bauherrn
3. Bauvorlageberechtigung
4. Vorlage bei Unzuständigkeit der Gemeinde
5. Schriftlicher Erlass der Baugenehmigung und Zustellung
6. Begründung der Baugenehmigung

(1) Antrag

Antrag notwendig

Das Baugenehmigungsverfahren ist ein Antragsverfahren (Art. 64 I BayBO). Der Bauantrag ist schriftlich (Abs. 1) und unterschrieben (vom Bauherrn[251] und vom Entwurfsverfasser – Abs. 4) bei der Gemeinde einzureichen. 326

hemmer-Methode: Denken in Zusammenhängen! Die Baugenehmigung ist damit ein sog. mitwirkungsbedürftiger VA. Ohne Bauantrag ist die Baugenehmigung rechtswidrig, sodass hierfür auch keine Gebühren festgesetzt werden dürfen.
Bedeutung kann das Antragsbedürfnis dann gewinnen, wenn ein beantragter Bauantrag nur unter einer sog. modifizierten Auflage[252] gestattet wird: Hier liegt eine vollständige Ablehnung des Antrags nach dem Motto „zwar nicht so, aber dafür anders“ vor, sodass für das neue Angebot der Behörde eigentlich auch ein neuer Antrag des Bewerbers notwendig wäre.

[251] Der Bauherr muss nicht zwingend der Eigentümer des Grundstücks sein, vgl. Art. 64 IV S. 3 BayBO, Simon, Art. 64 BayBO, Rn. 14.

[252] Vgl. Hemmer/Wüst, Verwaltungsrecht I, Rn. 426 ff.

Mit dem Antrag sind alle für die Beurteilung des Verfahrens erforderlichen Unterlagen einzureichen (Art. 64 II BayBO sowie § 1 BauVorlV [Z/T Nr. 62]). 327

(2) Bauvorlageberechtigung

Bauvorlageberechtigung

Der Entwurfsverfasser muss nach Art. 61 BayBO bauvorlageberechtigt sein. 328

hemmer-Methode: Bauantrag und Bauvorlageberechtigung spielen im Gegensatz zur Nachbarbeteiligung fast nie eine Rolle. In der Klausur sollte man deshalb nur dann darauf eingehen, wenn sich diesbezügliche Probleme aus dem Sachverhalt ergeben.

(3) Nachbarbeteiligung

wichtig: Nachbarbeteiligung

Art. 66 I S. 1 BayBO begründet die Pflicht des Bauherrn, bestimmte Bauvorlagen den Eigentümern benachbarter Grundstücke vorzulegen, bevor der Bauantrag mit den Bauvorlagen bei der Gemeinde eingereicht wird. Es handelt sich dabei um eine Sondervorschrift zur Anhörung nach Art. 28 BayVwVfG, vgl. Art. 66 II S. 2 BayBO. 329

(a) Der Nachbar soll die Möglichkeit haben, seine öffentlich-rechtlich geschützten Belange im Baugenehmigungsverfahren zu vertreten, weshalb es notwendig ist, ihn von einem Vorhaben rechtzeitig und ausreichend in Kenntnis zu setzen. 330

rein verfahrensrechtliche Bedeutung

Art. 66 BayBO ist eine allein verfahrensrechtliche Regelung. Der Nachbar kann eine Genehmigung nicht mit dem Hinweis angreifen, er sei im Genehmigungsverfahren nicht beteiligt worden. Begründen lässt sich dieses Ergebnis zum einen mit einer Heilung nach Art. 45 I Nr. 3 BayVwVfG, wenn der Nachbar im späteren Verfahren noch beteiligt wurde (bspw. durch Zustellung der Baugenehmigung, dazu sogleich). Eine weitere Begründung wäre der Rechtsgedanke des Art. 46 BayVwVfG sowie der mangelnde drittschützende Charakter des Art. 66 I BayBO. [253]

ggf. zwingende Zustellung, Art. 66 I S. 6 BayBO

Dem Nachbarn, der seine Unterschrift nicht erteilt, ist dann allerdings eine Ausfertigung der Baugenehmigung zuzustellen (Art. 66 I S. 6 BayBO).[254]

hemmer-Methode: In Art. 66 I S. 6 BayBO kann auch eine abschließende Regelung der fehlenden Nachbarbeteiligung gesehen werden, sodass auch damit begründet werden kann, warum eine Anfechtungsklage des Nachbarn, gestützt allein auf die fehlende Nachbarbeteiligung, erfolglos bleiben muss.

Rechtsbehelfe sind nach erfolgter Unterschrift jedoch nicht mehr möglich, Art. 66 I S. 2 BayBO.[255]

keine Bindung der Behörde

Die Bauaufsichtsbehörde wird durch die Verzichtserklärung des Nachbarn allerdings rechtlich nicht gebunden.[256] Trotz Unterschrift des Nachbarn muss sie also die Genehmigung gegebenenfalls ablehnen. 331

(b) Der Kreis der Nachbarn ist räumlich wie unter Rn. 292 ff. dargestellt zu ermitteln. Personell ist der Nachbarbegriff auf Eigentümer und Erbbauberechtigte beschränkt (Art. 66 I, III BayBO). 332

---

253 Simon, Art. 66 BayBO, Rn. 582.

254 Zu den sich daraus ergebenden Problemen bei der Zulässigkeit vgl. oben, Rn. 299 ff.

255 Auch dazu sowie zum Widerruf schon oben, Rn. 301 f.

256 Simon, Art. 66 BayBO, Rn. 168.

(4) Vorlage des Antrags durch die Gemeinde bei der Bauaufsichtsbehörde

Antrag bei Gemeinde zu stellen

Der Antrag ist bei der Gemeinde einzureichen (Art. 64 I BayBO). Ist die Gemeinde selbst nicht untere Bauaufsichtsbehörde (also i.d.R. bei der kreisangehörigen Gemeinde), so ist der Antrag zusammen mit ihrer Stellungnahme unverzüglich der zuständigen Bauaufsichtsbehörde (also i.d.R. dem Landratsamt) vorzulegen. 333

Die Gemeinde darf sich zu allen mit dem Vorhaben in Zusammenhang stehenden Fragen äußern, weiterleiten muss sie den Antrag aber auch dann, wenn sie das Vorhaben für unzulässig hält.

Wichtig § 36 BauGB

Die Einreichung des Bauantrags bei der Gemeinde soll v.a. die Rechte der Gemeinde aus § 36 BauGB sicherstellen, vgl. § 36 I S. 3 BauGB. Das Mitwirkungsrecht der Gemeinden aus § 36 BauGB bezieht sich dabei aber allein auf das Planungsrecht, vgl. § 36 II S. 1 BauGB. 334

hemmer-Methode: Die Problematik des gemeindlichen Einvernehmens (§ 36 BauGB) ist häufig Gegenstand von Zwischenprüfungen und Examensklausuren. Beachten Sie dabei den wichtigen Unterschied zwischen dem seltenen Fall gänzlich unterlassener Beteiligung der Gemeinde (nur dann formeller Fehler) und dem häufigen Fall, dass die Gemeinde zwar beteiligt wird, sie aber ihr Einvernehmen verweigert (dann Frage des materiellen Rechts).
Da der Bauantrag bei der betroffenen Gemeinde selbst eingereicht wird, erscheint die Variante des formellen Fehlers praktisch kaum möglich, es sei denn der Antrag wird direkt beim Landratsamt gestellt und verbescheidet. Das fehlende Einvernehmen ist aber ansonsten fast immer i.R.d. materiellen Rechtmäßigkeit zu prüfen.

(5) Schriftlicher Erlass

schriftlicher Erlass

Die Baugenehmigung wird schriftlich erteilt (Art. 68 II S. 1 BayBO). Mündliche Zusagen, die Genehmigung zu erteilen, sind keine rechtlich wirksamen, die Behörde bindenden Zusicherungen (Art. 38 I S. 1 BayVwVfG). Ebenso wenig gibt es stillschweigende Baugenehmigungen oder die „Ersitzung" einer Genehmigung (wenn z.B. eine widerrechtliche Anlage ausdrücklich oder stillschweigend geduldet wird).[257] 335

Zustellung

Die Baugenehmigung ist dem Bauherrn und ggf. der Gemeinde gem. Art. 68 II S. 3 BayBO zuzustellen.

(6) Begründung

eingeschränkte Begründungspflicht

Die Genehmigung ist zu begründen, wenn von nachbarschützenden Vorschriften befreit wurde und der Nachbar der Befreiung nicht zugestimmt hatte (Art. 68 II S. 2 BayBO) sowie dann, wenn die Gemeinde zuvor ihr Einvernehmen verweigert hatte, Art. 67 III BayBO 336

hemmer-Methode: Diese klausurrelevante Ausnahme zu Art. 39 BayVwVfG müssen Sie kennen. Aufbautechnisch bedeutet dies, dass Sie bereits i.R.d. formellen Rechtmäßigkeit die Frage, ob eine Rechtsnorm Drittschutz verleiht, prüfen müssen.

[257] Zur Bindungswirkung vgl. schon oben i.R.d. Verpflichtungsklage Rn. 78 ff.

c) Materielle Rechtmäßigkeit der Baugenehmigung

Genehmigungspflichtigkeit

Die Baugenehmigung ist nur in den Fällen zu erteilen, in denen eine Genehmigungspflicht besteht, Art. 68 BayBO i.V.m. Art. 59, 60 BayBO.[258] 337

Genehmigungsfähigkeit

Besteht eine Genehmigungspflicht, so darf die Baugenehmigung nur dann erteilt werden, wenn diese nicht gegen öffentlich-rechtliche Vorschriften verstößt, die im bauaufsichtlichen Verfahren zu prüfen sind, Art. 68 I BayBO. Hierzu gelten die diesbezüglichen Ausführungen i.R.d. Verpflichtungsklage entsprechend (oben Rn. 95 ff.). 338

Zu überprüfen sind danach bei Sonderbauten nach Art. 60 BayBO insbesondere die bauplanungsrechtliche (§§ 29 ff. BauGB) und bauordnungsrechtliche Zulässigkeit (BayBO) des Vorhabens sowie der Verstoß gegen sonstiges öffentliches Recht, soweit die Baugenehmigung eine andere Genehmigung ersetzt. Im vereinfachten Verfahren sind neben dem Bauordnungsrecht nur die in Art. 59 S. 1 BayBO ausdrücklich genannten Vorschriften zu prüfen, da die Baugenehmigung nicht wegen eines Verstoßes gegen solche Vorschriften rechtswidrig sein kann, auf die sich ihre Feststellungswirkung gar nicht bezieht.

hemmer-Methode: Bei der Fertigung eines Urteils im Zweiten Staatsexamen werden Sie sich bei der Prüfung der materiellen Rechtmäßigkeit auf die Verletzung drittschützender Vorschriften beschränken! Die Verletzung anderer Vorschrift kommt allenfalls ins Hilfsgutachten, da diese Frage für das Urteil nicht von tragender Bedeutung sein kann. Im Ersten Staatsexamen sollten Sie getreu dem Wortlaut des § 113 I S. 1 VwGO ein umfassendes Gutachten schreiben, in dem Sie zwischen objektiver und subjektiver Rechtswidrigkeit trennen.
Gerade bei Zeitnot ist es aber auch im Ersten Staatsexamen vertretbar, sich i.R.d. materiellen Rechtmäßigkeit auf die drittschützenden Vorschriften zu beschränken oder die Verletzung von nicht-drittschützenden Vorschriften mit einem Verweis auf deren Irrelevanz offen zu lassen.

d) Subjektive Rechtsverletzung des Klägers

Hauptproblem: Verletzung eigener Rechte

Letzte Voraussetzung für die Begründetheit ist, dass der Nachbar in seinen eigenen Rechten verletzt ist. Der Verwaltungsrechtsschutz der VwGO dient gerade nur der Gewährleistung von Individualrechten. 339

Der Nachbar kann nur dann in seinen Rechten verletzt sein, wenn er durch das Bauvorhaben überhaupt beeinträchtigt wird und wenn er sich auf eine drittschützende Vorschrift berufen kann. 340

hemmer-Methode: Vermeidung typischer Fehlerquellen! Der Prüfungspunkt „Verletzung eigener Rechte des Klägers" wird in der Klausur von vielen Bearbeitern gänzlich übersehen. Häufig geben sich – auch außerhalb des Baurechts – die Klausurbearbeiter mit der Frage der Rechtswidrigkeit des zugrunde liegenden VA zufrieden.
Dabei gehen wertvolle Punkte verloren, da die Anfechtungsklage nach dem Wortlaut des § 113 I VwGO nur dann begründet ist, wenn über die Rechtswidrigkeit hinaus gleichzeitig eine Verletzung eigener Rechte des Klägers erfolgt ist. Dass dies so sein muss, zeigt schon die Notwendigkeit der Klagebefugnis als solcher (§ 42 II VwGO). Die für die Zulässigkeit der Klage ausreichende Möglichkeitstheorie wird dann aber in der Begründetheit durch die genaue Prüfung der Rechtsverletzung ergänzt. Bedenken Sie stets, dass der Gesetzgeber eine Popularklage nur in den gesetzlich vorgeschriebenen Fällen wollte!

258 Vgl. zur Verortung in der formellen oder materiellen Rechtmäßigkeit oben Rn. 320.

Beeinträchtigung unproblematisch

Die tatsächliche Beeinträchtigung des Nachbarn ist im Baurecht regelmäßig unproblematisch. Der Nachbar ist bspw. beeinträchtigt, wenn von dem geplanten Vorhaben nachteilige Auswirkungen auf sein Grundstück ausgehen (sog. defensive Nachbarklage). Er ist aber auch beeinträchtigt, wenn das geplante Vorhaben Emissionen ausgesetzt würde, die von seinem Grundstück ausgehen, da er dann mit Auflagen zur Emissionsbeschränkung rechnen muss (sog. offensive Nachbarklage). Während die Beeinträchtigung damit im Normalfall in einem Satz zu bejahen ist, ist die Frage nach der Verletzung einer drittschützenden Norm eines der zentralen Probleme der Nachbaranfechtung. 341

Dient verletzte Norm öffentlichen oder Nachbarinteressen?

Es ist im Einzelfall jeweils zu prüfen, ob die Vorschrift, von der der VA zum Nachteil des Nachbarn abweicht, nicht lediglich öffentlichen Interessen dient, sondern gerade auch nachbarschützenden Charakter hat, dem Nachbarn also eine eigene Rechtsposition einräumt, und ob der klagende Nachbar in den sachlichen und personellen Schutzbereich dieser Vorschrift fällt. 342

aber kein „Planverfolgungsanspruch"

Einen allgemeinen „Planverfolgungsanspruch", der allen im Plangebiet gelegenen Grundstückseigentümern das subjektiv-öffentliche und damit klagbare Recht gegen alle den Plan nicht einhaltenden Maßnahmen gewährt, gibt es nicht.[259] 343

Begründet wird diese Ablehnung damit, dass es von einem solchen Planverfolgungsanspruch zu einem allgemeinen Gesetzesbefolgungsanspruch und von diesem zur (unzulässigen) Popularklage nur Schritte wären.

hemmer-Methode: Erhebt ein Nachbar Verpflichtungsklage auf bauaufsichtliches Einschreiten, stellt sich dieselbe Frage. Kann er sich auf eine Vorschrift berufen, die gerade auch zu seinem Schutz besteht (ihm also einen Anspruch einräumt, der gerichtlich durchsetzbar ist)?

In Fällen, in denen der Nachbar selbst rechtswidrig gebaut hat, kann es ihm auch bei einer Verletzung drittschützender Vorschriften verwehrt sein, sich auf diese Verletzung zu berufen (Verstoß gegen den Grundsatz von Treu und Glauben). 344

Hier verbietet sich allerdings eine pauschale Lösung, maßgeblich sind jeweils die Art des eigenen Rechtsverstoßes und der Zusammenhang mit der rechtswidrigen Beeinträchtigung durch den Nachbarn. 345-346

e) Wichtige nachbarschützende Vorschriften

aa) Drittschützende Normen im Bauplanungsrecht

nachbarschützende Vorschriften im Bauplanungsrecht:

Im Planungsrecht ergibt sich der Kreis der nachbarschützenden Vorschriften vor allem aus den Festsetzungen der Bebauungspläne selbst und darüber hinaus auch aus dem Gebot der Rücksichtnahme: 347

hemmer-Methode: Ein häufiges Problem ist die Frage, wie ausführlich die Prüfung einzelner nachbarschützender Vorschriften bereits i.R.d. Zulässigkeit zu problematisieren ist. Beachten Sie dabei folgende Faktoren:

- **Die Prüfung nachbarschützender Vorschriften i.R.d. Zulässigkeit darf nicht zur Vorwegnahme der Begründetheit ausarten; bei der Zulässigkeit reicht die Möglichkeit der Verletzung nachbarschützender Vorschriften bereits aus.**

---

[259] So BVerwG, DVBl. 1970, 61.

- **In der Zulässigkeit wissen Sie regelmäßig noch nicht einmal, in welchem Planbereich sich das Vorhaben befindet (z.B. wenn ein Bebauungsplan nichtig sein könnte), sodass Sie ggf. verschiedene Alternativen andiskutieren müssten, also Nachbarschutz durch §§ 30, 34 oder 35 BauGB evtl. i.V.m. dem Gebot der Rücksichtnahme.**
- **Nur dann, wenn unter jedem auch nur denkbaren Blickwinkel eine Rechtsverletzung ausgeschlossen erscheint, darf die Klage als unzulässig abgewiesen werden – das ist fast nie der Fall, es sei denn, es liegt ein Rechtsmittelverzicht, ein Fall der Verwirkung oder des Rechtsmissbrauchs vor.**

Ob nachbarschützende Vorschriften des Bauplanungsrechts verletzt sind, prüfen Sie in diesem letzten Punkt des Klageaufbaus – anders als bei § 42 II VwGO, wo Sie regelmäßig von mehreren Alternativen ausgehen müssen – nur noch anhand des im Einzelfall einschlägigen Gebietstyps.

(1) Im Bereich eines (einfachen oder qualifizierten) Bebauungsplans.

(a) Festsetzungen eines Bebauungsplans.

bei qualifiziertem BBauPl. nur einzelne Festsetzungen

§ 30 BauGB selbst kann nach der Rspr. keinen Nachbarschutz vermitteln, sondern immer nur einzelne Festsetzungen des Bebauungsplans.[260] Ob das der Fall ist, ist nach denselben Grundsätzen zu ermitteln wie bei förmlichen Gesetzen.[261] Entscheidend ist in erster Linie der Wille des Ortsgesetzgebers, der Plan ist also (unter Berücksichtigung seiner Begründung) auszulegen. 348

Bsp.: *Der Bebauungsplan setzt eingeschossige Bebauung fest. Begründet wird dies mit dem Schutz der Aussicht für andere Wohnhäuser. Ein Nachbar klagt gegen eine für ein mehrgeschossiges Gebäude erteilte Genehmigung.*

Grundsätzlich gewährt das öffentliche Recht keinen Schutz dahingehend, dass eine freie Aussicht nicht verbaut wird. Dem widerspricht nicht, dass Festsetzungen eines Bebauungsplans, die eine schöne Aussicht schützen, dem Nachbarn ein Recht auf Erhaltung einräumen, wenn der Begründung des Plans entnommen werden kann, dass gerade dies die Norm bezweckt.[262] Der Nachbar ist hier somit in eigenen Rechten verletzt.

Auslegung maßgeblich

Ebenso durch Auslegung zu ermitteln ist, ob der Nachbarschutz an den Grenzen des Plangebietes enden soll oder ob auch angrenzende Zonen eingeschlossen sind (sog. plangebietsüberschreitender Nachbarschutz).[263] 349

Bsp.: *Wie oben; geschützt werden soll aber gerade auch die Aussicht von Wohnhäusern, die sich außerhalb des Plangebietes befinden.*

bzgl. Art der baulichen Nutzung (+)

Festsetzungen über die Art der baulichen Nutzung (vgl. §§ 1 ff. BauNVO) sind nach h.M. auch ohne besondere Begründung nachbarschützend, weil sie die Grundstückseigentümer wechselseitig vor Immissionen schützen wollen.[264] 350

Bsp.: *Der Eigentümer eines Grundstückes in einem „reinen Wohngebiet" kann erfolgreich gegen die Baugenehmigung für einen (gem. §§ 1 III S. 2 u. 3 BauNVO) dort unzulässigen großen Gewerbebetrieb vorgehen (sog. Anspruch auf Bewahrung des Gebietscharakters).*

---

[260] BVerwG, NVwZ 1985, 748; J/D/W, § 29 BauGB, Rn. 44.

[261] BVerwG, NVwZ 1993, 1100.

[262] J/D/W, § 29 BauGB, Rn. 49, 55.

[263] BVerwGE 44, 244; BVerwG, IBR 2003, 452; grds. endet der Nachbarschutz an den Grenzen des Plangebietes, vgl. BVerwG, NVwZ 2008, 427 = DVBl. 2008, 401 = LNR 2007, 44905 = **Life & Law 2008, Heft 6**.

[264] BVerwG, DVBl. 1994, 284; BVerwG, IBR 2003, 452; Simon, Art. 66 BayBO, Rn. 346; J/D/W, § 29 BauGB, Rn. 44.

Ebenfalls grundsätzlich nachbarschützend sind Festsetzungen zum Schutz vor schädlichen Umwelteinwirkungen (§ 9 I Nr. 24 BauGB). 351

352

(b) § 30 BauGB i.V.m. § 15 I BauNVO (Gebot der Rücksichtnahme)

§ 15 BauNVO als gesetzlich normiertes Gebot der Rücksichtnahme

Gem. §§ 2 bis 14 BauNVO an sich zulässige Vorhaben sind dann unzulässig, wenn sie nach Anzahl, Lage, Umfang oder Zweckbestimmung der Eigenart des Baugebiets widersprechen (§ 15 I S. 1 BauNVO) oder wenn von ihnen für das Baugebiet selbst oder dessen Umgebung unzumutbare Belästigungen oder Störungen ausgehen oder sie solchen Belästigungen ausgesetzt werden können (§ 15 I S. 2 BauNVO). 353

In § 15 I BauNVO sieht das BVerwG die gesetzliche Normierung des Gebots der Rücksichtnahme (im Folgenden mit GdR abgekürzt) für den beplanten Innenbereich.[265]

aber GdR nicht per se nachbarschützend

Das GdR ist nicht per se nachbarschützend. Die drittschützende Wirkung ist nur dann zu bejahen, wenn nach den Umständen des konkreten Einzelfalles in qualifizierter und zugleich individualisierter Weise auf schutzwürdige Interessen eines erkennbar abgegrenzten Kreises Dritter Rücksicht zu nehmen ist.[266] 354

Das ist insbesondere dann der Fall, wenn entweder die tatsächlichen Umstände handgreiflich ergeben, auf wen Rücksicht zu nehmen ist, oder aber eine besondere rechtliche Schutzwürdigkeit des Betroffenen anzuerkennen ist.

hemmer-Methode: Die angegebene Definition, die klarstellt, wann das GdR nachbarschützende Wirkung aufweist, sollten Sie beherrschen. Sie ist derart anerkannt, dass der Korrektor sie in einer guten Klausur erwartet. Beachten Sie, dass diese Einschränkung nicht nur bei § 15 I BauNVO, sondern immer dann zu beachten ist, wenn es um das GdR geht.

(c) § 31 BauGB

Dispensierung, § 31 BauGB

Sofern es im Einzelfall um die Befreiung von Festsetzungen eines Bebauungsplan. geht, ist zwischen einer im Bebauungsplan vorgesehenen Befreiung nach § 31 I BauGB und einem Dispens nach § 31 II BauGB zu unterscheiden. 355

(aa) In den Fällen des § 31 I BauGB ist Drittschutz dann zu bejahen, wenn die Festsetzung des Bebauungsplans, von der eine Befreiung erteilt wird, drittschützenden Charakter hat.[267] Ist dies nicht der Fall kann Drittschutz nur über den Rechtsgedanken des § 15 I BauNVO hergeleitet werden.[268]

(bb) Auch im Fall des § 31 II BauGB ist der Drittschutz unproblematisch, wenn von einer drittschützenden Vorschrift befreit wird.[269]

In den sonstigen Fällen entnimmt das BVerwG– unter Abkehr von seiner früheren Rechtsprechung – aus dem Gebot des § 31 II BauGB, bei der Befreiung auch nachbarliche Interessen zu würdigen, dass § 31 II BauGB auch die Interessen der Nachbarn schützen will.[270] 356

---

265 BVerwGE 67, 334; 68, 369, J/D/W, § 29 BauGB, Rn. 85 f.

266 BVerwG, NVwZ 1985, 37.

267 Simon, Art. 66 BayBO, Rn. 384.

268 J/D/W, § 29 BauGB, Rn. 58.

269 Vgl. J/D/W, § 29 BauGB, Rn. 59.

270 BVerwG, BayVBl. 1987, 151 = BauR 1987, 70 (73); Simon, Art. 66 BayBO, Rn. 385.

Nachbarschutz ergibt sich dann aus § 31 II BauGB i.V.m. dem GdR, wenn die unter Rn. 354 genannten Voraussetzungen erfüllt sind.

(2) Der nicht qualifiziert beplante Innenbereich, § 34 BauGB

(a) § 34 BauGB

ansonsten § 34 BauGB

Sofern ein einfacher Bebauungsplan besteht, ist - wegen des in § 30 III BauGB enthaltenen Vorrangs der Festsetzungen dieses Bebauungsplans - zunächst wie beschrieben vorzugehen. 357

Nur soweit der einfache Bebauungsplan bestimmte Festsetzungen nicht enthält, ist auf § 34 BauGB zurückzugreifen, wenn das Vorhaben im Innenbereich in diesem Sinne liegt. Besteht kein Bebauungsplan für das fragliche Gebiet, so kommt im Innenbereich allein § 34 BauGB zur Anwendung.

(b) § 34 I BauGB

Nach der Rspr. des BVerwG ist § 34 I BauGB insoweit nachbarschützend, als die Vorschrift mit dem Gebot des „Einfügens" in qualifizierter und individualisierter Weise Rücksichtnahme auf schutzwürdige Interessen eines erkennbar abgegrenzten Kreises Dritter verlangt und diese damit vor unzumutbaren Beeinträchtigungen schützt.[271] Die Rspr. sieht also das GdR i.R.d. „Einfügens" bereits als Tatbestandsmerkmal des § 34 I BauGB an. Nach der Rspr. muss also das GdR nicht mehr gesondert herangezogen werden.[272] 358

hemmer-Methode: Es ist auch nicht falsch, § 34 I BauGB i.V.m. dem GdR heranzuziehen. Geschickter ist es allerdings zu zeigen, dass Sie wissen, wie die Rspr. vorgeht. Die Rspr. misst dem GdR eher eine Auffangfunktion zu. Im Endeffekt führen beide Wege zum gleichen Ergebnis. Auf jeden Fall müssen Sie die beim GdR gebräuchliche Definition bringen, um festzustellen, ob Nachbarschutz zu bejahen ist.

Bsp.: Ein Nachbar legt gegen eine Baugenehmigung Widerspruch ein, weil diese gegen § 34 I BauGB verstößt.

Fraglich ist, ob der Nachbar in seinen Rechten verletzt ist. § 34 BauGB kommt im Grundsatz keine nachbarschützende Wirkung zu.[273] Wäre dies der Fall, würde die Vorschrift einen nicht mehr übersehbaren Kreis von angeblich Berechtigten schützen, der keineswegs auf die Nachbarn im eigentlichen Sinn beschränkt wäre, das Risiko für den Bauherrn wäre nicht kalkulierbar.

Allerdings entnimmt die Rspr. dem Wort „einfügen", dass das (allgemeine baurechtliche) GdR auch Tatbestandsmerkmal des § 34 I BauGB sei. Nachbarschutz ist gegeben, wenn in „qualifizierter und individualisierter Weise" auf schutzwürdige Interessen eines erkennbar abgegrenzten Kreises Dritter Rücksicht zu nehmen ist. Das ist eine Frage des Einzelfalles.

---

271 Z.B. BVerwG, DÖV 1981, 672; J/D/W, § 29 BauGB, Rn. 65 f., 90.

272 Stimmen in der Lit. (z.B. Breuer, DVBl. 1983, 437; Dürr, NVwZ 1985, 719), die die Rspr. kritisieren, gehen daher zumindest insoweit fehl, als sie Nachbarschutz unmittelbar aus § 34 I BauGB herleiten wollen. Auch die Rspr. folgt ja diesem Ansatz.

273 Vgl. J/D/W, § 29 BauGB, Rn. 65; B/K/L, § 34 BauGB, Rn. 77.

(c) § 34 II, IIIa BauGB

§ 34 II BauGB
⇨ wie bei BBauPl.

Soweit das Vorhaben in einem Gebiet durchgeführt werden soll, das dem § 34 II BauGB unterfällt, gilt bzgl. des Nachbarschutzes nach der Rspr.[274] dasselbe wie bei einer Festsetzung des Baugebietes durch Bebauungsplan.[275] Wird eine Befreiung nach § 34 IIIa BauGB erteilt, entspricht der Drittschutz dem nach § 31 II BauGB.[276] 359

(d) §34 III BauGB

§ 34 III BauGB vermittelt (Nachbar-)Gemeinden Drittschutz, soweit durch das streitige Vorhaben zumindest möglicherweise zentrale Versorgungsbereiche in dieser Gemeinde beeinträchtigt werden.[277] 359a

360

(3) Vorhaben im Außenbereich, § 35 BauGB

Außenbereich

Im Außenbereich lässt sich der Drittschutz weder direkt aus § 35 BauGB („öffentliche Belange"),[278] noch aus den einzelnen Privilegierungstatbeständen ableiten.[279]

Gebot der Rücksichtnahme

Die Rspr. zählt allerdings das GdR zu den öffentlichen Belangen i.S.d. § 35 III BauGB. Dies folgt aus § 35 III S. 1 Nr. 3 BauGB („schädliche Umwelteinwirkungen"). § 35 III S. 1 Nr. 3 BauGB überschneidet sich aber im Übrigen mit dem ungeschriebenen Belang des GdR, da das GdR über die schädlichen Umwelteinwirkungen hinaus auch alle sonstigen nachteiligen Wirkungen erfasst.[280] 361

Das GdR darf einem privilegierten Außenbereichsvorhaben nicht entgegenstehen und durch ein nichtprivilegiertes Vorhaben nicht beeinträchtigt sein.[281] Natürlich ist auch hier das GdR aber nur dann nachbarschützend, wenn in qualifizierter und individualisierter Weise auf schutzwürdige Interessen eines erkennbar abgegrenzten Kreises Dritter Rücksicht zu nehmen ist. 362

hemmer-Methode: Auch hier zieht die Rechtsprechung das GdR nicht gesondert heran, sondern entnimmt es direkt aus § 35 III BauGB. Die Prüfung ist jedoch wieder identisch. Zu beachten ist allerdings, dass die Argumentation der Rechtsprechung dogmatisch nicht sehr sauber ist, denn prinzipiell ist das GdR ein Interesse, das seinen Ansatzpunkt im individuellen Fall findet, in diesem Sinne ist es eigentlich weniger als „öffentliches" Interesse zu qualifizieren.

Bsp.: Der privilegiert im Außenbereich Ansässige (typischer Fall: die stark emissionsträchtige Schweinemästerei, § 35 I Nr. 4 BauGB) kann sich gegen eine heranrückende Wohnbebauung, die ihn zu Einschränkungen seines Betriebes zwingen würde, zur Wehr setzen. Die i.R.d. GdR nach § 35 III S. 1 Nr. 3 Alt. 2 BauGB vorzunehmende Interessenabwägung geht hier also regelmäßig zu Lasten des Neubaus.[282]

Das vage und ungewisse Interesse eines Landwirts, seinen Betrieb um einen Schweinestall im Außenbereich zu erweitern, genügt für einen Abwehranspruch gegen Wohnbebauung jedoch nicht.[283]

---

274 BVerwG, DVBl. 1994, 284.

275 Vgl. oben, Rn. 348; J/D/W, § 29 BauGB, Rn. 68.

276 Vgl. oben Rn. 356.

277 § 34 III BauGB dient allerdings nicht dem Schutz etwaiger Konkurrenten, vgl. OVG Münster, NVwZ 2007, 735 = LNRO 2007, 12575.

278 J/D/W, § 29 BauGB, Rn. 71.

279 J/D/W, § 29 BauGB, Rn. 73.

280 BVerwGE, BauR 1994, 354; J/D/W, § 29 BauGB, Rn. 91.

281 BVerwGE 52, 122; vgl. dazu bereits oben, Rn. 185.

282 BayVGH, BayBl. 2002, 309.

283 BVerwG, DÖV 2001, 251.

(4) Erschließung

Die §§ 30, 33, 34 und 35 BauGB erfordern für die bauplanungsrechtliche Zulässigkeit die Sicherung der Erschließung.[284] Die Erschließung dient regelmäßig nur dem Allgemeininteresse. 363

Ihr kommt ausnahmsweise dann Nachbarschutz zu, wenn ein Bauvorhaben ohne ausreichende straßenmäßige Erschließung zugelassen wird und der Nachbar deshalb mit der Geltendmachung des Notwegerechts nach § 917 BGB durch den Bauherrn rechnen muss, damit dieser von seinem Grundstück zu den öffentlichen Straßen gelangen kann.[285]

Abschließender Überblick: Das GdR im Bauplanungsrecht (teilweise als Tatbestandsmerkmal):

- ⇨ § 30 BauGB i.V.m. § 15 I BauNVO („Belästigung, Störung")
- ⇨ § 31 II BauGB („nachbarliche Interessen")
- ⇨ § 34 I BauGB („einfügen")
- ⇨ § 35 III S. 1 Nr. 3 BauGB („schädliche Umwelteinwirkungen")

bb) Nachbarschutz im Bauordnungsrecht

Im Bereich des Bauordnungsrechts hat sich eine nicht mehr übersehbare kasuistische Rechtsprechung entwickelt.[286] 364

Eine Norm ist grundsätzlich dann nachbarschützend, wenn sie gerade darauf abzielt, eine Baumaßnahme zu verhindern, die typischerweise die Nachbargrundstücke beeinträchtigt.

hemmer-Methode: Beachten Sie, dass ein Nachbar durch die Verletzung einer nachbarschützenden Norm nur dann in seinen Rechten verletzt sein kann, wenn gerade diese Norm zum Prüfungsumfang des Genehmigungsverfahrens gehört und somit an der Feststellungswirkung der Baugenehmigung teilnimmt. Im vereinfachten Verfahren nach Art. 59 BayBO kann ein Nachbar im Klageweg somit nur Verstöße gegen Normen aus dem Pflichtprogramm oder gegen im fakultativen Prüfungsprogramm nach Art. 68 I S. 1 HS 2 BayBO tatsächlich geprüfte Normen geltend machen. Im Übrigen bleibt ihm nur noch die Möglichkeit, einen Antrag auf bauaufsichtliches Einschreiten bei der Behörde zu stellen. Um möglichst schnell ans Ziel zu kommen und die Schaffung vollendeter Tatsachen zu verhindern, empfiehlt sich hier ein Antrag auf Erlass einer einstweiligen Anordnung nach § 123 VwGO. 365

Nachbarschützend sind die Vorschriften über

- ⇨ **Abstandsflächen** (Art. 6 BayBO): Es soll gerade auch die ausreichende Besonnung, Belichtung und Belüftung der Nachbargebäude gewährleistet werden.
- ⇨ **Baustellen** (Art. 9 BayBO): Gefahren, Nachteile oder Belästigungen für die Nachbargrundstücke sollen vermieden werden.
- ⇨ **Schutz gegen Einwirkungen** (Art. 11 BayBO): Nach Sinn und Zweck der Vorschrift hierdurch auch Nachbar geschützt.[287]
- ⇨ **Brandschutz** (Art. 12, 28 BayBO, teilweise Art. 30 BayBO): Es soll Ausbreitung von Feuer auf Nachbargrundstücke vermieden werden.
- ⇨ sowie die Art. 13 (str.), 40 BayBO.

---

284 Siehe dazu oben, Rn. 205 ff.

285 J/D/W, § 29 BauGB, Rn. 94 (wobei dies mit Art. 14 GG begründet wird).

286 Zusammenfassend Simon, Art. 66 BayBO, Rn. 252 ff.

287 Strittig, vgl. Simon, Art. 66 BayBO, Rn. 272.

hemmer-Methode: Eine umfassende Erörterung aller nachbarschützender Vorschriften des Bauordnungsrechts ist im Rahmen dieses Skriptes nicht möglich. Ohnehin genügt das bloße Auswendiglernen nachbarschützender Vorschriften zum Schreiben einer guten Klausur nicht! Wichtig ist vielmehr, dass Sie in der Klausurbearbeitung gerade bei der Frage, ob eine Rechtsnorm Drittschutz verleiht, gut argumentieren. Leitlinie für Ihre Argumentation sind dabei stets die Schutznormtheorie[288] und die damit verbundene Auslegung der Norm.

cc) Grundrechte

(1) Art. 14 I GG

Nur in Ausnahmefällen kann sich der Nachbarschutz auch unmittelbar aus Art. 14 I GG ergeben. 366

Durch eine gegen bauplanungsrechtliche Vorschriften verstoßende Genehmigung kann ein Nachbar in seinem Eigentumsrecht verletzt sein, wenn diese die vorgegebene Grundstückssituation nachteilig verändert und dadurch den Nachbarn schwer und unerträglich trifft.[289]

Diese strengen Voraussetzungen sind nur in Ausnahmefällen erfüllt. Zudem hat der Rückgriff auf Art. 14 I GG nur geringe praktische Bedeutung, weil die Rspr. durch die Entwicklung des Gebots der Rücksichtnahme in allen Planbereichen die Möglichkeit für eine Nachbarklage eröffnet hat.

(2) Art. 2 II GG

Neben dem objektbezogenen Nachbarschutz aus Art. 14 GG gibt es auch einen personenbezogenen Schutz aus Art. 2 II GG. 367

Einen solchen auf die Verletzung der körperlichen Unversehrtheit abstellenden Nachbarschutz hat das BVerwG[290] grundsätzlich anerkannt. Konkretisierende Ausführungen zu den Voraussetzungen im Einzelnen fehlen bisher.

dd) Verfahrensvorschriften

bei Verfahrensvorschriften: Mühlheim-Kärlich-Entscheidung des BVerfG

Nach der Rechtsprechung des BVerfG[291] sollen zumindest i.R.d. AtomG auch dessen Verfahrensregelungen den durch Art. 2 II GG gebotenen Schutz gewährleisten. 368

Auf das Baurecht lassen sich diese Gedanken jedoch nicht übertragen.

> **Bsp.:** *Ein Großvorhaben wird nach § 35 I BauGB genehmigt. Ein Nachbar ist der Ansicht, ein derartiges Vorhaben könne nur auf der Grundlage eines unter Bürgerbeteiligung zustande gekommenen Bebauungsplans genehmigt werden, und erhebt Klage.*
>
> Der Nachbar ist hier schon deswegen nicht in eigenen Rechten verletzt, weil es ein subjektives Recht des Einzelnen auf Durchführung eines Bebauungsplanverfahrens nicht gibt (§ 1 III S. 2 BauGB).

---

[288] Dazu schon ausführlich i.R.d. Zulässigkeit der Klage, oben Rn. 284 ff.

[289] So BVerwGE 32, 173 (179); J/D/W, § 29 BauGB, Rn. 92 ff.

[290] In BVerwGE 54, 211 (222 ff.).

[291] BVerfGE 53, 30 (Mühlheim-Kärlich).

Selbst wenn im Beispielsfall die Planaufstellung objektiv-rechtlich geboten gewesen wäre (und somit auch eine Bürgerbeteiligung), kann der Einzelne durch das Unterbleiben nicht in eigenen Rechten verletzt sein.[292]

Zudem stellen die Vorschriften über die Bürgerbeteiligung im Bauleitplanverfahren keine grundrechtlich gebotene staatliche Schutzpflicht dar.

hemmer-Methode: Eine besonders häufige Klausurvariante i.R.d. Nachbarklage ist das fehlende Einvernehmen der Gemeinde, § 36 BauGB.[293] Damit ist dann zwar die Baugenehmigung ggf. rechtswidrig, dennoch fehlt es hier an der Verletzung eigener subjektiver Rechte des Klägers, da das gemeindliche Einvernehmen Ausfluss der gemeindlichen Planungshoheit ist und damit allein ein Recht der betroffenen Gemeinde darstellt. Anders stellt sich die Situation nur dann dar, wenn statt eines Nachbarn die Gemeinde selbst gegen die erteilte Baugenehmigung Klage erhebt, denn diese kann tatsächlich in eigenen Rechten verletzt sein.[294]

B) Einstweiliger Rechtsschutz des Nachbarn gegen die Baugenehmigung[295]

einstweiliger Rechtsschutz des Nachbarn

Widerspruch und Anfechtungsklage des Nachbarn haben gem. § 212a BauGB grundsätzlich keine aufschiebende Wirkung. Es fehlt also am sog. Suspensiveffekt, der nach § 80 I S. 2 VwGO auch grds. bei der Anfechtung von VAen mit Doppelwirkung eintritt. § 212a BauGB ist damit ein Ausnahmefall i.S.d. § 80 II S. 1 Nr. 3 VwGO. 369

Bsp. 1: A beantragt die Baugenehmigung für ein Wohnhaus. Diese wird ihm vom LRA erteilt. Nachbar N, der dem Vorhaben nicht zugestimmt hat, überlegt sich, wie er gegen den unmittelbar bevorstehenden Baubeginn vorgehen kann.

Bsp. 2: Die Gemeinde G hat Probleme mit der zügigen Entsorgung von organischen Abfällen aus der sog. Biotonne. Eine Baugenehmigung des Z, der eine Kompostieranlage im Außenbereich errichten will, wird deshalb antragsgemäß erteilt. Nachbar N, dessen Haus je nach Windrichtung von starken Immissionen betroffen ist, will auch hier den drohenden Baubeginn verhindern.

wichtig, wenn Suspensiveffekt fehlt

In diesen Fällen hat die Erhebung von Widerspruch oder Anfechtungsklage entgegen der Regel des § 80 I S. 2 VwGO zur Folge, dass während des laufenden Widerspruchsverfahrens ausnahmsweise doch mit dem Bau begonnen werden darf, weil dem Rechtsbehelf des Dritten der Suspensiveffekt fehlt. 370

A (aus Beispiel 1) und Z (aus Beispiel 2) könnten somit trotz Anfechtung mit dem Bau ihrer Vorhaben beginnen. Das hätte aber zur Folge, dass Nachbar N vor vollendete Tatsachen gestellt werden könnte, bevor in einem möglicherweise langjährigen Prozess eine gerichtliche Entscheidung getroffen wird.

Verzögerung des Baubeginns

In diesen Fällen muss der Nachbar die Anordnung der aufschiebenden Wirkung des Rechtsbehelfs beantragen, um einen ansonsten drohenden Baubeginn hinauszuzögern (§§ 80 V, 80a III VwGO). In der Klausur muss diese Möglichkeit bzw. Notwendigkeit erkannt und in ihren Aussichten untersucht werden. 371

---

292 BVerwG, DVBl. 82, 1096; anders wurde dies aber für die Nachbargemeinde entschieden, die sich gegen ein Großvorhaben wendet, das ohne gültigen Bebauungsplan genehmigt wurde. Hier ließ das BVerwG ein Berufen auf ein Planungserfordernis zu, da nur in einem Planaufstellungsverfahren, die von § 2 II BauGB geschützten Belange der Nachbargemeinde hinreichend geschützt werden können, vgl. BVerwG, NVwZ 2003, 86 = **Life & Law 2003, 287**.

293 Zu den Einzelheiten dieser Problematik Rn. 425 ff.

294 Dazu Rn. 429.

295 Umfassend zum Rechtsschutz gemäß §§ 80a, 80 V VwGO siehe Hemmer/Wüst, Verwaltungsrecht III, Rn. 73 ff.

hemmer-Methode: Das Antragsverfahren nach §§ 80, 80a VwGO ist speziell im Baurecht besonders examensrelevant. Fundierte Kenntnisse der damit verbundenen Problemkreise sind deshalb unverzichtbar.
Die Regelung des § 212a BauGB dient der schnelleren Verwirklichung von Bauten. Der Bauherr soll mit dem Bauen nicht erst solange warten müssen, bis ein (oft absehbar aussichtsloser) Nachbarprozess gewonnen ist.
Eine Baueinstellungsverfügung (Art. 75 I BayBO) kann also während des laufenden Prozesses mit dem Nachbarn nicht erfolgen, da die Baugenehmigung bereits vollziehbar und das Bauen damit formell rechtmäßig ist.
Die Gefahr für den Bauherrn besteht allerdings dann darin, dass er bei einem verlorenen Prozess ein möglicherweise formell und materiell baurechtswidriges Haus erstellt hat – mit den sich daraus ergebenden Konsequenzen.[296]
Dieses Risiko ist allerdings kalkulierbar, da bei dem Verfahren nach §§ 80 V, 80a VwGO bereits eine summarische Prüfung der Hauptsache erfolgt, was den letztendlichen Ausgang eines Prozesses i.d.R. vorhersehbar sein lässt.

Prognose der Erfolgsaussichten

372 Soweit ein Antrag nach §§ 80 V, 80a III VwGO in Betracht gezogen wird, sind die Erfolgsaussichten dieses Antrags zu prognostizieren. Der Antrag hat Aussicht auf Erfolg, wenn er zulässig und begründet ist.

I. Zulässigkeit des Antrags nach §§ 80 V, 80a III VwGO

häufig wiederkehrende Probleme i.R.d. Zulässigkeit

373 I.R.d. Zulässigkeit bestehen speziell im Bereich des Baurechts immer wiederkehrende Problemfelder, die bei den meisten Verfahren eine wichtige Rolle spielen.

Prüfungsschema zur Zulässigkeit des Verfahrens nach §§ 80 V, 80a III VwGO:

1. Eröffnung des Verwaltungsrechtsweges, § 40 I VwGO

2. Statthaftigkeit des Antrags

- Abgrenzung zu § 123 VwGO
- Abgrenzung von § 80 V VwGO zu § 80a VwGO

3. Antragsbefugnis, § 42 II VwGO analog

4. Zuständigkeit, § 80 V VwGO (evtl. i.V.m. § 80a III VwGO

5. Rechtsschutzbedürfnis

- Einlegung von Widerspruch notwendig?
- Antrag bei Behörde notwendig?

6. Sonstige Zulässigkeitsvoraussetzungen

1. Eröffnung des Verwaltungsrechtsweges

§ 40 I VwGO

374 Da eine Streitigkeit aus dem Bereich des öffentlichen Baurechts vorliegt, ist der Verwaltungsrechtsweg eröffnet (§ 40 I VwGO).[297]

---

[296] Zur Baubeseitigungsanordnung später, Rn. 440 ff.

[297] § 83 VwGO gilt auch im Eilverfahren, vgl. BayVGH, BayVBl. 2003, 246.

2. Statthaftigkeit des Antrags

Abgrenzung zu § 123 VwGO

In Abgrenzung zum Rechtsschutz nach § 123 VwGO greift der Rechtsschutz nach §§ 80 V, 80a III VwGO nur in den Fällen, in denen es um die aufschiebende Wirkung von Widerspruch und Anfechtungsklage geht, also in der Hauptsache die Anfechtungsklage richtige Klageart ist, vgl. § 123 V VwGO. Da der Nachbar regelmäßig die Baugenehmigung als VA anfechten will, ist hier das Verfahren nach §§ 80 V, 80a III VwGO einschlägig. 375

VA mit Doppelwirkung → § 80a VwGO

Da es sich bei der Baugenehmigung um einen VA mit Doppelwirkung handelt, richtet sich der einstweilige Rechtsschutz nach § 80a VwGO.[298]

Konkret statthaft ist der Antrag nach § 80a I Nr. 2, III, 80 V S. 1 Alt. 1 VwGO, da der Widerspruch gegen die Baugenehmigung kraft Gesetzes keine aufschiebende Wirkung hat, § 80 II Nr. 3 VwGO i.V.m. § 212a BauGB.

hemmer-Methode: Die Baugenehmigung ist allerdings nicht der einzige VA im Baurecht, bei dem der Nachbar Eilrechtsschutz beantragen kann. Denkbar ist dies auch bei bauaufsichtlichen Maßnahmen nach Art. 75, 76 BayBO. Wird gegenüber dem Bauherrn eine Baueinstellung verfügt, hat der Nachbar ein evidentes Interesse an deren Sofortvollzug, um die Schaffung vollendeter Tatsachen zu verhindern. Zu diesem Zweck kann der Nachbar einen Eilantrag nach § 80a II VwGO stellen. Der Eilrechtsschutz des Bauherrn als Adressat eines belastenden Verwaltungsakts richtet sich hingegen direkt nach § 80 VwGO.

3. Antragsbefugnis, § 42 II VwGO analog

Antragsbefugnis notwendig

Da auch im Hauptverfahren eine Klagebefugnis notwendig ist, muss diese ebenfalls – als Antragsbefugnis – für das Verfahren nach §§ 80 V, 80a III VwGO vorliegen.[299] Da es sich (i.d.R.) um einen Antrag des Nachbarn handelt, ist die Antragsbefugnis nur zu bejahen, wenn die Verletzung einer drittschützenden Vorschrift möglich ist. Diesbezüglich gelten die obigen Ausführungen.[300] 377

hemmer-Methode: Achten Sie auf die genaue Wortwahl! Verwenden Sie hier i.R.d. Zulässigkeit nur den Begriff der Antragsbefugnis, da es sich um ein Antragsverfahren, nicht um eine Klage handelt; § 42 II VwGO gilt deshalb auch nicht direkt, sondern nur analog. Allein bei der Begründetheit des Antrags kommt es dann wieder auf die Klage- bzw. Widerspruchsbefugnis an, wobei Sie dann regelmäßig kurz auf die Zulässigkeit des Eilantrags verweisen können. Fehlt es an einer möglichen Verletzung einer drittschützenden Vorschrift, scheitert der Eilantrag nicht erst in der Begründetheit, sondern bereits in der Zulässigkeit.

4. Zuständigkeit

zuständig ist Gericht der Hauptsache

Zuständig ist das Gericht der Hauptsache, §§ 80a III, 80 V VwGO i.V.m. §§ 45, 52 VwGO. 378

298 So z.B. BayVGH, BayVBl. 1992, 692 u. 1994, 722.

299 Kopp/Schenke, § 80 VwGO, Rn. 134.

300 Rn. 283 ff.

5. Rechtsschutzbedürfnis

a) Vorheriger Widerspruch in der Hauptsache

Problem, ob Rechtsbehelf in der Hauptsache notwendig ist.

I.R.d. Eilantrags nach § 80a I, III VwGO ist streitig, ob gleichzeitig mit dem Antrag nach §§ 80a III, 80 V VwGO ein Widerspruch als Rechtsbehelf in der Hauptsache eingelegt werden muss, da auch nur dessen Suspensiveffekt hergestellt werden kann (vgl. Wortlaut von § 80 I VwGO).[301] 379

Mit dem Entfallen des Widerspruchsverfahrens nach Art. 15 II AGVwGO, ist dieser Meinungsstreit obsolet geworden. Gegen Baugenehmigungen und andere baurechtliche Verwaltungsakte ist sofort Klage zu erheben. Dass aber bereits vor Erhebung der Anfechtungsklage der Eilantrag nach § 80 V VwGO gestellt werden darf, stellt, § 80 V S. 2 VwGO eindeutig klar.

Unstreitig fehlt allerdings das Rechtsschutzbedürfnis für einen Antrag nach §§ 80a III, 80 V VwGO, wenn die Klagefrist in der Hauptsache abgelaufen, der VA also schon bestandskräftig geworden ist, vgl. auch § 80b VwGO.[302] 380

Hier eröffnen sich Möglichkeiten, Zustellungs- und Fristprobleme in die Klausur einzubauen.

hemmer-Methode: Der einstweilige Rechtsschutz kann niemals weitergehen als die Hauptsache! Scheitert diese in der Zulässigkeit, muss auch der Eilantrag bereits in der Zulässigkeit scheitern! Der Eilantrag selbst ist zwar nicht befristet, es fehlt aber das Rechtsschutzbedürfnis, wenn in der Hauptsache aufgrund der eingetretenen Bestandskraft ein Erfolg des Antragstellers undenkbar ist.

b) Vorheriger Eilantrag an die Behörde nach § 80a I VwGO

Sehr strittig ist, wie die Verweisung des § 80a III S. 2 VwGO auf § 80 VI VwGO zu verstehen ist, ob also vor dem Eilantrag an das Gericht nach §§ 80a III, 80 V VwGO zwingend ein Eilantrag an die Behörde nach § 80a I VwGO gestellt werden muss. Sieht man in der Verweisung eine Rechtsfolgenverweisung, wäre dieses Erfordernis zu bejahen. Nimmt man hingegen eine Rechtsgrundverweisung an, stehen die Eilanträge nach § 80a I VwGO und § 80a III VwGO selbstständig nebeneinander (da kein Fall des § 80 II Nr. 1 VwGO gegeben ist). Die wohl h.M. folgt der zuletzt genannten Lesart.[303] Der BayVGH vertritt vermittelnd die Ansicht, dass die vorherige Antragstellung bei der Behörde nicht als Zugangs-, sondern als (nachholbare) Sachentscheidungsvoraussetzung zu verstehen ist.[304] 380a

II. Beiladung

Beiladung

Die Vorschrift des § 65 VwGO gilt ebenfalls i.R.d. Verfahrens nach §§ 80a III, 80 V VwGO. Die Bauherren sind damit notwendig beizuladen, § 65 II VwGO.[305] 381

---

301 Vgl. Hemmer/Wüst, Verwaltungsrecht III, Rn. 142.

302 Hemmer/Wüst, Verwaltungsrecht III, Rn. 141.

303 Lesen Sie auch dazu Hemmer/Wüst/, Verwaltungsrecht III, Rn. 191.

304 BayVGH, BayVBl. 1993, 565.

305 Kopp/Schenke, § 80a VwGO, Rn. 20.

III. Begründetheit

1. Prüfungsmaßstab

Interessenabwägung bzgl. aufschiebender Wirkung; summarische Prüfung

Da beim Verfahren nach §§ 80a III, 80 V VwGO kein Urteil, sondern ein Beschluss ergeht, erfolgt auch keine abschließende Beurteilung der Hauptsache. Vielmehr erfolgt eine Abwägung bzgl. der Interessen des Antragstellers und des Antragsgegners in Hinblick auf den Vollzug. Der Antrag ist folglich auch nur dann begründet, wenn die Interessen des Antragstellers an der Anordnung der aufschiebenden Wirkung die Interessen des Bauherrn an der Möglichkeit des Vollzugs überwiegen. Indiz für die Interessenlage sind die Erfolgsaussichten der Hauptsache, die damit vom Gericht in einer summarischen Prüfung zu untersuchen sind. Das Gericht trifft damit eine originäre Ermessensentscheidung ohne vollständige Beweisaufnahme. 382

hemmer-Methode: Achtung Rechtsreferendare! Im Zweiten Staatsexamen ist die Beschwerde zum VGH (vgl. §§ 146 ff. VwGO) gegen den Beschluss nach §§ 80 V, 80a III VwGO eine häufige Klausurvariante. Das Beschwerdegericht prüft dann ebenfalls selbstständig, also in einer eigenen Ermessensentscheidung, ob der Vollzug ausgesetzt wird oder nicht.[306]
Insoweit ist die diesbezügliche Begründetheitsprüfung mit dem Verfahren nach §§ 80 V, 80a III VwGO identisch.

<u>**Prüfungsschema für die Begründetheit eines Antrags nach §§ 80a III, 80 V VwGO**</u>

1. Antragsgegner, § 78 I Nr. 1 VwGO analog

2. ggf.: Formelle Voraussetzungen der Sofortvollzugsanordnung i.S.d. § 80 II Nr. 4 VwGO

3. Interessenabwägung

- **a)** Abwägung der konkreten Interessen, insbesondere:
- **b)** Summarische Prüfung des Hauptsacheverfahrens
  - **aa)** Zulässigkeit des Widerspruchs bzw. der Anfechtungsklage
  - **bb)** Begründetheit des Widerspruchs bzw. der Anfechtungsklage
    - **(1)** Formelle Rechtmäßigkeit der Baugenehmigung
    - **(2)** Materielle Rechtmäßigkeit der Baugenehmigung
    - **(3)** Rechtsverletzung des Klägers

2. Antragsgegner

Antragsgegner analog § 78 VwGO

Antragsgegner ist nach analoger Anwendung von § 78 I Nr. 1 VwGO derjenige, der auch im Hauptsacheverfahren passivlegitimiert wäre.[307] 383

hemmer-Methode: Ein beliebtes Klausurproblem ist die Anordnung der sofortigen Vollziehung durch die Widerspruchsbehörde im Widerspruchsverfahren. Hier stellt sich die Frage nach der analogen Anwendung des § 78 II VwGO. Die wohl h.M. verneint diese Möglichkeit wegen des engen Zusammenhangs von Hauptsache und einstweiligem Rechtsschutz.[308]

306 Kopp/Schenke, § 80 VwGO, Rn. 187 ff.

307 Zur Passivlegitimation bereits oben, Rn. 43 ff. u. Rn. 317.

308 BayVGH, BayVBl. 1988, 86; a.A. z.B. Bad.-Württem. VGH, DVBl. 1987, 696; siehe Hemmer/Wüst, Verwaltungsrecht III, Rn. 148.

3. Ggf. formelle Voraussetzungen der Anordnung des Sofortvollzugs

hemmer-Methode: Dieser Punkt spielt – soweit es um die Baugenehmigung selbst geht – keine Rolle, da hier die aufschiebende Wirkung bereits kraft Gesetzes entfällt, § 80 II S. 1 Nr. 3 VwGO i.V.m. § 212a BauGB. Es gibt hier keine behördliche Anordnung, die formell rechtswidrig sein könnte. Anders ist dies, wenn es bspw. um eine Baubeseitigungsanordnung geht. Der Sofortvollzug tritt hier nur im Fall der behördlichen Anordnung nach § 80 II S. 1 Nr. 4 VwGO ein.

bei § 80 II S. 1 Nr. 4 VwGO Begründung notwendig (Abs. 3)

Beruht der Ausschluss der aufschiebenden Wirkung nicht auf Gesetz, sondern auf einer behördlichen Anordnung nach § 80 II S. 1 Nr. 4 VwGO, so ist insbesondere zu prüfen, ob die formellen Voraussetzungen des § 80 III VwGO eingehalten sind.[309] 385

Andernfalls ist der Sofortvollzug schon aus diesen Gründen aufzuheben. Daneben wären die Zuständigkeit für die Anordnung des Sofortvollzugs sowie die Problematik der Anhörung zu prüfen.[310]

4. Interessenabwägung

a) Abwägung der Interessen

Abwägung der Interessen

Im Falle der §§ 80a III, 80 V VwGO stehen sich private Interessen des Bauherrn und des Nachbarn gegenüber, die gegeneinander umfassend abzuwägen sind. Wie im direkten Anwendungsfall des § 80 II S. 1 Nr. 4, V VwGO sind die Erfolgsaussichten der Hauptsache ein Indiz für die Interessenabwägung.[311] Da hier jedoch private Interessen gegeneinander abzuwägen sind, darf nicht damit argumentiert werden, ein öffentliches Interesse an der Vollziehung einer rechtswidrigen Maßnahme bestehe nicht. 386

hemmer-Methode: Weiter müssen Sie hier wiederum auf die Besonderheit des Nachbarrechtsschutzes achten: Die objektive Rechtswidrigkeit der Baugenehmigung reicht nicht aus, um Erfolg in der Hauptsache zu haben. Hinzu muss die subjektive Rechtsverletzung des Nachbarn treten.[312]

Im Falle des gesetzlich vorgesehenen Wegfalls der aufschiebenden Wirkung gem. § 80 II S. 1 Nr. 3 VwGO ergibt sich die Berücksichtigung der Erfolgsaussichten aus der Wertung des § 80 IV S. 3 VwGO. 387

b) Summarische Prüfung der Hauptsache

Indiz: Prognose bzgl. Hauptsache

Hier prüfen Sie quasi wie bei der normalen Nachbarklage die Zulässigkeit und Begründetheit des eingelegten Rechtsbehelfs. Aufgrund der summarischen Prüfung ist die Bearbeitung in der Praxis zwar vereinfacht (z.B. Verzicht auf umfangreiche Beweiserhebung). Für die Klausur spielt das jedoch keine große Rolle, da Ihnen entweder ein unstreitiger Sachverhalt vorliegt (1. Examen) oder ein umfangreicher Sachverhalt vorgelegt wird (2. Examen). 388

---

309 Hemmer/Wüst, Verwaltungsrecht III, Rn. 163 ff.

310 Hemmer/Wüst, Verwaltungsrecht III, Rn. 108.

311 Eine mustergültige Darstellung des Prüfungsablaufs der materiellen Begründetheitsstation finden Sie in der Entscheidung des BayVGH, NJW 1991, 1561.

312 Vgl. Hemmer/Wüst, Verwaltungsrecht III, Rn. 199; Kopp/Schenke, § 80 VwGO, Rn. 152, 160.

C) Klage des Bauherrn gegen Aufhebungsbescheid der Ausgangsbehörde

Klage vom Bauherrn gegen Aufhebungsbescheid

Nimmt die Ausgangsbehörde eine einmal erteilte Baugenehmigung wieder zurück, so stellt sich für den Bauherrn die Frage, mit welchem Rechtsbehelf er seine Baugenehmigung wiedererlangen kann. 389

Bsp.: *Die Stadt S erteilt B eine Baugenehmigung. Als Nachbar N daraufhin gegen die Baugenehmigung klagt, nimmt die Stadt S während des laufenden Prozesses die Baugenehmigung wieder zurück, weil sie nunmehr der Auffassung ist, dass die Genehmigung zu Unrecht erteilt wurde. B ist entsetzt und geht zu seinem Rechtsanwalt, um nach Rat zu fragen.*

Grobgliederung des Klausurtyps bei Rücknahme durch die Ausgangsbehörde: 390

1. Zulässigkeit der Klage

- **a)** Klageart
- **b)** Klagebefugnis, § 42 II VwGO

2. Begründetheit der Klage

- **a)** Passivlegitimation
- **b)** Rechtsgrundlage, Art. 48, 49 BayVwVfG?
  - **aa)** formelle Rechtmäßigkeit der Baugenehmigung
  - **bb)** materielle Rechtmäßigkeit der Baugenehmigung
    - ⇨ Genehmigung rechtswidrig
- **c)** Rücknahme nach Art. 48 BayVwVfG
  - **aa)** formelle Rechtmäßigkeit des Aufhebungsbescheids
  - **bb)** materielle Rechtmäßigkeit des Aufhebungsbescheids
    - ⇨ Anwendbarkeit v. Art. 50 BayVwVfG?
    - ⇨ summarische Prüfung von:
    - **(1)** Zulässigkeit der Nachbarklage
    - **(2)** Begründetheit der Nachbarklage str.
    - **(3)** wenn unzulässig oder evident unbegründet, ggf. Ermessensprüfung
- **d)** ggf. Rechtsverletzung des Klägers

Fraglich ist hier vor allem, ob B erneut Verpflichtungsklage auf Erlass der Baugenehmigung erheben muss oder ob es ausreicht, wenn er isoliert gegen die Aufhebung Anfechtungsklage erhebt.

I. Eröffnung des Verwaltungsrechtsweges

Der Verwaltungsrechtsweg ist eröffnet. Zur Formulierung des Obersatzes vergleiche Rn. 19, 280. 391

Hinweis: Unproblematische Prüfungspunkte werden im Folgenden nicht mehr ausgeführt. Um die Übersichtlichkeit des Prüfungsablaufes zu wahren, werden diese jedoch durch Überschriften kenntlich gemacht.

II. Zulässigkeit der Klage

1. Klageart

Abgrenzung Verpflichtungs- zu Anfechtungsklage

Einerseits ist die Verpflichtungsklage in Betracht zu ziehen (§ 42 I Alt. 2 VwGO), wenn B eine neue Baugenehmigung begehrt. Andererseits würde einer Verpflichtungsklage das Rechtsschutzbedürfnis fehlen, wenn B sein Ziel (Erteilung der Baugenehmigung) einfacher bereits mit der Anfechtungsklage erreichen könnte, § 42 I Alt. 1 VwGO. Fraglich ist deshalb, ob hier eine Anfechtungsklage ausreicht. 392

wichtig: Art. 43 BayVwVfG

Soweit sie sich gegen den Aufhebungsbescheid richtet, ist die Anfechtungsklage auch grds. statthaft, da der Aufhebungsbescheid ein VA i.S.v. Art. 35 BayVwVfG ist (actus contrarius). Da bei erfolgreicher Anfechtung die ursprünglich erteilte Baugenehmigung auch weiter wirksam ist (vgl. Art. 43 II Var. 3 BayVwVfG), reicht das Erheben der Anfechtungsklage für das Ziel des B aus. Richtige Klageart ist demnach die Anfechtungsklage. 393

2. Klagebefugnis, § 42 II VwGO

§ 42 II VwGO

Diese ergibt sich aus Art. 68 BayBO i.V.m. Art. 14 GG bzw. schon aus Art. 2 I GG i.V.m. der sog. Adressatentheorie. 394

3. Widerspruchsverfahren

Vorverfahren, § 68 ff. VwGO

Ein Widerspruchsverfahren entfällt nach § 68 I S. 2 VwGO i.V.m. Art. 15 II AGVwGO. 395

4. Sonstige Zulässigkeitsvoraussetzungen

Hinsichtlich der sonstigen Zulässigkeitsvoraussetzungen wie §§ 61 f., 74, 81 f. VwGO ergeben sich hier keine Besonderheiten. 396

III. Beiladung

IV. Begründetheit

1. Obersatz, § 113 I S. 1 VwGO

2. Passivlegitimation, § 78 Nr. 1 VwGO

§ 78 VwGO

Der Aufhebungsbescheid erging durch die Stadt S selbst. Diese ist damit passivlegitimiert, § 78 I Nr. 1 VwGO. 397

3. Rechtsgrundlage für den Aufhebungsbescheid

Rechtsgrundlage festlegen

Nach dem Vorbehalt des Gesetzes bedarf der Aufhebungsbescheid einer Rechtsgrundlage. Diese könnte in den Art. 48 ff. BayVwVfG liegen. 398

Abgrenzung von Abhilfe zu Art. 48 ff. BayVwVfG

Zuvor ist jedoch zu fragen, ob nicht nach wie vor die Möglichkeit der Abhilfe (§ 72 VwGO) für die Ausgangsbehörde bestanden hat. 399

Diese ist Sonderregelung gegenüber den Rücknahmevorschriften der Art. 48 ff. BayVwVfG, da einerseits im Abhilfeverfahren die Einschränkungen des Art. 48 II - IV BayVwVfG nicht gelten, andererseits im Abhilfeverfahren die subjektive Rechtsverletzung des Widerspruchsführers notwendig ist.

kein Vorverfahren, kein Abhilfebescheid

Allerdings entfällt in Bayern nach Art. 15 II AGVwGO das Vorverfahren im Fall der Anfechtung einer Baugenehmigung. Demnach kann es auch nicht zu einem Abhilfebescheid nach § 72 VwGO kommen.

Problem, ob VA rechtswidrig oder rechtmäßig

Fraglich ist allerdings, ob es sich bei der Baugenehmigung um einen rechtswidrigen VA (dann Art. 48 BayVwVfG) oder um einen rechtmäßigen VA handelt. Die Baugenehmigung muss folglich auf ihre Rechtsmäßigkeit hin überprüft werden. 400

a) Formelle Rechtmäßigkeit der Baugenehmigung

An dieser Stelle sind insbesondere die Zuständigkeit der Baubehörde sowie der ordnungsgemäße Antrag des Bauwerbers zu prüfen.[313]

b) Materielle Rechtmäßigkeit der Baugenehmigung[314]

hemmer-Methode: Richtige Einordnung! Hier beginnt in Ihrer Klausur die spezifisch baurechtliche Problematik, denn nunmehr müssen Sie zur Bestimmung der Rechtsgrundlage prüfen, ob die Baugenehmigung rechtmäßig oder aber rechtswidrig war. Dabei müssen Sie die formelle und materielle Rechtmäßigkeit der Baugenehmigung genau unter die Lupe nehmen. 401
In dieser Klausurvariante ist die Baugenehmigung dann fast immer rechtswidrig, weshalb die Rechtsgrundlage für die Rücknahme meist Art. 48 I, III BayVwVfG ist. Deren Voraussetzungen müssen im Folgenden geprüft werden.

c) Festlegen der Rechtsgrundlage

⇨ i.d.R. rechtswidrig, sodass Art. 48 BayVwVfG einschlägig

Ist die Baugenehmigung nach dem Sachverhalt rechtswidrig, so ist hier Art. 48 BayVwVfG Rechtsgrundlage. Ist die Baugenehmigung aber rechtmäßig, so ist Art. 49 BayVwVfG einschlägig. Da der Aufhebungsbescheid Gegenstand der Anfechtungsklage ist, muss nunmehr die formelle und materielle Rechtmäßigkeit des Aufhebungsbescheides überprüft werden. 402

4. Formelle Rechtmäßigkeit des Aufhebungsbescheides

formelle Rechtmäßigkeit

Hier geht es nur um die formelle Rechtmäßigkeit des Aufhebungsbescheides, also ob diesbezüglich Zuständigkeit und Verfahren eingehalten sind.[315] Da die Aufhebung ein belastender VA ist, muss eine Anhörung durchgeführt werden, Art. 28 I BayVwVfG. Allerdings besteht die Heilungsmöglichkeit nach Art. 45 I, II BayVwVfG. 403

hemmer-Methode: Zuständig für die Rücknahme eines Verwaltungsaktes ist grundsätzlich die Erlassbehörde. War diese allerdings für den Erlass überhaupt nicht zuständig, ist nach dem Rechtsgedanken des Art. 48 V BayVwVfG auch die für den Erlass eigentlich zuständige Behörde für die Rücknahme zuständig.

313 Vgl. ausführlich oben, Rn. 319 ff.

314 Vgl. ausführlich oben, Rn. 337 ff.

315 Vgl. auch Hemmer/Wüst, Verwaltungsrecht I, Rn. 293 ff.

5. Materielle Rechtmäßigkeit

I.R.d. materiellen Rechtmäßigkeit muss nun geprüft werden, ob die Voraussetzungen der Art. 48 oder 49 BayVwVfG vorliegen. Falls eine teilweise Aufhebung der Baugenehmigung vorliegt, ist weiter zu prüfen, ob diese teilbar ist. Die für die Teilrücknahme einer rechtswidrigen Baugenehmigung erforderliche Teilbarkeit setzt voraus, dass zum einen der herauszulösende Teil eindeutig beschrieben wird und vom Gesamtvorhaben abgegrenzt werden kann und zum anderen, dass ohne den zurückgenommenen Teil noch eine rechtmäßige Baugenehmigung für ein sinnvoll nutzbares Vorhaben verbleibt. Diese Teilbarkeit muss sowohl in dem Zeitpunkt, auf den sich die Rücknahme bezieht, bestehen, als auch in dem Zeitpunkt des Erlasses des Rücknahmebescheides.

a) Vertrauensschutz, Art. 50 BayVwVfG

Prüfung d. Rücknahmeermessens nicht notwendig, wenn Art. 50 BayVwVfG (+)

Da die Baugenehmigung nicht unter Art. 48 II BayVwVfG, sondern nur unter Art. 48 III BayVwVfG fällt, ist der Vertrauensschutz bei der Rücknahme der Baugenehmigung nur i.R.d. Ermessensausübung nach Art. 48 I BayVwVfG zu berücksichtigen. Soweit dabei überhaupt keine Vertrauensschutzerwägungen gemacht werden, liegt ein Fall des sog. Ermessensdefizits vor, § 114 S. 1 Alt. 2 VwGO. 404

Allerdings spielt der Vertrauensschutz dann keine Rolle, wenn ein Fall des Art. 50 BayVwVfG vorliegt, also die Baugenehmigung noch durch einen Dritten angefochten werden kann: Hier muss der Bauherr nämlich nach wie vor mit einer Aufhebung rechnen, da die Genehmigung noch nicht bestandskräftig geworden ist.

dessen Erfolgsaussichten müssen geprüft werden

Strittig ist dann allerdings, welche konkreten Anforderungen an die Anfechtung durch Dritte zu stellen sind. Nach h.M. reicht es aus, wenn der Rechtsbehelf nicht offensichtlich aussichtslos ist.[316]

aa) Nicht offensichtlich unzulässiger Nachbarrechtsbehelf

Hier stellt sich das Problem der Widerspruchsbefugnis. Der Nachbar muss sich auf eine drittschützende Vorschrift berufen können.

bb) Nicht offensichtlich unbegründeter Nachbarrechtsbehelf

Ob neben der Zulässigkeit des Drittrechtsbehelfs auch zu fordern ist, dass dieser nicht offensichtlich unbegründet ist, ist strittig. Letztlich kann dies aber meist offen bleiben. Wenn der Drittrechtsbehelf zulässig ist, wird er nur in den seltensten Fällen offensichtlich unbegründet sein.

hemmer-Methode: Die Vorschrift des Art. 50 BayVwVfG ist der absolute Clou dieser Klausurvariante! Er stellt eine Ausnahme zu den strengen Rücknahmevoraussetzungen der Art. 48, 49 BayVwVfG dar. Der aufbautechnische Trick der Klausur besteht nunmehr darin, dass Sie die Erfolgsaussichten des Nachbarwiderspruchs i.R.d. Rechtmäßigkeit des Aufhebungsbescheides summarisch prüfen müssen. 405

b) Ggf. Ermessensprüfung

wenn Art. 50 BayVwVfG (+), Vertrauensschutz (-)

Ist der Nachbarwiderspruch zulässig (und nicht offensichtlich aussichtslos), so scheitert die Aufhebung der Baugenehmigung jedenfalls nicht am entgegenstehenden Vertrauensschutz. 406

[316] Im Einzelnen ist hier vieles strittig, vgl. Kopp/Ramsauer, § 50 VwVfG, Rn. 24 ff., oder Hemmer/Wüst, Verwaltungsrecht I, Rn. 502.

Es kommt dann nur noch auf die fehlerfreie Ermessensentscheidung der Behörde nach Art. 48 I, 49 I BayVwVfG an.

wenn Art. 50 BayVwVfG (-), dann i.R.d. Ermessensprüfung Vertrauensschutz, außerdem Aufhebungfrist

Hat der Nachbarwiderspruch allerdings evident keine Aussicht auf Erfolg, z.B. weil es an der Verletzung eigener Rechte fehlt, und kommt Art. 50 BayVwVfG somit nicht zur Anwendung, so muss i.R.d. Ermessensausübung nach Art. 48 I S. 1 BayVwVfG weiterhin geprüft werden, ob die nach Art. 48 III BayVwVfG zu zahlende Entschädigung für die Sicherstellung des schutzwürdigen Vertrauens ausreicht und ob nicht die Jahresfrist nach Art. 48 IV BayVwVfG entgegensteht.[317]

6. Rechtsverletzung des Klägers[318]

ggf. Rechtsverletzung des Klägers

Ist der Aufhebungsbescheid rechtswidrig, so ist der Kläger (Bauherr) auch in seinem Recht aus Art. 68 I BayBO i.V.m. Art. 14 GG verletzt. *407-416*

hemmer-Methode: Diese Klausurvariante ist deshalb besonders tückisch, weil Gegenstand der Klage nur der Aufhebungsbescheid ist und nicht die Baugenehmigung und auch nicht der Nachbarwiderspruch! Die Baugenehmigung ist erst i.R.d. Rechtsgrundlage zu prüfen, der Nachbarwiderspruch dagegen erst i.R.d. Art. 50 BayVwVfG. Wer diese Elemente dann durcheinander wirft und den Aufbau der Klausur damit unlogisch werden lässt, zeigt, dass er das Verwaltungs-(gerichts-)verfahren nicht richtig verstanden hat. Passen Sie deshalb ganz besonders auf die richtige Gliederung der Klausur auf, die Ihnen die Skizze unter Rn. 390 noch einmal anschaulich verdeutlichen kann.[319]

D) Klage der Gemeinde gegen die Baugenehmigung

Klage der Gemeinde

Wird eine Baugenehmigung ohne gemeindliches Einvernehmen erteilt, so wird die betroffene Gemeinde die erteilte Baugenehmigung regelmäßig anfechten wollen. *417*

Bsp.: F beantragt eine Baugenehmigung für ein Vorhaben im Außenbereich. Obwohl die Gemeinde G, in deren Gebiet das Grundstück liegt, ihr Einvernehmen (§ 36 BauGB) verweigert hat, erteilt das LRA als Baugenehmigungsbehörde die Baugenehmigung, ohne die Gemeinde zuvor nochmals anzuhören. Die Gemeinde G will nun gegen die Baugenehmigung vorgehen.

Gliederungsübersicht zu der gemeindlichen Klage:

I. Rechtswegeröffnung

II. Zulässigkeit der Klage

- **1.** Klageart = Anfechtungsklage
- **2.** Klagebefugnis wegen § 36 BauGB
- **3.** sonstige Zulässigkeitsvoraussetzungen

III. Beiladung

IV. Begründetheit der Klage

- **1.** Passivlegitimation
- **2.** Rechtmäßigkeit der Baugenehmigung
- **3.** Rechtsverletzung der Gemeinde

[317] Vgl. ausführlich Hemmer/Wüst, Verwaltungsrecht I, Rn. 482.

[318] Rn. 344.

[319] Der in den Vorauflagen folgende Exkurs zur Aufhebung der Baugenehmigung durch Abhilfe- bzw. Widerspruchsbescheid ist mit dem Entfallen des Vorverfahrens überflüssig geworden.

I. Zulässigkeit der Klage[320]

1. Klageart

bei fehlendem Einvernehmen

Die Gemeinde G begehrt im Ausgangsfall die Aufhebung der Baugenehmigung, mithin eines VA i.S.d. Art. 35 BayVwVfG. Richtige Klageart ist damit die Anfechtungsklage, § 42 I Alt. 1 VwGO. 418

hemmer-Methode: Da die Baugenehmigung zugleich Ersatzvornahme ist, Art. 67 III BayBO, hat die Gemeinde theoretisch die Möglichkeit nur die Baugenehmigung, nur die Ersatzvornahme oder beides anzufechten.[321] Nach Art. 67 III S. 2 BayBO entfällt die aufschiebende Wirkung auch bei einer Klage gegen die Ersatzvornahme. Effektiven Rechtsschutz erlangt die Gemeinde aber nur, wenn sie sowohl die Baugenehmigung als auch die Ersatzvornahme anficht. Allerdings wird man eine Klage allein gegen die Baugenehmigung regelmäßig als konkludente Klage auch gegen die Ersatzvornahme auslegen müssen, da die Rechtswidrigkeit der Baugenehmigung und v.a. die Rechtsverletzung der Gemeinde gerade auf der rechtswidrigen Ersetzung beruht.[322]

Exkurs: Maßnahmen der Aufsichtsbehörde

bei aufsichtlichen Maßnahmen

Wird eine Bauaufsichtsbehörde aufgrund ihrer Eigenschaft als Aufsichtsbehörde tätig und beanstandet sie im Genehmigungsverfahren eine gemeindliche Entscheidung, so wird die Gemeinde sich gegen diesen Aufsichtsakt wenden wollen. Fraglich ist dann vor allem die richtige Klageart.[323] 419

> ***Bsp.:** Die Stadt S beschließt im Stadtrat die Befreiung von Festsetzungen des Bebauungsplans in Hinblick auf das Vorhaben der V. Die Regierung erlässt daraufhin einen Bescheid an die Stadt S mit dem Inhalt, dass die Voraussetzungen einer Befreiung nicht vorliegen würden.*
>
> Hier ist stets eine Qualifikation der aufsichtlichen Maßnahme durchzuführen. Zu fragen ist insbesondere, ob die aufsichtliche Maßnahme die Rechts- bzw. die Fachaufsicht betrifft. Fachaufsichtliche Maßnahmen sind nach umstrittener, aber wohl h.M. innerdienstliche Akte, sodass vorliegend die Statthaftigkeit der Anfechtungsklage zweifelhaft wäre.[324]
>
> Allerdings handelt es sich bei dem Dispens nach § 31 BauGB um eine Ermessensentscheidung, sodass die Grenzen des Art. 109 II S. 2 GO in jedem Fall überschritten sind und mit der aufsichtlichen Maßnahme kein Internum mehr vorliegt. Die Anfechtungsklage ist damit statthaft.
>
> Die Klagebefugnis ergibt sich dann aus der möglichen Verletzung von Art. 109 GO, Art. 11 BV.

Exkurs Ende

2. Klagebefugnis

§ 42 II VwGO

Die Gemeinde G rügt das Fehlen des gemeindlichen Einvernehmens, § 36 BauGB. Dieses ist ein gesetzliches Recht der Gemeinde zur Sicherung der gemeindlichen Planungshoheit (Art. 28 GG).[325] G könnte möglicherweise in diesem Recht verletzt sein, sodass sie gem. § 42 II VwGO klagebefugt ist. 420

---

320 Beschränkt auf die wichtigsten Elemente.

321 Simon, Art. 67 BayBO, Rn. 162 ff.

322 Simon, Art. 67 BayBO, Rn. 179 f.

323 Zu diesem Problemkreis schon Hemmer/Wüst, Verwaltungsrecht I, Rn. 89 ff.

324 Genauer dazu Hemmer/Wüst, Verwaltungsrecht I, Rn. 89 ff.

325 Näher dazu unter Rn. 430.

3. Vorverfahren

Ein Vorverfahren findet gem. § 68 I S. 2 VwGO, Art. 15 II AGVwGO nicht statt.

4. Sonstige Voraussetzungen

hemmer-Methode: Auf Zusammenhänge achten! Klagt eine Gemeinde, so werden sich in den allermeisten Fällen auch Fragen der Partei- und Prozessfähigkeit und i.R.d. ordnungsgemäßen Klageerhebung Fragen der Vertretungsmacht ergeben. Partei ist die Gemeinde selbst als juristische Person des öffentlichen Rechts, § 61 Nr. 1 Alt. 2 VwGO. Vertreten wird sie vom Bürgermeister, § 62 III VwGO i.V.m. Art. 38 I GO. Eine ordnungsgemäße Klageerhebung im Namen der Gemeinde setzt aber auch voraus, dass der Bürgermeister Vertretungsmacht hat. Da die (in Bayern) h.M. in Art. 38 GO keine Regelung der Vertretungsmacht, sondern nur der Zuständigkeit zur Vertretung sieht, benötigt der Bürgermeister für eine Klageerhebung einen Gemeinderatsbeschluss, Art. 36 GO, soweit nicht ausnahmsweise ein Fall des Art. 37 I Nr. 1, III GO vorliegt. Handelt der Bürgermeister ohne erforderlichen Gemeinderatsbeschluss, gelten die §§ 177 ff. BGB analog, sodass die Gemeinde ggf. das eigenmächtige Handeln des Bürgermeisters nachträglich genehmigen kann. *421*

II. Beiladung

F als Inhaber der angefochtenen Genehmigung ist notwendig beizuladen, § 65 II VwGO.

III. Begründetheit[326]

§ 113 I VwGO

Die Klage ist begründet, wenn sie sich gegen den richtigen Beklagten richtet, die Baugenehmigung rechtswidrig und die Gemeinde dadurch in ihren eigenen Rechten verletzt ist, § 113 I VwGO. *422*

1. Formelle Rechtmäßigkeit

nur dann formeller Fehler, wenn Gemeinde gar nicht beteiligt wurde

Von der formellen Rechtmäßigkeit der Baugenehmigung ist auszugehen.[327] Insbesondere ist zu betonen, dass die Verweigerung des Einvernehmens keinen formellen Fehler, sondern allenfalls einen materiellen Fehler der Baugenehmigung bewirken kann. Anders nur dann, wenn die Gemeinde überhaupt nicht beteiligt wird, was wegen Art. 64 BayBO (Einreichung des Bauantrags bei der Gemeinde) nicht realistisch ist. *423*

2. Materielle Rechtmäßigkeit

a) Bauplanungs- und bauordnungsrechtliche Zulässigkeit[328]

BauGB und BayBO prüfen

Hier gelten die allgemeinen Grundsätze. Handelt es sich allerdings um ein Vorhaben im Außenbereich und erteilt die Gemeinde ihr Einvernehmen nicht, so ist i.d.R. noch danach zu fragen, ob die gemeindliche Planungshoheit ein (ungeschriebener) öffentlicher Belang i.S.d. § 35 III BauGB ist. Dagegen spricht jedoch, dass die Möglichkeiten zur Sicherung der Bauleitplanung für die Gemeinde ausreichend sind, vgl. §§ 14, 15, 36 BauGB. *424*

---

326 Beschränkt auf die wichtigsten Elemente.

327 Zu Einzelfragen oben, Rn. 319 ff.

328 Die Ausführungen unter Rn. 337 f., 122 ff. gelten auch hier entsprechend.

Andererseits lässt sich bereits § 35 III S. 1 Nr. 1 BauGB entnehmen, dass die Planungsabsichten der Gemeinde durchaus relevant sein können. Die wohl h.M. berücksichtigt Planungsabsichten dann, wenn sie (bspw. durch einen entsprechenden Bebauungsplanaufstellungsbeschluss) hinreichend konkretisiert sind.

b) Gemeindliches Einvernehmen, § 36 BauGB

Kernproblem: gemeindliches Einvernehmen

Die Gemeinde stützt sich hier konkret darauf, dass sie ihr Einvernehmen nach § 36 BauGB nicht erteilt habe.[329] Da das Vorhaben im Außenbereich liegt, war ein Einvernehmen jedoch notwendig. 425

aa) Sinn und Zweck des Einvernehmens

Zweck: Mitwirkungsrecht der Gemeinde

Sinn und Zweck des § 36 BauGB ist es, der Gemeinde bei der Genehmigung von Bauvorhaben durch die Baugenehmigungsbehörde die Mitwirkung zu sichern. 426

Sicherung d. Planungshoheit

Da in der Zulassung von Vorhaben nach §§ 33 - 35 BauGB stets eine Präjudizierung gemeindlicher Planung liegen kann, die Planungshoheit jedoch bei den Gemeinden liegt, stellt § 36 I BauGB letztendlich ein sich unmittelbar aus der verfassungsrechtlichen Stellung der Gemeinden (Art. 28 II GG) ergebendes Beteiligungsrecht dar.[330]

nicht, wenn BBauPl. (+), nur bei Dispens

Daraus ergibt sich, dass das Einvernehmen der Gemeinde bei Entscheidungen nach § 30 BauGB nicht notwendig ist: In diesen Fällen ist der Maßstab für die Zulässigkeit durch den gemeindlichen Bebauungsplan bereits vorgegeben. Nach § 36 I S. 3 BauGB soll jedoch sichergestellt werden, dass die Gemeinde rechtzeitig vor Ausführung des Vorhabens über Maßnahmen zur Sicherung nach §§ 14, 15 BauGB entscheiden kann. 427

Da Befreiungen und Ausnahmen (§ 31 BauGB) in dieses Gefüge eingreifen, ist jedoch insoweit ein Einvernehmen wieder erforderlich.

hemmer-Methode: Aus Sinn und Zweck des § 36 BauGB ergibt sich eine Unanwendbarkeit für den Fall, dass die Gemeinde selbst Baubehörde ist. Hier ist sie über das Genehmigungsverfahren bereits zwingend beteiligt, eine gesonderte Beteiligung über das Verfahren nach § 36 BauGB ist unnötig.[331] § 36 BauGB will der Gemeinde die Möglichkeit geben, auf Bauanträge, die ihrer Planungshoheit zuwiderlaufen, zu reagieren und sie durch Planänderungen und Veränderungssperren zu verhindern. Diese Reaktionsmöglichkeit benötigt eine Gemeinde nicht, die selbst Bauaufsichtsbehörde ist, zumal § 36 BauGB der Gemeinde keinen neuen Spielraum einräumt, vgl. oben.[332]

andere Verfahren

Nach § 36 I S. 2 BauGB ist die Gemeinde auch zu beteiligen, wenn über die Zulässigkeit eines Vorhabens nach §§ 31, 33 - 35 BauGB in einem anderen Verfahren entschieden wird (z.B. nach § 8 AtomG oder §§ 4 ff. BImSchG).[333] 428

hemmer-Methode: Ein Einvernehmen für eine Baugenehmigung ist auch dann erforderlich, wenn in einem mit gemeindlichem Einvernehmen erteilten Vorbescheid einzelne von der Gemeinde nach § 36 I S. 1, II S. 1 BauGB zu prüfende bauplanungsrechtliche Fragen offen geblieben sind.[334]

---

329 Eine Gemeinde, die ihr Einvernehmen nicht fristgerecht versagt hat, hat jedoch kein Klagerecht gegen die Baugenehmigung für das entsprechende Vorhaben, vgl. OVG Lüneburg, NVwZ 1999, 1003. Da es sich bei der Versagung des Einvernehmens um eine empfangsbedürftige Willenserklärung handelt, ist für die Einhaltung der Frist der Zugang bei der Bauaufsichtsbehörde entscheidend, vgl. BayVGH, BayVBl. 2001, 242.

330 J/D/W, § 36 BauGB, Rn. 10; vgl. auch BVerwG, BayVBl. 2001, 22.

331 BVerwG, NVwZ 2005, 83 = **Life & Law 2005, 257**.

332 BVerwG, NVwZ 2005, 83 = **Life & Law 2005, 257**.

333 Zum Erfordernis eines gemeindlichen Einvernehmens i.R.e. nach Art. 18 II AEG erteilten Plangenehmigung vgl. BayVGH, BayVBl. 1999, 147 f., vgl. hierzu auch J/D/W, § 36 BauGB, Rn. 13.

334 VGH Mannheim, NVwZ 1999, 442.

bei § 38 BauGB (-)

Da in den Fällen des § 38 BauGB die §§ 30 ff. BauGB nicht Prüfungsmaßstab sind,[335] findet auch § 36 BauGB keine Anwendung.

nur bzgl. Bauplanungsrecht

Das Mitwirkungsrecht der Gemeinde ist auf das Bauplanungsrecht beschränkt. Das Einvernehmen darf nur aus den in §§ 31, 33 - 35 BauGB genannten Gründen versagt werden, § 36 II S. 1 BauGB. 429

kein Ermessen d. Gemeinde

Daraus ergibt sich, dass der Gemeinde in diesem Zusammenhang kein Ermessen oder eine sonstige Entscheidungsfreiheit zusteht. Soweit nach diesen Vorschriften ein Rechtsanspruch auf Zulassung des Vorhabens besteht, ist die Gemeinde zur Erteilung ihres Einvernehmens verpflichtet.[336]

Die Gemeinde kann ihr Einvernehmen auch nicht von bestimmten Gegenleistungen des Antragstellers abhängig machen. 430

hemmer-Methode: Keine Regel ohne Ausnahme! Beantragt der Bauherr nämlich einen Dispens nach § 31 II BauGB, so hat die Gemeinde ein Ermessen (s.o.). Hier muss dann nach e.A. isoliert mit einer Leistungsklage auf Erteilung des Einvernehmens geklagt werden, während die Gegenansicht auch in diesem Fall nur die Klage auf Erlass der Baugenehmigung zulässt.

kein VA ⇨ Klage direkt auf Baugenehmigung notwendig

Die Erklärung des Einvernehmens oder ihre Verweigerung ist kein Verwaltungsakt, sondern ein verwaltungsinterner Rechtsvorgang, Außenwirkung kommt ihr gerade nicht zu. Damit scheidet bei Versagung des Einvernehmens eine Verpflichtungsklage speziell auf Erteilung des Einvernehmens aus. Der Bauherr muss daher unmittelbar auf Erlass der Baugenehmigung klagen, die Gemeinde ist diesbezüglich notwendig beizuladen.[337]

wichtig: Fiktion des Einvernehmens

Von besonderer Bedeutung ist die Fiktion des Einvernehmens nach Fristablauf (§ 36 II S. 2 BauGB). Ist nicht binnen zwei Monaten nach Eingang des Ersuchens das Einvernehmen verweigert worden, so gilt es als erteilt (Grund: Verfahrensbeschleunigung). Die Frist beginnt mit der Antragstellung bei der Gemeinde (§ 36 II S. 2 BauGB a.E. i.V.m. Art. 64 I BayBO).[338] 431

bb) Rechtsfolge des fehlenden Einvernehmens

Fehlendes Einvernehmen → materielle Rechtswidrigkeit der Baugenehmigung

Wird eine Baugenehmigung ohne das erforderliche gemeindliche Einvernehmen erteilt, ist diese Baugenehmigung materiell rechtswidrig. Da die Gemeinde in ihren Rechten aus Art. 28 II GG, Art. 11 II BV verletzt ist, hat eine Anfechtungsklage der Gemeinde Erfolg.[339] 432

Wird (bspw. im Außenbereich) ein Schwarzbau errichtet, hat die Gemeinde mangels Durchführung des Genehmigungsverfahrens keine Möglichkeit, die Erteilung der Genehmigung über § 36 BauGB zu verhindern. Konsequenz daraus ist nach Ansicht des BayVGH, dass der Gemeinde ein Anspruch auf eine Baubeseitigung zusteht, das nach Art. 76 S. 1 BayBO eigentlich bestehende Ermessen also auf Null reduziert ist.[340]

---

335 Vgl. Rn. 585.

336 J/D/W, § 36 BauGB, Rn. 42.

337 Kopp/Schenke, § 65 VwGO, Rn. 18c.

338 Allerdings müssen die Unterlagen vollständig sein bzw. die Gemeinde muss in der Lage sein die Vervollständigung herbeizuführen, vgl. BVerwG, NVwZ 2005, 213 = **Life & Law 2005, 263**, hierzu auch J/D/W, § 36 BauGB, Rn. 30 ff.

339 Missverständlich hierzu J/D/W, § 36 BauGB, Rn. 67, wo von einer Anwendung des Art. 46 BayVwVfG die Rede ist, obwohl es sich bei dem fehlenden Einvernehmen um einen materiellen Fehler des VA handelt.

340 BayVGH, BayVBl. 2005, 115.

hemmer-Methode: Anders als der Nachbar[341] kann die Gemeinde auch nicht auf den Zivilrechtsweg verwiesen werden, da § 36 BauGB kein Schutzgesetz i.S.d. § 823 II BGB ist, die Gemeinde also keine zivilrechtlich durchsetzbaren unmittelbaren Ansprüche gegen den Bauherrn hat.

(1) Möglichkeit der Ersetzung

Möglichkeit der Ersetzung!

Allerdings besteht nach § 36 II S. 3 BauGB, Art. 67 BayBO für die Bauaufsichtsbehörde die Möglichkeit, das fehlende gemeindliche Einvernehmen zu ersetzen. Die Baugenehmigung gilt insoweit zugleich als Ersatzvornahme i.S.d. Art. 113 GO. Genauso wie bei kommunalaufsichtlichen Maßnahmen, vgl. Art. 108 GO, hat der Bauherr auch hier keinen Anspruch auf die Ersetzung bzw. auf eine ermessensfehlerfreie Entscheidung hierüber, Art. 67 I S. 2 BayBO. Bei einer Nicht-Ersetzung kommt damit auch kein Schadensersatzanspruch gegen den Freistaat als Rechtsträger der Baubehörde in Betracht. 433

hemmer-Methode: Neben der Bauaufsichtsbehörde hat auch das Gericht die Möglichkeit der Ersetzung, wenn die Baugenehmigung aufgrund des fehlenden Einvernehmens verweigert wurde. Einer isolierten Klage auf Erteilung des Einvernehmens fehlt damit das Rechtsschutzbedürfnis.[342] 434
Art. 67 BayBO kommt auch zur Anwendung, wenn von einer gemeindlichen Bauvorschrift i.S.d. Art. 81 BayBO eine Ausnahme gemacht werden soll und die Gemeinde ihr hierzu nach Art. 63 III BayBO erforderliches Einvernehmen verweigert.

(2) Voraussetzungen für die Ersetzung

(a) Formelle Voraussetzungen der Ersetzung

Formelle Ersetzungsvoraussetzungen

Die Baugenehmigung ist nach Art. 67 III S. 1 BayBO gesondert zu begründen, soweit sie zugleich die Ersatzvornahme des Einvernehmens darstellt. 435

Nach Art. 68 II S. 3 BayBO muss die Baugenehmigung der Gemeinde, die ihr Einvernehmen verweigert hat, zugestellt werden.

Anhörung nach Art. 67 IV BayBO

Das wichtigste Verfahrenserfordernis ist die Anhörung nach Art. 67 IV BayBO. Die Gemeinde, bei der der Bauantrag eingegangen ist und die ihr Einvernehmen verweigert hat, muss von der Baubehörde vor Erteilung der Baugenehmigung nochmals angehört werden. 436

hemmer-Methode: Die Baugenehmigung ist nach Art. 67 III BayBO zugleich Ersatzvornahme i.S.d. Art. 113 GO. Vor einer Ersatzvornahme müsste eigentlich zunächst eine Beanstandung nach Art. 112 GO erfolgen. Nach Art. 67 II BayBO fällt diese gesonderte Beanstandung als eigenständiger Verwaltungsakt zwar weg, die Gemeinde wird aber über die Anhörung nach Art. 67 IV BayBO hinreichend geschützt.

Heilung nach Art. 45 BayVwVfG

Fraglich ist, ob die unterbliebene Anhörung nach Art. 45 I Nr. 3 BayVwVfG nachgeholt werden kann. Dagegen spricht, dass der Sinn und Zweck der Anhörung durch eine Nachholung nicht mehr erreicht werden kann, wenn die Genehmigung einmal erteilt ist. Durch die Anhörung soll der Gemeinde, die das Vorhaben verhindern will, die Möglichkeit gegeben werden, dies durch eine Veränderungssperre nach § 14 BauGB oder einen Zurückstellungsantrag nach § 15 BauGB auch tatsächlich zu erreichen.

341 Vgl. oben Rn. 277a.

342 Vgl. oben Rn. 430.

Wird die Gemeinde erst nach der Genehmigungserteilung angehört, kommt eine Veränderungssperre bzw. ein Zurückstellungsantrag zu spät, vgl. § 14 III BauGB. Die Gemeinde hat nach Erteilung der Genehmigung keine Reaktionsmöglichkeit mehr. Da die nachgeholte Anhörung somit nicht gleichwertig mit der ursprünglichen ist, scheidet eine Nachholung aus.[343]

(b) Materielle Voraussetzungen der Ersetzung

Nach Art. 67 I BayBO darf das Einvernehmen dann ersetzt werden, wenn es von der Gemeinde rechtswidrig versagt wurde und wenn ein Rechtsanspruch auf die Erteilung der Baugenehmigung besteht. Die Versagung ist rechtswidrig, wenn kein Versagungsgrund i.S.d § 36 II BauGB vorliegt, das Vorhaben also planungsrechtlich zulässig ist. *436a*

Die Rechtswidrigkeit der Verweigerung des Einvernehmens impliziert in der Regel den Rechtsanspruch auf Erteilung der Baugenehmigung. Die Verweigerung ist rechtswidrig, wenn das Vorhaben planungsrechtlich zulässig ist (s.o.); in diesem besteht regelmäßig ein Anspruch auf Erteilung der Baugenehmigung, vgl. Art. 68 I BayBO.

Etwas anderes ist nur denkbar, wenn die Verweigerung des Einvernehmens nach §§ 31 II, 36 I BauGB rechtswidrig war. Hier ist es denkbar, dass der Gemeinde zwar ein Ermessensfehler unterlaufen ist, die bisherige Entscheidung also rechtswidrig war, dass aber dennoch das Ermessen der Gemeinde nicht auf Null reduziert ist, also eine erneute Verweigerung des Einvernehmens nur mit anderer Begründung in Betracht kommt.

hemmer-Methode: Der Gemeinde steht abgesehen von § 31 II BauGB also kein (Ermessens-)Spielraum zu. Sie darf das Einvernehmen nur dann verweigern, wenn eine Genehmigung ohnehin rechtswidrig wäre. Die eigentliche Bedeutung des § 36 BauGB bzw. des Art. 67 BayBO ist damit die Möglichkeit für die Gemeinde, auf einen Bauantrag zu reagieren und diesen, wenn er die Planungsabsichten der Gemeinde beeinträchtigt, über §§ 14 ff. BauGB zu verhindern.[344]

3. Rechtsverletzung

Rechtsverletzung

Wenn das Einvernehmen formell oder materiell rechtswidrig ersetzt wurde, so ist die darauf beruhende Baugenehmigung rechtswidrig und die Gemeinde in ihren Rechten aus Art. 28 II GG, Art. 11 BV verletzt (§ 113 I VwGO). Die Anfechtungsklage der Gemeinde gegen die Baugenehmigung (und gegen die Ersatzvornahme) ist begründet.[345] *436b*

E) Die Anfechtung einer baupolizeilichen Maßnahme

Anfechtung einer Baubeseitigungsanordnung

Ebenfalls prüfungs- bzw. examensrelevant sind Fragen im Zusammenhang mit einer Baubeseitigungs- bzw. Baueinstellungsanordnung. Neben dem Fall, dass ein solcher Bescheid von Dritten beantragt wird,[346] kommt es in der Klausur vor allem vor, dass der von der Anordnung Betroffene oder auch Dritte den Bescheid anfechten wollen. Wegen der engen Verbindung zu Fragen der Vollstreckung von Verwaltungsakten (BayVwZVG) ist diese Klausurvariante besonders beliebt. *437*

343 Vgl. BayVGH, BayVBl. 1999, 147; vgl. auch BVerwG, NVwZ 2008, 1347 = **Life & Law 2009, 190**.

344 BVerwG, NVwZ 2005, 83 = **Life & Law 2005, 257**.

345 Simon, Art. 67 BayBO, Rn. 174.

346 Dazu oben i.R.d. Verpflichtungsklage, Rn. 275 ff.

Bsp.: A ist Eigentümer eines nicht genehmigten Wochenendhauses im Außenbereich der kreisangehörigen Gemeinde G. Das zuständige LRA erlässt gegenüber A einen Bescheid, in dem er aufgefordert wird, das Wochenendhaus abzureißen.

Für den Fall der Zuwiderhandlung wird A ein Zwangsgeld angedroht. A will sich gegen den Bescheid zur Wehr setzen.

Anfechtungsklage und einstw. Rechtsschutz

Hier ist i.d.R. die Möglichkeit der Anfechtungsklage zu problematisieren. Ist der Bescheid für sofort vollziehbar erklärt (§ 80 II S. 1 Nr. 4, III VwGO), so ist meist noch auf Fragen des einstweiligen Rechtsschutzes einzugehen. 438

hemmer-Methode: Beachten Sie, dass in derartigen Klausuren meist mehrere Verwaltungsakte bestehen, die jeweils durch einen eigenen Rechtsbehelf angegriffen werden müssen! So ist die Androhung des Zwangsmittels ein eigenständiger VA. Ein weiterer Problempunkt kann sein, dass Bauherr und Grundstückseigentümer nicht dieselbe Person sind, sodass gegen den Eigentümer eine Duldungsanordnung ausgesprochen werden muss (Rn. 446). Wer dann nicht die verschiedenen Streitgegenstände erkennt, lässt viele Fragen unbeantwortet.

I. Zulässigkeit der Klage

Zulässigkeit i.d.R. kein Problem

Die Zulässigkeit einer Anfechtungsklage gegen baupolizeiliche Maßnahmen weist keine besonderen Probleme auf.

Lösung Ausgangs-Fall: 439

Bezüglich der Beseitigungsanordnung ergeben sich in dieser Hinsicht kaum Probleme. Die Anfechtungsklage ist richtige Klageart (§ 42 I VwGO), A ist klagebefugt (§ 42 II VwGO i.V.m. der Adressatentheorie), und auch vom Vorliegen der sonstigen Zulässigkeitsvoraussetzungen ist auszugehen.

bzgl. Zwangsmitteln Art. 38 I BayVwZVG beachten

Soweit darüber hinaus auch die Zwangsmittelandrohung angegriffen wird, ist auf Art. 38 I BayVwZVG hinzuweisen. Die Klage ist damit zulässig.

II. Begründetheit

1. Obersatz § 113 I S. 1 VwGO

2. Passivlegitimation

3. Rechtmäßigkeit der baupolizeilichen Maßnahmen

a) Rechtsgrundlage

verschiedene Rechtsgrundlagen möglich

Nach dem Vorbehalt des Gesetzes bedarf es für die baupolizeilichen Maßnahmen einer Rechtsgrundlage. 440

aa) Rechtsgrundlagen für baupolizeiliche Maßnahmen

Rechtsgrundlagen für eine baupolizeiliche Maßnahme:

⇨ Art. 75 BayBO

⇨ Art. 76 BayBO

⇨ Art. 54 II S. 2 BayBO

⇨ Art. 68 III, 68a BayWG

⇨ §§ 26 II, 34 II WHG

⇨ Art. 6a BayNatSchG

Art. 7 II LStVG

Art. 76 BayBO ist spezieller als Art. 54 BayBO

Speziell im Bereich des Baurechts gilt Folgendes: Art. 54 BayBO ist 441
die Grundsatzbestimmung des gesamten Bauverfahrensrechts und stellt als verfahrensrechtliche Generalklausel des Bauaufsichtsrechts das formelle Gegenstück zu der materiellen Generalklausel des Art. 3 BayBO dar.[347]

Nach Art. 54 II S. 2 BayBO können die Bauaufsichtsbehörden, um die in Art. 54 II S. 1 BayBO genannten Aufgaben zu erfüllen, die erforderlichen Maßnahmen treffen. Art. 54 BayBO als allgemeine Vorschrift ist jedoch gegenüber der spezielleren Befugnisnorm des Art. 76 BayBO subsidiär. In Abgrenzung zur Beseitigungsanordnung nach Art. 76 BayBO verbleibt deshalb nur ein geringer Anwendungsbereich.

<u>Bauaufsichtliche Eingriffsgrundlagen:</u>

„Minusmaßnahmen“

Beseitigungsanordnung, Art. 76 S. 1 BayBO

→ **Anordnung von Auskünften** ⇨ **soweit Auskunft zum Erlass der Beseitigungsanordnung erforderlich**

→ **Duldungsanordnung** ⇨ **ggf. gegen Miteigentümer/Mitberechtigte erforderlich**

⇨ **formelle und materielle Baurechtswidrigkeit notwendig**

Nutzungsuntersagung, Art. 76 BayBO ⇨ **formelle Baurechtswidrigkeit (fehlende Genehmigung) ausreichend (str.)**

Baueinstellungsanordnung, Art. 75 BayBO ⇨ **formelle Baurechtswidrigkeit ausreichend**

Generalklausel, Art. 54 II S. 2 BayBO ⇨ **Eingriffsgrundlage für sonstige Maßnahmen zur Durchsetzung der öffentlich-rechtlichen Anforderungen an bauliche Anlagen**

hemmer-Methode: Beachten Sie, dass es in der Klausur regelmäßig auf die genaue Abgrenzung der verschiedenen Rechtsgrundlagen ankommt! Stürzen Sie sich deshalb nicht gleich auf Art. 76 BayBO, sondern grenzen Sie alle in Betracht kommenden Rechtsgrundlagen voneinander ab![348] Letztendlich werden Sie zwar fast immer bei Art. 76 BayBO landen; zeigen Sie aber zuvor, dass Sie mehrere Spielarten auf Lager haben.

[347] Simon, Art. 54 BayBO, Rn. 1.

[348] Ein Klausurbeispiel findet sich in JuS 1990, S. 219 ff.; ebenfalls zur Abgrenzung JuS 1994, S. 50.

bb) insbesondere Maßnahmen nach Art. 76 BayBO

(1) Beseitigung von Anlagen

Art. 76 BayBO ⇨ Anlagenbeseitigung

Nach dem Wortlaut des Art. 76 S. 1 BayBO kann die teilweise oder vollständige Beseitigung von Anlagen i.S.d. Art. 2 I S. 4 BayBO gefordert werden, die keine baulichen Anlagen i.S.d. Art. 2 S. 1 BayBO zu sein brauchen (Wortlaut!) also z.B. auch Sträucher, Hecken etc. 442

(2) Nutzungsuntersagung

Nutzungsuntersagung

Darüber hinaus kann die Nutzung eines Grundstücks nach Art. 76 S. 2 BayBO untersagt werden. 443

Beseitigung von Gegenständen?

Fraglich ist, ob mit der Nutzungsuntersagung auch das Entfernen von Gegenständen verlangt werden kann, die der rechtswidrigen Nutzung dienen. Dies ist deshalb problematisch, da die Nutzungsuntersagung dann der Baubeseitigung entspricht, für beide Maßnahmen aber unterschiedliche Tatbestandsvoraussetzungen notwendig sind.[349]

Die wohl h.M. subsumiert die Beseitigung von Gegenständen allenfalls dann unter den Begriff der Nutzungsuntersagung, wenn nur durch die Beseitigung eine Nutzungsuntersagung realisiert werden kann.[350]

> ***Bsp.:*** *Besteht die rechtswidrige Nutzung in einer Ablagerung von Gegenständen, kann die Entfernung dieser Gegenstände über Art. 76 S. 2 BayBO verlangt werden. Ist hingegen nicht die Ablagerung der Gegenstände, bspw. von Baumaterialien, rechtswidrig, sondern nur deren Verwendung zum Bau, kann die Entfernung der Materialien nur über Art. 76 S. 1 BayBO angeordnet werden.*

(3) Auskunftsansprüche

Auskunft: a maiore ad minus

Auf Art. 76 BayBO lassen sich aber auch Auskunftsansprüche stützen, z.B. in Hinblick auf die Benutzer des Grundstücks zur Störerfeststellung.[351] 444

> ***Bsp.:*** *A hat ein Grundstück an B verpachtet. Bei einer Baukontrolle stellt das LRA fest, dass auf dem Grundstück nicht genehmigungsfähige Anlagen errichtet wurden. Auf diesen Vorfall angesprochen, entgegnet A, dass er das Grundstück verpachtet habe, Namen und Adresse des B will A allerdings nicht preisgeben.*
>
> Eine allgemeine Auskunftspflicht gegenüber Behörden gibt es nicht. An einer spezialgesetzlichen Regelung, z.B. § 52 BImSchG, fehlt es hier ebenfalls. Ein Auskunftsanspruch gegen A ergibt sich allerdings aus einem a maiore ad minus-Schluss unmittelbar aus Art. 76 BayBO,[352] wenn A selbst als Zustandsstörer herangezogen werden könnte.

(4) Beseitigung von Abrissschutt

Abrissschuttbeseitigung

Wird eine Baubeseitigungsanordnung rechtmäßig vollzogen, so stellt sich regelmäßig das Folgeproblem der Schuttbeseitigung. 445

---

349 S. unten Rn. 448 ff.

350 Simon, Art. 76 BayBO, Rn. 273; BayVGH, BayVBl. 1987, 150; a.A. aber BayVGH, BayVBl. 2005, 369 = **Life & Law 2005, 629**, der grundsätzlich eine Beseitigung von Gegenständen auf Grundlage des Art. 76 S. 2 BayBO ablehnt.

351 Zur Störerauswahl vgl. unten, Rn. 454.

352 BayVGH, BayVBl. 1993, 22 ff.

Bsp.: Da A trotz angedrohter Zwangsmittel sein Wochenendhaus nicht abgerissen hat, erfolgt der Abriss mittels Ersatzvornahme durch das LRA. Den Bauschutt lässt das LRA ebenfalls entfernen.

Mit dem Abriss ist der baurechtswidrige Zustand i.d.R. beseitigt. Allerdings muss der Bauschutt seinerseits aufgrund einer Rechtsgrundlage beseitigt werden. In Betracht kommt dafür die Generalnorm des Art. 54 BayBO. Nach dem Sinn und Zweck der Norm ist hier allerdings davon auszugehen, dass die Beseitigung ebenfalls von Art. 76 BayBO erfasst ist.

hemmer-Methode: Denken in Zusammenhängen! Hier wird i.d.R. das Zusatzproblem bestehen, ob die Zwangsmittel rechtmäßig angedroht wurden und damit auch die Vollstreckung ihrerseits rechtmäßig erfolgen konnte.
Kenntnisse des BayVwZVG mit den allgemeinen (Art. 18 f. BayVwZVG) und besonderen Vollstreckungsvoraussetzungen bei Handlung, Duldung und Unterlassung[353] (Art. 29 ff. BayVwZVG) sind in dieser Klausurvariante unabdingbar!
Besonders wichtig ist dabei, dass Sie wissen, dass auch ein rechtswidriger VA nach Art. 18 BayVwZVG vollstreckt werden kann: Der im Polizeirecht z.T. noch vertretene Grundsatz der Konnexität, wonach die Rechtswidrigkeit des Grund-VA zwingend auf die Rechtmäßigkeit der Zwangsmaßnahme durchschlägt, gilt also nicht, sodass die Vollstreckung auch dann noch rechtmäßig ist, wenn die Abrissverfügung als Grund-VA rechtswidrig ist! Wird eine Ersatzvornahme durchgeführt, so kann die Behörde außerdem die dafür entstandenen Mehrkosten nach Art. 36 IV S. 3 BayVwZVG nachfordern.

(5) Duldungsanordnungen

Duldungsanordnungen gegenüber Dritten

446 Gehört das Grundstück, auf dem das zu beseitigende Gebäude steht, mehreren Personen gemeinsam, so kann einer der Eigentümer allein die Beseitigung ohne Zustimmung der anderen i.d.R. nicht vollziehen, da er damit das Eigentum seiner Miteigentümer verletzen würde.

a maiore ad minus

447 Die Duldungsanordnung gegen den Miteigentümer, der nicht selbst Bauherr und somit lediglich Zustandsstörer ist, beruht ebenfalls auf Art. 76 S. 1 BayBO. Die Duldungsanordnung ist ein weniger einschneidendes Mittel als die Beseitigungsanordnung (a maiore ad minus). Die Anordnung ist erforderlich und geboten, um zu gewährleisten, dass der zur Beseitigung Verpflichtete seiner Pflicht nachkommen kann. Ohne den gleichzeitigen Erlass einer Duldungsanordnung stünde der Durchsetzung der Beseitigungsanordnung im Wege des Verwaltungszwangs ein Vollstreckungshindernis entgegen.[354]

hemmer-Methode: Vorsicht! Anders ist es dann, wenn die Abrissverfügung an eine Miteigentümergemeinschaft (also nicht an eine Einzelperson) adressiert wird, der Bescheid aber nur an einen der Eigentümer zugestellt wird: Hier liegt das Problem nicht in der fehlenden Duldungsanordnung, sondern in dem Umstand, dass ein Bekanntgabemangel vorliegt, der allerdings nach Art. 9 BayVwZVG geheilt werden kann.
Die Problematik der Duldungsanordnung stellt sich hingegen auch dann, wenn die Beseitigungsanordnung gegen den Pächter oder Mieter eines Grundstücks als Handlungsstörer gerichtet ist. Da mit der Beseitigung ggf. in das Verpächterpfandrecht des Eigentümers eingegriffen wird, muss diesem gegenüber als Zustandsstörer eine Duldungsanordnung ergehen.

---

353 Beachten Sie bei der Vollstreckung nach den Art. 29 ff. BayVwZVG vor allem Art. 36 BayVwZVG, dort vor allem Abs. 7, der die Zustellung für die gesonderte Androhung wie auch für die mit dem Grund-VA verbundene Androhung vorsieht. Bei Geldleistung gelten indessen die Art. 23 ff. BayVwZVG, diese sind also hier nicht anwendbar.

354 BVerwG, BayVBl. 1992, 559.

b) Rechtmäßigkeit der baupolizeilichen Maßnahmen nach Art. 75, 76 BayBO

aa) Formelle Rechtmäßigkeit

Neben der Zuständigkeit ist i.R.d. Verfahrens vor allem die Anhörung zu erwähnen (Art. 28 BayVwVfG), deren Unterbleiben aber ggf. geheilt werden kann (Art. 45 BayVwVfG).[355] *448*

bb) Materielle Rechtmäßigkeit

(1) Materielle Rechtmäßigkeit der Baueinstellungsverfügung

Materielle Rechtmäßigkeit der Baueinstellungsverfügung, Art. 75 BayBO

Voraussetzung für eine Baueinstellung ist nach Art. 75 I S. 1 BayBO, dass das Vorhaben im Widerspruch zu öffentlich-rechtlichen Vorschriften errichtet, geändert, abgebrochen oder beseitigt wird. *448a*

Formelle Baurechtswidrigkeit ausreichend

Ein Widerspruch zu öffentlich-rechtlichen Vorschriften in diesem Sinne liegt bereits dann vor, wenn mit dem Vorhaben ohne die erforderliche Genehmigung begonnen wird (sog. formelle Baurechtswidrigkeit). Materielle Baurechtswidrigkeit ist für eine Baueinstellungsverfügung nicht erforderlich, vgl. Art. 75 I S. 2 Nr. 1 BayBO.

hemmer-Methode: Durch eine Baueinstellungsverfügung soll die Behörde die Zeit gewinnen können, die sie für eine umfassende und sorgfältige Prüfung der materiellen Rechtmäßigkeit benötigt.

Aber: auch materielle Baurechtswidrigkeit denkbar

Selbstverständlich erfüllt aber auch die materielle Baurechtswidrigkeit den Tatbestand des Art. 75 I BayBO.[356] Die materielle Baurechtswidrigkeit ist für eine Baueinstellung nicht erforderlich, aber ausreichend! Dies ist v.a. dann wichtig, wenn das Vorhaben nach Art. 56 bis 58 BayBO keiner Baugenehmigung bedarf, eine formelle Baurechtswidrigkeit also nicht denkbar ist. Da die Verfahrensfreiheit die materiellen Anforderungen nicht berührt, vgl. Art. 55 II BayBO, kann die Baubehörde bei dem durch Tatsachen begründeten Verdacht der materiellen Baurechtswidrigkeit die Einstellung des Vorhabens verfügen.[357]

hemmer-Methode: Die materielle Baurechtswidrigkeit ist nicht (völlig) mit der Genehmigungsfähigkeit gleichzusetzen. Ein Vorhaben kann i.R.d. vereinfachten Genehmigungsverfahrens nach Art. 59 BayBO genehmigungsfähig, aber dennoch materiell illegal sein, weil es gegen Anforderungen verstößt, die nicht in das zwingende Prüfungsprogramm des Art. 59 BayBO fallen und von der Baubehörde auch nicht „freiwillig" im Rahmen ihres fakultativen Prüfprogramms nach Art. 68 I S. 1 HS 2 BayBO geprüft wurden.

(2) Materielle Rechtmäßigkeit der Baubeseitigungsanordnung

(a) Doppelte Baurechtswidrigkeit bei Beseitigungsanordnung

doppelte Baurechtswidrigkeit

Für die Beseitigungsanordnung nach Art. 76 S. 1 BayBO sind grundsätzlich zwei Voraussetzungen notwendig: *449*

---

355 Umfassend Hemmer/Wüst, Verwaltungsrecht I, Rn. 306 ff.

356 Ist das Vorhaben nach Art. 68 I, 60 BayBO genehmigt, schließt die Bindungswirkung der Baugenehmigung die Annahme der materiellen Baurechtswidrigkeit aus, Simon, Art. 66 BayBO, Rn. 116, 119 (wobei hier von formellem Bestandsschutz gesprochen wird); anders ist dies in den Fällen, in denen nur das vereinfachte Genehmigungsverfahren durchgeführt wird, Art. 59 BayBO. Die Baugenehmigung ist hier gerade keine umfassende Unbedenklichkeitsbescheinigung mehr, vgl. unten Rn. 450.

357 Simon, Art. 75 BayBO, Rn. 38.

⇨ Der Anlage fehlt ggf. die erforderliche Genehmigung (formelle Rechtswidrigkeit) und

⇨ die Anlage ist materiell-baurechtlich unzulässig, sodass rechtmäßige Zustände nicht auf andere Art und Weise, nämlich durch Erteilung einer Genehmigung, hergestellt werden können, Art. 76 S. 1 HS 2 BayBO (materielle Rechtswidrigkeit).

⇨ formelle u. materielle Rechtswidrigkeit notwendig, da Eingriff in Art. 14 GG

Die Anlage muss also formell und materiell rechtswidrig sein, es muss also die sog. doppelte Baurechtswidrigkeit vorliegen. Die Notwendigkeit der doppelten Baurechtswidrigkeit ergibt sich aus dem massiven Eingriff in die Eigentumsfreiheit des Art. 14 GG, die nur unter diesen strengen Voraussetzungen gerechtfertigt ist. 450

***Bsp.:** A hat ohne Baugenehmigung im Außenbereich ein Wochenendhaus gebaut.*

Da für das Haus trotz Genehmigungspflichtigkeit (Art. 55 BayBO) die Baugenehmigung fehlt, ist es im Widerspruch zu öffentlich-rechtlichen Vorschriften gebaut. Da auch im Außenbereich grds. Wochenendhäuser als sonstige Vorhaben i.S.d. § 35 II BauGB unzulässig sind, kann auch keine Baugenehmigung erteilt werden. Die Beseitigungsanordnung ist damit rechtmäßig.

Hätte eine Baugenehmigung dagegen nachträglich erteilt werden können, so hätten „auf andere Weise" rechtmäßige Zustände hergestellt werden können. Eine Beseitigungsanordnung wäre dann unzulässig gewesen.

hemmer-Methode: Angesichts des nur eingeschränkten Prüfungsmaßstabs des Art. 59 BayBO kann nicht in allen Fällen daran festgehalten werden, dass ein Vorhaben formell und materiell illegal sein muss: Die erteilte Baugenehmigung ist eben gerade keine umfassende Unbedenklichkeitsbescheinigung mehr; gerade die Vorgaben der BayBO werden weitgehend nicht geprüft. Ist ein Einfamilienhaus genehmigt, ist es formell legal, auch wenn es die nach Art. 6 I BayBO erforderliche Abstandsfläche nicht einhält. Da Art. 6 BayBO nicht zum zwingenden Prüfungsmaßstab des Art. 59 BayBO gehört, ist die Baugenehmigung im Rahmen des Ermessens nach Art. 68 I S. 1 HS 2 BayBO auch rechtmäßig erteilt worden und kann grundsätzlich nicht bzw. kaum noch aufgehoben werden. Da die Beschränkung des Art. 59 BayBO die materiellen Anforderungen nicht reduzieren soll, Art. 55 II BayBO, muss unter Beachtung der Verhältnismäßigkeit, auch in einem solchen Fall eine Beseitigungsanordnung in Betracht kommen. M.a.W.: Auch eine formell legale Anlage muss beseitigt werden können. Dies gilt gleichermaßen für Anlagen, die nach Art. 59 BayBO genehmigt werden wie selbstverständlich für solche Anlagen, die mangels Genehmigungspflichtigkeit überhaupt nicht formell illegal sein können! In den meisten Fällen dieser Art, wird die Baubehörde allerdings von ihrem fakultativen Prüfprogramm des Art. 68 I S. 1 HS 2 BayBO Gebrauch machen (müssen), also die Baugenehmigung zumindest nicht ohne Nebenbestimmungen erteilen.

(b) Passiver Bestandsschutz

passiver Bestandsschutz

Stand die Anlage früher einmal im Einklang mit dem materiellen Baurecht, so genießt sie passiven Bestandsschutz, wenn dieser Zeitraum nicht unerheblich gewesen ist. Die formelle Baurechtswidrigkeit spielt nach wohl h.M. keine Rolle. Zwar geht das BVerwG in einigen neueren Entscheidungen von Bestandsschutz nur dann aus, wenn auch tatsächlich eine Genehmigung erteilt wurde[358]. Allerdings muss hier die weitere Entwicklung beobachtet werden, zumal das BVerfG an der bisherigen Rspr. festhält, wonach die Genehmigungsfähigkeit ausreicht.[359] 451

[358] BverwG, NVwZ 1998, 842; vgl. auch Konrad, JA 1998, 691, m.w.N. Simon, Art. 76 BayBO, Rn. 115 ff.

[359] BVerfG, NVwZ 2001, 424.

hemmer-Methode: Konsequenz des passiven Bestandsschutzes ist, dass Sie bei der materiellen Baurechtswidrigkeit nicht nur danach fragen, ob die Anlage heute mit der Rechtslage in Einklang steht, sondern auch, ob sie irgendwann in der Vergangenheit rechtmäßig war. Klausurtaktisch erkennen Sie das Problem im Sachverhalt daran, dass eine Änderung der planungsrechtlichen Situation geschildert wird!

(c) Bindungswirkung der Baugenehmigung

Bindungswirkung der Baugenehmigung

Eine Beseitigungsanordnung scheidet auch für eine genehmigte, aber dem materiellem Baurecht widersprechende Anlage aus, solange die Feststellungswirkung der Genehmigung gilt. Hier ist die tatsächliche materielle Baurechtswidrigkeit ohne Auswirkung, da das Vorhaben bis zur Aufhebung der Genehmigung (i.d.R. nach Art. 48 BayVwVfG) als materiell rechtmäßig gilt.[360] 452

hemmer-Methode: Dies spricht dagegen, für den passiven Bestandsschutz das tatsächliche Vorliegen einer Genehmigung zu fordern, s.o. Wenn eine Genehmigung für das Vorhaben vorliegt, verhindert bereits deren Bindungswirkung eine Beseitigungsanordnung, auf den Bestandsschutz kommt es gar nicht an.

(d) Verhältnismäßigkeit der Beseitigungsanordnung

ggf. Teilabriss und Nutzungsuntersagung

Reicht zur Herstellung rechtmäßiger Zustände ein Teilabriss oder eine Nutzungsuntersagung aus, so sind nur diese nach dem Grundsatz der Verhältnismäßigkeit und des geringsten Eingriffs zulässig, vgl. Art. 76 S. 1 Alt. 1 BayBO. 453

> ***Bsp.:*** *Landwirt L hat auf seiner Wiese im Außenbereich einen nicht genehmigten Schafstall errichtet. Dieser wird im Laufe der Zeit zu einem privat genutzten Pferdestall mit Garage für Pferdeanhänger ausgebaut.*
>
> Da der Schafstall nach Art. 57 I S. 1 Nr. 1c BayBO genehmigungsfrei ist, darf eine Abrissverfügung nur den Bereich erfassen, der über die mögliche Nutzung als Schafstall hinausgeht.

hemmer-Methode: Ob eine Anlage tatsächlich doppelt baurechtswidrig ist, prüfen Sie nach den allgemeinen Grundsätzen, die auch i.R.d. Art. 68 BayBO gelten (oben Rn. 95 ff.). Dieser Teil der Klausur ist damit spezifisch baurechtlich.
Beim nachfolgenden Problem der Störerauswahl handelt es sich indessen um Fragen aus dem LStVG, die aber i.R.d. Klausur in aller Regel ebenso wie Fragen des BayVwZVG zu beantworten sind.

(3) Materielle Rechtmäßigkeit der Nutzungsuntersagung

Formelle Illegalität

Wie bei der Baueinstellung und der Baubeseitigung ist ein Widerspruch der Anlage zu öffentlich-rechtlichen Vorschriften erforderlich, Art. 76 S. 2 BayBO. Damit ist jedenfalls die formelle Illegalität des Vorhabens Voraussetzung für eine Nutzungsuntersagung. 453a

Materielle Illegalität str.

Strittig ist, ob daneben auch die materielle Illegalität des Vorhabens zu fordern ist. Dies ist mit der h.M. grundsätzlich abzulehnen. Zum einen ergibt sich dies aus dem Wortlaut des Art. 76 S. 2 BayBO, der anders als Art. 76 S. 1 BayBO keinen zweiten Halbsatz („soweit …") hat. Zum anderen ist eine Nutzungsuntersagung wie die Baueinstellung nur von vorübergehender Natur. Es werden anders als bei der Baubeseitigung i.d.R. keine irreversiblen Zustände geschaffen.[361]

---

[360] BVerfG, NVwZ 2001, 424; vgl. Simon Art. 76 BayBO, Rn. 119, hier wird der Begriff des formellen Bestandsschutzes verwendet.

[361] M.w.N. Simon, Art. 76 BayBO, Rn. 282 ff.; BayVGH, BayVBl. 2005, 117.

hemmer-Methode: Durch die Baueinstellung und die Nutzungsuntersagung schafft sich die Behörde die erforderliche Zeit, um die materielle Rechtmäßigkeit des Vorhabens eingehend prüfen zu können. Stellt sich das Vorhaben allerdings von Anfang an als evident rechtmäßig dar, ist eine baupolizeiliche Maßnahme jedenfalls ermessensfehlerhaft.[362]

(4) Ermessen und Störerauswahl bei einer baupolizeilichen Maßnahme

intendiertes Ermessen

Innerhalb der Art. 75 und 76 BayBO sind an das Ermessen keine besonderen Anforderungen zu stellen, da es sich um einen Anwendungsbereich des sog. Regelermessens handelt.[363] Eine besondere Stellungnahme zu entgegenstehenden Rechten des Betroffenen ist nur erforderlich, wenn dieser vom Normalfall abweichende Gründe vorbringen kann. Ansonsten führt die Erfüllung des Tatbestandes zum Erlass der Anordnung.[364] 454

Problem: Störerauswahl

Schwierig kann die Frage zu beantworten sein, ob die Beseitigungsanordnung überhaupt an den richtigen Adressaten gerichtet wurde. Die spezielle bauordnungsrechtliche Verantwortlichkeit der am Bau Beteiligten wird durch die allgemeinen sicherheitsrechtlichen Grundsätze ergänzt. 455

Bsp.: A hat sein Grundstück an B vermietet. Dieser errichtet auf dem Grundstück einen nicht genehmigten Anbau. Die zuständige Behörde erlässt deshalb einen Bescheid gegenüber A, das Gebäude zu beseitigen.

Fraglich ist, ob A hier Störer ist. Zwar ist der Anbau durch B erfolgt, B ist demzufolge ein sog. Handlungsstörer, allerdings ist A hier als Eigentümer des Grundstücks so genannter Zustandsstörer.

(5) Duldungsanordnung als Vollstreckungsvoraussetzung

Bsp.: A und B sind Miteigentümer eines im Außenbereich stehenden Grundstücks. Darauf hatte A zuvor eine Hütte erstellt. Diese soll abgerissen werden, weshalb A eine ausschließlich an ihn adressierte Abrissverfügung zugestellt wird. Eine Duldungsanordnung gegenüber dem im Ausland wohnenden B ergeht nicht. 456

§ 1004 BGB

Da A nicht allein über das Grundstück verfügen kann, ist dem Miteigentümer gegenüber eine Duldungsanordnung auszusprechen. Anderenfalls ist A privatrechtlich nicht erlaubt (§ 1004 BGB), was ihm öffentlich-rechtlich auferlegt wird.

Exkurs: Besonderheiten im § 80 V VwGO-Verfahren

besonderes Vollzugsinteresse

Das allgemeine öffentliche Interesse, das den Erlass eines VA rechtfertigt, genügt regelmäßig noch nicht, um ein Vollzugsinteresse i.S.d. § 80 II S.1 Nr.4, III VwGO zu begründen. Anderenfalls würde das Regel-Ausnahme-Verhältnis zwischen § 80 I VwGO und § 80 II S.1 Nr.4 VwGO umgekehrt. 457

Bei der Baueinstellungsanordnung (Art. 75 I BayBO), der Versiegelungsanordnung (Art. 75 II BayBO) und der Nutzungsuntersagung (Art. 76 S. 2 BayBO) ist die Vollziehung jedoch wesensmäßig eilbedürftig.

---

362 Simon, Art. 76 BayBO, Rn. 302; BayVGH, BayVBl. 2005, 117, wobei an die die Evidenz strenge Anforderungen zu stellen sind.

363 Z.B. BVerwGE 72, 1, 6.

364 Einen solchen Sonderfall behandelt bspw. BVerfG, NVwZ 2005, 203: Wird bei einer geduldeten Anlage eine Änderung vorgenommen, wäre es unverhältnismäßig die komplette Beseitigung zu verlangen. Zulässig ist nur eine Rückbauanordnung.

Hier können Erlass und Vollzugsinteresse zusammenfallen, sodass an die formale Begründung des § 80 III VwGO geringere Anforderungen zu stellen sind.[365] Bei einer Baubeseitigung sind hingegen sehr hohe Anforderungen an die Zulässigkeit des Sofortvollzugs zu stellen, da hier irreversible Fakten geschaffen werden. In der Regel ist der Sofortvollzug einer Baubeseitigung deshalb materiell rechtswidrig.

Exkurs Ende

F) Klage des Bauherrn gegen Nebenbestimmungen zur Baugenehmigung

beachte: Interessenlage

Das Problem der gesonderten Anfechtung von belastenden Nebenbestimmungen kann im Baurecht relativ häufig auftauchen. Wegen der komplexen baurechtlichen Materie sind diese zur Sicherung des Rechts oft angezeigt. Der Bauherr wiederum ist regelmäßig bestrebt, diese Belastungen zu beseitigen, ohne seine Begünstigung – die Bauerlaubnis – zu verlieren. Zu diesem Problem siehe ausführlich Hemmer/Wüst, Verwaltungsrecht I, Rn. 407 bis 451. *458*

hemmer-Methode: Wichtig ist, dass Art. 68 III BayBO keine Rechtsgrundlage für Nebenbestimmungen i.S.d. Art. 36 I Alt. 1 BayVwVfG darstellt. Art. 68 III BayBO regelt nur die Rechtsfolge einer zulässigen Nebenbestimmung. Die Rechtmäßigkeit einer Nebenbestimmung setzt, da die Baugenehmigung ein gebundener VA ist, nach Art. 36 I Alt. 2 BayVwVfG voraus, dass durch die Nebenbestimmung die Einhaltung der gesetzlichen Genehmigungsvoraussetzungen sichergestellt werden soll. Besteht bei einem Bauvorhaben bspw. die Gefahr, dass es schädliche Umwelteinwirkungen hervorruft i.S.d. § 35 III S. 1 Nr. 3 Alt. 1 BauGB, kann durch Auflage eine Lärmbeschränkung angeordnet werden. Kurz: Was nicht zwingende oder fakultative Genehmigungsvoraussetzung ist, kann über Art. 36 I Alt. 2 BayVwVfG auch nicht zum Gegenstand einer Nebenbestimmung gemacht werden.[366]

Exkurs: Verhältnis zwischen öffentlich-rechtlichem und privatrechtlichem Nachbarschutz

Die Baugenehmigung ergeht unbeschadet der Rechte Dritter (Art. 68 IV BayBO). Dem Nachbarn bleibt der Anspruch aus § 1004 BGB. *459*

Problematisch ist, dass zur Beantwortung der Frage, was ein Nachbar zu dulden hat, im privaten- und öffentlichen Recht unterschiedliche Maßstäbe herangezogen werden können: *460*

> ***Bsp.:***[367] *Der Eigentümer eines Grundstücks im Mischgebiet klagt auf Unterlassung des Spielbetriebs auf einer unmittelbar neben dem Grundstück gelegenen Tennisanlage. Im Bebauungsplan sind die Tennisplätze als Sonderbebauung ausgewiesen.*
>
> Der BGH hat die von der Anlage ausgehenden Emissionen als nicht ortsüblich (§ 906 BGB) angesehen, wobei er allein die tatsächlichen Verhältnisse berücksichtigt hat, nicht jedoch die baurechtlichen Gegebenheiten.

---

365 BayVGH, BayVBl. 1978, 19; 1977, 735; VGH Mannheim, NVwZ 2006, 168; Kopp/Schenke, § 80 VwGO, Rn. 86.

366 Vgl. bereits oben Rn. 116 ff.; zum Sonderproblem der nachträglich erlassenen Nebenbestimmung vgl. VGH Mannheim, DVBl. 2008, 1001 = **Life & Law 2009, 109.**

367 BGH, NJW 83, 751.

Die Trennung der beiden Rechtskreise führt hier dazu, dass ein Vorhaben, das öffentlich-rechtlich zulässig ist, nach zivilrechtlichem Maßstab als widerrechtliche Beeinträchtigung angesehen wird.

Das Gericht verkennt hier Aufgabe und Wirkung der Bauleitplanung, die Gebiete gestalten und umgestalten kann.

Das Auseinanderfallen von öffentlichen und privaten Abwehrmöglichkeiten wird vermieden durch eine angemessene Auslegung der jeweiligen Vorschriften: Ein Nachbar soll privatrechtlich nicht mehr erreichen können, als nach öffentlichem Recht möglich ist.[368]

Im vorliegenden Fall wäre die Ortsüblichkeit anhand der planerischen Festsetzungen des Bebauungsplans zu bestimmen gewesen.

Dogmatisch lässt sich das damit begründen, dass das BauGB spezifische, dem § 906 BGB als Spezialvorschrift vorgehende Duldungspflichten des Nachbarn begründet.

Exkurs Ende

hemmer-Methode: Gegen diesen Gleichlauf von zivilrechtlichem und öffentlich-rechtlichem Nachbarschutz lässt sich allerdings anführen, dass es im Baurecht gerade keine dem § 14 BImSchG entsprechende Regelung gibt, durch die dieser Gleichlauf gesetzlich angeordnet ist.

[368] So BVerwG, NJW 88, 2396.

§ 5 RECHTSSCHUTZ GEGEN BAULEITPLÄNE

Standardkonstellation des Examens

Neben der Verpflichtungsklage des Bauwilligen und der Anfechtungsklage des Nachbarn stellt die beantragte (richterliche) Überprüfung eines Bebauungsplans einen weiteren Standardfall einer Klausur aus dem Baurecht dar. 461

Die Examensrelevanz[369] ergibt sich insbesondere aus der großen praktischen Bedeutung dieser Thematik.

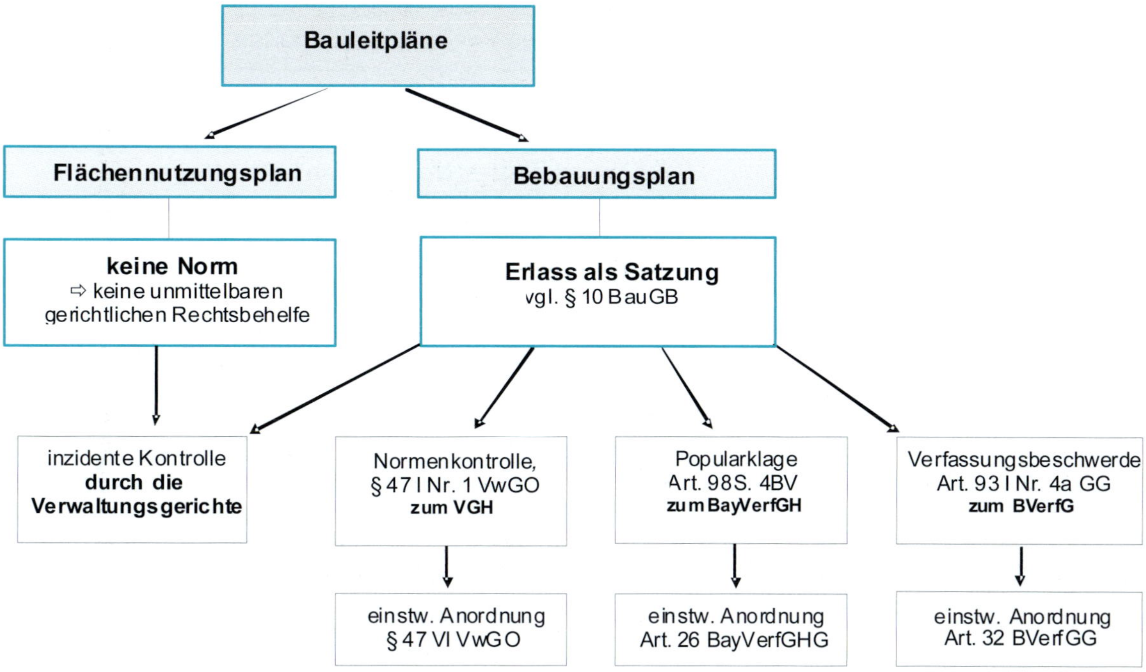

A) Das Normenkontrollverfahren (§ 47 VwGO)[370]

Gültigkeit des BBauPl. ist Hauptsache

Auch bei der Verpflichtungs- und Anfechtungsklage kommt es, soweit vorhanden, auf die Gültigkeit eines Bebauungsplans an. Während es sich dort jedoch nur um eine Vorfrage hinsichtlich der eigentlichen Entscheidung handelt (sog. Inzidentprüfung), ist i.R.d. § 47 VwGO die Gültigkeit der Rechtsnorm als solche Gegenstand des Verfahrens (prinzipale Normenkontrolle).[371] Die Frage der Gültigkeit eines Bebauungsplans kann jedoch auch einmal im Hinblick auf eine mögliche Außerkrafttretung wegen Funktionslosigkeit eine Rolle spielen.[372] 462

Wie stets in verwaltungsrechtlichen Klausuren gilt auch hier: Der Antrag ist erfolgreich, wenn er zulässig und begründet ist. 463

[369] Z.B. 1989 I 7, BayVBl. 1991, 287, 316; 1991 II 8, BayVBl. 1994, 32, 61; 1986 I 8, BayVBl. 1988, 285, 314.

[370] Umfassend hierzu Stüer 2004, 83, 87 ff.

[371] Ausführlich zum Normenkontrollverfahren Hemmer/Wüst, Verwaltungsrecht II, Rn. 350 ff.

[372] BVerwG, NVwZ 1999, 634.

Übersicht über die Zulässigkeitsvoraussetzungen der Normenkontrolle gem. § 47 VwGO

1. Statthaftigkeit, § 47 I VwGO
2. Entscheidung des VGH nur im Rahmen seiner Gerichtsbarkeit
3. Antragsberechtigung, § 47 II S. 1 VwGO
4. Antragsbefugnis, § 47 II S. 1 VwGO
5. Antragsfrist, § 47 II S. 1 VwGO
6. Landesverfassungsrechtlicher Vorbehalt, § 47 III VwGO (str.)
7. Ordnungsgemäße Antragstellung
8. Allgemeines Rechtsschutzbedürfnis

I. Zulässigkeit des Normenkontrollantrages

1. Statthaftigkeit

a) Tauglicher Prüfungsgegenstand (§ 47 I Nr. 1 und 2 VwGO)

Gegenstand: BauGB-Satzungen

Der Normenkontrollantrag ist statthaft gegen Satzungen, die nach den Vorschriften des BauGB erlassen worden sind, gegen Rechtsverordnungen gem. § 246 II BauGB (in Bayern nicht relevant) sowie gegen andere im Rang unter dem Landesgesetz stehende Rechtsvorschriften, sofern das Landesrecht dies bestimmt. 464

Merksatz: Gegenstand können stets nur sog. untergesetzliche Normen sein.

Im Bereich des Baurechts kommen damit in erster Linie in Betracht:

aa) Der Bebauungsplan (§§ 8 ff. BauGB)

§ 10 BauGB: BBauPl. ist Satzung

Der Bebauungsplan ergeht gem. § 10 I BauGB als Satzung und ist damit tauglicher Prüfungsgegenstand. 465

hemmer-Methode: Allgemein gilt, dass Pläne grundsätzlich keine eigene Rechtsform staatlichen Handelns darstellen, sondern vielmehr in allen denkbaren Rechtsformen auftreten: z.B. als Norm (formelles Gesetz, Verordnung, Satzung), Verwaltungsakt, Verwaltungsvorschrift oder Realakt. Anhand der konkreten Ausgestaltung ist für jeden Plan gesondert zu prüfen, wie er rechtlich zu qualifizieren ist. Für den Bebauungsplan entfällt diese Prüfung, da hier der Gesetzgeber den vorher herrschenden Streit über dessen Rechtsform beendet hat. Durch die Zuordnung des Bebauungsplans zu den Rechtsnormen statt als Allgemeinverfügung zu den VAen, wollte der Gesetzgeber die unmittelbare gerichtliche Anfechtung des Plans verhindern. Dieser Gesichtspunkt ist zwar seit der bundeseinheitlichen Einführung des § 47 VwGO entfallen, trotzdem sollten Sie den Hintergrund der Regelung des § 10 BauGB kennen.

bb) Nicht hingegen der Flächennutzungsplan (§§ 5 ff. BauGB)

Flächennutzungsplan keine Rechtsnorm

Dem Flächennutzungsplan kommt nach nahezu einhelliger Meinung[373] keine Rechtsnormqualität zu. Er enthält anders als der Bebauungsplan keine Festsetzungen, sondern lediglich Darstellungen. 466

[373] Z.B. J/D/W, § 5 BauGB, Rn. 2.

Es handelt sich weder um eine Satzung (obwohl der Plan den formalen Anforderungen einer Satzung entsprechen muss, wie der Vergleich mit dem Bebauungsplan zeigt) noch um eine sonstige Rechtsvorschrift. Als hoheitliche Maßnahme eigener Art, die auch Dritten gegenüber keine Rechtsverbindlichkeit entfaltet, unterliegt er damit nicht der Normenkontrolle.[374]

Anders im Bereich des § 35 III S. 3 BauGB

Eine Ausnahme macht die Rechtsprechung des BVerwG für Darstellungen in einem Flächennutzungsplan, die Konzentrationsflächen für Windenergieanlagen i.S.d. § 35 III S. 3 BauGB ausweisen. Da hier der Flächennutzungsplan Windenergieanlagen an einer anderen Stelle innerhalb der Gemeinde entgegensteht und damit Rechtsnormwirkung vergleichbar einem Bebauungsplan entfaltet, wendet das BVerwG § 47 I Nr. 1 VwGO analog an.[375]

hemmer-Methode: Gerade der Flächennutzungsplan zeigt, dass die Bestimmung der Rechtsnatur eines Planes im Einzelfall zu immensen Schwierigkeiten führen kann. Gleichwohl genügt in der Klausur regelmäßig eine kurze Klarstellung. Das gilt nur dann nicht, wenn der Aufgabensteller hier erkennbar weitere Ausführungen erwartet („Echo-Prinzip").

Exkurs: Inhalt der Bauleitpläne

Der Flächennutzungsplan

beabsichtigte Bodennutzung

Gem. § 5 I BauGB ist im Flächennutzungsplan für das gesamte Gemeindegebiet[376] die sich aus der beabsichtigten städtebaulichen Entwicklung ergebende Art der Bodennutzung nach den voraussehbaren Bedürfnissen (Prognose- und damit Planungshorizont im Allgemeinen ca. zehn bis fünfzehn Jahre[377]) der Gemeinde in den Grundzügen darzustellen. 467

grds. für gesamtes Gemeindegebiet

Einzelne Flächen können ausnahmsweise ausgegliedert werden (§ 5 I S. 2 BauGB).

Die verschiedenen Möglichkeiten der Darstellung ergeben sich aus dem Katalog des § 5 II BauGB. Diese Aufzählung ist jedoch nicht abschließend.[378] 468

Erläuterungsbericht

Nach §§ 5 V, 2a BauGB ist dem Flächennutzungsplan eine Begründung beizufügen. Insbesondere die wesentlichen Elemente und Aussagen des Plans, seine Ziele und ihre Begründung müssen verständlich und nachvollziehbar dargelegt werden.[379]

Der Bebauungsplan

Festsetzungen für die Bebauung verbindlich

Auf der Grundlage des Flächennutzungsplans trifft dann der Bebauungsplan verbindliche (§ 8 I S. 1 BauGB) Festsetzungen für die Bebauung. 469

---

374 Allerdings kommt dem Flnpl. über § 35 III Nr. 1 BauGB mittelbare Außenwirkung zu, sodass es einige Stimmen gibt, die § 47 I Nr. 1 VwGO auch auf den Flnpl. anwenden wollen, m.w.N. Kment, NVwZ 2004, 314.

375 BVerwG, NVwZ 2007, 1081 = LNRB 2007, 32120 = **Life & Law 2007, Heft 11**, das OVG Koblenz, NVwZ 2006, 1442 ff. = **Life & Law 2007, Heft 2** hatte auf § 47 I Nr. 2 VwGO zurückgegriffen.

376 Zum Problem des Fortbestehens von Flnpl. bei kommunalen Gebietsänderungen: Jakob, NJW 74, 1578.

377 B/K/L, § 5 BauGB, Rn. 6; Vgl. J/D/W, § 5 BauGB, Rn. 4.

378 Vgl. J/D/W, § 5 BauGB, Rn. 11 ff.

379 J/D/W, § 5 BauGB, Rn. 33.

Im Gegensatz zum Flächennutzungsplan bezieht er sich meist nur auf Teile des Gemeindegebiets (§ 9 VII BauGB)[380] und ist zu begründen (§ 9 VIII, 2a BauGB).

abschließender Katalog in § 9 BauGB

Zudem ist der Katalog der Festsetzungsmöglichkeiten (§ 9 I BauGB) abschließend.[381] Eine Ausnahme gilt nach § 12 III S. 2 HS 1 BauGB für den vorhabenbezogenen Bebauungsplan, hier besteht keine Bindungswirkung an den Festsetzungskatalog des § 9 BauGB und an die BauNVO. 470

Eine Verpflichtung für die Gemeinde, alle nach dem Katalog möglichen Festsetzungen zu treffen, ergibt sich daraus nicht.[382]

Welche Festsetzungen die Gemeinde im Einzelnen trifft, richtet sich vielmehr nach § 1 III BauGB, der also nicht nur für das „Ob", sondern auch für das „Wie" der Planung gilt. Jede einzelne Festsetzung ist nur zulässig, wenn sie auch erforderlich ist.[383] 471

BauNVO ergänzt § 9 BauGB

Der Festsetzungskatalog enthält u.a. nähere Bestimmungen darüber, wie die bauliche Nutzung von Grundstücken festgesetzt werden kann. § 9 I Nr. 1 und 2 BauGB werden entscheidend durch die Regelungen der BauNVO ergänzt.

besonders wichtig: §§ 1 - 15 BauNVO

Die §§ 1 - 15 BauNVO regeln den Rahmen für Festsetzungen über die Art der baulichen Nutzung, die §§ 16 - 21a BauNVO über das Maß der baulichen Nutzung und seine Berechnung, die §§ 22, 23 BauNVO schließlich über die Bauweise sowie die überbaubaren Grundstücksflächen. 472

> ***Bsp.:*** *Im Bebauungsplan wird eine bestimmte Fläche als reines Wohngebiet dargestellt. Der Antragsteller möchte eine Tankstelle errichten.*
>
> Die Gemeinde hat im Plan eines der in § 1 II BauNVO bezeichneten Baugebiete festgesetzt. Durch diese Festsetzung wurden die §§ 2 - 14 BauNVO Bestandteil des Bebauungsplans (vgl. § 1 III S. 2 BauNVO). Nach § 3 BauNVO sind Tankstellen in einem reinen Wohngebiet nicht möglich.

Abweichungen im Einzelfall von §§ 2 ff. BauNVO möglich

Zu beachten ist: Der Gemeinde ist es nach § 1 IV - X BauNVO erlaubt, gegenüber der grundsätzlichen Typisierung der Baugebiete in den jeweiligen Vorschriften der BauNVO aus städtebaulichen Gründen im Einzelfall abweichende Bestimmungen zu treffen (vgl. auch §§ 12 IV u. 14 I S. 3 BauNVO). 473

Die allgemeine Zweckbestimmung des Baugebiets muss jedoch gewahrt bleiben. Die Anforderungen (besonders im Hinblick auf eine sachgerechte Abwägung) an eine Planung mit derartigen Differenzierungen steigen erheblich.[384]

§ 9 IV BauGB i.V.m. Art. 81 II BayBO

Hinzuweisen ist noch auf § 9 IV BauGB. Danach haben die Länder die Möglichkeit zu bestimmen, dass auch auf Landesrecht beruhende Vorschriften in den Bebauungsplan als Festsetzungen aufgenommen werden können. In Bayern wurde von dieser Möglichkeit durch Art. 81 II BayBO (örtliche Bauvorschriften) Gebrauch gemacht. Festsetzungen, die auf Art. 81 BayBO fußen, bleiben aber – materiell-rechtlich betrachtet – Bauordnungsrecht. Damit handeln die Gemeinden hier im übertragenen Wirkungskreis (Art. 54 I BayBO); zuständige Aufsichtsbehörde ist also die Fachaufsicht. 474

---

380 Zur Beplanung eines einzigen Grundstücks vgl. BVerwG, NJW 1969, 1076.

381 J/D/W, § 9 BauGB, Rn. 2.

382 J/D/W, § 9 BauGB, Rn. 2.

383 BVerwG, BauR 1989, 430; J/D/W, § 9 BauGB, Rn. 3.

384 So J/D/W, § 1 BauNVO, Rn. 18.

Die Gemeinden können so durch örtliche Bauvorschriften ein eigenes Ortsbaurecht schaffen, das die allgemeinen gesetzlichen Anforderungen ergänzt und modifiziert.

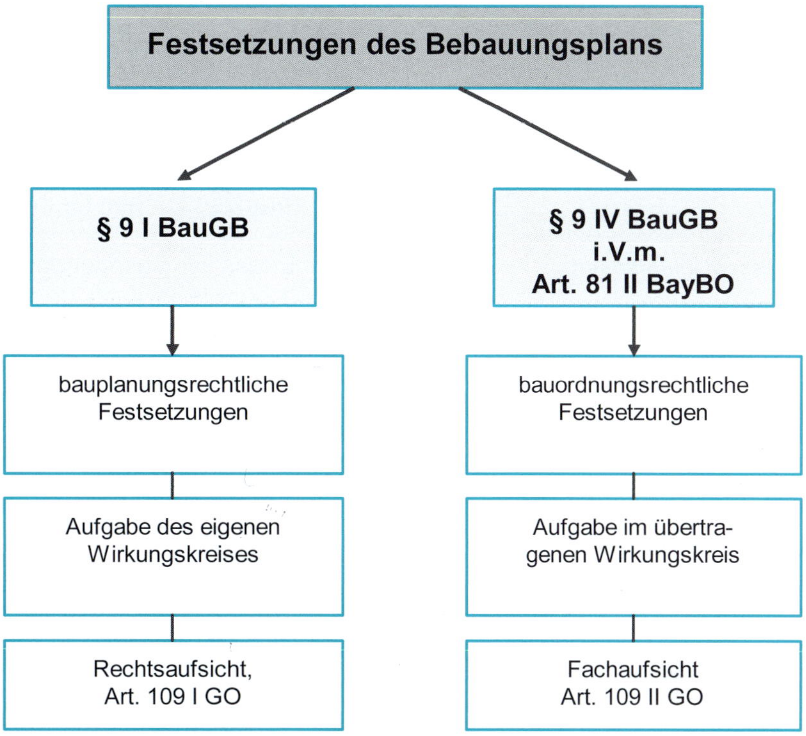

Exkurs Ende

Weitere Prüfungsgegenstände können sein:

cc) Sonstige Satzungen nach BauGB

Veränderungssperre

Klausurrelevant[385] ist hier vor allem die Veränderungssperre (§§ 14 ff. BauGB), die gem. § 16 BauGB als Satzung beschlossen wird. 475

Aber auch die Satzungen nach §§ 34 IV, V, 132, 142 I, III, 162 II und 172 BauGB können i.R.d. Normenkontrolle geprüft werden.

dd) Örtliche Bauvorschriften i.S.v. Art. 81 I BayBO

unterscheide Art. 81 I BayBO von Art- 81 II BayBO

Schließlich ist nach § 47 I Nr. 2 VwGO i.V.m. Art. 5 S. 2 BayAGVwGO auch die Überprüfung örtlicher Bauvorschriften (Art. 81 I BayBO) statthaft, die **nicht** durch einen Bebauungsplan erlassen worden sind (Art. 81 II BayBO, s.o. Rn. 474). 476

Voraussetzung ist allerdings, dass der Antrag von einer Behörde gestellt wird (Art. 5 S. 2 Nr. 1 BayAGVwGO) und die Rechtssache grundsätzliche Bedeutung hat (Art. 5 S. 2 Nr. 2 AGVwGO).

---

385 Examensbeispiel (Inzidentprüfung): 1991 II 8, BayVBl. 1993, 414 und 446.

b) Rechtswirksame Vorschriften

Da in dem Verfahren nach § 47 VwGO über die Gültigkeit von Rechtsvorschriften entschieden wird, ist stets Voraussetzung, dass diese schon und noch Geltung beanspruchen. 477

aa) Vorschriften, die „erlassen worden" sind

„erlassen worden"

Eine zu überprüfende Satzung muss damit bereits erlassen sein. Maßgebend ist insoweit, ob die Vorschrift nach außen hin die formellen Voraussetzungen für ihr (evtl. erst künftiges) Inkrafttreten erfüllt. 478

Erlass ⇎ Inkrafttreten

Der Erlass ist ausreichend, es ist nicht notwendig, dass die Vorschrift bereits in Kraft getreten ist.[386] Auch auf die Rechtmäßigkeit des Erlassverfahrens kommt es in diesem Stadium nicht an.

Bsp.: Die Gemeinde veröffentlicht einen genehmigungspflichtigen Bebauungsplan (§ 10 II BauGB), bevor sie die erforderliche Genehmigung eingeholt hat, und geht von der Gültigkeit der Vorschrift aus.

Entscheidend ist hier, dass Betroffene in diesem Fall bereits mit dem Vollzug der Vorschrift rechnen müssen. Von diesem Augenblick an soll gerichtlicher Schutz beansprucht werden können. Dass die Satzung aufgrund des Verstoßes rechtsfehlerhaft ist, ist ohne Bedeutung, rechtsunverbindlich ist sie deswegen gerade nicht. Die Satzung kann somit nach § 47 VwGO überprüft werden.

bb) Planreife Bebauungspläne

vorbeugende Normenkontrolle?

Fraglich ist, ob sich das Normenkontrollverfahren auch auf planreife Bebauungspläne i.S.d. § 33 BauGB erstreckt, da in diesem Fall auch schon Baugenehmigungen auf der Grundlage planreifer Bebauungspläne erlassen werden können.[387] Sind diese Baugenehmigungen einmal bestandskräftig, werden sie von der später festgestellten Nichtigkeit des Plans nicht mehr berührt - soweit nicht eine Rücknahme der Genehmigung in Frage kommt. Daher könnte einem Normenkontrollantrag, welcher nach Inkrafttreten des Plans aber eben auch erst nach der Bestandskraft der Baugenehmigung angestrengt wird, das Rechtsschutzbedürfnis fehlen. 479

Gleichwohl gebietet Art. 19 IV GG keine Anwendung des § 47 VwGO auf planreife Bebauungspläne. Denn das Gebot des effektiven Rechtsschutzes ist durch die individuellen Rechtsschutzmöglichkeiten der VwGO - hier also durch mögliche Anfechtungsklagen gegen die gem. § 33 BauGB erlassenen Baugenehmigungen - genüge getan.[388] Weiter besteht auch bei planreifen Bebauungsplänen noch die Möglichkeit von Änderungen, welche nach dem Grundsatz der Gewaltenteilung gerade nicht durch die Rechtsprechung eingefügt werden sollen.[389] Sollte es im Einzelfall unzumutbar sein, eine Vielzahl von Baugenehmigungen, die auf Grundlage des § 33 BauGB erlassen werden, abzugreifen, ist auch eine vorbeugende Unterlassungsklage gegen den Erlass des Bebauungsplans denkbar.[390]

---

386 BayVGH, BayVBl. 1986, 497 ff.; Kopp/Schenke, § 47 VwGO, Rn. 26.

387 So Jäde, BayVBl. 85, 225 ff; BayVBl. 2003, 449; J/D/W, § 30 BauGB, Rn. 50, 57.

388 BayVGH, BayVBl. 1986, 498; BayVBl. 1999, 760; OVG Bautzen, NVwZ 1998, 527 = **Life & Law 1998, 536**.

389 BayVGH, BayVBl. 1986, 497; ausführlich Hemmer/Wüst, Verwaltungsrecht III, Rn. 283 ff.

390 J/D/W, § 30 BauGB, Rn. 50.

cc) Fehlendes Rechtsschutzbedürfnis

nicht mehr gültige Normen nur ausnahmsweise

Schließlich muss die Vorschrift noch gültig sein. Ist sie bereits vor Erhebung der Normenkontrollklage außer Kraft getreten, findet § 47 VwGO nur in Ausnahmefällen Anwendung:[391] 480

⇨ Wenn entweder die Vorschrift trotz Aufhebung noch wirkt, weil ein in der Vergangenheit liegender Sachverhalt nach ihr zu entscheiden ist oder

⇨ der Antragsteller noch ein Interesse analog § 113 I S. 4 VwGO an der Feststellung hat, dass die Vorschrift rechtswidrig und ungültig war (z.B. weil diese präjudizielle Wirkung für die Frage der Rechtmäßigkeit eines auf diese Norm gestützten behördlichen Verhaltens und damit für eventuelle Schadensersatzansprüche haben kann[392]).

Dogmatisch fehlt es ansonsten am Rechtsschutzbedürfnis. Die Frage kann aber aus prüfungsökonomischen Gründen bereits im Zusammenhang der Statthaftigkeit abgehandelt werden. 481

hemmer-Methode: Davon zu unterscheiden ist der Fall, dass die Vorschrift erst außer Kraft trat, nachdem der Normenkontrollantrag bereits erhoben war. In diesen Fällen soll der Antrag schon aufgrund des § 47 II VwGO (Wortlaut) zulässig bleiben.
Ein Normenkontrollantrag ist auch dann zulässig, wenn es gerade um die Frage geht, ob ein Bebauungsplan durch Funktionsloswerden außer Kraft getreten ist.[393]

Exkurs: Die Aufhebung von Bauleitplänen

(1) § 1 VIII BauGB

Aufhebungsverfahren

Durch die Aufhebung tritt ein wirksamer Bauleitplan außer Kraft. 482

Nach § 1 VIII BauGB gelten die formellen und die materiellen Vorschriften über die Aufstellung von Bauleitplänen auch für die Aufhebung (actus contrarius).

selbstständiger Beschluss

Die Gemeinde kann demnach durch selbstständigen Aufhebungsbeschluss einen Bauleitplan ersatzlos aufheben. 483

oder konkludent

Ein solcher Beschluss ist nicht notwendig, wenn der Plan lediglich durch einen neuen ersetzt werden soll. Der neue Plan löst als neues Ortsrecht den bisherigen ab, ohne dass dieser ausdrücklich aufgehoben werden müsste.[394]

> ***Bsp.:***[395] *Die Gemeinde beschließt die Aufhebung des alten Bebauungsplans. Ein kurze Zeit später neu aufgestellter Plan erweist sich als unwirksam. Was gilt?*
>
> Da die Gemeinde den ersten Plan ausdrücklich aufgehoben hat, ist dieser unabhängig von der Unwirksamkeit des zweiten Plans außer Kraft getreten. Die Zulässigkeit von Vorhaben wäre nach den §§ 34, 35 BauGB zu beurteilen.

---

391 Kopp/Schenke, § 47 VwGO, Rn. 90; J/D/W, § 30 BauGB, Rn. 77.

392 BVerwGE 68, 12 ff.

393 Unten Rn. 487 ff.

394 B/K/L, § 2 BauGB, Rn. 9.

395 Nach BVerwG, BayVBl. 1991, 180.

Da dies unter Umständen nicht den Interessen der Gemeinde entspricht, kann hier eventuell (entgegen dem oben Gesagten) der frühere Plan berücksichtigt werden (§ 30 BauGB). Voraussetzung hierfür ist allerdings, dass die Gemeinde im Aufhebungsbeschluss klarstellt, was für den Fall der Unwirksamkeit eines neuen Plans gelten soll.

Fehlt eine solche Klarstellung, ist davon auszugehen, dass zunächst der alte Plan fortbestehen soll.[396]

Aufhebung nichtiger Pläne

Auch nichtige Bebauungspläne können bzw. müssen von der Gemeinde aufgehoben werden. 484

Bsp.: *Die Gemeinde stellt die Nichtigkeit eines Bebauungsplans wegen eines Fehlers fest, der nicht nach § 214 IV BauGB behoben werden kann, und fragt, was zu tun sei.*

Die Ansicht, nichtige Bebauungspläne könnten nicht aufgehoben werden, ist zu begrifflich und daher abzulehnen.

Tatsächlich entfaltet ein nichtiger Bebauungsplan einen gewissen Rechtsschein. Die Gemeinde ist aus Gründen der Rechtssicherheit dazu verpflichtet, diesen Rechtsschein zu beseitigen. Hierfür ist ein einfacher Beschluss, der die Nichtigkeit feststellt, nicht ausreichend. Vielmehr soll der Schein der Rechtsgeltung, den auch ein nichtiger Bebauungsplan erzeugt, nur durch einen „Gegenakt der Normsetzung" beseitigt werden können.[397]

Die Gemeinde muss somit den Plan förmlich (§ 1 VIII BauGB) aufheben.

(2) Gewohnheitsrecht

keine Entstehung durch Gewohnheitsrecht

Unstreitig kann ein Bebauungsplan nicht durch Gewohnheitsrecht entstehen. 485

Bsp.:[398] *Auch die langjährige Anwendung eines unerkannt nichtigen Bebauungsplans kann diesem nicht zur Rechtswirksamkeit verhelfen.*

Festsetzungen eines Bebauungsplans können aber auch außerhalb des dafür vorgesehenen Verfahrens (§ 1 VIII BauGB) außer Kraft treten, wenn sich entgegenstehendes Gewohnheitsrecht gebildet hat. 486

Bsp.:[399] *Von gewissen Festsetzungen im Bebauungsplan wurden ständig in bestimmter Hinsicht Befreiungen erteilt.*

(3) Funktionslosigkeit

aber Funktionsloswerden

Die tatsächlichen Verhältnisse im Gebiet eines Bebauungsplans können sich so sehr verändern, dass die Festsetzungen im Plan ihre Funktion verlieren. 487

Damit dieses „Funktionsloswerden" dazu führt, dass einzelne Festsetzungen außer Kraft treten, müssen folgende Voraussetzungen erfüllt sein:[400]

⇨ Die Verhältnisse, auf die sich die jeweiligen Festsetzungen beziehen, müssen tatsächlich einen Zustand erreicht haben, der eine Verwirklichung dieser Festsetzungen auf nicht absehbare Zeit ausschließt.

---

396 BVerwG, a.a.O.

397 BVerwG, BayVBl. 1987, 310.

398 BVerwGE 55, 369 (377).

399 BVerwGE 26, 282; J/D/W, § 1 BauGB, Rn. 118, § 30 BauGB, Rn. 39 ff.

400 BVerwGE 54, 5 (11) sowie J/D/W, § 30 BauGB, Rn. 39 ff.; Bestätigung der Rechtsprechung durch BVerwG, NVwZ 2001, 1055.

⇨ Dies muss zudem so offenkundig sein, dass ein Bürger auf diese Festsetzungen des Plans kein schutzwürdiges Vertrauen mehr setzen kann.

§ 139 BGB

Der Plan insgesamt wird dadurch nicht ohne weiteres betroffen. Werden einzelne Festsetzungen des Plans funktionslos, so gelten die Grundsätze über die Teilnichtigkeit, die in § 139 BGB festgelegt sind und auch für Rechtsnormen sinngemäß herangezogen werden können.[401] 488

Auch bei Nichtigkeit einzelner Festsetzungen bleibt ein Plan grundsätzlich wirksam, sofern der wirksame Bestandteil für sich einen dem § 1 BauGB genügenden Sinn ergibt und angenommen werden kann, dass dieser auch ohne den nichtigen Teil wirksam bleiben soll. 489

Führt die Nichtigkeit einzelner Festsetzungen zu einem insgesamt völlig unvollständigen Planungskonzept, welches nicht geeignet ist, die städtebauliche Entwicklung im Plangebiet zu ordnen, so sind auch die übrigen Festsetzungen des Bebauungsplans nichtig.[402]

Normenkontrolle statthaft

Ob die Voraussetzungen für ein Funktionsloswerden vorliegen, kann im Rahmen eines Normenkontrollantrags überprüft werden.[403]

(4) Keine gemeindliche Normverwerfungskompetenz

gemeindliche Verwerfungskompetenz?

Fehlerhafte Bebauungspläne kann die Gemeinde eventuell heilen (ergänzendes Verfahren gem. § 214 IV BauGB). Ist dies nicht möglich, muss sie den Plan aufheben. 490

Eine Verwerfungsbefugnis steht der Gemeinde gerade nicht zu.

Bsp.: *Die Gemeinde hält ihren Bebauungsplan für nichtig und will ihren Entscheidungen statt des Planes die §§ 34, 35 BauGB zugrunde legen.*

Sicher steht den Gemeinden eine Normprüfungskompetenz zu, sie können ihre Bauleitpläne überprüfen bzw. überprüfen lassen.

Stellt sich hierbei die Nichtigkeit des Plans heraus, so kann dieser für zukünftige Entscheidungen keine Grundlage mehr sein. Es besteht grundsätzlich für Verwaltungsbehörden keine Verpflichtung, unwirksame Rechtsnormen anzuwenden (Art. 20 III GG).

Dennoch kann die Gemeinde ihren Plan nicht einfach außer Acht lassen, eine Normverwerfungskompetenz steht ihr nach ganz h.M.[404] nicht zu. Dies gebietet die Rechtssicherheit. Die Aufhebung nichtiger Normen ist nach unserer Rechtsordnung den Gerichten vorbehalten, der Verwaltung ist dies nicht möglich.

Antragsrecht gem. § 47 II VwGO?

Ein Antragsrecht der Gemeinde als Behörde gem. § 47 II VwGO gegen ihren eigenen Bebauungsplan ist nicht unumstritten,[405] kann im Ergebnis aber auch bejaht werden. Schließlich handelt es sich bei dem Verfahren nach § 47 VwGO um eine objektive Rechtmäßigkeitskontrolle (im Vordergrund steht also nicht der subjektive Rechtsschutz), zudem stellt das Antragsrecht eine Konsequenz aus der einhellig zugestandenen Normprüfungskompetenz dar. 491

Exkurs Ende

[401] Strittig, vgl. Palandt, § 139 BGB, Rn. 4 sowie für Bebauungspläne BVerwG, NVwZ 1990, 160.

[402] J/D/W, § 30 BauGB, Rn. 39 ff.

[403] Vgl. BVerwG, NVwZ 1999, 986; OVG Niedersachsen, IBR 2003, 47.

[404] Siehe B/K/L, § 10 BauGB, Rn. 11 m.w.N.; a.A. J/D/W, § 30 BauGB, Rn. 36 f.

[405] B/K/L, § 10 BauGB, Rn. 12; Hemmer/Wüst, Verwaltungsrecht II, Rn. 381.

2. „Im Rahmen der (i.R.d.) Gerichtsbarkeit“

§ 40 I VwGO mittelbar über § 47 I VwGO anwendbar

Der Antrag auf Normenkontrolle ist nur i.R.d. Gerichtsbarkeit des VGH (also der Rechtswegzuständigkeit nach § 40 VwGO) zulässig. 492

Der Obersatz in der Klausur lautet in etwa:

„Der Normenkontrollantrag ist zulässig hinsichtlich der Überprüfung von Rechtssätzen, zu deren Vollzug im Verwaltungsrechtsweg anfechtbare oder mit Verpflichtungsklagen erzwingbare Verwaltungsakte ergehen können oder aus deren Anwendung sonstige öffentlich-rechtliche Streitigkeiten entstehen können, für die der Verwaltungsrechtsweg gegeben ist.“[406]

hemmer-Methode: Im Prinzip läuft dies auf die Prüfung des § 40 VwGO hinaus. Zeigen Sie jedoch dem Korrektor, dass Sie die kleinen Unterschiede kennen. Halten Sie sich an den Wortlaut des Gesetzes. Der Prüfungspunkt lautet eben nicht „Eröffnung des Verwaltungsrechtsweges“, sondern „I.R.d. Gerichtsbarkeit“.

im Baurecht unproblematisch

Im Bereich des Baurechts (z.B. Überprüfung eines Bebauungsplans) ist dies nie ein Problem. 493

In der Klausur reicht daher (auch im Gutachten) der Satz:

⇨ „Der Antrag ist insoweit zulässig, da mit dem Bebauungsplan ein Rechtssatz überprüft werden soll, zu dessen Vollzug im Verwaltungsrechtsweg anfechtbare oder mit der Verpflichtungsklage erzwingbare Verwaltungsakte ergehen können.“

in Bayern: VGH statt OVG!

Zuständig ist gem. § 47 I VwGO das jeweilige Oberverwaltungsgericht des entsprechenden Landes, in Bayern gem. § 184 VwGO, Art. 1 I BayAGVwGO der Verwaltungsgerichtshof (VGH) in München. 494

3. Antrag, Antragsberechtigung, Antragsbefugnis

a) Antrag

wie Klageschrift § 81 VwGO

Der Antrag muss den Vorschriften zur Klageerhebung (§§ 81, 82 VwGO) entsprechen. Anwaltliche Vertretung ist gem. § 67 IV S. 1 VwGO erforderlich. 495

b) Antragsberechtigung

§ 47 II VwGO: Antragsberechtigung

Den Antrag stellen kann jede natürliche oder juristische Person (auch des öffentlichen Rechts), jede Personenmehrheit, die im Rechtsverkehr durch Gesetz oder gewohnheitsrechtlich hinsichtlich der Parteifähigkeit juristischen Personen gleichgestellt ist (z.B. OHG) oder die gem. § 61 Nr. 2 VwGO beteiligungsfähig ist, sowie jede Behörde (des Landes, des Bundes oder anderer Länder). 496

hemmer-Methode: Beachten Sie, dass in Bayern Behörden außer in den Fällen des § 47 II VwGO grundsätzlich nicht beteiligungsfähig sind, da es keine landesrechtlichen Vorschriften gibt, die dies bestimmen (vgl. § 61 Nr. 3 VwGO).

406 Kopp/Schenke, § 47 VwGO, Rn. 17.

b) Verhältnis zu Anfechtungs- und Verpflichtungsklage

nebeneinander möglich

510 Die Möglichkeit einer Inzidentkontrolle schließt das Rechtsschutzbedürfnis für die Normenkontrollklage nicht aus:

Der Antrag kann also auch neben einer (bereits anhängigen oder nur möglichen) Anfechtungs-/Verpflichtungsklage gestellt werden.[425] Aus § 47 IV VwGO ergibt sich, dass dies auch für eine verfassungsgerichtliche Überprüfung gilt.

c) Objektives Kontrollinteresse der Behörde

mit Ausführung der Norm befasst

511 Ist der Antragsteller eine Behörde, so ist erforderlich, dass diese mit der Ausführung der Norm befasst sein muss. Ist das der Fall, so ist der Antrag auch dann zulässig, wenn die Behörde nach Vorschriften über die Kommunalaufsicht einschreiten könnte.[426]

II. Beiladung

Beiladung

512 Nach § 47 II S. 4 VwGO gibt es i.R.d. Normenkontrollverfahrens die Möglichkeit der einfachen Beiladung nach § 65 I VwGO.

hemmer-Methode: Beachten Sie, dass die Frage der Beiladung mit der Zulässigkeit der Klage/des Antrags nichts zu tun hat. Das muss in Ihrem Prüfungsaufbau deutlich werden (eigener Prüfungspunkt!).

513 Eine notwendige Beiladung ist gesetzlich nicht vorgesehen. Allerdings kann das gerichtliche Ermessen nach § 65 I VwGO auf Null reduziert sein, wenn aus der Nichtigerklärung der Norm für die Normbegünstigten schwerwiegende Nachteile resultieren würden.[427]

III. Begründetheit der Normenkontrolle

1. Richtiger Antragsgegner

Rechtsträgerprinzip

514 Antragsgegner ist der Rechtsträger, der die angegriffene Rechtsvorschrift erlassen hat (§ 47 II S. 2 VwGO).

hemmer-Methode: Achten Sie auf die richtige Terminologie: In der Normenkontrollklage gibt es keinen Kläger und auch keinen Beklagten, sondern nur einen Antragsteller und einen Antragsgegner!

2. Prüfungsmaßstab

auch LandesR, nur nicht die Grundrechte der BV!

515 Zu überprüfen ist die entsprechende Norm hinsichtlich des gesamten Bundes- und Landesrechts. Eingeschränkt wird der Prüfungsmaßstab durch § 47 III VwGO i.V.m. Art. 98 S. 4 BV, da nach dieser Vorschrift die Frage, ob eine Rechtsvorschrift Grundrechte der BV verletzt, ausschließlich dem BayVerfGH vorbehalten ist.

§ 47 III VwGO auch bei § 47 I Nr. 1 VwGO

516 Handelt es sich bei der zu überprüfenden Vorschrift um eine Satzung nach § 47 I Nr. 1 VwGO, sollte kurz klargestellt werden, dass § 47 III VwGO, entgegen einer Mindermeinung, selbstverständlich auch hier gilt, da auch solche Satzungen Landesrecht sind.[428]

---

425 VGH München, BayVBl. 1972, 444; Hemmer/Wüst, Verwaltungsrecht II, Rn. 379.

426 J/D/W, § 30 BauGB, Rn. 78 f.

427 Kopp/Schenke, § 47 VwGO, Rn. 42a; v. Komorowski, „Beiladung im Normenkontrollverfahren“, NVwZ 2003, 1458.

428 Kopp/Schenke, § 47 VwGO, Rn. 95 m.w.N.

Bsp.: E beruft sich in seinem Normenkontrollantrag gegen einen Bebauungsplan ausschließlich auf Art. 103 BV.

Das Gericht hat § 47 III VwGO zu beachten, da dieser auch im Rahmen von § 47 I Nr. 1 VwGO gilt. Eine Überprüfung anhand von Art. 103 BV ist somit wegen Art. 98 S. 4 BV ausgeschlossen. Gleichwohl muss der VGH die Satzung überprüfen, da es eine inhaltsgleiche Vorschrift des Grundgesetzes gibt und der Antrag damit dahingehend ausgelegt werden kann, dass Art. 14 GG heranzuziehen ist.

3. Unwirksamkeit der angegriffenen Vorschrift[429]

grds. bei Normen: rechtwidrig = nichtig

Grundsätzlich ist eine Rechtsvorschrift unwirksam, wenn sie formell und/oder materiell rechtswidrig ist, also gegen höherrangiges Recht verstößt. 517-519

hemmer-Methode: Vergegenwärtigen Sie sich, dass im Gegensatz zu Verwaltungsakten, die auch rechtswidrig bestandskräftig und damit wirksam werden können, rechtswidrige Normen nach unserer Rechtsordnung grundsätzlich einer Bestandskraft nicht fähig, sondern regelmäßig nichtig sind.

a) Rechtsgrundlage

BBauPl.: §§ 1 II, 2 I S. 1, 10 BauGB

Voranzustellen ist grundsätzlich die in Betracht kommende Rechtsgrundlage, da die Probleme der Zuständigkeit, der Form und des Verfahrens von dieser abhängen können. 520

Für einen Bebauungsplan lässt sich diese Rechtsgrundlage den §§ 1 II, 2 I, 10 I BauGB entnehmen.

b) Formelle Rechtmäßigkeit

Verfahren und Form

Zu überprüfen ist, ob das Planungsverfahren ordnungsgemäß durchgeführt wurde: Die Rechtsvorschrift muss vom zuständigen Normgeber unter Beachtung sämtlicher Verfahrensvorschriften in der richtigen Form erlassen worden sein. 521

aa) Zuständigkeit: Aufgabe der Gemeinde

§ 2 I S. 1 BauGB

Gem. der Zuständigkeitsregel des § 2 I S. 1 BauGB sind die Bauleitpläne von den Gemeinden in eigener Verantwortung aufzustellen. 522

kommunale Planungshoheit

Die Befugnis der Gemeinden, ihre städtebaulichen Vorstellungen mit den Mitteln der Bauleitplanung in eigener Verantwortung zu verwirklichen, wird als sog. kommunale Planungshoheit bezeichnet.[430]

Diese Kompetenz ist auch verfassungsrechtlich gewährleistet. gem. Art. 28 II GG haben die Gemeinden das Recht, alle Angelegenheiten der örtlichen Gemeinschaft in eigener Verantwortung zu regeln. Zu diesen Angelegenheiten zählen insbesondere die Bereiche, „die in der örtlichen Gemeinschaft wurzeln und von dieser selbstständig und eigenverantwortlich bewältigt werden können".[431] 523

Die Bauleitplanung als Aufgabe, die bauliche und sonstige Nutzung der Grundstücke in der Gemeinde vorzubereiten und zu leiten (vgl. § 1 I BauGB), erfüllt diese Anforderungen.

---

429 Zur Prüfung des Bebauungsplans siehe auch die Beiträge in **Life & Law 1999, 614 ff., 687 ff.**

430 Verfolgt die Gemeinde mit ihren planerischen Festsetzungen alleine Ziele des Denkmalschutzes, handelt es sich um eine unzulässige Negativplanung, BVerwG, NVwZ 2001, 1043.

431 So z.B. BVerfGE 8, 122 (134).

hemmer-Methode: Aufgrund der zwingenden Zuständigkeitsregelung des BauGB darf in gemeindefreien Gebieten nicht auf die Regelung des Art. 10a V GO zurückgegriffen werden, wonach die Befugnisse der Gemeinde auf das Landratsamt als Staatsbehörde übergehen. Ein gemeindefreies Gebiet ist nicht „beplanbar" und muss bei einem Planungsbedürfnis zunächst eingemeindet werden.

Organkompetenz

Die Organkompetenz bestimmt sich nach der Gemeindeordnung. Da Art. 37 GO nicht eingreift, fällt die Aufstellung der Bauleitpläne grundsätzlich[432] in die Zuständigkeit des Gemeinderats, der diese allerdings nach Art. 32 II Nr. 2 GO auf den Bauausschuss übertragen kann.[433]

Exkurs: Grenzen der Befugnis zur Bauleitplanung

Grenzen: Art. 28 II GG i.R.d. Gesetze

Allerdings findet die gemeindliche Planungshoheit ihre Grenzen in verschiedenen gesetzlichen Bestimmungen,[434] die gem. Art. 28 II GG („i.R.d. Gesetze") zulässig sind. 524

Voraussetzung einer wirksamen Beschränkung der Selbstverwaltung ist jedoch, dass zumindest deren Kern unangetastet bleibt.[435] 525

***Bsp.:** Durch Gesetz soll bestimmten Gemeinden die Befugnis zum Erlass von Bauleitplänen entzogen werden. Ist das möglich?*

Die Lösung soll nach h.M.[436] davon abhängen, ob der Erlass von Bauleitplänen zum Kernbereich der gemeindlichen Selbstverwaltung gehört.

Das BVerfG[437] hat diese Frage bisher offen gelassen, nach h.M. in der Literatur gehört jedenfalls der Bebauungsplan zum Aufgabenkern (für den Flächennutzungsplan umstritten, wohl ebenfalls zu bejahen).

Die h.M.[438] geht von der grundsätzlichen Entziehbarkeit von Angelegenheiten der örtlichen Gemeinschaft aus. Art. 28 II GG wird dahingehend interpretiert, dass nur insgesamt ein Kernbereich an Aufgaben bei der Gemeinde verbleiben müsse, dass jedoch solche Angelegenheiten, die nicht zu diesem Kern gehören, durchaus durch Gesetz entzogen werden können.

Eine andere Ansicht bezieht die Schranke „i.R.d. Gesetze" nur auf die Eigenverantwortlichkeit der Aufgabenerfüllung und kommt so zu dem Ergebnis, dass den Gemeinden hinsichtlich jeder (einzelnen) Angelegenheit der örtlichen Gemeinschaft ein Kernbereich verbleiben müsse.

Diese Ansicht ist vorzuziehen. „I.R.d. Gesetze" bezieht sich syntaktisch gesehen nur auf die Eigenverantwortlichkeit. Auch der Wortlaut des Art. 28 II GG stützt dieses Ergebnis: In Art. 28 II S. 2 GG ist vom „Rahmen des gesetzlichen Aufgabenbereichs" die Rede, in Art. 28 II S. 1 GG findet sich diese Formulierung gerade nicht.

Zudem führt auch die teleologische Auslegung zu keinem anderen Ergebnis. Der Regelungszweck (Berücksichtigung überörtlicher Belange) kann auch durch eine Einschränkung der Eigenverantwortlichkeit der Aufgabenwahrnehmung erreicht werden. Es bleibt dann die Frage, inwieweit diese Eigenverantwortlichkeit im Einzelfall eingeschränkt werden kann.

Eine Entziehung insgesamt ist keinesfalls möglich.

---

432 Im Einzelnen s. sogleich.

433 Vgl. hierzu BayVGH, BauR 2009, 696 = **Life & Law 2009, 755**: Erlässt der Bauausschuss einen Bebauungsplan, obwohl er hierfür nach der Geschäftsordnung des Gemeinderates nicht zuständig war, berührt dieser bloße Verstoß gegen die Geschäftsordnung nicht die Wirksamkeit des Plans.

434 Dazu unten Rn. 561 ff.

435 BVerfGE 56, 298 (312) m.w.N.

436 Für viele B/K/L, § 2 BauGB, Rn. 4.

437 In BVerfGE 56, 298 (312).

438 Z.B. Maunz in M/D, Art. 28 GG, Rn. 52.

Übertragung §§ 203 ff. BauGB

Im BauGB selbst ist die Übertragung der Planungshoheit in den 526
§§ 203 ff. BauGB geregelt.

Im Hinblick auf obige Ausführungen muss zumindest die Verfassungsmäßigkeit des § 203 II BauGB (Übertragung gegen den Willen der Gemeinde) bezweifelt werden.[439]

Exkurs Ende

bb) Das Planungsverfahren

Klausurbedeutsam sind insbesondere Kenntnisse der wichtigsten 527
Verfahrensschritte beim Zustandekommen von Bauleitplänen und der typischerweise damit verbundenen Problemkreise.

Verfahrensschritte:		zu beachten:
Aufstellungsbeschluss, § 2 I S. 2 BauGB	→	keine Wirksamkeitsvoraussetzung
Frühzeitige Bürger- und Behördenbeteiligung, §§ 3 I, 4 I BauGB	→	einschränkbar, §§ 3 I S. 2, 13 BauGB
Beteiligung d. Träger öfftl. Belange, § 4 BauGB	→	grds. Präklusionswirkung auf materiell-rechtlicher Seite
Auslegungsverfahren, § 3 II, III BauGB	→	Auslegungsfristen eingehalten?
abschließender Satzungsbeschluss, § 10 BauGB, bzw. Feststellungsbeschluss des FlNPl.	→	kommunalrechtliche Verfahrensfehler?
evtl. Genehmigungsverfahren, § 10 II BauGB	→	spezialgesetzliche Aufsicht, § 6 BauGB
Wirksamwerden	→	neben Bekanntgabe Ausfertigung nötig

Bauleitplanverfahren

Das BauGB regelt das Verfahren nur bezüglich der baurechtlichen 528
Aspekte.

viele Vorschriften des Kommunalrechts

Der Bundesgesetzgeber hat es insbesondere dem Landeskommunalrecht überlassen, festzulegen, welche gemeindlichen Organe für welche verfahrensrechtlichen Schritte im Planaufstellungsverfahren zuständig sind.[440]

BayGO bzgl. Beschlussfassung

So bestimmt z.B. § 10 BauGB, dass der Bebauungsplan als Satzung zu beschließen ist. Wie der Beschluss im Einzelnen zustande kommt, richtet sich allein nach den Vorschriften der BayGO.

[439] Für Verfassungswidrigkeit des entspr. § 147 II BBauG (bzgl. Bebauungsplänen) siehe Schmidt-Assmann, VerwArch 1980, 117 (131). Anders B/K/L, § 203 BauGB, Rn. 2, der darauf hinweist, dass noch nicht abschließend geklärt sei, inwieweit die Planungshoheit zum Kernbereich des Art. 28 II GG gehöre.

[440] BVerwG, NVwZ 1988, 916.

Zweite Beteiligung der Träger öffentlicher Belange, § 4 II BauGB

Nach §§ 4 II S. 1, 4a II BauGB findet korrespondierend zur zweiten Bürgerbeteiligung auch eine zweite Beteiligung der Träger öffentlicher Belange statt § 4 II S. 2 BauGB setzt den Beteiligten zur Verfahrensbeschleunigung eine Frist von einem Monat zur Stellungnahme. 543

(5) Präklusion bei Bürger- und Behördenbeteiligung

§ 4a BauGB enthält gemeinsame Regelungen für die Öffentlichkeitsbeteiligung und die Beteiligung der Träger öffentlicher Belange, bspw. dass diese zusammen durchgeführt werden dürfen, § 4a II BauGB. 543a

Materielle Präklusion

Gem. § 4a VI S. 1 BauGB können Belange, die innerhalb der Öffentlichkeits- und Behördenbeteiligung nicht rechtzeitig abgegeben werden, in der Abwägung unberücksichtigt bleiben (materielle Präklusion), es sei denn

⇨ sie sind der Gemeinde bekannt,

⇨ sie hätten ihr bekannt sein müssen oder

⇨ sind für die Rechtmäßigkeit der Abwägung von Bedeutung.

Auch durch zustimmende Stellungnahmen der Träger öffentlicher Belange wird die Gemeinde von ihrer Verpflichtung, sich selbst Gewissheit über die abwägungserheblichen Belange zu verschaffen, nicht entbunden.[460] 544

hemmer-Methode: § 4a VI BauGB ist das materielle Pendant zu § 47 IIa VwGO.[461] Beide Wirkungen treten nur ein, wenn in der Bekanntmachung der Auslegung darauf hingewiesen wurde, vgl. § 3 II S. 3 BauGB.

(6) Abschließender Beschluss über den Bauleitplan

abschließender Beschluss

Nach Durchlaufen des gesetzlich vorgesehenen Verfahrens beschließt die Gemeinde den Bauleitplan in seiner endgültigen Fassung. 545

Ergeben sich hier noch Änderungen, dann: 546

⇨ muss grundsätzlich das Auslegungsverfahren wiederholt werden (§ 4a III S. 1 BauGB),

⇨ kann, wenn diese Änderungen die Grundzüge der Planung nicht berühren, das vereinfachte Verfahren nach § 13 II Nr. 2 BauGB bzw. das beschleunigte Verfahren nach § 13a II BauGB entsprechend angewendet werden.

gleichzeitige Billigung der Planbegründung

Der Bebauungsplan wird als Satzung beschlossen (§ 10 I BauGB), mit dem Beschluss wird gleichzeitig die Begründung des Plans (§ 9 VIII BauGB) gebilligt. 547

hemmer-Methode: Auch über den Flächennutzungsplan, dem als hoheitliche Maßnahme eigener Art gerade keine Rechtsnormqualität zukommt, ergeht ein abschließender Beschluss (damit auch Billigung des Erläuterungsberichts).

460 BVerwG, NVwZ-RR 1990, 122.

461 Vgl. schon oben Rn. 506a.

beachten Sie Art. 49 GO

Die jeweiligen Beschlüsse ergehen nach landesrechtlichen Vorschriften. Im Hinblick auf Art. 49 GO ist Folgendes zu beachten:[462] 548

> **Bsp.:** *Bei der Beschlussfassung über einen Bebauungsplan wird ein Gemeinderatsmitglied zu Recht gem. Art. 49 GO ausgeschlossen. Bei den vorherigen Beschlüssen (etwa über die Auslegung oder zu den vorgebrachten Bedenken der Bürger) war der Betroffene jeweils anwesend. Folge für den Bebauungsplan?*
>
> Der Bebauungsplan wäre fehlerhaft zustande gekommen, wenn das Gemeinderatsmitglied auch bei allen wesentlichen Beschlüssen des Aufstellungsverfahrens hätte ausgeschlossen werden müssen. Sinn und Zweck des Art. 49 GO ist es, die Einflussnahme betroffener Ratsmitglieder auf die Entscheidung zu verhindern.
>
> Aus den obigen Ausführungen wird jedoch klar, dass gravierende neue Entscheidungen im abschließenden Beschluss nicht mehr fallen. Somit kann der Ausschluss nur dann wirksam sein, wenn der Betroffene an der maßgeblichen Mitwirkung während des gesamten Planaufstellungsverfahrens gehindert ist.[463]
>
> Der Ausschluss bezieht sich somit auf alle wesentlichen Beschlüsse während des Aufstellungsverfahrens. Somit liegt ein Verstoß gegen Art. 49 I GO vor. Dessen Auswirkungen bestimmen sich nach Art. 49 IV GO.

Anwendung des Art. 49 GO

Art. 49 GO muss so angewendet werden, dass das Bauleitplanverfahren nicht blockiert wird. Würden auch untergeordnete Vor- und Nachteile der Gemeinderatsmitglieder berücksichtigungsfähig sein, wäre die Planungshoheit der Gemeinde gefährdet. Bei Beschlussunfähigkeit des Gemeinderates greift nämlich nach Art. 114 GO die Rechtsaufsichtsbehörde ein. 549

hemmer-Methode: Problempunkt des Art. 49 GO ist das Kriterium der Unmittelbarkeit. Schlagwortartig ist hier zwischen Individualinteresse und Gruppeninteresse zu differenzieren. Nur Ersteres kann einen Ausschluss rechtfertigen. Hier Einzelfälle auswendig zu lernen, ist uferlos und verstellt schlimmstenfalls den freien Blick für die notwendige Argumentationsarbeit. In der Klausur ist eine sinnvolle Konfliktlösung zwischen der von Art. 49 GO bezweckten Integrität des Gemeinderates und der gesetzgeberischen Entscheidung, die Planungshoheit bei der Gemeinde zu belassen, zu finden.

> **Abwandlung:** *Beschlossen wird ein Flächennutzungsplan. Zahlreiche Ratsmitglieder sind persönlich betroffen. Müssen diese ausgeschlossen werden?* 550
>
> Fraglich ist, ob sich aus einem Flächennutzungsplan tatsächlich unmittelbar Vor- und Nachteile für die Ratsmitglieder ergeben.
>
> Die Frage wird man verneinen müssen, wenn man auf das vorbereitende Element dieses Plans (§ 1 II BauGB) mehr Gewicht legt als auf das Entwicklungsgebot (§ 8 II BauGB). Da dem Plan insoweit jedoch auch vorentscheidende Bedeutung zukommt, kann dieses Argument allein nicht überzeugen.
>
> Ausschlaggebend ist wohl Folgendes: Aufgrund der räumlichen Übereinstimmung des Flächennutzungsplans mit dem Gemeindegebiet (§ 5 I BauGB) wäre immer eine größere Zahl von Gemeinderäten ausgeschlossen, was je nach Anzahl auch zur Beschlussunfähigkeit führen könnte (Art. 47 GO). Dies aber wäre mit der Planungshoheit nur schwer zu vereinbaren und war vom Gesetzgeber auch nicht beabsichtigt.[464]
>
> Anders wird bei Teiländerungen zu entscheiden sein, denn dann ist gerade nicht zwangsläufig eine größere Anzahl betroffen.[465]

---

[462] Vgl. E/Z/B, § 2 BauGB, Rn. 49 ff.

[463] So OVG Münster, NVwZ 1984, 667 ff.

[464] BVerwG, DVBl. 1971, 757.

[465] E/Z/B, § 2 BauGB, Rn. 53.

(7) Genehmigungsverfahren

Flächennutzungsplan
⇨ stets genehmigungsbedürftig (§ 6 I BauGB)

Bebauungsplan
⇨ genehmigungsbedürftig sind nur (§ 10 II BauGB)

⇨ die selbstständigen (§ 8 II S. 2 BauGB),

⇨ die vorzeitigen (§ 8 IV BauGB) und

⇨ die vorzeitig bekannt gemachten BBauPl. (§ 8 III S. 2 BauGB)

verwaltungsinternes Genehmigungsverfahren

Nach dem abschließenden Beschluss durch die Gemeinde mussten früher die Bauleitpläne in einem besonderen (verwaltungsinternen) Anzeige- bzw. Genehmigungsverfahren überprüft werden. 551

Bebauungspläne sind grundsätzlich nicht genehmigungspflichtig. Nur selbstständige Bebauungspläne, § 8 II S. 2 BauGB, vorzeitige Bebauungspläne, § 8 IV BauGB und vorzeitig bekannt gemachte Bebauungspläne nach § 8 III S. 2 BauGB bedürfen der Genehmigung.

Exkurs

Flnpl.

Die Flächennutzungspläne bedürfen gem. § 6 I BauGB der Genehmigung durch die höhere Verwaltungsbehörde. 552

Zuständig sind in Bayern gem. § 203 III BauGB i.V.m. § 2 I, II ZustVBau [Z/T Nr.63] die Landratsämter für kreisangehörige Gemeinden, sonst die Regierungen.

Rechtsaufsicht

Aus § 6 II BauGB ergibt sich, dass es sich bei der Kontrolle ausschließlich um Rechtsaufsicht handelt. Überprüft wird gerade nicht die Zweckmäßigkeit des Planes, sondern allein, ob der Flächennutzungsplan formell (verfahrensmäßig) und materiell (inhaltlich) den gesetzlichen Anforderungen entspricht. 553

Bsp.: *Die Aufsichtsbehörde verweigert die Genehmigung, weil der Plan dem Gleichheitsgebot des Grundgesetztes widerspricht.*

Die Behörde handelt rechtmäßig, da der Plan keineswegs nur anhand der Vorschriften des BauGB zu messen ist. Das ergibt schon der Wortlaut des § 6 II BauGB („sonstige Rechtsvorschriften"), im Übrigen auch der Sinn und Zweck der Aufsicht.

Anforderungen an den Plan ergeben sich insbesondere aus den auf der Grundlage des BauGB erlassenen Rechtsvorschriften (z.B. BauNVO, PlanzeichenV), aber auch aus landesrechtlichen Vorschriften oder dem Grundgesetz.[466] 554

auch Mängel, die unter §§ 214 ff. BauGB fallen, beachtlich

Wichtig: Die Einschränkungen der Wirksamkeitsvoraussetzungen (§§ 214 ff. BauGB) bewirken keine Kürzung der Rechtsaufsicht. 555

Bsp.: *Die Genehmigung wird aufgrund eines Verstoßes gegen § 4 BauGB verweigert. Die Gemeinde verweist auf § 214 BauGB und führt aus, nach § 214 BauGB unbeachtliche Fehler könnten nicht beanstandet werden.*

466 B/K/L, § 6 BauGB, Rn. 2; J/D/W, § 6 BauGB, Rn. 2 i.V.m. § 10 BauGB, Rn. 8.

Auch hier ist die Behörde im Recht. Was bereits aus dem Wesen der Rechtsaufsicht folgt (verwaltungsinterne Kontrolle), stellt § 216 BauGB klar: Auch Vorschriften, deren Verletzung nach den §§ 214, 215 BauGB nicht zur Unwirksamkeit des Planes führt, sind im Genehmigungsverfahren zu überprüfen.

hemmer-Methode: Die §§ 214, 215 BauGB wirken sich erst dann aus, wenn derartige Verstöße auch im Genehmigungsverfahren unbeanstandet blieben und der fehlerhafte Plan damit wirksam wurde.

Genehmigung ist VA

Die Genehmigung selbst (als Teil der Kommunalaufsicht) ist den Gemeinden gegenüber ein selbstständiger Verwaltungsakt. Sie kann von den Gemeinden im Wege der Verpflichtungsklage erstritten oder, im Hinblick auf eventuelle Nebenbestimmungen, durch Anfechtungsklage angegriffen werden. 556

hemmer-Methode: Nebenbestimmungen können der Genehmigung i.R.d. Art. 36 BayVwVfG beigefügt werden. Unter Umständen kann aufgrund der Befolgung der Nebenbestimmungen dann eine erneute Auslegung des Planes erforderlich werden (§ 3 III BauGB). Erfüllt die Gemeinde die Nebenbestimmungen, ist eine erneute Genehmigung nicht erforderlich.

Fiktion

Hinzuweisen ist schließlich auf die Genehmigungsfiktion des § 6 IV S. 4 BauGB. Grundsätzlich (Fristverlängerung möglich) ist über die Genehmigung binnen dreier Monate zu entscheiden (§ 6 IV S. 1 BauGB). Sie gilt als erteilt, wenn sie nicht innerhalb dieser Frist unter Angabe von Gründen abgelehnt wird. Die Fristberechnung erfolgt nach Art. 31 I BayVwVfG, §§ 187 I,[467] 188 II Alt. 1 BGB. 557

Exkurs Ende

(8) Wirksamwerden der Bauleitpläne

ortsübliche Bekanntgabe

Gem. §§ 6 V S. 1, 10 III S. 1 BauGB ist die Erteilung der Genehmigung bzw. der Planbeschluss ortsüblich (vgl. Art. 26 II BayGO i.V.m. §§ 1 ff. BekV [Z/T Nr.282]) bekannt zu geben. 558

Der Bebauungsplan ist mit Begründung und der Erklärung nach § 10 IV BauGB zu jedermanns Einsicht bereit zu halten (§ 10 III S. 2 BauGB) und tritt gem. § 10 III S. 4 BauGB mit der Bekanntmachung in Kraft.[468]

§ 10 III S. 4 BauGB ist zwingend und schließt somit aus, dass andere Zeitpunkte (z.B. nach der Gemeindeordnung) für das Inkrafttreten des Bebauungsplans bestimmt werden.[469] Art. 26 I GO gilt demnach nicht. Somit liegt nach der Bekanntmachung des Bebauungsplans eine Satzung vor, die gem. § 47 VwGO überprüft werden kann.[470]

Wie jede andere Rechtsnorm muss der Bebauungsplan ausgefertigt werden.[471] Dieses Erfordernis ergibt sich aus dem Rechtsstaatsprinzip (Art. 3 I, 76 BV bzw. Art. 76 GG).[472] Die Ausfertigung muss noch vor der Bekanntgabe des Bebauungsplans erfolgen.[473]

---

467 J/D/W, § 6 BauGB, Rn. 5 i.V.m. § 10 BauGB, Rn. 11.

468 Auch für diese Schlussbekanntmachung reicht - selbst in kleineren Gemeinden – die bloße Angabe der Nummer des Bebauungsplanes nicht aus. Das Plangebiet muss zumindest schlagwortartig gekennzeichnet werden, um dem Hinweiszweck des § 214 I S. 1 Nr. 3 BauGB gerecht zu werden, vgl. BVerwG, DÖV 2001, 130.

469 B/K/L, § 10 BauGB, Rn. 43, 44; J/D/W, § 10 BauGB, Rn. 40.

470 Siehe dazu unter Rn. 478.

471 BayVGH, BayVBl. 1991, 23.

472 BVerwG, NVwZ 1990, 285.

473 BVerwG, BayVBl. 1999, 410; J/D/W, § 10 BauGB, Rn. 55.

Ausfertigung

Der Plan muss also nebst einem die Authentizität des Plans und die Legalität des Verfahrens kurz bestätigenden Text von dem hierfür zuständigen Organ handschriftlich unterschrieben werden.[474] 559

hemmer-Methode: Nach § 4b BauGB kann die Gemeinde zur Vorbereitung und Durchführung von Verfahrensschritten auch Dritte beauftragen. Nach § 4c BauGB trifft die Gemeinde die Pflicht, auch nach Erlass eines Bebauungsplans dessen Auswirkungen auf die Umwelt zu überwachen. Dieses sog. Monitoring nach § 4c BauGB dürfte aber kaum Examensrelevanz besitzen.

c) Materielle Rechtmäßigkeit der angegriffenen Vorschrift

Vereinbarkeit mit höherrangigem Recht

Ein Bebauungsplan muss auch inhaltlich mit höherrangigem Recht vereinbar sein. Zu überprüfen sind hier in erster Linie Vorgaben aus dem BauGB, daneben können aber auch andere baurechtliche Vorschriften oder sonstiges höherrangiges Recht die Planungshoheit der Gemeinde begrenzen. Insbesondere sind die materiell-rechtlichen Planungsgrundsätze einzuhalten. 560

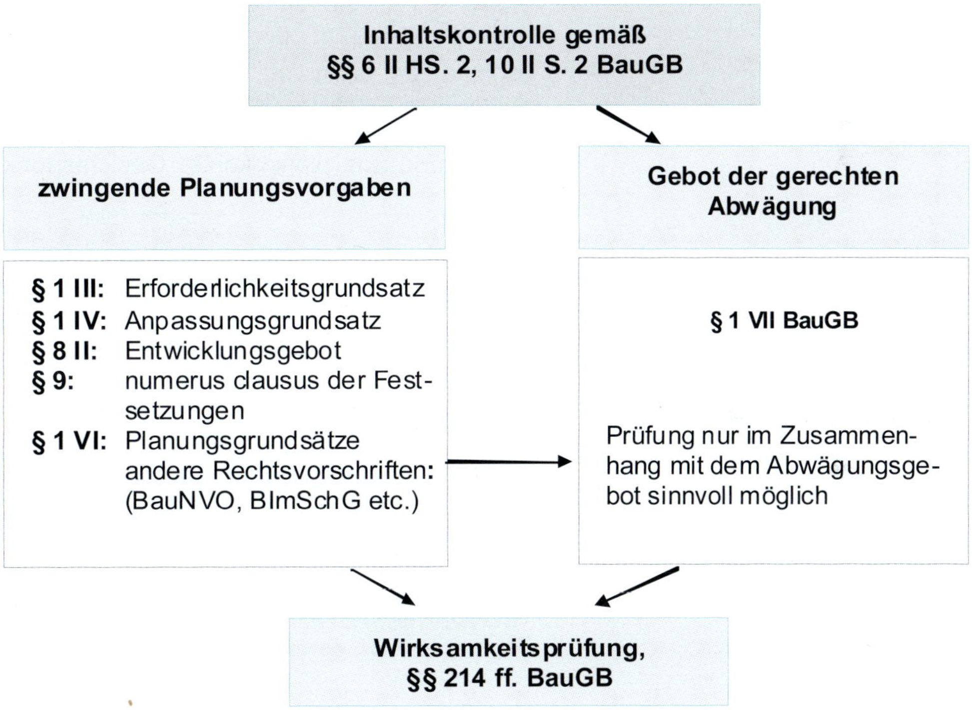

hemmer-Methode: Die Planung unterliegt der planerischen Gestaltungsfreiheit der Gemeinde, eingeschränkt durch das rechtsstaatliche Gebot der gerechten Abwägung. Das Abwägungsgebot greift aber – abgesehen von den ohnehin zwingenden Verfahrensvorschriften – erst jenseits der materiell-rechtlich zwingenden Planungsvorschriften. Wie bei einer Ermessensnorm empfiehlt es sich daher, zunächst die Befolgung dieser Vorschriften auf der „Tatbestandsseite" zu prüfen, um dann auf der „Rechtsfolgenseite" die Abwägung zu kontrollieren.

[474] So J/D/W, § 10 BauGB, Rn. 54, 56.

aa) Befugnis und Pflicht zur Planung: § 1 III BauGB

(1) Erforderlichkeit der Planung, sog. Planrechtfertigung[475]

§ 1 III BauGB: Aufstellung sobald und soweit erforderlich

Die Gemeinden haben gem. § 1 III BauGB Bauleitpläne aufzustellen, „sobald und soweit es für die städtebauliche Entwicklung und Ordnung erforderlich ist“ (sog. Planmäßigkeitsprinzip). 561

Gebot und Verbot

Sowohl der zeitliche („sobald“) als auch der räumlich-sachliche („soweit“) Umfang der Planung sind also gesetzlich bestimmt. Ausdrücklich bezieht sich Abs. 3 nur auf das Aufstellen von Bauleitplänen, er gilt aber ebenso für die Änderung, Ergänzung oder Aufhebung, vgl. § 1 VIII BauGB.[476] Die Vorschrift kann als Gebot erforderlicher und Verbot nicht erforderlicher Bauleitplanung[477] verstanden werden. 562

Da sich die Erforderlichkeit der Planung jedoch grundsätzlich nach der „planerischen Konzeption der Gemeinde“ richtet,[478] ist in dieser gesetzlichen Einbindung kein unzulässiger Eingriff in das Selbstverwaltungsrecht der Gemeinden zu sehen.

Negativplanung

Aufgrund der Planungshoheit der Gemeinde ist die Erforderlichkeit nach § 1 III BauGB allerdings nur eingeschränkt überprüfbar. Ein Verstoß gegen § 1 III BauGB stellt die sog. Negativplanung dar. Eine solche liegt dann vor, wenn unter dem Deckmantel einer Bauleitplanung völlig andere Ziele verfolgt werden oder es der Gemeinde nur um die Verhinderung eines Vorhabens geht, ohne dass diese Verhinderung aus planerischen Gesichtspunkten heraus motiviert wäre.[479]

(2) Kein Anspruch auf Bauleitplanung

kein Anspruch des Einzelnen

Zu beachten ist, dass eine Planungspflicht aus § 1 III BauGB stets nur der Allgemeinheit gegenüber besteht, dass also ein Dritter gerade keinen Anspruch auf Bauleitplanung hat (§ 1 III S. 2 BauGB). 563

Für den einzelnen Bürger stellt § 1 III BauGB kein subjektives Recht, sondern lediglich einen Rechtsreflex dar.[480]

hemmer-Methode: Allerdings kann die gemeindliche Planungspflicht im Wege der Rechtsaufsicht durchgeführt werden. gem. Art. 109 I, 110 GO kann die Aufsichtsbehörde aufsichtsrechtliche Maßnahmen treffen, eventuell auch eine Ersatzvornahme (Art. 113 GO) vornehmen.

(3) Vorabbindung durch Verwaltungsverträge?

Nach § 1 III S. 2 HS. 2 BauGB kann auch durch Verwaltungsverträge kein Anspruch auf einen Bebauungsplan begründet werden. 564-571

Eine partielle Ausnahme findet sich in § 12 II BauGB. Hier besteht für den sog. Vorhabenträger zumindest ein Anspruch auf ermessensfehlerfreie Entscheidung der Gemeinde über die Planaufstellung.

---

475 Allgemein zur Erforderlichkeit, J/D/W, § 1 BauGB, Rn. 15 ff.

476 BVerwG, DÖV 1971, 633; B/K/L, § 1 BauGB, Rn. 25.

477 So Weyreuther, DVBl. 1981, 369 (371).

478 Z.B. BVerwGE 40, 258 (263).

479 Vgl. zu den Grenzen einer sog. Negativplanung Franckenstein, BayVBl. 1997, 202; BVerwG, BayBl. 2002, 119; NVwZ 2003, 733; BayVBl. 2003, 664; BayVGH, BayVBl. 1999, 759; 2000, 433; 2001, 272: In der letzten Entscheidung spricht der BayVGH in einem Fall, in dem im Außenbereich „Flächen für die Landwirtschaft“ geplant werden, allerdings nicht von unzulässiger Negativplanung, sondern von nicht erforderlicher „Positivplanung“, da sich das gleiche bereits aus § 35 I BauGB ergebe; abw. hierzu J/D/W, § 1 BauGB, Rn. 44 ff.

480 Vgl. E/Z/B, § 1 BauGB, Rn. 42.

hemmer-Methode: Eine andere Frage ist, welche Auswirkung ein Vertrag, in dem sich die Gemeinde zur Erstellung eines Bebauungsplans verpflichtet, auf die Rechtmäßigkeit dieses Plans hat.[481]

bb) Zweistufige Planung: Entwicklungsgebot des § 8 II BauGB

zweistufige Bauleitplanung

Aus § 1 II BauGB ergibt sich ein zweistufiges System für die Bauleitplanung. Unterschieden wird zwischen einem vorbereitenden (dem Flächennutzungsplan) und einem verbindlichen Bauleitplan (dem Bebauungsplan). 572

Entwicklungsgebot, in sich stimmige Konzeption

Nach § 8 II S. 1 BauGB sollen die einzelnen Bebauungspläne für die Teilräume des Gemeindegebiets aus einem schon vorhandenen Flächennutzungsplan für den Gesamtraum entwickelt werden (sog. Entwicklungsgebot). 573

Beabsichtigt wird mit dieser Aufteilung eine systematische Planung. Die Gemeinden sollen ihre städtebauliche Entwicklung auf der Grundlage einer in sich stimmigen Grundkonzeption (für das Gebiet insgesamt) steuern.[482]

im Einzelfall Abweichungen möglich

Dabei können im Einzelfall Festsetzungen im Bebauungsplan von denen im Flächennutzungsplan durchaus abweichen; „entwickeln“ meint in diesem Zusammenhang nicht nur die bloße Konkretisierung oder Ausgestaltung. 574

> ***Bsp.:** Im Flächennutzungsplan wurde eine Fläche als Wohnbaufläche (§ 5 II Nr. 1 BauGB i.V.m. § 1 I Nr. 1 BauNVO) dargestellt, die Gemeinde will nun im Bebauungsplan ein allgemeines Wohngebiet (§ 4 BauNVO) festsetzen.*
>
> Dies ist möglich, es liegt hier ein typischer Fall der Konkretisierungsfunktion des Bebauungsplans vor.

Anders ist zu entscheiden, wenn statt einer Grünfläche im Flächennutzungsplan nun ein Gewerbegebiet festgesetzt wird. Hier wird die planerische Grundkonzeption völlig verlassen. 575

> ***Bsp.:** Im Flächennutzungsplan war eine Fläche für Gemeindebedarf vorgesehen. Im Bebauungsplan wird diese zu Lasten der ebenfalls vorgesehenen Wohnbebauung vergrößert.*
>
> Auch dies ist zulässig. Gewisse Abweichungen auch in Bezug auf räumliche Dimensionen verstoßen nicht gegen das Entwicklungsgebot.[483]

ggf. auch Parallelverfahren

Bebauungsplan und Flächennutzungsplan können auch gleichzeitig aufgestellt, geändert oder ergänzt werden (vgl. § 8 III BauGB), es liegt dann ein sog. Parallelverfahren vor. 576

vorzeitiger BBauPl.

Eine Ausnahme zum Entwicklungsgebot beinhaltet § 8 IV BauGB. Unter bestimmten Voraussetzungen kann ein Bebauungsplan auch vor dem Flächennutzungsplan aufgestellt werden (vorzeitiger Bebauungsplan). Entscheidend ist, ob die geordnete städtebauliche Entwicklung mehr durch das Warten auf den Flächennutzungsplan oder durch die vorzeitige, verbindliche Teilplanung gefährdet wird.[484] 577

Problem: unwirksamer Flnpl.

Fraglich ist die Behandlung von Bebauungsplänen, die aus einem unwirksamen Flächennutzungsplan entwickelt wurden. 578

481 Hierzu unten Rn. 620.

482 BVerwGE 56,283 (286).

483 So z.B. BVerwG, BauR 1979, 206.

484 BVerwG, BayVBl. 1985, 439.

Bsp.: Die Gemeinde entwickelt ihren Bebauungsplan aus einem unwirksamen Flächennutzungsplan. Zu Recht?

Denkbar ist ein Verstoß gegen das Entwicklungsgebot des § 8 II BauGB.

§ 8 II BauGB setzt einen rechtswirksamen Flächennutzungsplan voraus, was sich schon aus einem Umkehrschluss zu § 214 II Nr. 3 BauGB ergibt.[485] Allerdings kann sich die Gemeinde auf § 8 IV BauGB berufen, wenn die entsprechenden Erfordernisse vorliegen. Voraussetzung für den vorzeitigen Bebauungsplan ist, dass ein (wirksamer) Flächennutzungsplan nicht vorliegt, wobei unerheblich ist, ob ein solcher noch nicht aufgestellt oder aber wegen Rechtsmängeln unwirksam ist.[486]

maßgebl. Zeitpunkt ist Inkrafttreten des BBauPl.

Beachten Sie: Entscheidend für die Beurteilung, ob dem Entwicklungsgebot genügt wurde, ist der Zeitpunkt des Inkrafttretens des Bebauungsplans (§ 10 III S. 4 BauGB). *579*

Der Bebauungsplan muss sich zu diesem Zeitpunkt als aus einem gültigen Flächennutzungsplan entwickelt darstellen.[487]

hemmer-Methode: Wurde gegen § 8 II - IV BauGB verstoßen, ist der Bebauungsplan rechtswidrig und damit grundsätzlich auch nichtig. Die Ausnahmen finden sich in § 214 II BauGB.[488]

cc) Verhältnis zu anderen Planungen, § 1 IV BauGB

(1) Übersicht (Planungsstufen)

- Raumordnungsprogramm des Bundes (§§ 1 ff. ROG) *580*
- Landesentwicklungsprogramm (Art. 13 BayLPG)
- Regionalpläne (Art. 17 BayLPG)
- Fachplanungen (nach BauGB, FernStrG usw.)

(2) Anpassung an die Ziele der Raumordnung: § 1 IV BauGB

hemmer-Methode: Im Ersten Staatsexamen werden hier, mit Ausnahme der Wahlfachgruppe, keine vertieften Kenntnisse erwartet. Im Normalfall der Klausur treten hier also keine Probleme auf. Im Zweiten Staatsexamen kann § 1 IV BauGB hingegen das Einfallstor für die ebenfalls zum Pflichtstoffbereich gehörenden Probleme der Raumordnung und Landesplanung sein.

vier Abschnitte

Das Raumordnungsgesetz gliedert sich in vier Abschnitte: *581*

Abschnitt eins enthält die allgemeinen Vorschriften, die neben der Aufgabe, der Leitvorstellung und den Grundsätzen der Raumordnung wichtige Begriffsbestimmungen sowie die Bindungswirkungen der Erfordernisse der Raumordnung umfassen.

Abschnitt zwei behandelt die Raumordnung in den Ländern. Er enthält die rahmenrechtlichen Vorgaben für die Länder zur Schaffung von Rechtsgrundlagen für die Landesplanung, die nach § 22 ROG innerhalb von vier Jahren in Landesrecht umzusetzen sind. In den Ländern werden diese Vorgaben in den Landesplanungsgesetzen umgesetzt (vgl. BayLPG, Z/T Nr. 417).

---

485 B/K/L, § 8 BauGB, Rn. 5; BVerwG, DÖV 1979, 214 (215).

486 Vgl. E/Z/B, § 8 BauGB, Rn. 19.

487 BVerwG, BauR 1978, 449 (450).

488 Unten Rn. 625 ff.

Abschnitt drei enthält die Raumordnung des Bundes, und Abschnitt vier enthält Überleitungs- und Schlussvorschriften.

Aufgabe der Raumordnung

Die Aufgabe der Raumordnung wird nun in § 1 I ROG mit der Erstellung von zusammenfassenden, übergeordneten Raumordnungsplänen und der Abstimmung raumbedeutsamer Planungen und Maßnahmen beschrieben. Die Leitvorstellung ist nach § 1 II ROG eine nachhaltige Raumentwicklung, die die sozialen und wirtschaftlichen Ansprüche an den Raum mit seinen ökologischen Funktionen in Einklang bringt und zu einer dauerhaften, großräumig ausgewogenen Ordnung führt. 582

Die Konkurrenz zwischen örtlichen und überörtlichen Raumnutzungsinteressen ist schon in § 4 I ROG zugunsten der Landesplanung entschieden. Die sich daraus für die Bauleitplanung ergebende Beachtungspflicht bezüglich der Ziele der Raumordnung deckt sich materiell mit der in § 1 IV BauGB normierten Anpassungspflicht. 583

Gegenstromprinzip

Der gemeindlichen Planung kann somit ein bestimmter Rahmen gesetzt werden, der sich aus überörtlichen Gesichtspunkten ergibt. 584

Als Ausgleich hierfür haben die Gemeinden die rechtlich gesicherte Möglichkeit, auf die Ziele der Raumordnung Einfluss zu nehmen, § 7 V, VI ROG. Zugrunde liegt diesen Abstimmungsvorschriften die Vorstellung des Gegenstromprinzips, vgl. § 1 III ROG. Die Ordnung der jeweiligen Einzelräume soll sich in die Ordnung des Gesamtraums einfügen, die Ordnung des Gesamtraums andererseits soll die Gegebenheiten und Erfordernisse seiner Einzelräume berücksichtigen.

hemmer-Methode: Von den „Zielen" der Raumordnung sind deren „Grundsätze" (§ 2 ROG) zu unterscheiden: Ganz allgemein sind unter den „Grundsätzen" (Definition in § 3 Nr. 3 ROG) die politischen Leitvorstellungen über die Ordnung und Entwicklung von Räumen zu verstehen, unter den „Zielen" (Definition in § 3 Nr. 2 ROG) die konkreten Raumnutzungsentscheidungen, durch welche die Grundsätze verwirklicht werden. Ziele der Raumordnung entfalten nach § 4 I ROG bei raumbedeutsamen Planungen und Maßnahmen (Definition in § 3 Nr. 6 ROG) eine strikte Beachtungspflicht. Die Grundsätze der Raumordnung sind bei raumbedeutsamen Maßnahmen in der Abwägung oder bei Ermessensentscheidungen nach Maßgabe der dafür geltenden Fachgesetze zu berücksichtigen.

Exkurs: Koordinierung mit anderen Fachplanungen

Neben den Vorgaben der Raumordnung und Landesplanung schränken auch staatliche Fachplanungen die gemeindliche Planungshoheit ein. 585

Planfeststellungsverfahren

Gem. § 38 BauGB verdrängen bestimmte (sog. privilegierte) Fachplanungen die Planungen der Gemeinde.

§ 38 BauGB umfasst dabei auch sämtliche landesrechtlichen Planfeststellungen. Voraussetzung ist, dass dem Vorhaben eine überörtliche Bedeutung zukommt. In diesen Planfeststellungsverfahren sind die §§ 29 bis 37 BauGB nicht anzuwenden, aber städtebauliche Belange zu berücksichtigen. Voraussetzung ist jedoch, dass die Gemeinde im Planfeststellungsverfahren beteiligt wird (vgl. § 38 S. 1 BauGB a.E.).

Bindung von Trägern öffentlicher Belange

Durch diese Vorschrift wird die Bindung von Trägern öffentlicher Belange an die Darstellungen des Flächennutzungsplans nach § 7 BauGB nicht aufgehoben, die dann eintritt, wenn der Träger dem Plan nicht rechtzeitig widersprochen hat (§ 38 S. 2 BauGB): 586

Gem. § 4 I S. 1 BauGB haben diese nämlich das Recht, im Verfahren der Aufstellung der Bauleitpläne frühzeitig beteiligt zu werden.

Waren sie beteiligt und haben dem Plan nicht widersprochen, so haben sie ihre eigene Planung dem Flächennutzungsplan der Gemeinde anzupassen.

Diese Bindung besteht zwar nach dem Wortlaut des § 7 BauGB zunächst nicht für Bebauungspläne. Bewegen sich die Gemeinden jedoch mit ihrem Bebauungsplan i.R.d. Flächennutzungsplans, wirkt die Bindung der Fachplanungsträger an dem Flächennutzungsplan fort, auch die Festsetzungen des Bebauungsplans nehmen dann an der Bindungswirkung teil. *587*

Allerdings entfällt diese Bindung bei veränderter Sachlage (§ 7 S. 3 u. 4 BauGB). Voraussetzung ist eine Änderung der objektiven Umstände, nicht ausreichend ist die andersartige subjektive Bewertung eines unveränderten Sachverhalts.[489]

Eine andere Möglichkeit, Fach- und Bauleitplanung zu koordinieren, bietet § 205 I BauGB. Gemeinden und sonstige öffentliche Planungsträger können sich zu einem Planungsverband zusammenschließen, um durch gemeinsame Planung den Ausgleich der verschiedenen Belange zu erreichen. *588*

Exkurs Ende

(3) Abstimmung zwischen den Gemeinden

§ 2 II S. 1 BauGB normiert das Gebot der zwischengemeindlichen Abstimmung der Bauleitpläne. *589*

Die planende Gemeinde hat die Belange ihrer Nachbargemeinden materiell soweit zu berücksichtigen, dass unmittelbare Auswirkungen gewichtiger Art auf deren Planungshoheit vermieden werden.[490] Benachbart sind nicht nur angrenzende Gemeinden, sondern auch diejenigen, deren örtliche, private oder öffentliche Belange durch die Bauleitplanung einer anderen Gemeinde berührt werden.

hemmer-Methode: Der Nachbarbegriff des § 2 II BauGB ist damit weiter als der sonst im Baurecht übliche und erinnert eher an den immissionsschutzrechtlichen Nachbarbegriff des § 3 I BImSchG!

Auswirkungen auf zentrale Versorgungsfunktionen

Nach § 2 II S. 2 BauGB können sich die (Nachbar-)Gemeinden auch auf die ihnen durch die Ziele der Raumordnung zugewiesenen Funktionen sowie auf Auswirkungen auf ihre zentralen Versorgungsfunktionen berufen.

hemmer-Methode: Damit kann die Nachbargemeinde neben ihren planerischen Absichten auch ihre sich aus der Raumordnung ergebenden Rechte verteidigen.[491] Da es sich um Aspekte der Raumordnung handelt, dürfte dies aber nur im Schwerpunktbereich und im Zweiten Staatsexamen von Belang sein.

In diesem Zusammenhang wird die Rechtmäßigkeit von sog. Factory Outlet Centern erörtert, welche Einkaufszentren gem. § 11 III Nr. 1 BauNVO darstellen.

489 E/Z/B, § 7 BauGB, Rn. 16 ff.

490 So BVerwGE 40, 323 (331).

491 J/D/W, § 2 BauGB, Rn. 11.

Nachbargemeinden können sich nicht nur gegen entsprechende Bebauungspläne zur Wehr setzen[492], sondern auch eine Baugenehmigung im Einzelfall für ein solches Center (und nicht nur einen Bebauungsplan der Nachbargemeinde) mit der Begründung anfechten, das Vorhaben führe zu unmittelbaren Auswirkungen gewichtiger Art auf ihre städtebauliche Entwicklung und verstoße daher gegen § 2 II BauGB. Jedoch wird nicht in jeder Beeinträchtigung ein Verstoß gegen § 2 II BauGB gesehen.[493]

hemmer-Methode: Diese Rechtsprechung ist für Einzelvorhaben im § 34 III BauGB kodifiziert.[494] I.R.d. § 35 BauGB wird diese Problematik über den ungeschriebenen Belang des Planungserfordernisses gelöst.[495] Die Konsequenz ist, dass ein solches Vorhaben im Außenbereich in aller Regel wegen einer Beeinträchtigung öffentlicher Belange unzulässig ist und deshalb vor der Realisierung eines solchen Projekts zunächst ein Bebauungsplan aufgestellt werden muss.

Die Abstimmungspflicht nach § 2 II BauGB ist ein Unterfall der Planabwägung nach § 1 VII BauGB, sodass die Belange der Nachbargemeinde in die Abwägung nach § 1 VII BauGB einzustellen sind.[496] *590*

Formell wird das Abstimmungsrecht durch § 4 BauGB gesichert, auch die Nachbargemeinden zählen zu den Trägern öffentlicher Belange[497]. § 2 II BauGB ist verfahrensrechtlich ein Unterfall der Beteiligung der Träger öffentlicher Belange. *591*

hemmer-Methode: Der Anspruch auf Abstimmung kann im Verwaltungsrechtsweg durch eine – auch vorbeugende[498] – Unterlassungs- bzw. Feststellungsklage geltend gemacht werden.[499] Auch vorläufiger Rechtsschutz ist möglich (einstweilige Anordnung gem. § 123 VwGO). Ist das Bebauungsplanverfahren abgeschlossen, bleibt der Gemeinde das Normenkontrollverfahren (§ 47 VwGO).

dd) § 9 BauGB: Numerus clausus der möglichen Festsetzungen

numerus clausus

Festsetzungen im Bebauungsplan sind nur i.R.d. § 9 BauGB zulässig. § 9 Nr. 1 - 9 BauGB beschreiben die mögliche bauliche Nutzung der Flächen, die Nr. 10 - 24, 26 die Nutzung der nicht zu bebauenden Flächen und Nr. 25 Bepflanzungsfestsetzungen. Daneben sind landesrechtliche Festsetzungen über § 9 IV BauGB i.V.m. Art. 81 BayBO zulässig. *592*

Planklarheit und Planbestimmtheit

Die Festsetzungen im Plan müssen so klar und bestimmt sein, dass die zugelassene Nutzung für den Kreis der vom Bebauungsplan betroffenen Grundstücksnachbarn erkennbar und bzgl. der ausgehenden Emissionen vorhersehbar ist.[500] *593*

Die Grundsätze der Planklarheit und -bestimmtheit folgen aus der Eigenschaft des Bebauungsplans als Rechtssatz (§ 10 BauGB). Zudem sind viele der Festsetzungen des § 9 BauGB letztlich Inhaltsbestimmungen des Eigentumsrechts i.S.d. Art. 14 I S. 2 GG.

---

492 OVG Koblenz, **Life & Law 1999, 619**; BayVGH, BayVBl. 2000, 272 = **Life & Law 2000, 830**; OVG Greifswald, NVwZ 2000, 826.

493 BverwG, DVBl. 2003, 62 = NVwZ 2003, 86 = IBR 2003, 10 = **Life & Law 2003, 287**, bspr. v. Wurzel/Probst, DVBl. 2003, 197.

494 J/D/W, § 34 BauGB, Rn. 86 ff.

495 Vgl. oben Rn. 185.

496 BVerwG, DÖV 1973, 200 sowie B/K/L, § 1 BauGB, Rn. 102 f.; J/D/W, § 2 BauGB, Rn. 4.

497 Siehe J/D/W, § 2 BauGB, Rn. 4.

498 Zu den besonderen Voraussetzungen des vorbeugenden Rechtsschutzes vgl. unten, Rn. 646 und v.a. Hemmer/Wüst, Verwaltungsrecht III, Rn. 265 ff.

499 E/Z/B, § 2 BauGB, Rn. 74.

500 BVerwG, DVBl. 1988, 845 f.

hemmer-Methode: § 9 BauGB war bereits Examensgegenstand.[501] Da sich die Unbestimmtheit einer Festsetzung i.d.R. erst durch den Vergleich mit der tatsächlich beabsichtigten Nutzung ergibt (im Examensfall war eine Grünfläche i.S.d. § 9 I Nr. 15 BauGB festgesetzt und eine Tennisanlage beabsichtigt), bestehen hier zwei Lösungsmöglichkeiten. Entweder man betrachtet den Plan isoliert, dann ist er zwar wirksam, aber die angestrebte Nutzung ist unzulässig. Oder man zieht die angestrebte Nutzung heran und verwirft den Plan wegen Unbestimmtheit.

ee) Die Planungsgrundsätze des § 1 V, VI BauGB

Grundsätze der Bauleitplanung

§ 1 V BauGB enthält rahmenartige Vorgaben für die Planabwägung und gibt der Gemeinde grundsätzliche Zielsetzungen mit auf den Weg.[502] Diese stellen für den Inhalt der Bauleitpläne keine strikten Anforderungen dar, die unmittelbar in Darstellungen bzw. Festsetzungen umgesetzt werden sollen, sondern offen formulierte Aspekte, die die Gemeinde im Auge haben muss, wenn sie konkret städtebaulich plant.[503] 594

Während § 1 V BauGB die allgemeinen Ziele der Bauleitplanung bestimmt, konkretisiert § 1 VI BauGB diese Vorgaben durch einen nicht abschließenden („insbesondere“), Katalog fest umrissener Planungsleitlinien.

unbestimmte Rechtsbegriffe

Die Interpretation der in § 1 VI BauGB verwendeten weithin unbestimmten Rechtsbegriffe unterliegt uneingeschränkt der gerichtlichen Kontrolle.[504] 595

Bsp.: Ein genehmigungspflichtiger Bebauungsplan soll nicht genehmigt werden, weil die Verkehrssicherheit nicht hinreichend berücksichtigt wurde. Die Gemeinde glaubt, die Verkehrssicherheit werde von § 1 VI Nr. 9 BauGB gar nicht umfasst, zudem greife hier ihr Planungsermessen. Sie selbst sieht keine Gefahren für die Verkehrssicherheit.

Entgegen der Vorstellung der Gemeinde gehört zu den „Belangen des Verkehrs“ i.S.d. § 1 VI Nr. 9 BauGB auch der Gesichtspunkt der Verkehrssicherheit.[505] Da der unbestimmte Rechtsbegriff der gerichtlichen Überprüfung unterliegt, wird sich die Gemeinde mit ihrer Auffassung nicht durchsetzen.

Außerdem ist die Einschätzung der Verkehrssicherheit nicht vom gemeindlichen Planungsermessen gedeckt, auch insoweit findet im Streitfall eine gerichtliche Kontrolle statt.

Zusammenstellung öffentlicher und privater Belange

Die besondere Bedeutung des Katalogs liegt weiterhin in der Zusammenstellung wichtiger öffentlicher und privater Belange, die in die Abwägung nach § 1 VII BauGB einzustellen sind. 596

hemmer-Methode: Die Gewichtung der einzelnen Belange innerhalb der Abwägung als Akt des planerischen Ermessens ist von der Auslegung und Anwendung der Planungsleitlinien streng zu unterscheiden. Innerhalb der Abwägung steht den Gemeinden ein planerischer Ermessensbereich zu, bei der Frage nach dem Inhalt der Planungsleitlinien und den sich daraus ergebenden Konsequenzen gerade nicht.

501 1989 I 7, BayVBl. 1991, 287, 316.

502 J/D/W, § 1 BauGB, Rn. 68.

503 J/D/W, § 1 BauGB, Rn. 68 ff.

504 BVerwGE 34, 301 (308) oder auch J/D/W, § 1 BauGB, Rn. 69 mit kritischen Anmerkungen.

505 B/K/L, § 1 BauGB, Rn. 75.

ff) Das Gebot der Abwägung des § 1 VII BauGB

Abwägungsgebot

Das in § 1 VII BauGB enthaltene Abwägungsgebot ist die zentrale Vorschrift im Hinblick auf die Planungsentscheidungen der Gemeinden. 597

Das Gebot fehlerfreier Abwägung ist nach der Rechtsprechung[506] ein Element des verfassungsrechtlichen Rechtsstaatsprinzips und steht insofern nicht zur Disposition des Gesetzgebers.

Niederschlag im Plan notwendig

Zudem bezieht es sich gleichermaßen auf den Planungsvorgang (also das Planungsverfahren) wie auf das Planungsergebnis.[507] 598

Ihm ist deshalb nur dann genügt, wenn die gerechte Abwägung sich tatsächlich im endgültigen Plan niederschlägt.

dreiteilige Abwägung

Der Wortlaut der Vorschrift („sind die öffentlichen und privaten Belange gegeneinander und untereinander gerecht abzuwägen") ergibt – systematisch betrachtet – eine Dreiteilung. 599

Abzuwägen sind:

⇨ die öffentlichen Belange untereinander,

⇨ öffentliche und private Belange gegeneinander,

⇨ die privaten Interessen untereinander.

grds. Gleichgewichtigkeit der Belange

Soweit öffentliche und private Belange abwägungsbeachtlich sind, unterliegen sie den allgemeinen Regeln der Abwägung. 600

Auszugehen ist dabei von der grundsätzlichen Gleichgewichtigkeit der einzelnen Belange.[508] Allerdings können sich aus der jeweiligen Plansituation heraus oder aufgrund spezieller gesetzlicher Regelungen bestimmte Gewichtungsvorgaben ergeben.

Zu beachten ist hier insbesondere § 1a BauGB mit dem eine zusammenfassende Vorschrift über die Berücksichtigung umweltschützender Belange in der Abwägung eingeführt worden ist.

(1) Die Abwägungsfehlerlehre

nur eingeschränkte gerichtliche Kontrolle

Zu beachten ist, dass im Gegensatz zur Auslegung der Planungsleitlinien[509] die Frage, ob der jeweiligen Planung eine gerechte Abwägung zugrunde liegt, nur einer eingeschränkten Kontrolle (durch Aufsichtsbehörde oder Verwaltungsgericht) unterliegt.[510] 601

Vorgang und Ergebnis nachprüfbar

Lediglich im Hinblick darauf, ob der Vorgang des Abwägens und das Ergebnis der Abwägung dem Gebot der gerechten Abwägung entsprechen, ist eine aufsichtliche oder gerichtliche Kontrolle möglich.[511]

---

506 Z.B. BVerwGE 41, 67.

507 Friauf, a.a.O., S.500 m.w.N., a.A. Koch/Hösch, a.a.O., S.155 f.

508 BVerwG, BauR 1975, 35.

509 Unbestimmte Rechtsbegriffe, vgl. oben, Rn. 595.

510 J/D/W, § 1BauGB, Rn. 74.

511 E/Z/B, § 1 BauGB, Rn. 190.

Die Anforderungen, die somit an das Abwägungsgebot zu stellen sind, lassen sich folgendermaßen zusammenfassen:[512] 602

- ⇨ Eine Abwägung muss überhaupt stattfinden.
- ⇨ Alle einschlägigen Belange müssen in die Abwägung eingestellt werden.
- ⇨ Die Bedeutung und das Gewicht der einzelnen abwägungserheblichen öffentlichen und privaten Belange darf nicht verkannt werden.
- ⇨ Der Ausgleich zwischen den entscheidungserheblichen Belangen darf im Konfliktfall nicht in einer Weise vorgenommen werden, die zur objektiven Gewichtigkeit einzelner Belange außer Verhältnis steht.

Planungsermessen der Gemeinde

Besonders auf der letzten Stufe kommt das Planungsermessen der Gemeinde zur Geltung: 603

Das Abwägungsgebot ist nicht verletzt, wenn sich die Gemeinde innerhalb dieser Vorgabe im Falle einer Kollision zwischen verschiedenen Belangen für den einen und damit notwendigerweise gegen einen anderen entscheidet.

> ***Bsp.:*** *Bei der geplanten Verbreiterung einer Straße können Belange des Verkehrs (§ 1 VI Nr. 9 BauGB) sowie des Denkmalschutzes (§ 1 VI Nr. 5 BauGB) betroffen sein. Die Gemeinde entscheidet sich zugunsten des Verkehrs.*

Abwägungsfehler:

Kommt die Gemeinde im Einzelfall diesen Anforderungen nicht nach, so ist – je nach Stadium – zwischen folgenden Abwägungsfehlern zu unterscheiden: 604

- ⇨ **Abwägungsausfall:**
  Die sachgerechte Abwägung fehlt überhaupt.
- ⇨ **Abwägungsdefizit:**
  Es wurden gerade nicht alle erheblichen Belange in die Abwägung eingestellt.
- ⇨ **Abwägungsfehleinschätzung:**
  Die Bedeutung eines einzelnen Belangs wurde verkannt.
- ⇨ **Abwägungsdisproportionalität:**
  Einzelne Belange untereinander wurden falsch gewichtet.

> ***Bsp.:*** *Die Gemeinde bezieht in ihre Planung die Auswirkungen des Bebauungsplans auf die Vorhaben einer Nachbargemeinde nicht ein.*[513]
>
> Es liegt ein Fall des Abwägungsdefizits vor.

> ***Bsp.:*** *Die Gemeinde plant ein Industriegebiet in der Nähe einer kleinen Wohnsiedlung, weil sie glaubt, auf die Interessen von nur wenigen Bewohnern komme es nicht an.*
>
> Hier verkennt die Gemeinde die Bedeutung eines gesetzlichen Planungsleitsatzes (§ 1 VI Nr. 1 BauGB), es liegt eine Abwägungsfehleinschätzung vor.

> ***Bsp.:*** *Die Gemeinde überplant eine Altlast, obwohl ihr die daraus resultierenden Gesundheitsgefahren bewusst sind. Sie glaubt jedoch, die notwendige Baugebietsausweisung habe auf jeden Fall Vorrang.*[514]
>
> Die Gemeinde führt hier einen Ausgleich zwischen einzelnen Belangen durch, der zu ihrem objektiven Gewicht in krassem Missverhältnis steht, sog. Abwägungsdisproportionalität.

---

[512] St. Rspr., vgl. z.B. BVerwGE 34, 301 (309).

[513] BVerwGE 84, 209 (218).

[514] BGHZ 106, 323.

hemmer-Methode: Nach Einführung des § 2 III BauGB geht die wohl h.M. davon aus, dass nur noch die Abwägungsdisproportionalität als materieller Fehler zu sehen ist, während die übrigen Abwägungsfehler künftig i.R.d. § 2 III BauGB zu verorten sind.[515] Wichtig ist dies im Hinblick auf die Fehlerfolgen, § 214 I Nr. 1, III BauGB, wobei auch hier im Ergebnis keine allzu großen Unterschiede bestehen.[516] Sie sollten in einer Klausur der h.M. folgen und insbesondere Abwägungsausfall und –defizit bereits in der formellen Rechtmäßigkeit des Plans prüfen.[517]

(2) In die Abwägung einzustellende Belange

spezifizierte und weitere Belange i.S.v. § 1 V BauGB

Einzustellen in die Abwägung sind als öffentliche Belange zunächst alle spezifizierten Belange i.S.d. § 1 VI BauGB, darüber hinaus alle weiteren öffentlichen Interessen, die mit der städtebaulichen Entwicklung und Ordnung in Zusammenhang stehen, insbesondere die Bauleitplanung der benachbarten Gemeinden, § 2 II BauGB.[518] 605

räumlich und sachlich konkrete Betrachtungsweise

Auch der Begriff der privaten Belange ist weit auszulegen. Umfasst werden hiervon nicht nur die verfassungsrechtlich oder einfachgesetzlich geschützten Belange (z.B. Grundeigentum oder dingliche Rechte wie Grunddienstbarkeiten), sondern ganz allgemein alle Interessen, die „nach Lage der Dinge“ – also bei räumlich und sachlich konkreter Betrachtungsweise – zu berücksichtigen sind, alle schutzwürdigen Interessen, die von einem Plan mit gewisser Wahrscheinlichkeit nicht nur geringfügig betroffen werden.[519]

einzelne Anforderungen bzw. Grundsätze

Die Bemühungen der Rechtsprechung, das Gebot der gerechten Abwägung möglichst hinreichend zu präzisieren, führten zu weiteren – inzwischen allgemein anerkannten – Anforderungen an den Abwägungsvorgang und das Ergebnis: 606

(a) Der Grundsatz der räumlichen Trennung

räumliche Trennung

Das Gebot der gerechten Abwägung ist nur dann erfüllt, wenn bei der Planung auf Emissionen und Immissionen (vgl. Definition in § 3 II und III BImSchG) geachtet wird, die von der geplanten Bebauung ausgehen werden bzw. denen diese Bebauung ausgesetzt sein wird. 607

z.B. nicht Wohn- neben Industriegebiet

Es stellt ein wesentliches Element einer geordneten städtebaulichen Entwicklung dar, dass z.B. „Wohngebiete und die nach ihrem Wesen umgebungsbelastenden Industriegebiete möglichst nicht nebeneinander liegen sollten“.[520]

vgl. § 50 BImSchG

Bestätigt wird dieser Grundsatz durch die verbindliche Planungsdirektive des § 50 BImSchG. Dieses Optimierungsgebot[521] enthält die Verpflichtung, Beeinträchtigungen so gering wie möglich zu halten.

Gleichwohl verlangt der Trennungsgrundsatz keine schematische Aneinanderreihung etwa nach der Reihenfolge, die durch die §§ 2 ff. BauNVO vorgegeben wird. 608

Einzelfall maßgeblich

Ob ein Nebeneinander verschiedener Nutzungen zulässig ist, lässt sich jeweils nur anhand des Einzelfalles klären.

---

[515] OVG Lüneburg, NVwZ-RR 2005, 10.

[516] Die Gegenansicht will § 2 III BauGB auf das Vorfeld der Abwägung im Gemeinderat beziehen und die Abwägungsfehlerlehre als solche nicht ändern, vgl. J/D/W, § 1 BauGB, Rn. 93 f.; weniger eindeutig § 2 BauGB, Rn. 17.

[517] Vgl. oben Rn. 534a.

[518] Vgl. schon oben Rn. 589.

[519] So BVerwGE 59, 87 (102).

[520] BVerwGE 45, 309 (327).

[521] J/D/W, § 1 BauGB, Rn. 104 ff.

Gemengelagen

Dass eine strikte Trennung oft nicht möglich ist, zeigt sich besonders bei Planungen in einem bereits bebauten Gebiet, in dem miteinander nicht verträgliche Nutzungen aufeinander treffen (sog. Gemengelagen).

Es kommt dann ein weiterer Grundsatz zum Zuge: 609

(b) Das Gebot der Rücksichtnahme

Gebot der Rücksichtnahme (GdR)

Dieser Grundsatz ist zu einem das Baurecht insgesamt beherrschenden Gebot ausgeformt worden, wenngleich das eigentliche Anwendungsgebiet in der Beurteilung der Zulässigkeit einzelner Vorhaben liegt.[522] 610

Verhältnismäßigkeit

Seine Wurzeln hat das Rücksichtnahmegebot im verfassungsrechtlichen Verhältnismäßigkeitsprinzip.

insbes. bei Gemengelagen

Besondere Bedeutung kommt diesem Gebot bei den oben beschriebenen Nutzungskonflikten in sog. Gemengelagen zu.[523] In solchen Situationen hat die Gemeinde bei der Abwägung Abstriche auf beiden Seiten zu machen. 611

> ***Bsp.:*** *Einer Wohnbebauung kann unter Umständen eine höhere Belastung zugemutet werden als in einem Wohngebiet normalerweise üblich ist, ein Gewerbe darf weniger emittieren als in einem Gewerbegebiet.*

a.A.: GdR an sich überflüssig

Nach anderer Ansicht[524] sollen derartige Probleme durch die direkte Anwendung des Verhältnismäßigkeitsgrundsatzes gelöst werden, da das Gebot der Rücksichtnahme nichts anderes regele und daher überflüssig sei. 612

In der Tat sind die so erzielten Ergebnisse die gleichen. Letztendlich lassen sich diese Fälle auch durch die genaue Überprüfung des vierten Schrittes des Abwägungsvorganges lösen:[525] Denn liegt ein Verstoß gegen das Rücksichtnahmegebot vor, ist eben gerade kein Ausgleich zwischen den verschiedenen Belangen dergestalt vorgenommen worden, dass diese Belange ihrer objektiven Gewichtigkeit nach in einem angemessenen Verhältnis stehen. Und eben deswegen ist die Abwägung fehlerhaft.

(c) Gebot der Konfliktbewältigung

Gebot der Konfliktbewältigung

Nach h.M.[526] darf die Abwägung auch nicht gegen das sog. Gebot der Konfliktbewältigung verstoßen. 613

> ***Bsp.:***[527] *Ein Bebauungsplan sieht die Errichtung eines Grundlastkraftwerkes vor. In der Nähe befinden sich bereits ein Heizkraftwerk, eine Müllverbrennungsanlage sowie ein Klärwerk. In der weiteren Umgebung schließen sich Wohngebiete an.*
>
> Der Bebauungsplan wurde wegen einer Verletzung des mit dem Abwägungsgebot im Zusammenhang stehenden Gebots der Konfliktbewältigung für nichtig erklärt.
>
> Die planende Gemeinde hätte sowohl Emissionsgrenzwerte für die geplante Anlage als auch eine Reduzierungs- oder Stillegungsanordnung für das benachbarte Kraftwerk festsetzen müssen. „Der Bebauungsplan habe gerade nicht die ihm anzurechnenden Konflikte bewältigt".[528]

---

522 Vgl. Rn. 352 ff.

523 E/Z/B, § 1 BauGB, Rn. 261 ff., insbes. Rn. 265.

524 Koch/Hösch, a.a.O., S.163.

525 Vgl. Rn. 602.

526 J/D/W, § 1 BauGB, Rn. 31 ff.

527 Nach OVG Berlin, DVBl. 1984, 147.

528 OVG Berlin, a.a.O.

Rolle des BImSchG gegenüber Bebauungsplanverfahren

614 Bemerkenswert an dieser Entscheidung ist, dass das Gericht das immissionsschutzrechtliche Genehmigungsverfahren, das dem Planungsverfahren notwendigerweise hätte folgen müssen, völlig außer Acht ließ. Vielmehr wurde festgestellt, es sei unzulässig, dass der Plangeber die Frage der Umweltbelastung in vollem Umfang in das immissionsschutzrechtliche Genehmigungsverfahren verlagert habe. „Die zur Konfliktbewältigung geeigneten immissionsschutzrechtlichen Regelungen wären in den Bebauungsplan aufzunehmen gewesen".[529]

Es bleibt hier nur festzustellen, dass es gerade Sinn und Zweck des Verfahrens nach dem BImSchG ist, derartige Probleme zu lösen.[530]

anders, wenn kein weiteres Verfahren folgt

615 Fraglich ist, wie zu entscheiden ist, wenn dem Bebauungsplanverfahren gerade kein weiteres Verfahren nachgeschaltet ist.

> **Bsp.:**[531] *Neben einem Einfamilienhaus wird durch Bebauungsplan eine Verkehrsfläche festgesetzt, es soll ein Parkplatz für einen benachbarten Tierpark errichtet werden.*
>
> Im Unterschied zum Beispielsfall oben, müssen die von der Planung berührten Probleme hier abschließend bewältigt werden. Ein weiteres, sich anschließendes Verfahren, welches den Konflikt zwischen Wohnbebauung und Verkehrsflächenausweisung lösen könnte, gibt es hier nicht.
>
> Das Gericht stellte fest, der so entstandene „Interessenkonflikt dürfe nicht einfach unbewältigt bleiben oder auf dem Wege des geringsten Widerstandes zu Lasten des derart schwer betroffenen Nachbarn gelöst werden."[532]
>
> Bemüht wurde hier also wieder der Grundsatz der Konfliktbewältigung.
>
> Gerade weil hier aber eine weitere Konfliktbewältigung gar nicht möglich ist, erscheint die Einführung dieses Grundsatzes völlig überflüssig. Gibt es kein weiteres Verfahren, können Probleme auch nicht in ein solches verlagert werden. Letztendlich ist auch dieser Fall nach den oben dargestellten Abwägungsregeln zu lösen. Werden die Belange des Wohngrundstücks zu Unrecht den Bedürfnissen des Verkehrs untergeordnet (§ 1 VI Nr. 1 BauGB im Konflikt mit § 1 VI Nr. 9 BauGB), so liegt ein Fall der Abwägungsdisproportionalität vor.

616 Auf das Ergebnis hat dieser Meinungsstreit keinen Einfluss. Es sollte hier nur deutlich gemacht werden, dass das Gebot der Konfliktbewältigung keine über das Gebot der gerechten Abwägung hinausgehenden Anforderungen aufstellt.[533]

angesichts § 15 BauNVO planerische Zurückhaltung möglich

617 Hinzuweisen ist in diesem Zusammenhang auf die Möglichkeit der „planerischen Zurückhaltung", welche vom gemeindlichen Planungsspielraum gedeckt wird. Die Gemeinde darf berücksichtigen, dass § 15 BauNVO (i.R.d. Baugenehmigungsverfahrens) die Lösung gewisser Konflikte im Einzelfall ermöglicht.[534]

Fehlerhafte Planungen insgesamt können dadurch aber nicht korrigiert werden.[535] Der Bebauungsplan darf somit der Durchführung nur das überlassen, was diese an zusätzlicher Harmonisierung (z.B. über § 15 BauNVO) auch tatsächlich zu leisten vermag.[536]

---

[529] OVG Berlin, a.a.O.

[530] So wohl auch BVerwGE 69, 30 (34).

[531] Nach BVerwGE 47, 144.

[532] BVerwGE 47, 144.

[533] So im Ergebnis auch J/D/W, § 1 BauGB, Rn. 43.

[534] BVerwG, BayVBl. 88, 568.; vgl. zuletzt BayVGH, BayVBl. 1999, 212.

[535] Vgl. BVerwG, DVBl. 89, 661.

[536] Siehe Weyreuther, BauR 1975, 1 (5).

Zusammenfassend ist festzustellen, dass nur in den Fällen, in denen dem Bebauungsplanverfahren ein weiteres Verwaltungsverfahren nachfolgt (das generell auch geeignet ist, bestimmte Konflikte zu lösen), die Frage gestellt werden kann, inwieweit trotz unvollständigen Interessenausgleichs ein Verstoß gegen das Gebot der gerechten Abwägung gerade nicht vorliegt. 618

Zulässigkeit der Problemverschiebung

Zu fragen ist also nach der Zulässigkeit einer teilweisen Problemverschiebung auf ein nachfolgendes Verfahren. 619

Je höher die Anforderungen sind, die man an die Abwägung knüpft, desto eher wird man diese Frage verneinen müssen. Sinnvoller und auch praxisnäher ist es jedoch, spezielle Probleme in den dafür vorgesehenen Verfahren zu lösen. Auch das BVerwG scheint sich dem anzuschließen: „Es spricht einiges dafür, dass es nicht Aufgabe der Bauleitplanung ist, Entscheidungen zu treffen, die nach den Bestimmungen des BImSchG (oder auch des AtomG) dem jeweiligen Genehmigungs-, Vorbescheids- oder Anordnungsverfahren vorbehalten sind."[537]

(d) Grundsätzliches Verbot der Vorwegbindung

Vorwegbindung grds. Verstoß gg. gerechte Abwägung

Grundsätzlich widerspricht es dem Gebot der gerechten Abwägung, wenn der abschließende Abwägungsvorgang durch vorherige Bindung der Gemeinde, bspw. durch einen Verwaltungsvertrag, sachwidrig verkürzt wird. Nach h.M. liegt ein Abwägungsdefizit vor, da der Gemeinderat aufgrund der (vermeintlichen, vgl. § 1 III S. 2 BauGB) Vorwegbindung nicht mehr alle relevanten Belange in die Abwägung einstellen wird. 620

Allerdings ist der Verstoß gegen § 2 III BauGB nicht zwangsläufig.[538] 620a

Das durch Vorentscheidung entstandene Abwägungsdefizit kann ausgeglichen werden, wenn

- ⇨ die Vorwegnahme der Entscheidung sachlich gerechtfertigt ist,
- ⇨ die planungsrechtliche Zuständigkeitsordnung gewahrt wurde und
- ⇨ die vorweggenommene Entscheidung auch inhaltlich nicht zu beanstanden ist.[539]

d) Vereinbarkeit mit anderen höherrangigen Rechtsvorschriften

Daneben muss der Bauleitplan auch den Vorschriften der BauNVO sowie anderen einschlägigen Gesetzen (z.B. Naturschutz, Immissionsschutz) entsprechen. 621

e) Die Unbeachtlichkeitsvorschriften der §§ 214 ff. BauGB

aa) Der Ausnahmecharakter der §§ 214, 215 BauGB

rw. Norm grds. nichtig

Im Gegensatz zu Verwaltungsakten, die auch rechtswidrig bestandskräftig und damit wirksam werden können, sind rechtswidrige Normen nach unserer Rechtsordnung grundsätzlich einer Bestandskraft nicht fähig, sondern regelmäßig nichtig. 622

---

537 BVerwG, DVBl. 1984, 344.

538 BVerwGE 45, 309 =sog. Flachglas-Entscheidung = Hemmer/Wüst, Classics Öffentliches Recht, E 59.

539 J/D/W, § 1 BauGB, Rn. 113 ff.

anders bei Satzungen nach BauGB und Flnpl.

Somit müssten Bebauungspläne, da sie als Satzungen ergehen, bei formellen oder materiellen Verstößen nichtig sein. Von diesem Grundsatz aber weicht das BauGB ab. Die Beachtlichkeit von Rechtsverstößen gegen das BauGB, aber auch gegen andere Vorschriften, ist durch die §§ 214, 215 BauGB (die sog. Wirksamkeitsvoraussetzungen) erheblich eingeschränkt.

pragmatische Gründe

Vor allem das Drängen kommunaler Spitzenverbände führte bereits 1979 (Novelle zum BBauG) dazu, Bebauungspläne „rechtsmittelfester" zu machen; die Zahl der vor Gericht gescheiterten Pläne (ca. $^1/_3$ wegen Verfahrensfehlern) war in der Tat sehr hoch. 623

Mehr als fraglich ist jedoch, ob daraus zwingend zu folgern war, die maßgeblichen Fehlerarten müssten einer gerichtlichen Kontrolle mehr oder weniger entzogen werden.

Der Gesetzgeber jedenfalls glaubte, den Zielen der Rechtssicherheit (z.T. auf Kosten der materiellen Gerechtigkeit) Vorrang einräumen zu müssen. 624

hemmer-Methode: Wegen der Bedenken gegen die §§ 214 ff. BauGB in Hinblick auf Art. 19 IV, 14, 20 III GG sind diese im Zweifel restriktiv auszulegen, soweit sie die Unbeachtlichkeit von Fehlern anordnen.
Die folgende Prüfung der §§ 214 ff. BauGB kann wie gesagt auch jeweils unmittelbar im Anschluss an die Feststellung des jeweiligen Rechtswidrigkeitstatbestandes erfolgen. Ein Patentrezept für den besseren Aufbau gibt es hier nicht.

bb) Die Regelungstechnik der §§ 214 ff. BauGB

Problem: Unübersichtlichkeit

Die Regelungstechnik der §§ 214 ff. BauGB ist insgesamt wenig übersichtlich. Vereinfacht dargestellt gilt: 625

- ⇨ § 214 BauGB klärt, welche Fehler überhaupt beachtlich sind. Dabei bezieht sich § 214 I BauGB auf Verfahrens- und Formfehler des BauGB (nicht der Kommunalgesetze!). Materielle Fehlerquellen werden in § 214 II BauGB (Entwicklungsgebot) und § 214 III BauGB (Abwägungsgebot) geregelt.
- ⇨ § 215 BauGB bestimmt, welche (nach § 214 BauGB grundsätzlich zu beachtende) Fehler durch Zeitablauf ihre Beachtlichkeit verlieren.
- ⇨ Nach § 214 IV BauGB können beachtliche Mängeln in einem ergänzenden Verfahren behoben werden.

hemmer-Methode: Hier sei nochmals klargestellt: Die §§ 214, 215 BauGB sind wegen § 216 BauGB im Genehmigungsverfahren nicht anzuwenden!

Für die Klausur empfiehlt sich folgende Prüfungsreihenfolge: 626

1. Schritt: Ist der Fehler überhaupt in § 214 BauGB erwähnt?

2. Schritt: Ist der in § 214 BauGB erwähnte Fehler bereits nach dieser Vorschrift unbeachtlich?

3. Schritt: Hat der nach § 214 BauGB beachtliche Fehler nach § 215 BauGB seine Beachtlichkeit verloren?

4. Schritt: Kann der nach §§ 214, 215 BauGB beachtliche Fehler in einem ergänzenden Verfahren behoben werden, § 214 IV BauGB?

(1) 1. Schritt

Ist der Fehler nicht in § 214 BauGB erwähnt, kommen, da § 214 I BauGB abschließend bestimmt,[540] welche Verfahrens- und Formvorschriften des BauGB für die Wirksamkeit eines Flächennutzungsplans oder einer Satzung beachtlich sind,[541] folgende Möglichkeiten in Betracht: 627

Bei dem Fehler handelt es sich um einen Verstoß gegen

a) Verfahrens- und Formvorschriften des BauGB, die nicht in § 214 I BauGB aufgeführt sind
⇨ Fehler unbeachtlich

b) sonstige (insbesondere kommunalrechtliche) Verfahrens- und Formvorschriften
⇨ Fehler immer beachtlich

c) andere Vorschriften des BauGB oder sonstige Vorschriften des materiellen Rechts, die nicht in § 214 BauGB geregelt sind.
⇨ Fehler immer beachtlich

Bsp.: Der Bebauungsplan erstreckt sich auf gemeindefremdes Gebiet.

Zuständigkeitsfehler (§ 1 I BauGB) sind in § 214 BauGB nicht erfasst, der Fehler führt zur Nichtigkeit.

Bsp.: Dem Bebauungsplan ging ein fehlerhafter Satzungsbeschluss voraus (Verstoß gegen Art. 49 GO).

Es handelt sich um eine Verfahrensvorschrift der GO, die von § 214 BauGB gerade nicht erfasst wird. Der Fehler ist beachtlich, kann aber in einem ergänzenden Verfahren behoben werden, § 214 IV BauGB.[542]

Bsp.: Im Bauleitplanverfahren wird gegen § 3 I BauGB verstoßen.

Diese Verfahrensvorschrift (des BauGB) wird in § 214 I Nr. 2 BauGB nicht aufgeführt, ein Verstoß ist somit unbeachtlich.

(2) 2. Schritt:

Unbeachtlichkeit?

In § 214 BauGB erwähnte Fehler sind nicht zwangsläufig beachtlich. In Abs. 1 werden sowohl die Nummer 2, als auch die Nummer 3 jeweils eingeschränkt (Nr. 2 HS 2, sowie Nr. 3 HS 2: „dabei ist unbeachtlich..." – sog. interne Unbeachtlichkeitsklausel). In Abs. 1 Nr. 1 und Nr. 3 fehlt eine solche Beschränkung. 628

In § 214 II BauGB werden demgegenüber unbeachtliche Fehler aufgezählt, auch hier gibt es jedoch Einschränkungen. Nach Abs. 2 Nr. 2 und Nr. 4 ist ein Fehler doch beachtlich, wenn dadurch die geordnete städtebauliche Entwicklung beeinträchtigt worden ist.

In § 214 III BauGB schließlich werden Fehler im Abwägungsvorgang für unbeachtlich erklärt. 629

Folgen fehlerhafter Abwägung

Maßgeblicher Zeitpunkt für die Beurteilung der Abwägung ist gem. § 214 III S. 1 BauGB die Sach- und Rechtslage zur Zeit der Beschlussfassung.

---

540 B/K/L, § 214 BauGB, Rn. 3; J/D/W, § 214 BauGB, Rn. 3 f.

541 Vgl. Wortlaut: „dieses Gesetzbuch".

542 Vgl. dazu Dolde, „Das ergänzende Verfahren nach § 215a BauGB", NVwZ 2001, 976.

grds. Nichtigkeit des BBauPl. bei erheblichen Mängel

Mängel im Abwägungsvorgang sind jedoch nur erheblich, wenn sie offensichtlich und auf das Abwägungsergebnis von Einfluss gewesen sind (§ 214 III S. 2 BauGB). Nicht von § 214 III BauGB erfasst, werden Verstöße gegen § 2 III BauGB. Deren Relevanz bestimmt sich allein nach § 214 I Nr. 1 BauGB, vgl. § 214 III S. 2 HS 1 BauGB.[543] Mängel, die das Abwägungsergebnis betreffen, werden von § 214 III BauGB nach dessen eindeutigem Wortlaut nicht erfasst.

§ 214 III S. 2 BauGB

§ 214 III BauGB Vorschrift ist restriktiv auszulegen, da Verstöße gegen eines der zentralen Gebote an die Bauleitplanung nicht regelmäßig sanktionslos bleiben sollen. 630

„Offensichtlich" ist nicht i.S.v. „leicht erkennbar" auszulegen, umfasst wird davon vielmehr alles, was zur äußeren Seite des Abwägungsvorgangs derart gehört, dass es auf objektiv fassbaren Sachumständen beruht.[544] So ist z.B. ein Abwägungsfehler offensichtlich, wenn er aus den Niederschriften der Gemeinderatssitzungen ersichtlich ist.[545]

Das Merkmal des „Einflusses" erfordert keinen positiven Kausalitätsnachweis, ausreichend ist vielmehr die Möglichkeit, dass ohne den Mangel anders geplant worden wäre.[546]

hemmer-Methode: Sieht man mit der h.M. den Abwägungsausfall und das Abwägungsdefizit nunmehr als formelle Fehler i.S.d. § 2 III BauGB an, ist § 214 III S. 2 BauGB weitgehend bedeutungslos: Für unbeachtlich erklärt werden nur Fehler im Abwägungsvorgang und nicht im Ergebnis. Die Fehler im Vorgang sind aber bereits von § 214 I Nr. 1 BauGB erfasst und fallen damit nicht mehr unter § 214 III S. 2 BauGB, vgl. S. 2 HS 1.[547]

Einzelne Beispiele:

1. Der Bebauungsplan wurde nur unvollständig begründet.

Es liegt ein Verstoß gegen § 9 VIII BauGB vor. Dieser Verstoß ist in § 214 I S. 1 Nr. 3 BauGB erwähnt, der Fehler wäre somit beachtlich. Allerdings gilt hier § 214 I Nr. 3 HS 2 BauGB: Die Begründung fehlt nicht ganz, sondern ist nur unvollständig, der Fehler somit doch unbeachtlich.

Zu beachten ist in diesem Fall jedoch § 214 I S. 2 BauGB. Die Gemeinde hat auf Verlangen Auskunft zu erteilen (sie muss also die maßgeblichen Unterlagen zur Einsichtnahme vorlegen).

2. Der Bebauungsplan wurde aus einem Flächennutzungsplan entwickelt, der aufgrund eines Verstoßes gegen Art. 47 II GO (nicht alle Ratsmitglieder wurden geladen) unwirksam ist.

Es scheint ein Fall des § 214 II Nr. 3 BauGB vorzuliegen. Allerdings wurde beim Beschluss über den Flächennutzungsplan gegen landesrechtliche Vorschriften verstoßen. Fraglich ist, ob die Vorschrift auch derartige Fälle umfasst.

Die Lösung ergibt sich aus einem Vergleich der unterschiedlichen Terminologie innerhalb des § 214 BauGB. Während sich Abs. 1 allein auf Verfahrensvorschriften des BauGB bezieht, spricht Abs. 2 Nr. 3 von Verfahrens- und Formvorschriften allgemein. Somit liegt auch bei einem Verstoß gegen landesrechtliche Verfahrensvorschriften Unbeachtlichkeit i.S.d. § 214 II Nr. 3 BauGB vor.[548] Der Bebauungsplan ist somit wirksam.

---

[543] Vgl. schon oben Rn. 604.

[544] J/D/W, § 214 BauGB, Rn. 37.

[545] BayVGH, BayVBl. 1999, 759.

[546] BVerwGE 64, 33 (39).

[547] Vgl. zu § 214 I Nr. 1 BauGB, insbesondere zur Frage der Wesentlichkeit BVerwG, NVwZ 2008, 899 ff. = LNR 2008, 13624 = **Life & Law 2008, 760.**

[548] Vgl. BVerwG, DVBl. 1984, 632.

hemmer-Methode: § 214 I BauGB bezieht sich auf Verfahrens- und Formfehler bei der Aufstellung des aktuell zu überprüfenden Plans. § 214 II Nr. 3 BauGB knüpft hingegen an Verfahrens- und Formfehler des zugrunde liegenden Flächennutzungsplans. an. Der ursprüngliche formelle Fehler wird über das Entwicklungsgebot zu einem materiellen Fehler transformiert.

(3) 3. Schritt:

nachträgliche Unbeachtlichkeit

Auch Fehler, die nach § 214 BauGB grundsätzlich beachtlich sind (vgl. 2. Schritt), können nach § 215 BauGB durch Zeitablauf ihre Beachtlichkeit verlieren. 631

aufgrund Zeitablaufs

Fehler gem. § 214 I S. 1 Nr.1 - 3, II, III BauGB werden unbeachtlich, wenn sie nicht innerhalb eines Jahres gegenüber der Gemeinde geltend gemacht werden, § 215 I BauGB. 632

Der die Verletzung begründende Sachverhalt ist substantiiert und klar darzulegen (§ 215 I HS 2 BauGB).[549]

ohne Zeitgrenze

Zeitlich unbeschränkt rügefähig sind hingegen die Fehler nach § 214 I S. 1 Nr. 4 BauGB. 633

§ 215 I BauGB greift allerdings nur, wenn gem. Abs. 2 ein Hinweis auf die befristete Geltendmachung von Verletzungen erfolgt ist.[550] Andernfalls bleibt es bei der Nichtigkeit nach § 214 BauGB.

hemmer-Methode: Immer relevant ist nach §§ 214 III, 215 I Nr. 3 BauGB ein Mangel im Abwägungsergebnis!

(4) 4. Schritt:

nachträgliche Behebung von Mängeln

Nach § 214 IV BauGB können Fehler, die nicht nach Abs 1 - 3 unbeachtlich sind, durch ein ergänzendes Verfahren geheilt werden. Diese Heilungsmöglichkeit bezieht sich nicht nur auf Fehler nach dem BauGB, sondern – anders als § 214 I BauGB - auch auf Fehler gegen das Kommunalrecht.[551] 634

hemmer-Methode: § 214 IV BauGB erfasst anders als sein „Vorgänger" § 215a BauGB auch Flächennutzungspläne!

Nach einer Entscheidung des BayVGH kommt das ergänzende Verfahren nach § 214 IV BauGB jedoch nicht in Betracht, wenn der Abwägungsmangel, der dadurch behoben werden soll, grundlegende Weichenstellungen der Abwägung betrifft.[552]

Letztlich dürfte das ergänzende Verfahren damit nur bei Fehlern im Abwägungsvorgang anwendbar sein.[553]

Reichweite des ergänzenden Verfahrens

§ 214 IV BauGB ermöglicht die Heilung von Fehlern durch Behebung und Wiederholung. Zur Behebung des Mangels ist das nach den einschlägigen Vorschriften notwendige Verfahren durchzuführen. Umfang und Reichweite des ergänzenden Verfahrens richten sich nach der Reichweite des Mangels, der behoben werden soll. Nur was zu seiner Behebung notwendig ist, muss im ergänzenden Verfahren behandelt werden. Alles andere bleibt aus dem vorangegangenen Verfahren erhalten. 635

---

549 BGH, NJW 1980, 1751; J/D/W, § 215 BauGB, Rn. 7.

550 J/D/W, § 215 BauGB, Rn. 10.

551 J/D/W, § 214 BauGB, Rn. 41 ff.

552 BayVGH, BayVBl. 1999, 759; BVerwG, NVwZ 1999, 414 (420); J/D/W, § 214 BauGB, Rn. 41.

553 J/D/W, § 214 BauGB, Rn. 41.

Dadurch wird das ergänzende Verfahren von zahlreichen Sachfragen entlastet. Es kann sehr viel rascher durchgeführt werden als die bei Nichtigkeit des Bauleitplanes notwendige Wiederholung des gesamten Verfahrens.[554]

Bsp.: *Ein Bebauungsplan wird in Kraft gesetzt, obwohl bei der Beschlussfassung ein nach der Gemeindeordnung ausgeschlossenes Mitglied mitgewirkt hat, was auch für das Abstimmungsergebnis entscheidend war. Die Gemeinde will den Plan mit Rückwirkung erneut in Kraft setzen und fragt, was zu tun sei.*

Momentan leidet der Plan an einem Fehler, der nicht nach §§ 214, 215 BauGB unbeachtlich ist (Art. 49 I GO).

Die Verfristungsbestimmung des § 215 I BauGB bezieht sich zwar auf Fehler nach § 214 I S. 1 Nr. 1 - 3 BauGB. Diese Vorschriften umfassen jedoch einen Verstoß gegen landesrechtliche Verfahrensvorschriften gerade nicht. Die Mängel des Bebauungsplans sind daher beachtlich.

Dass der Bebauungsplan auch mit Rückwirkung in Kraft gesetzt werden kann, stellt § 214 IV BauGB klar.

Die Gemeinde muss also einen erneuten Gemeinderatsbeschluss unter Ausschluss des betreffenden Mitglieds fassen. Weitere Verfahrensschritte sind nach der jetzigen Rechtslage nicht mehr zu wiederholen, da das ergänzende Verfahren nur soweit reicht wie der zu behebende Mangel.

Strittig ist, ob zudem die rückwirkende Inkraftsetzung eines Beschlusses des Gemeinderats bedarf.

Nach h.M. muss die rückwirkende Inkraftsetzung des Bebauungsplans nicht satzungsmäßig beschlossen werden, da auch keine erneute Abwägung erfolgen muss[555].

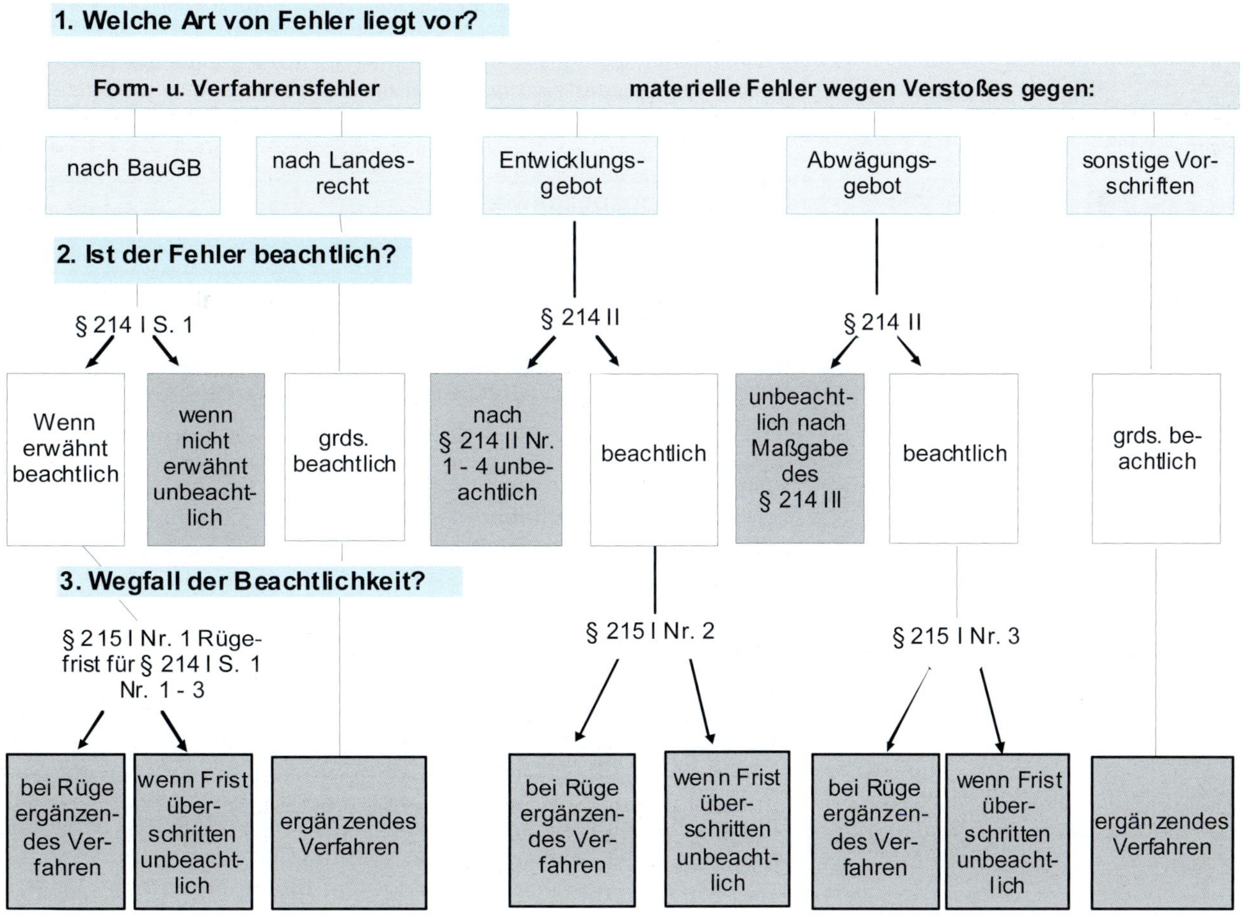

[554] J/D/W, § 214 BauGB, Rn. 39.

[555] Zum Meinungsstand J/D/W, § 214 IV BauGB, Rn. 52 ff.

4. Keine eigene Rechtsverletzung nötig

obj. Rechtsbeanstandung

Da es sich bei der Normenkontrollklage um ein objektives Beanstandungsverfahren handelt, ist eine Verletzung des Antragstellers in eigenen Rechten nicht notwendig. 636

hemmer-Methode: Dieser letzte Punkt kann in einer Klausur zwar klarstellend hinzugefügt werden, ist aber nicht notwendig. Er wird hier nur aufgeführt, um nochmals die Unterschiede zwischen den einzelnen Klagearten zu verdeutlichen.

IV. Entscheidung

Plan schwebend unwirksam

Kommt das Gericht zu dem Ergebnis, dass ein überprüfter Bebauungsplan gegen höherrangiges Recht verstößt, so erklärt es den Plan für unwirksam, § 47 V S. 2 VwGO. 637

hemmer-Methode: Die früher geltende Unterscheidung zwischen einem nichtigen und einem nur unwirksamen Plan im Fall eines nach § 214 IV BauGB behebbaren Mangels ist weggefallen!

B) Weitere prozessuale Problemstellungen im Bereich der Bauleitplanung

andere Fragestellung

In einer Klausur kann vom Prüfling auch eine umfassendere Prüfung verlangt werden: 638

> *Bsp.: Sachverhalt wie oben Rn. 504. E will wissen, welche Schritte er generell gegen einen Bebauungsplan unternehmen kann.*
>
> Auch hier muss zunächst die Normenkontrollklage geprüft werden. Darüber hinaus aber sind nun noch die Verfassungsbeschwerde sowie die Popularklage anzusprechen.

I. Verfassungsbeschwerde

1. Zum Bundesverfassungsgericht

VB nach Rechtswegerschöpfung

Nach neuerer Rechtsprechung des BVerfG[556] kann gegen einen Bebauungsplan unter Umständen Verfassungsbeschwerde eingelegt werden. 639

Voraussetzung ist, dass Festsetzungen des Bebauungsplans selbst den Einzelnen unmittelbar in seinen Rechten betreffen (gerade nicht erst der Vollzug durch Genehmigung oder Ablehnung eines Antrags).

Zuvor muss jedoch stets ein Normenkontrollverfahren durchgeführt worden sein (Rechtswegerschöpfung nach § 90 II BVerfGG).

2. Zum Bayerischen Verfassungsgerichtshof

VB: keine Normen!

Die Landesverfassungsbeschwerde nach Art. 120 BV ist nicht zulässig, denn damit lassen sich nur Maßnahmen bayerischer Behörden und Gerichte angreifen, nicht dagegen Maßnahmen des Gesetzgebers i.w.S. 640

---

556 BVerfG, NJW 1985, 2315 f., DÖV 1985, 972 = BVerfGE 70, 35 ff.; anders noch BVerfGE 31, 364.

Merksatz: Gesetze sowie alle anderen Normen (Verordnungen, Satzungen) können nach Art. 120 BV nicht überprüft werden.

II. Popularklage zum BayVerfGH

aber Art. 98 S. 4 BV

In Bayern können Bebauungspläne hingegen im Popularklageverfahren überprüft werden (Art. 98 S. 4 BV).[557] Prüfungsmaßstab ist die bayerische Verfassung, überprüft wird der Plan nicht nur anhand der Grundrechte, sondern auch im Hinblick auf Art. 3 I BV (Rechtsstaatsgebot).[558] 641

Problem: Rechtsstaatsgebot

Von der früheren Praxis, bei jedem formellen oder inhaltlichen Verstoß gegen (einfaches) Bundesrecht das Rechtsstaatsgebot als verletzt anzusehen, hat das Gericht sich jedoch entfernt. Nur wenn der Bebauungsplan zum Bundesrecht offensichtlich im Widerspruch steht und inhaltlich nach seinem Gewicht als schwerwiegender Eingriff in die Rechtsordnung zu werten ist, liegt ein Verstoß gegen Art. 3 I BV vor, der zur Nichtigkeit führt.[559]

III. Zusatzprobleme

1. Vorläufiger Rechtsschutz i.R.d. § 47 VwGO

einstweilige Anordnung

Aus § 80 VwGO ergibt sich, dass einem Normenkontrollantrag keine aufschiebende Wirkung zukommt. Somit scheiden auch die Möglichkeiten der Vollzugsaussetzung aus (§ 80 IV, V VwGO). 642

Allerdings kann das Gericht auf Antrag eine einstweilige Anordnung erlassen (§ 47 VI VwGO), wenn dies zur Abwehr schwerer Nachteile oder aus anderen wichtigen Gründen dringend geboten ist.

Obwohl § 47 VI VwGO nicht auf § 123 VwGO verweist und diese Vorschrift auch nicht ohne weiteres entsprechend herangezogen werden kann, da § 47 VI VwGO die einstweilige Anordnung im Normenkontrollverfahren abschließend regelt, können zumindest für das Verfahren beim Erlass einer Anordnung § 123 II, III und IV VwGO entsprechend herangezogen werden. 643

Abwägungsentscheidung

Eine Entscheidung trifft das Gericht aufgrund einer Abwägung zwischen den Folgen, die eintreten, wenn die Anordnung verweigert wird, die Vorschrift aber später für nichtig erklärt wird, einerseits und den Folgen, die eintreten, wenn die Anordnung erlassen, die Vorschrift jedoch später bestätigt wird, andererseits. 644

hemmer-Methode: Ebenso geht im Grundsatz das BVerfG in den Fällen des § 32 I BVerfGG i.R.d. abstrakten Normenkontrolle gem. Art. 93 I Nr. 2 GG vor, wobei es allerdings die Erfolgsaussichten der Hauptsache – wie es immer wieder betont – außer Betracht lässt: vgl. Hemmer/Wüst, Staatsrecht II, Rn. 55.

Erfolgsaussichten

Auch die Erfolgsaussichten in der Hauptsache sind bei der Abwägung von Bedeutung (obwohl in der Praxis eine nur summarische Prüfung erfolgt, ist in der Klausur die Vorschrift gründlich und vollständig zu überprüfen). 645

---

557 BayVerfGH, NJW 1984, 226 ff.

558 BayVerfGH, NVwZ-RR 2009, 825.

559 BayVerfGH, BayVBl. 1988, 558.

2. Vorbeugender Rechtsschutz i.R.d. § 47 VwGO

Es kann auf die Ausführungen von oben verwiesen werden. Voraussetzung für das Normenkontrollverfahren ist die Gültigkeit der jeweiligen Vorschrift (vgl. Rn. 477). 646

> **Bsp.:** *Ein Betroffener will bereits gegen den Entwurf einer Satzung vorgehen.*
>
> Eine derartige vorbeugende Normenkontrollklage ist nicht zulässig. Der Inhalt der Norm muss bereits feststehen, die Norm muss bereits erlassen sein. Grund hierfür ist der Umstand, dass der Normgeber den Entwurf im laufenden Normsetzungsverfahren noch ändern kann.

hemmer-Methode: Zum Problem der vorbeugenden Feststellungs-/Unterlassungsklage gegen einen Plan i.S.d. § 33 BauGB vgl. BVerwGE 40, 323 sowie Hemmer/Wüst, Verwaltungsrecht III, Rn. 283 ff.

3. Normerlassklage

Zulässigkeit umstritten

Ob eine Klage auf Erlass einer bestimmten Rechtsnorm möglich ist, ist seit langem umstritten. 647

Denkbar wäre eine Feststellungsklage auf Normenerlass nach § 43 VwGO[560] (Normenerlassanspruch als Rechtsverhältnis i.S.v. § 43 I VwGO) oder eine Normerlassklage nach § 47 VwGO analog.[561] Auch eine allgemeine Leistungsklage auf Erlass einer Norm wäre theoretisch möglich.[562]

Allerdings besteht gerade kein Anspruch auf Aufstellung eines Bauleitplans (§ 1 III S. 2 BauGB), sodass die Klagen jedenfalls unbegründet wären. 648

Da im gesamten Verwaltungsrecht Ansprüche auf einen bestimmten Normerlass nicht vorgesehen sind, verneinen manche bereits die Zulässigkeit einer solchen Klage.[563]

hemmer-Methode: Siehe zur Normerlassklage Hemmer/Wüst, Verwaltungsrecht II, Rn. 185 ff.[564]

560 So wohl BVerwG, DÖV 1989, 449 ff.

561 So zu verstehen BayVGH, BayVBl. 1980, 211.

562 Kopp/Schenke, § 47 VwGO, Rn. 13.

563 BVerwGE 7, 188; VGH Mannheim, DVBl. 1986, 632.

564 Vgl. auch BVerwG, NVwZ 2002, 1505.

Wiederholungsfragen:

1. Was versteht man unter öffentlichem und privatem Baurecht? ... 3
2. Was bedeutet "Baufreiheit" und woraus ist sie abzuleiten? ... 7
3. Wie ist die Gesetzgebungskompetenz für das öffentliche Baurecht aufgeteilt? ... 15
4. Mit welcher Qualifikationstheorie lässt sich im Baurecht problemlos das Vorliegen einer öffentlich-rechtlichen Streitigkeit begründen? ... 19
5. Die Baugenehmigung ist eindeutig ein Verwaltungsakt. Qualifizieren Sie diese Eigenschaft konkreter. ... 21
6. Was ist ein Vorbescheid? ... 23
7. Welche Frage ist im Teilbaugenehmigungsverfahren streitig? ... 29
8. Was bedeutet präventives Verbot mit Erlaubnisvorbehalt? ... 34
9. Tritt der Freistaat vor den Verwaltungsgerichten als Kläger auf, wird er von der jeweiligen Bezirksfinanzdirektion vertreten (§§ 2 III, 1 I Nr.3 VertrVO [Z/T Nr. 880]). Wer vertritt ihn, wenn er verklagt wird? ... 37
10. An welcher Stelle der Klausur prüft man die Frage der Beiladung? ... 39
11. In welchem Doppelschritt prüfen Sie die Passivlegitimation bei der Verpflichtungsklage? ... 43
12. Wie differenzieren Sie Kreisbehörde und Kreisverwaltungsbehörde? ... 45
13. Was bedeuten die Bezeichnungen "kleine" und "große" Delegation? ... 48
14. Was versteht man unter einer baulichen Anlage i.S.d. Art. 2 BayBO? ... 54
15. Wie werden die baulichen Anlagen eingeteilt und welche Auswirkungen hat diese Einteilung ... 56
16. Sind Abbruch und Beseitigung baulicher Anlagen genehmigungsbedürftig? ... 58
17. Auf welchem Grundgedanken beruht die Genehmigungsfreistellung und welche Voraussetzungen hat sie? ... 62
18. Warum ergeben sich bei der Verpflichtungsklage auf Erteilung einer baurechtlichen Genehmigung keine formellen Probleme in der Begründetheitsstation? ... 76
19. Aus welchen Gründen kann sich für die Frage der Erteilung der Genehmigung eine Bindung der Verwaltung ergeben? ... 78
20. Was versteht man unter einer Bebauungsgenehmigung? ... 85
21. Kennen Sie eine Fallkonstellation, in der die erstmalig erteilte Baugenehmigung sogleich einen partiellen Zweitbescheid beinhaltet? ... 85
22. Was versteht man unter einer Teilungsgenehmigung? ... 88
23. Wird die Bauaufsichtsbehörde aufgrund einer bestandskräftigen Gaststättenerlaubnis im Baugenehmigungsverfahren gebunden? ... 94
24. Was besagt die sog. Schlusspunkttheorie? Warum wird sie von der neueren Rspr. nicht mehr angewandt? ... 100
25. Für welche Arten von Vorhaben gilt das vereinfachte Verfahren nach Art. 73 BayBO? ... 110
26. Welche Folgen hat der eingeschränkte Prüfungsumfang für den Bauherrn und den Nachbarn? ... 116
27. Wie ist das Gemeindegebiet planungsrechtlich aufgeteilt? ... 122
28. Schafft der einfache Bebauungsplan einen eigenen Gebietstypus in der Gemeinde? ... 123
29. Warum müssen Sie bei Eintritt in die bauplanungsrechtliche Prüfung das Tatbestandsmerkmal "bauliche Anlage" überprüfen, obwohl es bereits Voraussetzung der Genehmigungspflichtigkeit war? ... 132
30. Welches Stichwort verbinden Sie mit der baulichen Anlage i.S.d. § 29 I BauGB? ... 133
31. Anlagen, die einer immissionsschutzrechtlichen Genehmigung bedürfen, werden wegen der formellen Konzentrationswirkung des § 13 BImSchG keinem gesonderten Baugenehmigungsverfahren unterzogen. Woraus ergibt sich, dass dennoch Bauplanungsrecht zu prüfen ist? ... 135

134. Warum sollte die mögliche Rechtsgrundlage der zu überprüfenden Norm bereits vor der Abhandlung der formellen Prüfung ermittelt werden? ... 520

135. Welche sind die wichtigsten formellen Prüfungspunkte bei der Normenkontrolle von Bebauungsplänen? ... 521

136. Welches Gemeindeorgan ist zuständig für den Planaufstellungsbeschluss? ... 531

137. Welche Funktionen hat die Bürgerbeteiligung im Bauleitplanverfahren? ... 536

138. Welchen Sinn hat die Beteiligung von Trägern öffentlicher Belange im Planverfahren? ... 542

139. Wie ist Art. 49 BayGO bei der Beschlussfassung von Bauleitplänen anzuwenden? ... 548

140. Um welche Form der Kommunalaufsicht handelt es sich bei § 6 II BauGB? ... 553

141. Der Bürger hat keinen Anspruch auf Aufstellung eines Bebauungsplans (§ 2 III BauGB). Steht die Frage, ob ein Plan aufzustellen ist, also im Ermessen der Gemeinde? ... 561

142. Stellen Sie die Problematik der vertraglichen Bindung des Planungsträgers im Bauleitplanverfahren kurz dar. ... 564

143. Was besagt das Entwicklungsgebot? ... 572

144. Welche Folge hat die Unwirksamkeit des Flächennutzungsplans für den Bebauungsplan? ... 578

145. Welche weiteren raumrelevanten Planungen gibt es neben dem Bauleitplanverfahren? ... 580

146. Wie kann die Nachbargemeinde ihre Beteiligungsrechte am Bauleitplanverfahren gerichtlich geltend machen? ... 589

147. Welche Folgen kann ein Verstoß gegen den Grundsatz der Planklarheit und Planbestimmtheit haben? ... 593

148. Unterliegt die Interpretation der Planungsleitlinien des § 1 V BauGB der vollen gerichtlichen Überprüfung oder ist diese aufgrund des gemeindlichen Planungsermessens eingeschränkt? ... 595

149. Welche Belange sind in die Abwägung einzustellen? ... 599

150. Stellen Sie die vier Abwägungsfehler systematisch zusammen. ... 604

151. Was kann gegen die Anwendung des Gebotes der Rücksichtnahme in der Abwägung gemäß § 1 VI BauGB vorgebracht werden? ... 610

152. Warum ist das Gebot der Konfliktbewältigung an sich als eigenständige Rechtsfigur überflüssig? ... 613

153. Wann lässt die Rechtsprechung ausnahmsweise eine Vorwegbindung im Bauleitplanverfahren zu? ... 620

154. Worin liegt die Besonderheit der §§ 214 ff. BauGB? ... 622

155. Mit welchen Prüfungsschritten lassen sich die §§ 214 ff. BauGB in den Griff bekommen? ... 626

156. Wie ist § 214 III S. 2 BauGB auszulegen? Warum? ... 630

157. Was versteht man unter dem ergänzenden Verfahren? ... 634

158. Privatpersonen müssen zum Nachweis der Antragsbefugnis gemäß § 47 II VwGO eine Rechtsverletzung geltend machen, um Popularklagen vorzubeugen. Warum bedarf es dann keiner subjektiven Rechtsverletzung in der Begründetheitsstation? ... 636

159. Welche verfassungsrechtlichen Rechtsbehelfe können gegen Bebauungspläne angestrengt werden? ... 639

160. Prüfungsmaßstab der Popularklage gemäß Art. 98 S. 4 BV ist nach dem BayVerfGH auch Art. 3 I BV. Wird damit über Art. 3 I BV auch Bundesrecht zum Prüfungsmaßstab? ... 641

161. Wo spielen beim Antrag auf einstweilige Anordnung gemäß § 47 VI VwGO die Erfolgsaussichten der Hauptsache eine Rolle? ... 645

Die Zahlen verweisen auf die Randnummern des Skripts.

hemmer/wüst
Verlagsgesellschaft mbH

Verlagsprogramm
2010

Jura mit den Profis

WWW.HEMMER-SHOP.DE

Liebe Juristinnen und Juristen,

Auch beim Lernmaterial gilt:
„Wer den Hafen nicht kennt, für den ist kein Wind günstig" (Seneca).
Häufig entbehren Bücher und Karteikarten der Prüfungsrealität. Bei manchen Produkten stehen ausschließlich kommerzielle Interessen im Vordergrund. Dies ist gefährlich: Leider kann der Student oft nicht erkennen wie gut ein Produkt ist, weil ihm das praktische Wissen für die Anforderungen der Prüfung fehlt.
Denken Sie deshalb daran, je erfahrener die Ersteller von Lernmaterial sind, um so mehr profitieren Sie. Unsere Autoren im Verlag sind alle Repetitoren. Sie wissen, wie der Lernstoff richtig vermittelt wird. Die Prüfungsanforderungen sind uns bekannt.
Unsere Zentrale arbeitet seit 1976 an examenstypischem Lernmaterial und wird dabei von hochqualifizierten Mitarbeitern unterstützt.
So arbeiteten z.B. viele ehemalige Kursteilnehmer mit den Examensnoten von „sehr gut" und „gut" als Verantwortliche an unserem Programm mit. Unser Team ist Garant, um oben genannte Fehler zu vermeiden.
Lernmaterial bedarf ständiger Kontrolle auf Prüfungsrelevanz. Wer sonst als derjenige, der sich täglich mit Examensthemen beschäftigt, kann diesem Anforderungsprofil gerecht werden.

Gewinnen Sie, weil

- gutes Lernmaterial Verständnis schafft
- fundiertes Wissen erworben wird
- Sie intelligent lernen
- Sie sich optimal auf die Prüfungsanforderungen vorbereiten
- Jura Spaß macht

und Sie letztlich unerwartete Erfolge haben, die Sie beflügeln werden.

Damit Sie sich Ihre eigene Bibliothek als Nachschlagewerk nach und nach kostengünstig anschaffen können, schlagen wir Ihnen speziell für die jeweiligen Semester Skripten und Karteikarten vor. Bildung soll für jeden bezahlbar bleiben, deshalb der studentenfreundliche Preis.

Viel Spaß und Erfolg beim intelligenten Lernen.

Grundwissen

- Skripten „Grundwissen"
- Die wichtigsten Fälle
- Die wichtigsten Fälle Musterklausuren Examen
- Musterfälle für die Zwischenprüfung
- Lexikon, die examenstypischen Begriffe

Basiswissen

- Die Basics
- Die Classics

Examenswissen

- Skripten Zivilrecht
- Definitionen Strafrecht - schnell gemerkt
- Skripten Strafrecht
- Skripten Öffentliches Recht
- Skripten Schwerpunkt

Karteikarten

- Die Shorties
- Die Karteikarten
- Übersichtskarteikarten

BLW-Skripten

Assessor-Skripten/-karteikarten

Intelligentes Lernen/Sonderartikel

- Coach dich! - Psychologischer Ratgeber
- Lebendiges Reden - Psychologischer Ratgeber
- NLP für Einsteiger - Psychologischer Ratgeber
- Lern-Karteikartenbox
- Der Referendar
- Der Rechtsanwalt
- Der Jurist
- Gesetzesbox
- Klausurenblock
- Wiederholungsmappe
- Jurapolis - das hemmer-Spiel

Life&LAW - die hemmer-Zeitschrift

HEMMER Skripten - Logisch aufgebaut!

Intelligentes Lernen
schnell & effektiv

Randbemerkung
Zur schnellen Rekapitulation des Skripts

hemmer-Methode
Zur richtigen Einordnung des Gelernten in der Klausurlösung

IV. Leistungsstörungen[318]

1. Einordnung

Begriff

Erbringt der Schuldner seine Leistung nicht, nicht rechtzeitig, oder nicht ordnungsgemäß, so bezeichnet man das als Leistungsstörung. 581

Auswirkungen auf Primäranspruch

Das Recht der Leistungsstörungen ist das Kerngebiet des allgemeinen Schuldrechts; deshalb haben wir es auch in unserer Skriptenreihe hauptsächlich dort verortet. Daneben ergeben sich aber vielfältige Wechselwirkungen zum Primäranspruch, die im folgenden angesprochen werden sollen.

hemmer-Methode: Das Recht der Leistungsstörungen ist ein überaus komplexes und daher klausurrelevantes Problem. Nachfolgend beschränkt sich die knappe Darstellung auf die Auswirkungen hinsichtlich der Primäransprüche der Vertragspartner. Zur Vertiefung dieser hier nur angedeuteten Probleme vgl. Sie unbedingt HEMMER/WÜST, Schuldrecht I!

Systematische Verweise
Isoliertes Lernen vermeiden!
Zusammenhänge verstehen.
Unsere Skriptenreihe – der große Fall

Randnummern
Für zielgenaues Arbeiten mit Stichwortverzeichnis und Wiederholungsfragen

2. Unmöglichkeit

hemmer-Methode: Ausführlich hierzu Hemmer/Wüst Schuldrecht I, Rn. 9 ff.

Unter Unmöglichkeit versteht man die dauerhafte Nichterbringbarkeit der geschuldeten Leistung. 582

hemmer-Methode: Was genau Inhalt der Leistungspflicht ist, müssen Sie oft an Hand genauer Sachverhaltsarbeit ermitteln. Unterschätzen Sie diese Aufgabe nicht – sie kann die Weichen für den Fortgang der Klausur stellen. Ungenauigkeiten können „tödlich“ sein.

Freiraum
Viel Platz für eigene Anmerkungen

583

a) Arten der Unmöglichkeit

Unter dem Oberbegriff Unmöglichkeit werden die folgenden Alternativen behandelt.

Schemata
Übersichtliches Lernen

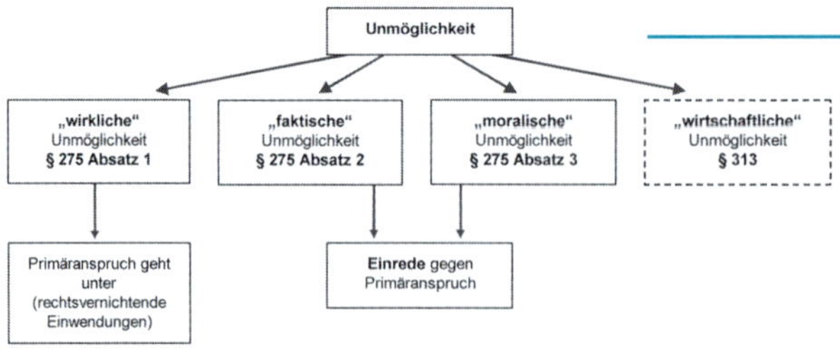

318 Vgl. dazu auch den zusammenfassenden Überblick von MEDICUS, *„Die Leistungsstörungen im neuen Schuldrecht“*, JuS 2003, 521 ff.

Fußnoten
Vertiefende Literatur und Rechtsprechung

examenstypisch - anspruchsvoll - umfassend

Grundwissen

Für Ihr Jurastudium ist es nötig, sich schnell mit dem notwendigen Basiswissen einen Überblick zu verschaffen. Was aber ist wichtig und richtig?

Bei der Fülle der Ausbildungsliteratur kann einem die Lust auf Jura vergehen. Wir beschränken uns in dieser Ausbildungsphase auf das Wesentliche. Weniger ist mehr.

Skripten Grundwissen

Die Reihe „Grundwissen" stellt die theoretische Ergänzung unserer Reihe „die wichtigsten Fälle" dar.

Mit ihr soll das notwendige Hintergrundwissen vermittelt werden, welches für die Bewältigung der Fallsammlungen erforderlich ist. Auf diese Art und Weise ergänzen sich beide Reihen ideal. Hilfreich dabei sind Verweisungen auf die jeweiligen Fälle der Fallsammlungen, so dass man das Erlernte gleich klausurtypisch anwenden kann.

Die Darstellung erfolgt bewusst auf sehr einfachem Niveau. Es werden also für die Bewältigung der Ausführungen keine Kenntnisse vorausgesetzt. Ebenso wird bewusst auf Vertiefungshinweise verzichtet. Eine Vertiefung kann erfolgen, wenn die Kenntnisse anhand der Fälle wiederholt wurden. Dazu werden Hinweise in den Fallsammlungen gegeben.

Grundwissen und die Reihe „Die wichtigsten Fälle" sind so das ideale Lernsystem für eine klausur- und damit prüfungstypische Arbeitsweise.

Grundwissen Zivilrecht

BGB AT (111.10)	6,90 €
Schuldrecht AT (111.11)	6,90 €
Schuldrecht BT I (111.12)	6,90 €
Schuldrecht BT II (111.13)	6,90 €
Sachenrecht I (111.14)	6,90 €
Sachenrecht II (111.15)	6,90 €

Grundwissen Strafrecht

Strafrecht AT (112.20)	6,90 €
Strafrecht BT (112.21)	6,90 €

Grundwissen Öffentliches Recht

Staatsrecht (113.30)	6,90 €
Verwaltungsrecht (113.31)	6,90 €

Die wichtigsten Fälle

Die vorliegende Fallsammlung ist für Studenten in den ersten Semestern gedacht. Gerade in dieser Phase ist es wichtig, bei der Auswahl der Lernmaterialien den richtigen Weg einzuschlagen.
Die Gefahr zu Beginn des Studiums liegt darin, den Stoff zu abstrakt zu erarbeiten. Ein problemorientiertes Lernen, d.h. ein Lernen am konkreten Fall, führt zum Erfolg. Das gilt für die kleinen Scheine/die Zwischenprüfung genauso wie für das Examen. Wer gelernt hat, sich die Probleme des Falles aus dem Sachverhalt schnell zu erschließen, schreibt die gute Klausur.
Bei der Anwendung dieser Lernmethode sind wir Marktführer. Profitieren Sie von der über 30-jährigen Erfahrung des Juristischen Repetitoriums hemmer im Umgang mit Examensklausuren. Diese Erfahrung fließt in sämtliche Skripten des Verlages ein. Das Repetitorium beschäftigt ausschließlich Spitzenjuristen, teilweise Landesbeste ihres Examenstermins. Die so erreichte Qualität in Unterricht und Skripten werden Sie woanders vergeblich suchen. Lernen Sie mit den Profis!
Ihre Aufgabe als Jurist wird es einmal sein, konkrete Fälle zu lösen. Diese Fähigkeit zu erwerben ist das Ziel einer guten juristischen Ausbildung. Nutzen Sie die Chance, diese Fähigkeit bereits zu Beginn Ihres Studiums zu trainieren. Erarbeiten Sie sich das notwendige Handwerkszeug anhand unserer Fälle. Sie werden feststellen:
Wer Jura richtig lernt, dem macht es auch Spaß. Je mehr Sie verstehen, desto mehr Freude werden Sie haben, sich neue Probleme durch eigenständiges Denken zu erarbeiten. Wir bieten Ihnen mit unserer juristischen Kompetenz die notwendige Hilfestellung.
Fallsammlungen gibt es viele. Die Auswahl des richtigen Lernmaterials ist jedoch der entscheidende Aspekt. Vertrauen Sie auf unsere Erfahrungen im Umgang mit Prüfungsklausuren. Unser Beruf ist es, alle klausurrelevanten Inhalte zusammenzutragen und verständlich aufzubereiten. Prüfungsinhalte wiederholen sich. Wir vermitteln Ihnen das, worauf es in der Prüfung ankommt – verständlich – knapp – präzise.

Die wichtigsten Fälle Musterklausuren Examen

Fahrlässig handelt, wer sich diese Fälle entgehen lässt!
Aus unserem langjährigen Klausurenkursprogramm die besten Fälle, die besonders häufig Gegenstand von Prüfungen waren und sicher wieder sein werden. Lernen Sie den Horizont von Klausurenerstellern und -korrektoren anhand von exemplarischen Fällen kennen .

BGB AT (115.21)	12,80 €
Schuldrecht AT (115.22)	12,80 €
Schuldrecht BT (115.23)	12,80 €
GOA-BereicherungsR (115.24)	12,80 €
Deliktsrecht (115.25)	12,80 €
Verwaltungsrecht (115.26)	12,80 €
Verwaltungsrecht BT Bayern (115.45)	12,80 €
Staatsrecht (115.27)	12,80 €
Strafrecht AT (115.28)	12,80 €
Strafrecht BT I (115.29)	12,80 €
Strafrecht BT II (115.30)	12,80 €
Sachenrecht I (115.31)	12,80 €
Sachenrecht II (115.32)	12,80 €
ZPO I (115.33)	12,80 €
ZPO II (115.34)	12,80 €
Handelsrecht (115.35)	12,80 €
Erbrecht (115.36)	12,80 €
Familienrecht (115.37)	12,80 €
Gesellschaftsrecht (115.38)	12,80 €
Arbeitsrecht (115.39)	12,80 €
StPO (115.40)	12,80 €
Europarecht (115.41)	12,80 €
Die wichtigsten Fälle Musterklausuren	
Examen Zivilrecht *(115.42)*	14,80 €
Examen Strafrecht *(115.43)*	14,80 €
Examen Steuerrecht *(115.44)*	14,80 €

Sonderband
Der Streit- und Meinungsstand im neuen Schuldrecht

Der hemmer/wüst Verlag stellt mit dem vorliegenden Werk die umstrittensten Problemkreise in 23 Fällen des neuen Schuldrechts dar, zeigt den aktuellen Meinungsstand auf und schafft so einen Überblick. Es wird das notwendige Wissen vermittelt.

115.20 *14,80 €*

Musterfälle für die Zwischenprüfung

Exempla docent - an Beispielen lernen. Die Fälle zu den Basics! Nur wer so lernt, weiß was in der Klausur verlangt wird.
Die Fallsammlungen erweitern unsere Basics und stellen die notwendige Fortsetzung für das Schreiben der Klausur dar. Genau das, was Sie für die Scheine brauchen - nämlich exemplarisch dargestellte Falllösungen. Wichtige, immer wiederkehrende Konstellationen werden berücksichtigt.
Profitieren Sie von der seit 1976 bestehenden Klausurerfahrung des Juristischen Repetitoriums hemmer. Über 1000 Klausuren wurden für die Auswahl der Musterklausuren auf ihre „essentials" analysiert

Musterklausur für die Zwischenprüfung Zivilrecht

Ein Muss: Klassiker wie die vorvertragliche Haftung (c.i.c.), die Haftung bei Pflichtverletzungen im Schuldverhältnis (§ 280), Vertrag mit Schutzwirkung, Drittschadensliquidation, Mängelrecht, EBV, Bereicherungs- und Deliktsrecht werden klausurtypisch aufbereitet. Auf „specials" wie Saldotheorie, Verarbeitung, Geldwertvindikation, Vorteilsanrechnung und Nebenbesitz wird eingegangen. So entsteht wichtiges Grundverständnis.

16.31 *14,80 €*

Musterklausur für die Zwischenprüfung Strafrecht

Auch hier wieder prüfungstypische Fälle mit genauen Aufbauhilfen. Die immer wiederkehrenden „essentials" der Strafrechtsrechtsklausur werden in diesem Skript abgedeckt: Von der Abgrenzung von dolus eventualis und bewusster Fahrlässigkeit über die Irrtumslehre bis hin zu Problemen der Täterschaft und Teilnahme, u.v.m. Wer sich die Zeit nimmt, diese Musterfälle sorgfältig durchzuarbeiten, besteht jede Grundlagenklausur.

16.32 *14,80 €*

Musterklausur für die Zwischenprüfung Öffentliches Recht

Dieses Skript enthält die wichtigsten, in der Klausur immer wiederkehrenden Problemkonstellationen für die Bereiche Verfassungs- und Verwaltungsrecht. Im Verfassungsrecht werden die Zulässigkeitsvoraussetzungen von Verfassungsbeschwerden, Organstreitverfahren sowie abstrakter und konkreter Normenkontrolle erörtert. Im Rahmen der Begründetheitsprüfung werden die klausurrelevanten Grundrechte ausführlich erläutert. Gleichzeitig werden auch staatsorganisationsrechtliche Problemfelder aufbereitet. Die Klausuren zum Verwaltungsrecht zeigen die optimale Prüfung von Anfechtungs-, Verpflichtungs- und Fortsetzungsfeststellungsklagen sowie von Widerspruchsverfahren. Standardprobleme wie die Rücknahme oder der Widerruf eines Verwaltungsaktes und die Behandlung von Nebenbestimmungen eines VA sind u.a. Gegenstand der Begründetheitsprüfung.

16.33 *14,80 €*

Die examenstypischen Begriffe/ ZivilR.

Das Grundwerk für die eigene Bibliothek. Alle examenstypischen Begriffe in diesem Nachschlagewerk werden anwendungsspezifisch für Klausur und Hausarbeit erklärt. Das gesammelte Examenswissen ist eine optimale schnelle Checkliste. Zusätzlicher Nutzen: Das große Stichwortverzeichnis. Neben der Einbettung des gesuchten Begriffs in den juristischen Kontext finden Sie Verweisungen auf entsprechende Stellen in unserer Skriptenreihe. Begriffe werden transparenter. Sie vertiefen Ihr Wissen. So können Sie sich schnell und auf anspruchsvollem Niveau einen Überblick über die elementaren Rechtsbegriffe verschaffen.

14.01 *14,80 €*

Basiswissen

Grundwissen auf höherem Niveau! Sie sind Jurastudent in den mittleren Semestern und wollen die großen Scheine unter Dach und Fach bringen. Wenn Sie sich in dieser Phase mit tausend Meinungen beschäftigen, besteht die Gefahr, sich im Detail zu verlieren. Wir empfehlen Ihnen, schon jetzt das Material zu wählen, welches Sie durch die Scheine begleitet. Ideal zum schnellen Wiederholen vor dem Examen.

Die „Basics" - Reihe

Die Klassiker der hemmer-Reihe. So schaffen Sie die Universitätsklausuren viel leichter. Die Basics vermitteln Ihnen Grundverständnis auf anspruchsvollem Niveau, sie sind auch für die Examensvorbereitung ideal.
Denn: Wissen wird konsequent unter Anwendungsgesichtspunkten erworben.
Die Basics dienen auch der schnellen Wiederholung vor dem Examen oder der mündlichen Prüfung, wenn Zeit zur Mangelware wird.

Basics-Zivilrecht I

BGB-AT/ Vertragliche Schuldverhältnisse mit dem neuen Schuldrecht

Im Vordergrund steht die Vermittlung der Probleme des Vertragsschlusses, u.a. das Minderjährigenrecht und die Stellvertretung. Neben rechtshindernden (z.B. §§ 134, 138 BGB) und rechtsvernichtenden Einwendungen (z.B. Anfechtung) werden auch die Klassiker der Pflichtverletzung nach § 280 BGB wie Unmöglichkeit (§§ 280 I, III, 283), Verzug (§§ 280 I, II, 286) und Haftung bei Verletzung nicht leistungsbezogener Nebenpflichten i.S.d. § 241 II BGB (früher: pVV bzw. c.i.c. jetzt: § 280 I bzw. § 280 I i.V.m. § 311 II BGB) behandelt. Ausführlich wird auf die wichtige Unterscheidung von Schadensersatz nach § 280 I BGB und Schadensersatz statt der Leistung nach §§ 280 I, III, 281-283 bzw. § 311a II BGB eingegangen. Nach Mängelrecht, Störung der GG und Schadensrecht schließt das Skript mit dem nicht zu unterschätzenden Gebiet des Dritten (z.B. Abgrenzung § 278 / § 831 / § 31; § 166; Vertrag mit Schutzwirkung zugunsten Dritter; DriSchaLi) im Schuldverhältnis ab.

110.0011 *14,80 €*

Basics-Zivilrecht II

Gesetzliche Schuldverhältnisse, Sachenrecht

Das Skript befasst sich mit dem Recht der GoA, dem Bereicherungsrecht und dem Recht der unerlaubten Handlungen als immer wieder klausurrelevante gesetzliche Schuldverhältnisse. Der Einstieg in das Sachenrecht wird mit der Abhandlung des Besitzrechts und dem Erwerb dinglicher Rechte an beweglichen Sachen erleichtert, wobei der Schwerpunkt auf dem rechtsgeschäftlichen Erwerb des Eigentums liegt. Über das für jede Prüfung unerlässliche Gebiet des EBV gibt das Skript einen ausführlichen Überblick. Eine systematische Aufbereitung des Pfandrechts und des Grundstückrechts führen zum richtigen Verständnis dieser prüfungsrelevanten Gesetzesmaterie.

110.0012 *14,80 €*

Basics-Zivilrecht III

Familienrecht/ Erbrecht

Die typischen Probleme des Familienrechts: Von der Ehe als Klassiker für die Klausur (z.B. § 1357; GbR; Gesamtschuldner; Gesamtgläubiger; §§ 1365; 1369 BGB) zum ehelichen Güterrecht bis hin zur Scheidung.
Gegenstand des Erbrechts sind die gesetzliche und gewillkürte Erbfolge, die möglichen Verfügungen (Testament bzw. Erbvertrag) des Erblassers und was sie zum Inhalt haben (z.B. Erbeinsetzung, Vermächtnis, Auflage), Annahme und Ausschlagung der Erbschaft sowie neben Fragen der Rechtsstellung des Erben (z.B. im Verhältnis zum Erbschaftsbesitzer) auch das Pflichtteilsrecht und der Erbschein. Fazit: Das Wichtigste in Kürze für den schnellen Überblick.

110.0013 *14,80 €*

Basics-Zivilrecht IV

Zivilprozessrecht (Erkenntnisverfahren und Zwangsvollstreckungsverfahren)

Wegen fehlender Praxis ist in der Regel die ZPO dem Studenten fremd. Von daher wurde hier besonders auf leichte Verständlichkeit Wert gelegt. Der Schwerpunkt im Erkenntnisverfahren liegt neben den immer wiederkehrenden Problemen der Zulässigkeitsvoraussetzungen (z.B. Zuständigkeit, Streitgegenstand) auf den typischen Problemen des Prozesses, wie z.B. Versäumnisurteil, Widerklage und Klagenhäufung. Die Beteiligung Dritter am Rechtsstreit wird im Hinblick auf die Klausur und die examensrelevante Verortung erklärt.
Das Kapitel der Zwangsvollstreckung befasst sich vor allem mit dem Ablauf der Zwangsvollstreckung und den möglichen Rechtsbehelfen von Schuldner, Gläubiger und Dritten.
Dieses Skript gehört daher zur „Pflichtlektüre", um sich einen vernünftigen Überblick zu verschaffen!

110.0014 *14,80 €*

Basics-Zivilrecht V
Handels- und Gesellschaftsrecht

Im Vordergrund steht: Wie baue ich eine gesellschaftsrechtliche Klausur richtig auf. Häufig geht es um die Haftung der Gesellschaft und der Gesellschafter. Eine systematische Aufbereitung führt durch das Recht der Personengesellschaften, also der GbR und OHG, sowie der KG. Das Recht der Körperschaften, wozu der rechts- und nichtrechtsfähige Verein, die GmbH sowie die AG zählen, wird ebenso im Überblick dargestellt. Auf dem Gebiet des Handelsrechts als Sonderrecht des Kaufmanns dürfen typische Problemkreise wie Kaufmannseigenschaft, Handelsregister, Wechsel des Unternehmensträgers und das kaufmännische Bestätigungsschreiben nicht fehlen. Abschließend befasst sich das Skript mit den Mängelrechten beim Handelskauf, der auch häufig die Schnittstelle zu BGB-Problemen darstellt.

110.0015 *14,80 €*

Basics-Zivilrecht VI
Arbeitsrecht

Das Arbeitsrecht gehört in den meisten Bundesländern zum Pflichtprogramm in der Examensvorbereitung. Hier tauchen immer wieder die gleichen Fragestellungen auf, die in diesem Skript knapp, präzise und klausurtypisch aufbereitet werden, wie die Zulässigkeit der Kündigungsschutzklage, Kündigungsschutz nach dem KSchG, innerbetrieblicher Schadensausgleich, fehlerhafter Arbeitsvertrag und die Reaktionsmöglichkeiten des Arbeitnehmers auf Änderungskündigungen. Ferner bildet auch das Recht der befristeten Arbeitsverhältnisse nach dem TzBfG einen Schwerpunkt.

110.0016 *14,80 €*

Basics-Strafrecht

Je besser der Einstieg, umso besser später die Klausuren. Weniger ist häufig mehr. Alle klausurwichtigen Probleme und Fragestellungen des materiellen Strafrechts auf einen Blick: Vom StGB-AT bis hin zum StGB-BT finden Sie all das dargestellt, was als Grundlagenwissen im Strafrecht angesehen wird. Außerdem werden die wichtigsten Aufbaufragen zur strafrechtlichen Klausurtechnik - an denen gerade Anfänger häufig scheitern - in einem eigenen Kapitel einfach und leicht nachvollziehbar erläutert.

110.0032 *14,80 €*

Basics-Öffentliches Recht I
Verfassungsrecht/ Staatshaftungsrecht

Materielles und prozessuales Verfassungsrecht bilden zusammen mit wichtigen Problemstellungen des Staatshaftungsrechts die Grundlage für dieses Skript. Öffentlich-rechtliches Wissen wird konsequent unter Anwendungsgesichtspunkten erworben.

110.0035 *14,80 €*

Basics-Öffentliches Recht II
Verwaltungsrecht

Grundfragen des allgemeinen und besonderen Verwaltungsrechts werden im Rahmen der wichtigsten Klagearten der VwGO verständlich und einprägsam dargestellt. Zusammen mit dem Skript Ö-Recht I werden Sie sich in der öffentlich rechtlichen Klausur sicher fühlen.

110.0036 *14,80 €*

Basics-Steuerrecht

Die Basics im Steuerrecht für einen einfachen, aber instruktiven Einstieg in das materielle Einkommensteuer- und Steuerverfahrensrecht. Die notwendigen Bezüge des Einkommensteuerrechts zum Umsatz- und Körperschaftssteuerrecht werden dargestellt sowie auf examens- und klausurtypische Konstellationen hingewiesen. Ein ideales Skript für alle, die sich erstmals mit der Materie befassen und die Grundstrukturen verstehen wollen. Es wird der Versuch unternommen, den Einstieg so verständlich wie möglich zu gestalten. Dazu werden immer wieder kleine Beispiele gebildet, die das Erlernen des abstrakten Stoffs vereinfachen sollen.

110.0004 *14,80 €*

Basics-Europarecht

Neben unserem Hauptskript nun die Basics zum Europarecht. Verständlicher Einstieg oder schnelle Wiederholung der wesentlichen Probleme? Für beides sind die Basics ideal. Wer in die Tiefe gehen möchte, kann dies mit unserem Klassiker, dem Hauptskript Europarecht. In Verbindung mit den Classics Europarecht und der Fallsammlung auf Examensniveau sind Sie somit gerüstet für die Prüfung in Ausbildung und Examen. Vernachlässigen Sie dieses immer wichtiger werdende Prüfungsgebiet nicht!

110.0005 *14,80 €*

Skripten Classics

In den Classics haben wir für Sie die wichtigsten Entscheidungen der Obergerichte, denen Sie während Ihres Studiums immer wieder begegnen, ausgewählt und anschaulich aufbereitet. Bestimmte Entscheidungen müssen bekannt sein. In straffer Form werden der Sachverhalt, die Entscheidungssätze und die Begründung dargestellt. Die hemmer-Methode ordnet die Rechtsprechung für die Klausuren ein. Rechtsprechung wird so verständlich, Seitenfresserei vermieden.
Hiermit bereiten Sie sich auch gezielt auf die mündliche Prüfung vor.

BGH-Classics Zivilrecht

Rechtskultur und Verständnis des Gesetzes werden in weiten Teilen von der Rechtsprechung geprägt. Nicht umsonst spricht man von der Rechtsprechung als der normativen Kraft des Faktischen. Die wegweisenden Entscheidungen müssen Student, Referendar und Anwalt bekannt sein. Auf leicht erfaßbare, knappe, präzise Darstellung wird Wert gelegt. Die hemmer-Methode sichert den für die Klausur und Hausarbeit notwenigen „background“ ab.

15.01 *14,80 €*

Examenswissen

In der letzten Phase sollten Sie sich mit voller Kraft auf das Examen vorbereiten. Besonders wichtig ist jetzt fundiertes Wissen auf Examensniveau! unser Filetstück: die Hauptskripten. Konfronierten Sie sich frühzeitig mit dem, was Sie im Examen erwartet. Examenswissen unter professioneller Anleitung.

BGH-Classics Strafrecht

Auch die Entscheidungen im Strafrecht in ihrer konkreten Aufbereitung führen zur richtigen Einordnung der jeweiligen Problematik. Es wird die Interessenslage der Rechtsprechung erklärt. Im Vordergrund steht oft Einzelfallgerechtigkeit. Deswegen vermeidet die Rechtsprechung auch allzu dogmatische Entscheidungen.
Effizient, und damit in den wesentlichen Punkten knapp und präzise, wird die Entscheidung selbst wiedergegeben. So sparen Sie sich Zeit und erleiden nicht den berühmten Informationsinfarkt. Sowohl in der Examensvorbereitung, als auch in Klausur und Hausarbeit dienen die Classics als schnelles Lern- und Nachschlagewerk.

15.02 *14,80 €*

Classics Öffentliches Recht

Das Skript umfasst die Dauerbrenner aus den Bereichen der Rechtsprechung zu den Grundrechten, zum Staatsrecht, Verwaltungsrecht AT und BT sowie zum Europarecht. Neben der inhaltlichen Darstellung der Entscheidung werden mit Hilfe knapper Anmerkungen Besonderheiten und Bezüge zu anderen Problematiken hergestellt und somit die Fähigkeit zur Verknüpfung geschärft.

15.03 *14,80 €*

Classics Europarecht

Anders als im amerikanischen Recht gibt es bei uns kein reines „case-law". Gleichwohl hat die Rechtsprechung für Rechtsentwicklung und -fortbildung eine große Bedeutung. Gerade im Europarecht kommt man ohne festes Basiswissen in der europäischen Rechtsprechung nur selten zum Zuge. Auch für das Pflichtfach ein unbedingtes Muss!

15.04 *14,80 €*

Zivilrecht BGB-AT I-III

Die Aufteilung der Unwirksamkeitsgründe nach den verschiedenen Büchern des BGB (z.B. BGB-AT, Schuldrecht AT usw.) entspricht nicht der Struktur des Examensfalls. Wegen der klassischen Einteilung wird der Begriff BGB-AT/ Schuldrecht AT beibehalten. Unsere Skripten BGB-AT I - III unterscheiden entsprechend der Fallfrage in Klausur und Hausarbeit (Anspruch entstanden? Anspruch untergegangen? Anspruch durchsetzbar?) zwischen wirksamen und unwirksamen Verträgen, zwischen rechtshindernden, rechtsvernichtenden und rechtshemmenden Einwendungen. Damit stellen sich diese Skripten als großer Fall dar und dienen auch als Checkliste für Ihre Prüfung. Schon das Durchlesen der Gliederung schafft Verständnis für den Prüfungsaufbau.

BGB-AT I

Entstehen des Primäranspruchs

Besteht der Vertrag, so kann der Anspruchsteller Erfüllung, z.B. Übereignung, Überlassung der Mietsache etc. verlangen. Dies setzt unter anderem Rechtsfähigkeit der Vertragspartner, eine wirksame Willenserklärung, Zugang und ggf. Bevollmächtigung voraus. Nur wenn ein wirksamer Vertrag vorliegt, entsteht die Leistungspflicht des Schuldners und deren Folgeproblematik wie Rücktritt und Schadensersatz. Konsequent befasst sich das Skript daher auch mit den Problemkreisen der Stellvertretung sowie der Einbeziehung von AGB´en.

0001 *14,80 €*

BGB-AT II

Scheitern des Primäranspruchs

Scheitert der Vertrag von vornherein, so entfallen Erfüllungsansprüche. Die Unwirksamkeitsgründe sind im Gesetz verstreut, wie z.B. § 125, § 134, § 2301. Als konsequentes Rechtsfolgenskriptum sind alle klausurtypischen rechtshindernden Einwendungen zusammengefasst.

0002 *14,80 €*

BGB-AT III

Erlöschen des Primäranspruchs

Der Primäranspruch (bzw. Leistungs- oder Erfüllungsanspruch) kann nachträglich wegfallen, z.B. durch Erfüllung, Aufrechnung, Anfechtung, Unmöglichkeit. Nur wer Unwirksamkeitsgründe im Kontext des gescheiterten Vertrags einordnet, lernt richtig. Die rechtshemmenden Einreden (z.B. Verjährung, § 214 BGB) bewirken, dass der Berechtigte sein Recht nicht (mehr) geltend machen kann.

0003 *14,80 €*

Die klassischen Rechtsfolgeskripten zum Schadensersatz - „klausurtypisch!"

Schadensersatzrecht I

Das Skript erfasst neben Allgemeinem zum Schadensersatzrecht zunächst den selbstständigen Garantievertrag als Primäranspruch auf Schadensersatz. Daneben wird die gesetzliche Garantiehaftung behandelt. Ebenfalls enthalten sind die Sachmängelhaftung im Kauf- und Werk-, Miet- und Reisevertragsrecht sowie die Rechtsmängelhaftung.

0004 *14,80 €*

Schadensersatzrecht II

Umfassende Darstellung des Leistungsstörungsrechts, rechtsfolgenorientierte Darstellung der Sekundäransprüche-Schadensersatzansprüche.

0005 *14,80 €*

Schadensersatzrecht III

Befasst sich schwerpunktmäßig mit dem Anspruchsinhalt, d.h. mit der Frage des Umfangs der Ersatzpflicht, also dem „wie viel" eines dem Grunde nach bereits bestehenden Anspruchs. Drittschadensliquidation, Vorteilsausgleichung und hypothetische Schadensursachen dürfen nicht fehlen.

0006 *14,80 €*

Schuldrecht

Die Reihe Schuldrecht orientiert sich an der Klausurrelevanz des Schuldrechts. In nahezu jeder Klausur ist nach Schadensersatzansprüchen des Gläubigers bei Leistungsstörungen des Schuldners, nach bereicherungsrechtlichen Ansprüchen oder nach der deliktischen Haftung gefragt.

Die Schuldrechtsskripten eignen sich hervorragend sowohl zur erstmaligen Aneignung der Materie als auch zur aufgrund der Schuldrechtsreform notwendigen Neustrukturierung bereits vorhandenen Wissens.

Schuldrecht I

Das allgemeine Leistungsstörungsrecht war schon immer äußerst klausurrelevant. Dies hat sich durch die Schuldrechtsreform in erheblichem Maße verstärkt, zumal das Besondere Schuldrecht nun häufig Rückverweisungen auf die §§ 280 ff. BGB vornimmt (z.B. § 437 BGB). Entsprechend der Gesetzessystematik ist das Skript von der Rechtsfolge her aufgebaut: Welche Art des Schadensersatzes verlangt der Gläubiger? Schwerpunkte bilden das Unmöglichkeitsrecht, der allgemeine Anspruch aus § 280 I BGB (auch vorvertragliche Haftung und Schuldnerverzug), die Ansprüche auf Schadensersatz statt der Leistung, Rücktritt und Störung der Geschäftsgrundlage.

0051 *14,80 €*

Schuldrecht II

Die Klassiker im Examen! Kauf- und Werkvertrag in allen prüfungsrelevanten Varianten. Dies gilt insbesondere beim Kauf, dessen spezielles Gewährleistungsrecht abgeschafft und stattdessen auf die §§ 280 ff. BGB Bezug genommen wurde. Das Skript setzt sich mit den kaufspezifischen Fragestellungen wie Sachmangelbegriff, Nacherfüllung, Rücktritt, Minderung und Schadensersatz, Versendungs- und Verbrauchsgüterkauf auseinander. Ferner wird das - dem Kauf nun weitgehend gleichgeschaltete - Werkvertragsrecht behandelt.

0052 *14,80 €*

Schuldrecht III

Umfassend werden die klausurrelevanten Probleme der Miete, Pacht, Leihe, des neuen Darlehensrechts (samt Verbraucherwiderruf nach §§ 491 ff. BGB), des Leasing- und Factoringrechts abgehandelt. Die äußerst wichtigen Fragestellungen aus dem Bereich Bürgschaft („Wer bürgt, wird erwürgt"), Reise- und Maklervertrag kommen ebenfalls nicht zu kurz.

0053 *14,80 €*

Bereicherungsrecht
Die §§ 812 ff. sind regelmäßig die Folge unwirksamer Verträge. Abgrenzungsprobleme gibt es dabei u.a. zum Wegfall der Geschäftsgrundlage (z.B. Rückabwicklung bei der nichtehelichen Lebensgemeinschaft) und §§ 987 ff. Die hemmer-Methode versteht sich als Gebrauchsanweisung für die erfolgreiche Bewältigung des anspruchsvollen Rechtsgebiets Bereicherungsrecht. Ohne Verständnis für dieses Rechtsgebiet bleibt der Zusammenhang im Zivilrecht im Dunkeln.

0008 *14,80 €*

Verbraucherschutzrecht
Das Verbraucherschutzrecht erlangt im Gesamtgefüge des BGB eine immer stärkere Bedeutung. Kaum ein Bereich, in dem die Besonderheiten des Verbraucherschutzrechtes nicht zu abweichenden Ergebnissen führen, so z.B. bei den §§ 474 ff. BGB, oder bei der Widerrufsproblematik der §§ 355 ff. BGB. Insbesondere die umständliche Verweisungstechnik der §§ 499 ff. BGB stellt den Bearbeiter von Klausuren vor immer neue Herausforderungen. Das Skript liefert eine systematische Einordnung in den Gesamtzusammenhang. Wer den Verbraucher richtig einordnet, schreibt die gute Klausur.

0007 *14,80 €*

Deliktsrecht I
Eine umfassende Einführung in das deliktische Haftungssystem. Da die deliktische Haftung gegenüber jedermann besteht, können die §§ 823 ff BGB. in jede Klausur problemlos eingebaut werden. Neben einer umfassenden Übersicht über die Haftungstatbestände werden sämtliche klausurrelevanten Problemfelder der §§ 823 ff BGB. umfassend behandelt (z.B. Probleme der haftungsbegründenden und -ausfüllenden Kausalität). § 823 I BGB ist als elementarer, strafrechtsähnlicher Grundtatbestand leicht erlernbar. Auch § 823 II und §§ 824 - 826 BGB sollten nicht vernachlässigt werden. Neben § 831 BGB (Vorsicht beim Entlastungsbeweis!), der Haftung für Verrichtungsgehilfen, befasst sich der erste Band auch mit der Mittäterschaft, Teilnahme und Beteiligung gem. § 830 BGB.

0009 *14,80 €*

Deliktsrecht II
Deliktsrecht II vervollständigt das deliktische Haftungssystem mit besonderem Schwerpunkt auf der Gefährdungshaftung und der Haftung für vermutetes Verschulden. Zum einen erfolgt eine ausführliche Erörterung der im BGB integrierten Haftungsnormen. Zum anderen vermittelt das Skript ein umfassendes Wissen in den klausurrelevanten Spezialgesetzen wie dem StVG, dem ProdHaftG und dem UmweltHaftG. Abgerundet werden die Darstellungen durch den wichtigen Beseitigungs- und Unterlassungsanspruch des § 1004 BGB.

0010 *14,80 €*

Sachenrecht I-III:

Sachenrecht ist durch immer wiederkehrende examenstypische Problemfelder gut ausrechenbar. Anders als das Schuldrecht ist es ein klar strukturiertes Rechtsgebiet. In der Regel besteht deswegen eine feste Vorstellung, wie der Fall zu lösen ist. Deshalb gilt es gerade hier, mit der hemmer-Methode den Ersteller der Klausur als imaginären Gegner zu erfassen. Es gilt, Begriffe wie z.B. Widerspruch und Vormerkung in ihrer rechtlichen Wirkung zu begreifen und in den Kontext der Klausur einzuordnen.

Sachenrecht I
Zu Beginn werden die allgemeinen Lehren des Sachenrechts (Abstraktionsprinzip, Publizität, numerus clausus etc.) behandelt, die für den Einstieg und ein grundlegendes Verständnis der Materie unabdingbar sind. Im Vordergrund stehen dann das Besitzrecht und das Eigentümer-Besitzer-Verhältnis. Gerade das EBV ist klausurrelevant. Hier dürfen Sie keinesfalls auf Lücke lernen. Schließlich geht es auch um den immer wichtiger werdenden (verschuldensunabhängigen) Beseitigungs- bzw. Unterlassungsanspruch aus § 1004 BGB.

0011 *14,80 €*

Sachenrecht II
Sachenrecht II behandelt den Erwerb dinglicher Rechte an beweglichen Sachen. Neben dem Erwerb kraft Gesetzes ist Schwerpunkt hier natürlich der rechtsgeschäftliche Erwerb des Eigentums. Bei dem Erwerb vom Berechtigten und den §§ 932 ff. BGB müssen Sie sicher sein, insbesondere, wenn wie im Examensfall regelmäßig Dritte (Besitzdiener, Besitzmittler, Geheißpersonen) in den Übereignungstatbestand eingeschaltet werden. Daneben geht es um die klausurrelevanten Probleme beim Pfandrecht, bei der Sicherungsübereignung und beim Anwartschaftsrecht des Vorbehaltsverkäufers.

0012 *14,80 €*

Sachenrecht III
Gegenstand des Skripts Sachenrecht III ist das Immobiliarsachenrecht, wobei die Übertragung des Eigentums an Grundstücken im Vordergrund steht. Weitere Schwerpunkte bilden u.a. Erst- und Zweiterwerb der Vormerkung, die Hypothek und Grundschuld -Gemeinsamkeiten und Unterschiede-, Übertragung sowie der Wegerwerb von Einwendungen und Einreden bei diesen.

0012A *14,80 €*

Kreditsicherungsrecht
Der Clou! Wettlauf der Sicherungsgeber, Verhältnis Hypothek zur Grundschuld, Verlängerter Eigentumsvorbehalt und Globalzession/Factoring sind häufig Prüfungsgegenstand. Lernen Sie das, was zusammen gehört, als zusammengehörend zu betrachten. Alle examenstypischen Sicherungsmittel im Überblick: Wie sichere ich neben dem bestehenden

Rückzahlungsanspruch einen Kredit? Unterschieden werden Personalsicherheiten (z.B. Bürgschaft, Schuldbeitritt), Mobiliarsicherheiten (z.B. Sicherungsübereignung, Sicherungsabtretung, Eigentumsvorbehalt und Pfandrecht) sowie Immobiliarsicherheiten (Grundschuld und Hypothek). Wer die Unterscheidung zwischen akzessorischen und nichtakzessorischen Sicherungsmitteln wirklich verstanden hat, geht unbesorgt in die Prüfung.

0013 *14,80 €*

Nebengebiete

Familienrecht

Das Familienrecht wird häufig in Verbindung mit anderen Rechtsgebieten geprüft. So sind z.B. §§ 1357, 1365, 1369 BGB Schnittstelle zum BGB-AT und nur in diesem Kontext verständlich. Die sog. Ehestörungsklage hat ihre Bedeutung bei §§ 823 und 1004 BGB. Da nur der geschädigte Ehegatte einen eigenen Schadensersatzanspruch gegen den Schädiger hat, stellen sich Probleme der Vorteilsanrechnung (vgl. § 843 IV BGB) und Fragen beim Regress. Von Bedeutung sind bei der Nichtehelichen Lebensgemeinschaft Bereicherungsrecht und, wie bei Eheleuten auch, familienrechtliche Bestimmungen sowie das Recht der BGB-Gesellschaft. Die typischen Problemkreise des Familienrechts sind berechenbar und leicht erlernbar.

0014 *14,80 €*

Erbrecht

„Erben werden geboren, nicht gekoren." oder „Erben werden gezeugt, nicht geschrieben." deuten auf germanischen Einfluß mit seinem Sippengedanken. Das Prinzip der Universalsukzession und die Testamentidee sind römischrechtliche Tradition. Die Spannung zwischen individualistischem (der Erbe steht im Vordergrund) und kollektivistischem Ansatz (die Sippe ist privilegiert) ist auch für die Klausur von großer praktischer Relevanz, z.B. gewillkürte oder gesetzliche Erbfolge, Formwirksamkeit des Testaments (auch gemeinschaftliches Testament und Erbvertrag), Widerruf und Anfechtung, Bestimmung durch Dritte, Vor- und Nach- sowie Ersatzerbschaft, Vermächtnis, Pflichtteilsrecht, Erbschaftsbesitz, Miterben, Erbschein. Auch die dingliche Surrogation, z.B. bei § 2019 BGB, und das Verhältnis des Erbrechts zum Gesellschaftsrecht sollte als prüfungsrelevant bekannt sein.

0015 *14,80 €*

Zivilprozessrecht I

Versäumnisurteil, Erledigung, Streitverkündung, Berufung (ZPO I, sog. Erkenntnisverfahren) sind mit der hemmer-Methode leicht verständlich für die Klausuranwendung aufbereitet. Von den vielen Bestimmungen der ZPO sind insbesondere diejenigen, die mit materiellrechtlichen Problemen verknüpft werden können, klausurrelevant. ZPO-Probleme werden nur dann richtig erfasst und damit auch für die Klausur handhabbar, wenn man den praktischen Hintergrund verstanden hat. Dies erleichtert Ihnen die hemmer-Methode. Die klausurrelevanten Neuerungen der ZPO-Reform sind selbstverständlich eingearbeitet.

0016 *14,80 €*

Zivilprozessrecht II

Zwangsvollstreckungsrecht - mit diesem Skript halb so wild: Grundzüge, allgemeine und besondere Vollstreckungsvoraussetzungen, sowie die klausurrelevanten Rechtsbehelfe wie §§ 771 BGB (und die Abgrenzung zu § 805), 766 und 767 BGB werden wie gewohnt übersichtlich und gut verständlich für die Anwendung in der Klausur aufbereitet. Dann werden auch gefürchtete Zwangsvollstreckungsklausuren leicht.

0017 *14,80 €*

Arbeitsrecht

Arbeitsrecht ist stark von Richterrecht geprägt und hat sich auch, wie z.B. im Streikrecht, praeter legem entwickelt. Entsprechend häufig sind die Neuerungen. Gleichwohl ist die Arbeitsrechtsklausur im Regelfall standardisiert: Kündigungsschutz (Feststellungsklage) und Lohnzahlung (Leistungsklage) bilden häufig das Grundgerüst. Eingestreut sind regelmäßig Probleme wie z.B. Gratifikationen, Urlaubsabgeltungsanspruch, faktische Bindung und Anwendbarkeit der Grundrechte. Verständnis entsteht. So macht Arbeitsrecht Spaß. Das Standardwerk! Ausgehend von einem großen Fall wird das gesamte Arbeitsrecht knapp und prägnant erklärt.

0018 *16,80 €*

Handelsrecht

Handelsrecht verschärft wegen der Sonderstellung der Kaufleute viele Bestimmungen des BGB (z.B. §§ 362, 377 HGB). Auch Vertretungsrecht wird modifiziert (z.B. § 15 HGB, Prokura), ebenso die Haftung (§§ 25 ff HGB). So kann eine Klausur ideal gestreckt werden. Deshalb sind Kenntnisse im Handelsrecht unerlässlich, alles in allem aber leicht erlernbar.

0019A *14,80 €*

Gesellschaftsrecht

Ein Problem mehr in der Klausur: die Gesellschaft, insbesondere BGB-Gesellschaft, OHG, KG und GmbH. Zu unterscheiden ist häufig zwischen Innen- und Außenverhältnis. Die Haftung von Gesellschaft und Gesellschaftern muss jeder kennen. In der examenstypischen Klausur sind immer mehrere Personen vorhanden (Notendifferenzierung!), so dass sich zwangsläufig die typischen Schwierigkeiten der Mehrpersonenverhältnisse stellen (Zurechnung, Gesamtschuld, Ausgleichsansprüche etc.).

0019B *14,80 €*

Rechtsfolgeskripten

Regelmäßig ist die sog. Herausgabeklausur („A verlangt von B Herausgabe. Zu Recht?") Prüfungsgegenstand. Der Rückgriff kann als Zusatzfrage jede Klausur abschließen. Klausurtypisch werden diese Problemkreise im Anspruchsgrundlagenaufbau dargestellt. So schreiben Sie die 18 Punkteklausur. Ein Muss für jeden Examenskandidaten!

Herausgabeansprüche

Der Band setzt das Rechtsfolgesystem bisheriger Skripten fort. Die Anspruchsgrundlagen, die in den verschiedenen Rechtsgebieten verstreut sind, werden in einem eigenen Skript klausurtypisch konzentriert behandelt, §§ 285, 346, 546, 604, 812, 861, 985, 1007 BGB. Die ideale Checkliste für die Herausgabeklausur. Wer konsequent von der Fallfrage aus geht, lernt richtig.

0031 *14,80 €*

Rückgriffsansprüche

Der Regreß ist examenstypisch. Dreiecksbeziehungen sind nicht nur im wirklichen Leben problematisch, sondern auch im Recht. Der Band gibt unsere Erfahrungen mit den verschiedenen Examenskonstellationen wieder. Beispielhaft ist die Begleichung einer Schuld durch einen Dritten und der Regreß beim Schuldner. In Betracht kommen häufig GoA, Gesamtschuld und Bereicherungsrecht.

0032 *14,80 €*

Definitionen Strafrecht - schnell gemerkt

... durch Techniken vom Gedächtnismeister: Leichter lernen, schneller merken, sicherer erinnern. Das Lernen von Definitionen hat drei große Nachteile: Es ist eintönig, eine exakte Wiedergabe ist gerade bei längeren Definitionen nur schwer möglich und man vergisst viele Definitionen beinahe schneller als man sie gelernt hat.

Dieses Buch zeigt einen anderen Weg: Aus Definitionen werden Reihen von Stichworten, aus Stichworten Bilder und aus den Bildern Geschichten. So finden Techniken, die sonst dazu verwendet werden, sich mehrere hundert Zahlen in fünf Minuten einzuprägen oder ein Kartenspiel in weniger als einer Minute, auf das Recht Anwendung - und sie bleiben effektiv. Nun kann auch der Leser Gewinn daraus ziehen: Weniger Wiederholungen, klareres Behalten, sichere Wiedergabe in der Klausur.

0044 *14,80 €*

Strafrecht

Eine zweistellige Punktezahl ist im Strafrecht immer im Bereich des Möglichen. Gerade im Strafrecht ist es wichtig, die Klassiker genau zu kennen. Im Strafrecht/Strafprozessrecht wird Ihre Belastbarkeit getestet: innerhalb relativ kurzer Zeit müssen viele Problemkreise „abgehakt" werden.

Strafrecht AT I

Für das Verständnis im Strafrecht unabdingbar sind vertiefte Kenntnisse des Allgemeinen Teils. Der Aufbau eines vorsätzlichen Begehungsdelikts wird ebenso vermittelt wie der eines vorsätzlichen Unterlassungsdelikts bzw. eines Fahrlässigkeitsdelikts. Darin eingebettet werden die examenstypischen Probleme erläutert und anhand der hemmer-Methode Lernverständis geschaffen. Um die allgemeine Strafrechtssystematik besser zu verstehen, beinhaltet dieses Skript zudem Ausführungen zur Garantiefunktion des Strafrechts, zum Geltungsbereich des deutschen Strafrechts sowie einen Überblick über strafrechtliche Handlungslehren.

0020 *14,80 €*

Strafrecht AT II

Dieses Skript vermittelt Ihnen anwendungsorientiert die Problemkreise Versuch (insbesondere Rücktritt vom Versuch), Täterschaft und Teilnahme (z.B. Täter hinter dem Täter), die Irrtumslehre (z.B. aberratio ictus), sowie das Wichtigste zu den Konkurrenzen. Grundbegriffe werden erläutert und zudem in den klausurtypischen Zusammenhang gebracht. Auch Sonderfälle wie die „actio libera in causa" werden in fallspezifischer Weise erklärt.

0021 *14,80 €*

Strafrecht BT I

Bei den Klassikern wie u.a. Diebstahl, Betrug einschließlich Computerbetrug, Raub, Erpressung, Hehlerei, Untreue (BT I) sollte man sich keine Fehltritte leisten. Mit der hemmer-Methode wird der verständnisvolle Umgang mit Fällen, die im Grenzbereich eines oder mehrerer Tatbestände liegen, eingeübt. Auf klausurtypische Fallkonstellationen wird hingewiesen.

0022 *14,80 €*

Strafrecht BT II

Immer wieder in Hausarbeit und Klausur: Totschlag, Mord, Körperverletzungsdelikte, Aussagedelikte, Urkundsdelikte, Straßenverkehrsdelikte. In aller Regel werden diese Delikte mit Täterschaftsformen des Allgemeinen Teils kombiniert, und dadurch die Problematik klausurtypisch gestreckt.

0023 *14,80 €*

Strafprozessordnung

Strafprozessrecht hat auch im Ersten Juristischen Staatsexamen deutlich an Bedeutung gewonnen: In fast jedem Bundesland ist mittlerweile verstärkt mit StPO-Zusatzfragen im Examen zu rechnen. Begriffe wie z.B. Legalitätsprinzip, Opportunitätsprinzip und Akkusationsprinzip dürfen keine Fremdworte bleiben. Lernen Sie spielerisch die Abgrenzung von strafprozessualem und materiellem Tatbegriff.

0030 *14,80 €*

Verwaltungsrecht

Auch die Verwaltungsrechtsskripten sind klausur- und hausarbeitsorientiert und damit als großer Fall zu verstehen. Trainieren Sie Verwaltungsrecht mit uns klausurorientiert. Lernen Sie mit der hemmer-Methode die richtige Einordnung. Im Öffentlichen Recht gilt: wenig Dogmatik - viel Gesetz. Gehen Sie deshalb mit dem sicheren Gefühl in die Prüfung, die Dogmatik genau zu kennen und zu wissen, wo Sie was zu prüfen haben.

Verwaltungsrecht I

Wie in einem großen Fall sind im Verwaltungsrecht I die klausurtypischen Probleme der Anfechtungsklage als zentrale Klageart der VwGO dargestellt. Entsprechend der Reihenfolge in einer Klausur werden Fragen der Zulässigkeit, vom Vorliegen eines VA bis zum Vorverfahren, und der Begründetheit, von der Ermächtigungsgrundlage bis zum Widerruf und der Rücknahme von VAen, klausurorientiert aufbereitet.

0024 *14,80 €*

Verwaltungsrecht II

Die richtige Einordnung der Prüfungspunkte im Rahmen der Zulässigkeit und Begründetheit von Verpflichtungs-, Fortsetzungsfeststellungs-, Leistungs- und Feststellungsklage sowie Normenkontrolle unter gleichzeitiger Darstellung typischer Fragestellungen der Begründetheit sind Gegenstand dieses Skripts. Sie machen es zu einem unentbehrlichen Hilfsmittel zur Vorbereitung auf Zwischenprüfung und Examina.

0025 *14,80 €*

Verwaltungsrecht III

Profitieren Sie von unserer jahrelangen Erfahrung als Repetitoren und unserer Sachkenntnis von Prüfungsfällen. Widerspruchsverfahren, vorbeugender und vorläufiger Rechtsschutz, Rechtsmittel sowie Sonderprobleme aus dem Verwaltungsprozess- und allgemeinen Verwaltungsrechts sind anschließend für Sie keine Fremdwörter mehr.

0026 *14,80 €*

Staatsrecht

Stoffauswahl und Schwerpunktbildung von Verfassungsrecht (Staatsrecht I) und Staatsorganisationsrecht (Staatsrecht II) orientieren sich am praktischen Bedürfnis von Klausur und Hausarbeit. Da in diesem Bereich häufig nach dem Prinzip „terra incognita" gelernt wurde, gilt es Lücken zu schließen. Wer Staatsrecht richtig gelernt hat, kann sich jedem Fall stellen. Es gilt der Wahlspruch der Aufklärung: „sapere aude" (Wage, Dich Deines Verstandes zu bedienen.), Kant, auf ihn Bezug nehmend Karl Popper (Beck´sche Reihe, „Große Denker").

Staatsrecht I

Die Grundrechte sind das Herzstück der Verfassung. Zulässigkeit und Begründetheit der Verfassungsbeschwerde geben jedem Klausurersteller die Möglichkeit, Grundrechtsverständnis abzuprüfen. Die einzelnen Grundrechte werden im Rahmen der Begründetheit der Verfassungsbeschwerde umfassend erklärt. Lernen Sie mit der hemmer-Methode den richtigen Fallaufbau, auf den gerade im Öffentlichen Recht besonders viel Wert gelegt wird.

0027 *14,80 €*

Staatsrecht II

Speziell hier gilt: Die wenigen Klassiker, die immer wieder in der Klausur eingebaut sind, muss man kennen. Dies sind im Prozessrecht: Organstreitigkeiten, abstrakte und konkrete Normenkontrolle und föderale Streitigkeiten (Bund-/ Länderstreitigkeiten). Das materielle Recht beinhaltet Staatszielbestimmungen (Art. 20 GG), Finanzverfassung, daneben auch oberste Staatsorgane, Gesetzgebungskompetenz und -verfahren, Verwaltungsorganisation und das Recht der politischen Parteien. Mit diesen Problemkreisen sollten Sie sich im Rahmen einer sinnvollen Examensvorbereitung mit den jeweiligen landesrechtlichen Besonderheiten auseinandersetzen. Skripten, die die Problematik „verallgemeinernd" auf Bundesebene darstellen, helfen meist nicht weiter!

0028 *14,80 €*

Staatshaftungsrecht

Das Staatshaftungsrecht ist eine Querschnittsmaterie aus den Bereichen Verfassungsrecht, Allgemeines und Besonderes Verwaltungsrecht und dem Bürgerlichen Recht. Diese Besonderheit macht es einerseits kompliziert, andererseits interessant für Klausurersteller! In diesem Skript finden Sie alle klausurrelevanten Probleme des Staatshaftungsrechts examenstypisch aufgearbeitet.

0040 *14,80 €*

Europarecht

Immer auf dem neusten Stand! Unser Europarecht hat sich zum Klassiker entwickelt. Anschaulich und klar strukturiert erspart es Zeit und dient dem Allgemeinverständnis für dieses in Zukunft immer wichtiger werdende Prüfungsgebiet. Zusammen mit der Fallsammlung Europarecht Garant für ein erfolgreiches Abschneiden in der Prüfung! Die hohe Nachfrage gibt dem Skriptum recht.

0029 *16,80 €*

Öffentliches Recht - landesspezifische Skripten

Wesentliche Bereiche des Öffentlichen Rechts - Kommunalrecht, Sicherheitsrecht, Bauordnungsrecht - sind aufgrund der Kompetenzverteilung des Grundgesetzes Landesrecht. Hier müssen Sie sich im Rahmen einer sinnvollen Examensvorbereitung mit den jeweiligen landesrechtlichen Besonderheiten auseinandersetzen. Skripten, die die Problematik „verallgemeinernd" auf Bundesebene darstellen, helfen meist nicht weiter!

Baurecht/Bayern
Baurecht/Nordrhein-Westfalen
Baurecht/Baden-Württemberg
Baurecht/Saarland
Baurecht/Hessen

Bauplanungs- und Bauordnungsrecht werden in klausurtypischer Aufarbeitung so dargestellt, dass selbst ein Anfänger innerhalb kürzester Zeit die Systematik des Baurechts erlernen kann. Vertieft werden darüber hinaus alle wichtigen Spezialprobleme des Baurechts wie gemeindliches Einvernehmen, Vorbescheid, Erlass von Bebauungsplänen etc. behandelt.

01.0033 BauR Bayern — *14,80 €*
02.0033 BauR NRW — *14,80 €*
03.0033 BauR Baden-Württemberg — *14,80 €*
06.0033 BauR Saarland — *14,80 €*
04.0033 BauR Hessen — *14,80 €*

Polizei- und Sicherheitsrecht/Bayern
Polizei- und Ordunungsrecht/NRW
Polizeirecht/Baden-Württemberg
Polizei- und Sicherheitsrecht/Saarland

Gerade das Polizei- und/oder Sicherheitsrecht stellt sich von Bundesland zu Bundesland unterschiedlich dar: Hier kommt die Stärke der landesrechtlichen Skripten voll zur Geltung! Lernen Sie im jeweils regionalen Kontext die Begriffe Primär- und Sekundärmaßnahme, Konnexität, Anscheins- und Putativgefahr usw. Der Aufbau des Skripts orientiert sich an der typischen Systematik einer Polizeirechtsklausur.

01.0034 Polizei-/SR Bayern — *14,80 €*
02.0034 Polizei-/OR NRW — *14,80 €*
03.0034 PolizeiR/ Baden-Württemberg — *14,80 €*
06.0034 Polizei-/SR Saarland — *14,80 €*

Kommunalrecht/Bayern
Kommunalrecht/Nordrhein-Westfalen
Kommunalrecht/Baden-Württemberg

In vielen Bundesländern ist Kommunalrecht das Herz der verwaltungsrechtlichen Klausur, da es sich mit den meisten anderen Bereichen des Verwaltungsrecht-BT hervorragend kombinieren lässt: Begriffe wie eigener und übertragener Wirkungskreis, Kommunalaufsicht, Verbands- und Organkompetenz, Befangenheit von Gemeinderäten, Kommunale Verfassungsstreitigkeit, gemeindliche Geschäftsordnung und vieles mehr werden in gewohnt fallspezifischer Art dargestellt und erklärt.

01.0035 KomR. Bayern — *14,80 €*
02.0035 KomR. NRW — *14,80 €*
03.0035 KomR. Baden-Württemberg — *14,80 €*

Schwerpunktskripten

Auch im Schwerpunktbereich können Sie auf die gewohnte und bewährte Qualität der Hemmer-Skripten zurückgreifen. Wir ermöglichen Ihnen, ihren Schwerpunktbereich effektiv und examenstypisch zu erschließen. Die Zusammenstellung der Skripten orientiert sich am examensrelevanten Stoff und den wichtigsten Problemkreisen.

Kriminologie

Das Skript Kriminologie umfasst sämtliche, für den Schwerpunkt relevanten Bereiche: Kriminologie, Jugendstrafrecht und Strafvollzug. Im Mittelpunkt stehen insbesondere die Erscheinungsformen und Ursachen von Kriminalität, der Täter, aber auch das Opfer und die Kontrolle und Behandlung des Straftäters. Durch die Behandlung vieler strafrechtlicher Grundbegriffe ist das Skriptum auch für den Studenten geeignet, der diesen Schwerpunktbereich nicht gewählt hat.

0039 — *16,80 €*

Völkerrecht

Die Probleme im Völkerrecht sind begrenzt. Der Band vermittelt den Einstieg in die Rechtsmaterie und stellt die wichtigsten Probleme des Völkerrechts dar. Ergänzt durch Beispielfälle und die Judikatur des IGH ist dieses Skript ein unverzichtbares Hilfsmittel. Erschließen Sie sich mit Hilfe dieses Skripts die Problemkreise der völkerrechtlichen Verträge, über die Personalhoheit bis hin zum Interventionsverbot.

0036 — *16,80 €*

Internationales Privatrecht

In der Praxis wird der Jurist von morgen nicht darum herumkommen, sich mit IPR zu beschäftigen. Internationale Verflechtungen gewinnen an Bedeutung und den nationalen Scheuklappen wird entgegen gewirkt. Das Skript ist fallorientiert und ermöglicht den leichten Einstieg. Die Anwendung des Internationalen Einheitsrechts, staatsvertraglicher Kollisionsnormen sowie des autonomen Kollisionsrechts werden hier erläutert. Auch werden die Rechte der natürlichen Person auf internationaler Ebene vom Vertragsrecht bis hin zum Sachenrecht behandelt.

0037 — *16,80 €*

Kapitalgesellschaftsrecht

Im Skript Kapitalgesellschaftsrecht werden die Gründung der Kapitalgesellschaften und deren Organisationsverfassung dargestellt. Es beinhaltet daneben die Rechtsstellung der Gesellschafter, die Finanzordnung der Gesellschaften und die Stellung der Gesellschaften im Rechtsverkehr. Abschließend erfolgt ein Überblick über das Konzernrecht und Sonderformen der Kapitalgesellschaften.

0055 — *16,80 €*

Rechtsgeschichte I

Gegenstand des Skripts ist die Rechtsgeschichte des frühen Mittelalters bis hin zur Rechtsgeschichte des 20. Jahrhunderts. Inhaltlich deckt es die Bereiche Verfassungsrechtsgeschichte, Privatrechtsgeschichte und Strafrechtsgeschichte ab. Hauptsächlich hilft das Skript bei der Vorbereitung auf die rechtsgeschichtlichen Klausuren. Gleichzeitig ist es auch für „kleine" Grundlagenklausuren und die „großen" Examensklausuren geeignet. Ideal auch zur Vorbereitung auf die mündliche Prüfung.

0058 *16,80 €*

Rechtsgeschichte II

Das Skript Rechtsgeschichte II befasst sich mit der Römischen Rechtsgeschichte und liefert im Zusammenhang mit dem Skript Rechtsgeschichte I (Deutsche Rechtsgeschichte) den Stoff für den Schwerpunktbereich. Darüber hinaus sollten Grundzüge der Rechtsgeschichte zum Wissen eines jeden Jurastudenten gehören. Mit diesem Skript werden Sie schnell in die Entwicklungen und Einflüsse der Römischen Rechtsgeschichte eingeführt.

0059 *16,80 €*

Wettbewerbs- und Markenrecht

Im Rahmen des Rechts des unlauteren Wettbewerbs werden die Grundzüge erklärt, die für das Verständnis dieser Materie unerlässlich sind. Aus dem Bereich des Immaterialgüterrechts wird das Markenrecht näher betrachtet, etwa Unterlassungs- und Schadensersatzansprüche wegen Markenverletzung.

0060 *16,80 €*

Rechts- und Staatsphilosophie sowie Rechtssoziologie

Ziel des Skriptes ist es, über die Vermittlung des für die Klausur erforderlichen Wissens hinaus den Leser zu befähigen, ein eigenständiges rechts-philosophisches Denken zu entwickeln und die erforderliche Argumentation auszuprägen. Das Werk führt zunächst gezielt in die Grundlagen und Fragestellungen der Rechtsphilosophie und Rechtssoziologie ein. Dem folgt eine historisch wie thematisch orientierte Auswahl von Philosophen und Soziologen, wobei nach einem festen Gliederungsmuster deren Leben, Vorstellung von Recht und Gerechtigkeit, Gesellschaft und Staat vorgestellt wird. Die Ausführungen schließen mit aktuellen Bezügen zur jeweiligen Theorie als Denkanstoß ab.

0062 *16,80 €*

Insolvenzrecht

Das Skript umfasst sämtliche relevanten Bereiche: Insolvenzantragsverfahren, vorläufige Insolvenzverwaltung, Anfechtung, Aus- und Absonderung sowie alles rund um das Amt des Insolvenzverwalters. Ebenfalls besprochen werden die Besonderheiten von Arbeitsverhältnissen in der Insolvenz sowie die Besonderheiten des Verbraucherinsolvenzverfahrens. Mit einer Vielzahl von Beispielen aus der Praxis ist das Skriptum geeignet, sich einen groben Überblick über diesen sehr bedeutsamen Bereich zu verschaffen.

0063 *16,80 €*

Steuererklärung leicht gemacht

Das Skript gibt alle erforderlichen Anleitungen und geldwerte Tipps für die selbstständige Erstellung der Einkommensteuererklärung von Studenten und Referendaren. Zur Verdeutlichung sind Beispielfälle eingebaut, deren Lösungen als Grundlage für eigene Erklärungen dienen können.

0038 *14,80 €*

Abgabenordnung

Die Abgabenordnung als das Verfahrensrecht zum gesamten Steuerrecht hält viele Besonderheiten bereit, die Sie sowohl im Rahmen der Pflichtfachklausur im 2. Examen, wie auch im Schwerpunktbereich beherrschen müssen. Hierbei hilft zwar Systemverständnis im allgemeinen Verwaltungsrecht, das wir Ihnen mit unseren Skripten Verwaltungsrecht I - III vermitteln. Jedoch ist auch eine detaillierte Auseinandersetzung mit abgabenordnungsspezifischen Problemen unverzichtbar. Im Ersten gleichsam wie im Zweiten Examen stellen verfahrensrechtliche Fragen regelmäßig zwischen 25 und 30 % des Prüfungsstoffes der Steuerrechtsklausur dar. Hier zeigt sich immer wieder, dass das Verfahrensrecht zu wenig beachtet wurde. Eine gute Klausur kann aber nur dann gelingen, wenn sowohl die einkommensteuerrechtliche als auch die verfahrensrechtliche Problematik erfasst wurde.

0042 *16,80 €*

Einkommensteuerrecht

Der umfassende Überblick über das Einkommenssteuerrecht! Der gesamte examensrelevante Stoff sowohl für den Schwerpunktbereich als auch für die Pflichtklausur im 2. Examen: Angefangen bei den einkommensteuerlichen Grundfragen der subjektiven Steuerpflicht und den Besteuerungstatbeständen der sieben Einkommensarten, über die verschiedenen Gewinnermittlungsmethoden, bis hin zur Berechnung des zu versteuernden Einkommens orientiert sich das Skript streng am Klausuraufbau und stellt so absolut notwendiges Handwerkszeug dar.

0043 *21,80 €*

Wasser- und Immissionsschutzrecht

Sowohl das Wasser- als auch das Immissionsschutzrecht bilden die Kernmaterien des öffentlichen Umweltrechts. In den Prüfungsordnungen der Universitäten sind das Wasser- und Immissionsschutzrecht weitestgehend Bestandteil öffentlich-rechtlicher Schwerpunktbereiche, wohingegen im Rahmen der Referendarausbildung die Materien in vielen Ländern dem Pflichtstoff angehören. Der Aufbau des Skripts orientiert sich daher grundsätzlich an der gutachterlichen Prüfungsabfolge. Den Kern bilden dabei die stark formalisierten wasser- und immissionsschutzrechtlichen Zulassungsverfahren.

0064 *16,80 €*

Die Shorties - Minikarteikarten

Die Shorties - in 20 Stunden zum Erfolg

Die wichtigsten Begriffe und Themenkreise werden anwendungsspezifisch erklärt.

Knapper geht es nicht.

Die „sounds" der Juristerei (super learning) grafisch aufbereitet - in Kürze zum Erfolg.

- als Checkliste
zum schnellen Erfassen des jeweiligen Rechtsgebiets.

- zum Rekapitulieren
mit dem besonderen Gedächtnistraining schaffen Sie Ihr Wissen ins Langzeitgedächtnis.

- vor der Klausur zum schnellen Überblick

- ideal vor der mündlichen Prüfung

Die Shorties 1
BGB AT, SchuldR AT (50.10) — *21,80 €*

Die Shorties 2/I
KaufR, MietV, Leihe, WerkVR, ReiseV, Verwahrung (50.21) — *21,80 €*

Die Shorties 2/II
GoA, BerR, DeliktsR, SchadensersatzR (50.22) — *21,80 €*

Die Shorties 3
SachenR, ErbR, FamR (50.30) — *21,80 €*

Die Shorties 4
ZPO I/II, HGB (50.40) — *21,80 €*

Die Shorties 5
StrafR AT/BT (50.50) — *21,80 €*

Die Shorties 6
Öffentliches Recht (50.60) — *21,80 €*
(VerwR, GrundR, BauR, StaatsOrgR, VerfProzR)

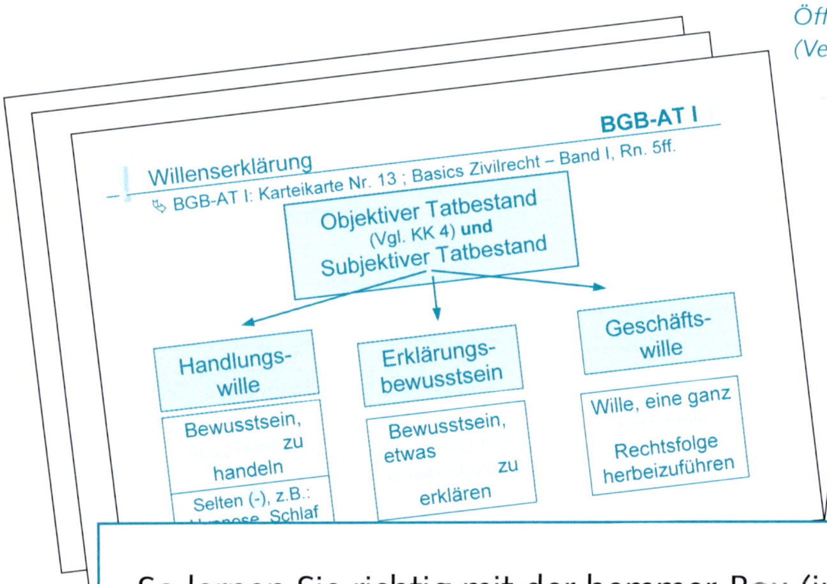

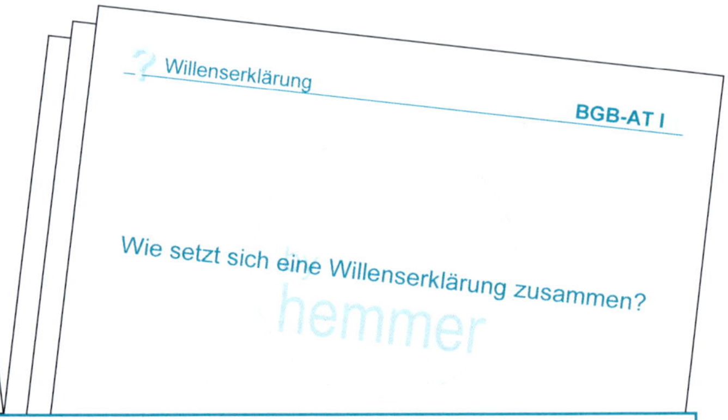

So lernen Sie richtig mit der hemmer-Box (im Preis inklusive):

1. Verstehen: Haben Sie den gelesenen Stoff verstanden, wandert die Karte auf Stufe 2., Wiederholen am nächsten Tag.

2. Wiederholen: Haben Sie den Stoff behalten, wandert er von Stufe 2. zu Stufe 4.

3. kleine Strafrunde: Konnten Sie den Inhalt von 2. nicht exakt wiedergeben, arbeiten Sie die Themen bitte noch einmal durch.

4. fundiertes Wissen: Wiederholen Sie die hier einsortierten Karten nach einer Woche noch einmal. Konnten Sie alles wiedergeben? Dann können Sie vorrücken zu Stufe

5. Langzeitgedächtnis: Wiederholen Sie auf dieser Stufe das Gelernte im Schnelldurchlauf nach einem Monat. Sollten noch Fragen offen bleiben, gehen sie bitte eine Stufe zurück.

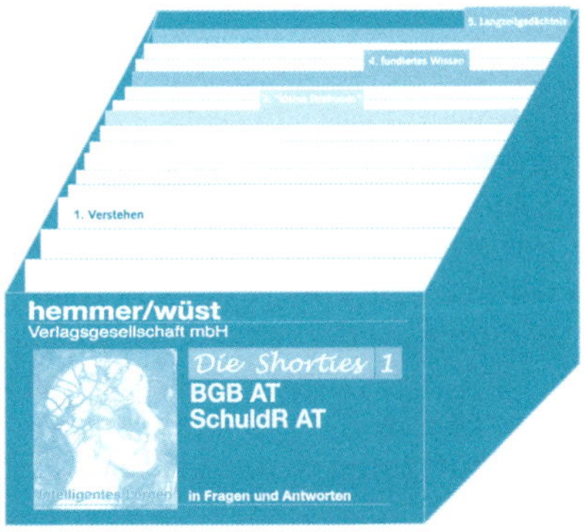

Die Karteikartensätze

Lernen Sie intelligent mit der 5-Schritt-Methode. Weniger ist mehr. Das schnelle Frage- und Antwortspiel sich auf dem Markt durchgesetzt. Mit der hemmer-Methode wird der Gesamtzusammenhang leichter verständlich, das Wesentliche vom Unwesentlichen unterschieden. Ideal für die AG und Ihre Lerngruppe: wiederholen Sie die Karteikarten und dem hemmer-Spiel „Jurapolis". Lernen Sie so im Hinblick auf die mündliche Prüfung frühzeitig auf Fragen knapp und präzise zu antworten. Wissenschaftlich ist erwiesen, dass von dem Gelernten in der Regel innerhalb von 24 Stunden bis zu 70% wieder vergessen wird. Daher ist es wichtig, das Gelernte am nächsten Tag zu wiederholen, bevor Sie sich neue Karteikarten vornehmen. Mit den Karteikarten können Sie leicht kontrollieren, wie viel Sie behalten haben. Karteikarten bieten die Möglichkeit, knapp, präzise und zweckrational zu lernen. Im Hinblick auf das Examen werden die wichtigsten examenstypischen Problemfelder vermittelt. Das Karteikartensystem entspricht modernen Lernkonzepten und führt zum „learning just in time" (Lernen nach Bedarf). Da sie kurz und klar strukturiert sind, kann mit ihnen in kürzester Zeit der Lernstoff erarbeitet und vertieft werden.

Basics - Zivilrecht

Das absolut notwendige Grundwissen vom Vertragsabschluß bis zum EBV. Alles was Sie im Zivilrecht wissen müssen. Die Grundlagen müssen sitzen.

20.01 *12,80 €*

Basics - Strafrecht

Karteikarten Basics-Strafrecht bieten einen Überblick über die wichtigsten Straftatbestände wie z.B.: Straftaten gegen Leib und Leben sowie Eigentumsdelikte und Straßenverkehrsdelikte, sowie verschiedene Deliktstypen, wichtige Probleme aus dem allgemeinen Teil, z.B. Versuch, Beteiligung Mehrerer, usw.

20.02 *12,80 €*

Basics - Öffentliches Recht

Anhand der Karten Basics-Öffentliches Recht erhalten Sie einen breitgefächerten Überblick über Staatsrecht, Verwaltungs-, und Staatshaftungsrecht. So lassen sich die verschiedenen Rechtsbehelfe optimal in ihrer Zulässigkeits- und Begründetheitsstation auf die Grundlagen hin erlernen.

20.03 *12,80 €*

BGB-AT I

Die BGB-AT I Karteikarten beinhalten das, was zum Wirksamwerden eines Vertrages beiträgt (Wirksamwerden der WE, Geschäftsfähigkeit, Rechtsbindungswille, usw.) bzw. der Wirksamkeit hindernd entgegensteht (Willensvorbehalte, §§ 116 ff., Sittenwidrigkeit, u.v.m.). Die Problemfelder der Geschäftsfähigkeit, insbesondere das Recht des Minderjährigen, dürfen bei dieser Möglichkeit zu lernen nicht fehlen.

22.01 *14,80 €*

BGB-AT II

Die BGB-AT II Karteikarten stellen in bekannt knapper und präziser Weise dar, was auf dem umfangreichen Gebiet der Stellvertretung von Ihnen erwartet wird. Die unerlässlichen Kenntnisse der Probleme der Anfechtung, der AGB-Bestimmungen und des Rechts der Einwendungen und Einreden können hiermit zur Examensvorbereitung wiederholt bzw. vertieft werden.

22.02 *14,80 €*

Schuldrecht AT I

Im bekannten Format werden hier die Grundbegriffe des Schuldrechts dargestellt. Dazu gehören der Inhalt und das Erlöschen des Schuldverhältnisses (z.B. durch Erfüllung, Aufrechnung oder auch Rücktritt). Insbesondere die verschiedenen Probleme in Zusammenhang mit der Haftung im vorvertraglichen Schuldverhältnis nach §§ 280 I, 311 II, 241 II BGB (c.i.c.), das Verhältnis des allgemeinen Leistungsstörungsrechts zu anderen Vorschriften und die Formen und Wirkungen der Unmöglichkeit werden behandelt.

22.031 *14,80 €*

Schuldrecht AT II

Klassiker wie Verzug, Abtretung, Schuldübernahme, Vertrag zugunsten oder mit Schutzwirkung zugunsten Dritter und Drittschadensliquidation gehören hier genauso zum Stoff der Karteikarten wie die Gesamtschuldnerschaft und das Schadensrecht (§§ 249 ff. BGB), das umfassend von Schadenszurechnung bis hin zu Art, Inhalt und Umfang der Ersatzpflicht dargestellt wird.

22.032 *14,80 €*

Schuldrecht BT I

Bei diesen Karteikarten steht das Kaufrecht als examensrelevante Materie im Vordergrund. Die Schwerpunkte bilden aber auch Sachmängelrecht und die Probleme rund um den Werkvertrag.

22.40 *14,80 €*

Schuldrecht BT II

Die Karteikarten Schuldrecht BT II behandeln nach Kaufrecht im Karteikartensatz Schuldrecht BT I, die restlichen Vertragstypen. Dazu gehören vor allem das Mietrecht, der Dienstvertrag, die Bürgschaft und die GoA. Auch Gebiete wie z.B. Schenkung, Leasing, Schuldanerkenntnis und Auftrag kommen nicht zu kurz.

22.41 *14,80 €*

Bereicherungsrecht

Die §§ 812 ff. BGB sind regelmäßig die Folge unwirksamer Verträge. Abgrenzungsprobleme gibt es u.a. zum Wegfall der Geschäftsgrundlage (z.B. Rückabwicklung bei der nichtehelichen Lebensgemeinschaft) und §§ 987 ff. BGB. Der Karteikartensatz versteht sich als Gebrauchsanweisung für die erfolgreiche Bewältigung des anspruchsvollen Rechtsgebiets Bereicherungsrecht. Ohne Verständnis für dieses Rechtsgebiet bleibt der Zusammenhang im Zivilrecht im Dunkeln.

22.08 *14,80 €*

Deliktsrecht
Thematisiert werden im Rahmen dieser Karteikarten schwerpunktmäßig die §§ 823 I und 823 II BGB. Verständlich und präzise wird auch auf die Probleme der §§ 830 ff. eingegangen, wobei besonders auf den Verrichtungsgehilfen und die Gefährdungshaftung geachtet wird. Neben einem Einblick in das Staatshaftungsrecht wird auch die Haftung aus dem StVG, ProdHaftG und die negatorische/quasinegatorische Haftung behandelt.

22.09 *14,80 €*

Sachenrecht I
Mit den Karteikarten können Sie ein so komplexes Gebiet wie dieses optimal wiederholen und Ihr Wissen trainieren. Das Sachenrecht mit EBV, Anwartschaftsrecht und Pfandrechten ist für jeden Examenskandidaten ein Muss.

22.11 *14,80 €*

Sachenrecht II
Auch auf einem so schwierigen Gebiet wie dem Grundstücksrecht und den damit verbundenen Pfand- und Sicherungsrechten geben die Karteikarten nicht nur eine zügige Wissensvermittlung, sondern reduzieren die Komplexität des Immobiliarsachenrechts auf das Wesentliche und erleichtern somit die eigene Systematik, z.B. des Hypothek- und Grundschuldrechts, zu verstehen. Begriffe wie die Vormerkung und das dingliche Vorkaufsrecht müssen im Examen beherrscht werden.

22.12 *14,80 €*

Kreditsicherungsrecht
Die Karteikarten als Ergänzung zum Skript Kreditsicherungsrecht ermöglichen Ihnen, spielerisch mit den einzelnen Sicherungsmitteln umzugehen, und die Unterschiede zwischen akzessorischen und nichtakzessorischen Sicherungsmitteln genauso wie ihre Besonderheiten zu beherrschen.

22.13 *14,80 €*

Arbeitsrecht
Arbeitsrecht ist stark von Richterrecht geprägt und hat sich auch, wie z.B. im Streikrecht, praeter legem entwickelt. Entsprechend häufig sind die Neuerungen. Gleichwohl ist die Arbeitsrechtsklausur im Regelfall standardisiert: Kündigungsschutz (Feststellungsklage) und Lohnzahlung (Leistungsklage) bilden häufig das Grundgerüst. Eingestreut sind regelmäßig Probleme wie z.B. Gratifikationen, Urlaubsabgeltungsanspruch, faktische Bindung und Anwendbarkeit der Grundrechte.

22.18 *14,80 €*

Familienrecht
Die wichtigsten Problematiken dieses Gebietes werden hier im Überblick dargestellt und erleichtern Ihnen den Umgang mit Ehe, Sorgerecht, Vormundschaft, aber auch dem Familienprozessrecht.

22.14 *14,80 €*

Erbrecht
Die Grundzüge des Erbrechts mit den einzelnen Problematiken der gewillkürten und gesetzlichen Erbfolge, des Pflichtteilrechts und der Erbenhaftung gehören ebenso zum Examensstoff wie die Annahme und Ausschlagung der Erbschaft und die Problematik mit dem Erbschein. Die Grundlagen zu beherrschen ist wichtiger als einzelne Sonderprobleme.

22.15 *14,80 €*

ZPO I
ZPO taucht zunehmend in den Examensklausuren auf und darf nicht vernachlässigt werden. Nutzen Sie die Möglichkeit, sich durch die knappe und präzise Aufbereitung in den Karteikarten mit dem Prozessrecht vertraut zu machen, um im Examen eine ZPO-Klausur in Ruhe angehen zu können.

22.16 *14,80 €*

ZPO II
Die Karteikarten ZPO II führen Sie quer durch das Recht der Zwangsvollstreckung bis hin zu den verschiedenen Rechtsbehelfen in der Zwangsvollstreckung. Dabei können Rechtsbehelfe wie die Vollstreckungsgegenklage oder die Drittwiderspruchsklage den Einstieg in eine BGB-Klausur bilden.

22.17 *14,80 €*

Handelsrecht
Im Handelsrecht kehren oft bekannte Probleme wieder, die mittels der Karteikarten optimal wiederholt werden können. Auch für das umfassende Schuld- und Sachenrecht des Handels, in dem auch viele Verknüpfungen zum BGB bestehen, bieten die Karteikarten einen guten Überblick.

22.191 *14,80 €*

Gesellschaftsrecht
Die Personengesellschaften, Körperschaften und Vereine haben viele Unterschiede, weisen aber auch Gemeinsamkeiten auf. Um diese mit allen wichtigen Problemen optimal vergleichen zu können, eignen sich besonders die Karteikarten im Überblicksformat.

22.192 *14,80 €*

Strafrecht-AT I
Das vorsätzliche Begehungsdelikt mit all seinen Problemen der Kausalität, der Irrtumslehre bis hin zur Rechtfertigungsproblematik und Schuldfrage ist hier umfassend, aber in bekannt kurzer und übersichtlicher Weise dargestellt.

22.20 *14,80 €*

Strafrecht-AT II
Die Karteikarten Strafrecht AT II decken die restlichen Problemkreise Versuch (insbesondere Rücktritt vom Versuch), Täterschaft und Teilnahme, das Fahrlässigkeitsdelikt und die oft vernachlässigten Konkurrenzen ab.

22.21 *14,80 €*

Strafrecht-BT I

Ergänzend zum Skript werden Ihnen hier die Vermögensdelikte in knapper und übersichtlicher Weise veranschaulicht. Besonders im Strafrecht BT, wo es oft zu Abgrenzungsproblematiken kommt (z.B. Abgrenzung zwischen Raub und räuberischer Erpressung) ist eine Darstellung auf Karteikarten sehr hilfreich.

22.22 *14,80 €*

Strafrecht-BT II

Die Strafrecht BT II - Karten befassen sich mit den Nichtvermögensdelikten. Besonderes Augenmerk wird hierbei auf die Körperverletzungsdelikte sowie die Urkundendelikte und die Brandstiftungsdelikte gelegt.

22.23 *14,80 €*

StPO

In fast jeder StPO-Klausur werden Zusatzfragen auf dem Gebiet des Strafprozessrechts gestellt. Es handelt sich hierbei meist um Standardfragen, aber gerade diese sollten Sie sicher beherrschen. Die Karteikarten decken alle Standardprobleme ab, von Prozessmaximen bis hin zu den einzelnen Verfahrensstufen.

22.30 *14,80 €*

Verwaltungsrecht I

Ob allgemeines oder besonderes Verwaltungsrecht - die einzelnen Probleme der Eröffnung des Verwaltungsrechtsweges werden Ihnen immer wieder begegnen. Wiederholen Sie hier auch Ihr Wissen rund um die Anfechtungsklage, welche die zentrale Klageart in der VwGO darstellt.

22.24 *14,80 €*

Verwaltungsrecht II

Von der Verpflichtungsklage über die Leistungsklage bis hin zum Normenkontrollantrag sowie weitere Bereiche, mit deren jeweiligen Sonderproblemen werden alle verwaltungsrechtlichen Klagearten dargestellt.

22.25 *14,80 €*

Verwaltungsrecht III

Mittels Karteikarten können die Spezifika der jeweiligen Rechtsgebiete umfassend aufbereitet und verständlich erklärt werden. Thematisiert werden im Rahmen dieser Karten das Widerspruchsverfahren, der vorläufige sowie der vorbeugende Rechtsschutz und das Erheben von Rechtsmitteln.

22.26 *14,80 €*

Staatsrecht- und Verfassungsrecht

Karteikarten eignen sich besonders gut, die einzelnen Grundrechte, Verfassungsrechtsbehelfe und Staatszielbestimmungen darzustellen, da gerade die einschlägigen Rechtsbehelfe zum Bundesverfassungsgericht sehr klaren und eindeutigen Strukturen folgen, innerhalb derer eine saubere Subsumtion notwendig ist. Das Gesetzgebungsverfahren und die Aufgaben der obersten Staatsorgane können hierbei gut wiederholt werden. Auch wird ein kurzer Einblick in die auswärtigen Beziehungen und die Finanzverfassung gegeben.

22.27 *14,80 €*

Europarecht

Vom Wesen und den Grundprinzipien des Gemeinschaftsrechts über das Verhältnis von Gemeinschaftsrecht zum mitgliedstaatlichen Recht bis hin zu den Institutionen wird hier übersichtlich alles dargestellt, was Sie als Grundlagenwissen benötigen. Hinzu kommen die klausurrelevanten Bereiche des Rechtsschutzes und der Grundfreiheiten.

22.29 *14,80 €*

Übersichtskarteikarten

Ihr Begleiter vom 1. Semester bis zum 2. Staatsexamen! Die wichtigsten Problemfelder im Zivil-, Straf- und Öffentlichen Recht sind knapp, präzise und übersichtlich dargestellt. Sie erfassen effektiv auf einen Blick das Wesentliche. Die grafische Aufbereitung auf der Vorderseite erleichtert den schnellen Zugriff. Die Kommentierung mit der hemmer-Methode auf der Rückseite schafft die Einordnung für die Klausur. Nutzen Sie die Übersichtskarten auch als Checkliste zur Kontrolle.

BGB im Überblick I

Mit den Übersichtskarteikarten verschaffen Sie sich einen schnellen und effizienten Überblick über die wichtigsten zivilrechtlichen Problemkreise des BGB-AT, Schuldrecht AT und BT sowie des Sachenrecht AT und BT. Knapp und teilweise graphisch aufbereitet vermitteln Ihnen die Übersichtskarten das Wesentliche. Aufbauschemata helfen Ihnen bei der Subsumtion. Für den Examenskandidaten sind die Übersichtskarten eine „Checkliste“, für den Anfänger eine Möglichkeit zum ersten Einblick.

25.01 *30,00 €*

BGB im Überblick II

Diese Karteikarten bieten einen Überblick der Gebiete Erbrecht, Familienrecht, Handelsrecht, Arbeitsrecht und ZPO.

25.011 *30,00 €*

Strafrecht im Überblick

Die Übersichtskarten leisten eine Einordnung in den strafrechtlichen Kontext. Im Hinblick auf das Examen werden so die wichtigsten examenstypischen Problemfelder vermittelt. Behandelt werden die Bereiche Strafrecht AT I und II wie auch BT I und II und StPO. Im Strafrecht BT ist bekanntlich fundiertes Wissen der Tatbestandsmerkmale mit ihren Definitionen gefragt, was sich durch Lernen mit den Übersichtskarten gezielt und schnell wiederholen lässt.

25.02 *30,00 €*

Öffentliches Recht im Überblick

Verschaffen Sie sich knapp einen Überblick über das Wesentliche der Gebiete Staatsrecht und Verwaltungsrecht. Die verwaltungs- und staatsrechtlichen Klagearten, Staatszielbestimmungen und die wichtigsten Vorschriften des Grundgesetzes werden mit den wichtigsten examenstypischen Problemfeldern verknüpft und vermindern in der gezielten Knappheit die Datenflut.

25.03 *16,80 €*

ÖRecht im Überblick II - Bayern
ÖRecht im Überblick II - NRW

Mit dem zweiten Satz der Übersichtskarteikarten im Öffentlichen Recht können Sie Ihr Wissen nun auch auf den Gebiete Polizei- und Sicherheitsrecht überprüfen und auffrischen. Die wichtigsten Probleme auf den Gebieten Baurecht und Kommunalrecht werden im klausurspezifischen Kontext dargestellt, z.B. die Besonderheiten von Kommunalverfassungsstreitigkeiten im Kommunalrecht oder Fortsetzungsfeststellungsklagen im Polizeirecht.

25.031 ÖRecht im Überblick II - Bayern — *16,80 €*

25.032 ÖRecht im Überblick II - NRW — *16,80 €*

Europarecht/Völkerrecht im Überblick

Die Übersichtskarten zum Europarecht dienen der schnellen Wiederholung. Gerade in diesem Rechtsgebiet ist es wichtig, einen schnellen Überblick über Institutionen, Klagearten usw. zu bekommen. Klassiker wie Grundfreiheiten und Verknüpfungen zum deutschen Recht werden ebenfalls dargestellt. Komplettiert wird der Satz durch eine Darstellung der Grundzüge des Völkerrechts.

25.04 — *16,80 €*

Skripten für BWL'er, WiWi und Steuerberater

Profitieren Sie von unserem know-how.
Seit 1976 besteht das in Würzburg gegründete Repetitorium hemmer und bildet mit Erfolg aus. Grundwissen im Recht ist auch im Wirtschaftsleben heute eine Selbstverständlichkeit. Die prüfungstypischen Standards, die so oder in ähnlicher Weise immer wiederkehren, üben wir anhand unserer Skripten mit Ihnen ein. Durch unsere jahrelange Erfahrung wissen wir, mit welchen Anforderungen zu rechnen sind und welche Aspekte der Ersteller einer juristischen Prüfungsklausur der Falllösung zu Grunde legt. Das prüfungs- und praxisrelevante Wissen wird umfassend und gleichzeitig in der bestmöglichen Kürze dargestellt. Der Zugang zur „Fremdsprache Recht" wird damit erleichtert. Die richtige Investition in eine gute Ausbildung garantiert den Erfolg.

Privatrecht für BWL´er, WiWi & Steuerberater
18.01 — *14,80 €*

Ö-Recht für BWL´er, WiWi & Steuerberater
18.02 — *14,80 €*

Musterklausuren für´s Vordiplom/PrivatR
18.03 — *14,80 €*

Musterklausuren für´s Vordiplom/ÖRecht
18.04 — *14,80 €*

Die 74 wichtigsten Fälle:
BGB-AT, Schuldrecht AT/BT für BWL´er
118.01 — *14,80 €*

Die 44 wichtigsten Fälle:
GesR, GoA, BereicherungsR für BWL´er
118.02 — *14,80 €*

Skripten Assessor-Basics

Trainieren Sie mit uns genau das, was Sie im 2. Staatsexamen erwartet. Die Themenbereiche der Assessor-Basics sind alle examensrelevant. So günstig erhalten Sie nie wieder eine kleine Bibliothek über das im 2. Staatsexamen relevante Wissen. Die Skripten dienen als Nachschlagewerk, sowie als Anleitung zum Lösen von Examensklausuren.

Theoriebände

Die Zivilrechtliche Anwaltsklausur/Teil 1
410.0004 — *18,60 €*

Das Zivilurteil
410.0007 — *18,60 €*

Die Strafrechtsklausur im Assessorexamen
410.0008 — *18,60 €*

Die Assessorklausur Öffentliches Recht
410.0009 — *18,60 €*

Klausurentraining (Fallsammlung)

Zivilurteile
410.0001 — *18,60 €*

Arbeitsrecht
410.0003 — *18,60 €*

Strafprozess
410.0002 — *18,60 €*

Zivilrechtliche Anwaltsklausuren/Teil 2
410.0005 — *18,60 €*

Öffentlichrechtl. u. strafrechtl. Anwaltsklausuren
410.0006 — *18,60 €*

Karteikarten Assessor-Basics

Zivilprozessrecht im Überblick
41.10 — *19,80 €*

Strafprozessrecht im Überblick
41.20 — *19,80 €*

Öffentliches Recht im Überblick
41.30 — *19,80 €*

Familien- und Erbrecht im Überblick
41.40 — *19,80 €*

Intelligentes Lernen/Sonderartikel/Life&LAW

Coach dich!
Rationales Effektivitäts-Training zur Überwindung emotionaler Blockaden

70.05 — *19,80 €*

Lebendiges Reden (inkl. CD)
Wie man Redeangst überwindet und die Geheimnisse der Redekunst erlernt.

70.06 — *21,80 €*

NLP für Einsteiger
Sind Sie neugierig und wollen selbstbestimmt neue Wege entdecken und beschreiten?

Dieses Buch stellt Schlüsselfragen, enthält viele Beispiele aus der Praxis und hilft mit Übungen, die Beziehung zwischen Körper und Denken zu nutzen. So stehen Ihnen mehr Kraft und Fähigkeiten im erfolgreichen Umgang mit Menschen zur Verfügung.

71.01 — *12,80 €*

Die praktische Lern-Karteikartenbox
- Maße: Lernbox mit Deckel: je 160 mm x 65 mm x 120 mm
- für alle Karteikarten, auch für die Übersichtskarteikarten
- inklusive Lernreiter als Sortierhilfe:
  In 5 Schritten zum Langzeitgedächtnis

28.01 — *1,99 €*

Der Referendar von Jörg Steinleitner
24 Monate zwischen Genie und Wahnsinn

70.01 — *12,80 €*

Der Rechtsanwalt von Jörg Steinleitner
Meine größten (Rein-) Fälle

70.02 — *12,80 €*

Der Jurist von Jörg Steinleitner
ein Lehrbuch für Leader

Das Beste aus dem Leben des Juristen Knut Voll: 38 fein säuberlich in Paragraphen und Randnummern gefasste Kolumnen aus der Zeitschrift Life & Law.

70.03 — *12,80 €*

Die Gesetzesbox
- stabile Box aus geprägtem Kunstleder mit Magnetverschluss
- Schutz für Ihre Gesetzestexte (Schönfelder und Sartorius), innen und außen gepolstert
- Box und Leseständer in einem, abwaschbar, leicht

28.05 — *24,80 €*

Klausurenblock
DinA 4, 100 Blatt, Super praktisch
- Wie in der Prüfung wissenschaftlicher Korrekturrand, 1/3 von links
- glattes Papier zum schnellen Schreiben
- Klausur schreiben, rausreißen, fertig

KL 1		*1,79 €*
S 810	*DinA 4, 100 Blatt, 10er Pack*	*15,00 €*

Intelligentes Lernen: Wiederholungsmappe
Wiederholungsmappe inklusive Übungsbuch und Mindmapps

75.01 — *9,90 €*

Jurapolis - das hemmer-Spiel
Mit Jurapolis lernen Sie Jura spielerisch.

Die mündliche Prüfungssituation wird spielerisch trainiert. Sie trainieren im Spiel Ihre für die mündliche Prüfung so wichtigen rhetorische Fähigkeiten. Vergessen Sie nicht, auch im Mündlichen wird entscheidend gepunktet.

Inklusive Karteikartensatz (ohne Übersichtskarteikarten und Shorties) nach Wahl, bitte bei Bestellung angeben! Lässt sich auch mit eigenen Karteikarten spielen!

40.01 — *30,00 €*

Life&Law - die hemmer-Zeitschrift
Die Life&Law ist eine monatlich erscheinende Ausbildungszeitschrift. In jeder Ausgabe werden aktuelle Entscheidungen im Bereich des Zivil- , Straf- und Öffentlichen Rechts für Sie aufbereitet und klausurtypisch gelöst.

Im hemmer.card Magazin wird dem Leser Wissenswertes und Interessantes rund um die Juristerei geboten.

Als hemmer-Kursteilnehmer/in (auch ehemalige) erhalten Sie die Life&LAW zum Vorzugspreis von 5,- € mtl.

Art.Nr.: AboLL (ehem. Kurs-Teilnehmer)	*5,00 €*
Art.Nr.: AboLL (nicht Kurs-Teilnehmer)	*6,00 €*

Life&LAW Jahrgangsband
Art.Nr.: LLJ 1999 - 2008 — *je 50,00 €*
bitte Jahrgang angeben

Art.Nr.: LLJ09 2009 — *80,00 €*
Art.Nr.: LLE Einband für Life&LAW — *je 6,00 €*
bitte Jahrgang angeben

Karl Edmund Hemmer / Achim Wüst

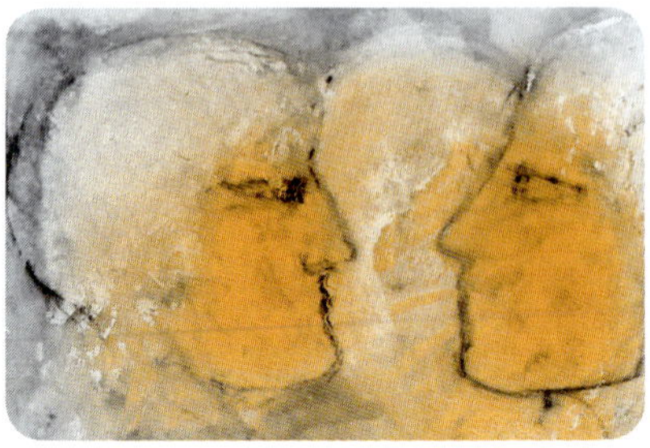

Gewinnen Sie mit der “HEMMER-METHODE“!

Wer in vier Jahren sein Studium erfolgreich abschließen will, kann sich einen Irrtum im Hinblick auf Examensvorbereitung und Ausbildungsmaterial nicht leisten!

Ihr Ziel: Sie wollen ein gutes Examen:

Stellen Sie frühzeitig die Weichen richtig. Trainieren Sie unter professioneller Anleitung das, was Sie im Examen erwartet. Dazu hat Ihre Ausbildung den Ansprüchen des Examens zu entsprechen. Um das Examen sicher zu erreichen, müssen Sie wissen, mit welchem Anforderungsprofil Sie im Examen zu rechnen haben.

Die Kunst, eine gute Examensklausur zu schreiben, setzt voraus:

Problembewusstsein

„Problem erkannt, Gefahr gebannt“. Ein zentraler Punkt ist das Prinzip, an authentischen Examensproblemen zu lernen. Anders als im wirklichen Leben gilt: „Probleme schaffen, nicht wegschaffen“.

Juristisches Denken

Dazu gehört die Fähigkeit,

- komplexe Sachverhalte in ihre Bestandteile zu zerlegen (assoziative Textauswertung),
- die notwendigen rechtlichen Erörterungen anzuschließen,
- Einzelprobleme zueinander in Beziehung zu setzen,
- zu einer schlüssigen Klausurlösung zu verbinden und
- durch ständiges Training wiederkehrende examenstypische Konstellationen zu erfassen.

Grundlegende Fehler werden so vermieden.

Abstraktionsvermögen

Die Gesetzessprache ist abstrakt. Der Fall ist konkret. Nur wer über das notwendige Abstraktionsvermögen verfügt, ist in der Lage, die für die Falllösung erforderliche Transformationsleistung zu erbringen. Diese Fähigkeit wird geschult durch methodisches Lernen.

Sprachsensibilität

Damit einhergehend ist Genauigkeit und Klarheit in der Darstellung, Plausibilität und Überzeugungskraft erforderlich.

Was macht das Juristische Repetitorium Hemmer so erfolgreich?

In allen drei Rechtsgebieten gilt: Examenstypisches, umfassendes und anspruchsvolles Lernsystem.

1. Kein Lernen am einfachen Fall:

Grundfall geht an Examensrealität vorbei!

Hüten Sie sich vor Übervereinfachung beim Lernen! Unterfordern Sie sich nicht. Die Theorie des einfachen Grundfalles nimmt zwar als psychologischer Aspekt die Angst vor Falllösungen, die Examensreife kann aber so nicht erlangt werden. Es fehlt die Einbindung des gelernten Teilwissens in den Kontext des großen Falls. Ein vernetztes Lernen findet nicht statt. Außerdem: Für den Grundfall brauchen Sie kein Repetitorium. Sie finden ihn in jedem Lehrbuch. Die Methode der Reduzierung juristischer Sachverhalte auf den einfachen Grundfall bzw. das Schema entspricht weder in der Klausur noch in der Hausarbeit der Examensrealität. Sie müssen sich folglich das notwendige Anwendungswissen für das Examen selbst aneignen. Schablonenhaftes Denken ist im Examen gefährlich. Viele lernen nur nach dem Prinzip „Aufschieben und Hinauszögern“ von zu erledigenden Aufgaben. Dies erweist sich als Form der Selbstsabotage. Wer sich überwiegend mit Grundfällen und dem Auswendiglernen von Meinungen beschäftigt, dem fehlt am Schluss die Zeit, Examenstypik einzutrainieren.

2. Kein Lernen am Rechtsprechungsfall mit Literaturmeinung:

Rechtsprechungsfall entspricht nicht der Vielschichtigkeit des Examensfalls

Zwar ermöglicht dies, Einzelprobleme leichter als durch Lehrbücher zu erlernen, es fehlt aber eine den Examensarbeiten entsprechende Vielschichtigkeit.

Außerdem besteht die Gefahr des Informationsinfarkt. Viel Wissen garantiert noch lange nicht, auch im Examen gut abzuschneiden. Maßgeblich ist die Situationsgebundenheit des Lernens. Wer sich examenstypisch am großen Fall Problemlösungskompetenz unter Anleitung erarbeitet, reduziert die Informationsmenge auf das Wesentliche.

Durch richtiges Lernen mit einem ausgesuchten, am Examen orientierten Fallmaterial verschaffen Sie sich mehr Freizeit. Nur wer richtig lernt, erspart sich auch Zeit. Weniger ist häufig mehr!

Die Examensklausuren und noch mehr die Hausarbeiten sind so konstruiert, dass die notwendige Notendifferenzierung ermöglicht wird. Die Examensrealität ist damit in der Regel anders als der einfache Rechtsprechungsfall. Examensfälle sind anspruchsvoll.

3. Hemmer-Methode: Lernen am examenstypischen „großen“ Fall:

Wir orientieren uns am Niveau von Examensklausuren, weil sich gezeigt hat, dass traditionelle Lehr- und Lernkonzepte den Anforderungen des Examens nicht entsprechen. Der Examensfall und damit der große Fall ist eine konstruierte Realität, auf die es sich einzustellen gilt.

Examen ist eine konstruierte Realität

Die **„HEMMER-METHODE“** ist eine neue Lernform und holt die Lernenden aus ihrer Passivität heraus. Mit gezielten, anwendungsorientierten Tipps unterstützen wir vor allem die wichtige Sachverhaltsaufbereitung und damit Ihre Examensvorbereitung.

Jura ist ein Sprachspiel

Denken Sie daran, Jura ist ein Spiel und zuallererst ein Sprachspiel, auch im Examen.
Es kommt auf den richtigen Gebrauch der Worte an.

Lernen Sie mit uns einen genauen und reflektierten Umgang mit der juristischen Sprache. Dies heißt immer auch, genau denken zu lernen. Profitieren Sie dabei von unserem Erfahrungswissen. Die juristische Sprache ist erlernbar. Wie Sie sie sinnvoll erlernen, erfahren Sie in unseren Kursen.
Statt reinem Faktenwissen erhalten Sie Strategie- und Prozesswissen: „Schach dem Examen!“

Spaß mit der Arbeit am Sachverhalt

Die genaue Arbeit am Sachverhalt bringt Spaß und hat sich als sehr effizient für das juristische Verständnis von Fallkonstellationen herausgestellt. Dabei ist zu beachten, dass die juristische Sprache eine Kunstsprache ist.
Wichtig wird damit die Transformation: So erklärt der Laie in der Regel in der Klausur nicht: „Ich fechte an, ich trete zurück“, sondern „Ich will vom Vertrag los“.
Lernen Sie, den Sachverhalt richtig zu lesen. Steigern Sie Ihre Leseaufmerksamkeit. Gehen Sie deshalb gründlich und liebevoll mit dem Sachverhalt um, und verlieren Sie sich dabei nicht in Einzelheiten. Letztlich geht es um die Wahrnehmungsfähigkeit: Was ist im Sachverhalt des Examensfalles angelegt und wie gehe ich damit um („Schlüssel-Schloß- Prinzip“). Der Sachverhalt gibt die Problemfelder vor. Entgehen Sie der Gefahr, dass Sie „ein Weihnachtsgedicht zu Ostern vortragen.“

Trainieren von denselben Lerninhalten in verschiedenen Anwendungssituationen

Juristerei setzt eine gewisse Beweglichkeit voraus, d.h. jeder Fall ist anders, manchmal nur in Nuancen. Akzeptieren Sie: Jeder Fall hat einen experimentellen Charakter. Trainieren Sie Ihr bisheriges Wissen an neuen Problemfeldern. Dies verhindert, dass das Gelernte auf einen bestimmten Kontext fixiert wird. Trainieren Sie, dieselben Lerninhalte in verschiedene Anwendungssituationen einzubetten und aus unterschiedlichen Blickwinkeln zu, betrachten. Denn wer einen Problemkreis von mehreren Seiten her kennt, kann damit auch flexibler umgehen. Verbessern Sie damit Ihre Transferleistung. Über das normale additive Wissen hinaus vermitteln wir sog. metabegriffliches Wissen, d.h. bereichsübergreifendes Wissen.

Modellhaftes Lernen

Modellhaftes Lernen schafft Differenzierungsvermögen, ermöglicht Einschätzungen und fördert den Prozess der Entscheidungsfindung. Seien Sie kritisch gegenüber Ihren Ersteinschätzungen. Eine gewisse Veränderungsbereitschaft gehört zum Lernprozess. Überprüfen Sie Ihr Wertungssystem auch im Hinblick auf das Ergebnis des Falles.
Hüten Sie sich vor zu starkem Routinedenken und damit vor automatisierten Mustern. Fragen Sie sich stets, ob Sie mit Ihren Annahmen den Fall weiterlösen können oder ob Sie in eine Sackgasse geraten.

Assoziationsmethode als erste „Heransgehensweise“: Hypothesenbildung

Mit der Assoziationsmethode lehren wir in unseren mündlichen Kursen, wie Sie die zentralen Probleme des Falles angehen und ausdeuten. Dabei wird die Bedeutung nahezu aller Worte untersucht. Durch frühe Hypothesenbildung werden alle für die Falllösung möglichen Problemkonstellationen durchgespielt. Die spätere gezielte Selektion führt dazu, dass die für den konkreten Sachverhalt abwegigen Varianten ausscheiden (Prinzip der Retardation bzw. der negativen Evidenz). Die übriggebliebenen Hypothesen bestimmen die Lösungsstrategie.

Wichtigste Arbeitsphase = Problemaufriss

Die erste Stunde, der Problemaufriss, ist die wichtigste Stunde. Es werden die Weichen für die spätere Niederschrift gestellt. Wenn Sie die Klausur richtig erfassen (den „roten Faden“ / die „main street“), sind Sie zumindest auf der sicheren Seite und schreiben nicht an der Klausur vorbei.

4. Ersteller als „imaginärer“ Gegner

Dialog mit dem Klausurersteller

Der Ersteller des Examensfalles hat auf verschiedene Problemkreise und ihre Verbindung geachtet. Der Ersteller als Ihr „imaginärer Gegner“ hat, um Notendifferenzierungen zu ermöglichen, verschiedene Problemfelder unterschiedlicher Schwierigkeit versteckt. Der Fall ist vom Ersteller als kleines Kunstwerk gewollt. Diesen Ersteller muss der Student als imaginären Gegner bei seiner Falllösung berücksichtigen. Er muss also versuchen, sich in die Gedankengänge, Annahmen und Ideen des Erstellers hineinzudenken, und dessen Lösungsvorstellung wie im Dialog möglichst nahe zu kommen. Je ideenreicher Ihre Ausbildung verläuft, desto mehr Möglichkeiten erkennen Sie im Sachverhalt. Die Chance, eine gute Klausur zu schreiben, wird größer.

Wir fragen daher konsequent bei der Falllösung:

- *Was will der Ersteller des Falles („Sound“)?*
- *Welcher „rote Faden“ liegt der Klausur zugrunde („main-street“)?*
- *Welche Fallen gilt es zu erkennen?*
- *Wie wird bestmöglicher Konsens mit dem Korrektor erreicht?*

Die Falllösung wird dann nicht durch falsches Schablonendenken geprägt, vielmehr zeigen Sie, dass Sie gelernt haben, mit den juristischen Begriffen umzugehen, dass es nicht nur auswendig gelernte Begriffe sind, sondern dass Sie sich darüber im Klaren sind, dass der Begriff immer erst in der konkreten Anwendung seine Bedeutung gewinnt.

Unterfordern Sie sich nicht!

Lernen Sie nicht auf zu schwachem Niveau. Zwar ist „der Einäugige unter den Blinden König“. Die Einäugigkeit rächt sich aber spätestens im Examen. Ziel jeden guten Unterrichts muss eine realistische Selbsteinschätzung der Hörer sein.

Problemorientiertes Lernen, unterstützt durch Experten

Wichtig ist, mit der Assoziationsmethode im richtigen sozialen Kontext zu lernen, denn gemeinsames Lernen in Gruppen ist nicht nur motivierend, sondern auch effektiv. Nehmen Sie an einer Atmosphäre teil, in der Sie sinnvoll Erfahrungsaustausch, Meinungsvielfalt und Kontakt mit Experten erfahren. Maßgeblich ist die gezielte Unterstützung. Wir geben das Niveau vor. Achten Sie stets darauf, dass die Lernsituation anwendungsbezogen bleibt und der Vielschichtigkeit des Examens entspricht. Unser Repetitorium spricht den Juristen an, der sich am Prädikatsexamen orientiert. Insoweit profitieren Sie auch vom Interesse und Wissensstand der anderen Kursteilnehmer.

Gefahr bei Kleingruppen

Hüten Sie sich vor sog. „Kleingruppen“. Dort besteht die Gefahr, dass Schwache und Nichtmotivierte den Unterricht allzusehr mitbestimmen: „Der Schwächste bestimmt das Niveau!“ Wichtig ist doch für Sie, auf welchem Niveau (was und wie) die Auseinandersetzung mit der Juristerei stattfindet. Wer nur auf vier Punkte lernt, landet leicht bei drei Punkten!

Soviel ist klar: <u>Wie</u> Sie lernen, beeinflusst Ihr Examen. Weniger bekannt ist, dass das Fehlen bestimmter Informationen das Examen verschlechtert.

Glauben Sie an die eigene Entwicklungsfähigkeit, schöpfen Sie ihr Potential aus.

5. Spezielle Ausrichtung auf Examenstypik

Im Trend des Examens

Dies hat weiterhin den Vorteil, dass wir voll im Trend des Examens liegen. Die Thematik der Examensfälle ist bei uns auffällig häufig vorher im Kurs behandelt worden. Auch in Zukunft ist damit zu rechnen, dass wir mit Ihnen innerhalb unseres Kurses die Themen durchsprechen, die in den nächsten Prüfungsterminen zu erwarten sind.

6.“Gebrauchsanweisung“

Vertrauen Sie auf unsere Expertenkniffe. Die **„HEMMER-METHODE“** setzt richtungsweisende Maßstäbe und ist Gebrauchsanweisung für Ihr Examen.

Der Erfolg gibt uns recht!

Examensergebnisse

Die Examenstermine zeigen, dass unsere Kursteilnehmer überdurchschnittlich abschneiden; z.B. Würzburg, Ergebnisse 1991-2009:
15,08 (Landesbester); 14,95* (Bester des Termins 2006 I in Würzburg); 14,79*; 14,7* (Beste des Termins 98 I); 14,69* (Bester des Termins 2006 II in Würzburg); 14,66; 14,3* (Landesbester); 14,25 (Bester des Termins 2005 II); 14,16* (Beste des Termins 2000 II); 14,1* (Beste des Termins 2008 I); 14,08* (Beste des Termins in Würzburg 96 I); 14,08 (Landesbester); 14,04* (Bester des Termins 2004 II in Würzburg); über 14 (Beste des Termins 2008 II); 13,87; 13,83*; 13,8*; 13,8*; 13,75* (Bester im Termin 99 II in Würzburg); 13,75*; 13,7 (7. Semester, Bester des Termins in Würzburg 95 II); 13,7 (7. Semester); 13,66* (Bester des Termins 97 I, 7. Semester); 13,6*; 13,54*; 13,5; 13,41*; 13,41*; 13,4*; 13,3* (Beste des Termins 93 I in Würzburg); 13,3* (Bester des Termins 91 I in Würzburg); 13,29*, 13,2 (Bester des Termins 2001 I in Würzburg); 13,2*; 13,12*; 13,08; 13,04 (Bester des Termins 2002 I); 13,04*; 13,02* (Bester des Termins 95 I in Würzburg); 13,0; 12,91* (Bester des Termins 99 I in Würzburg); 2x 12,87* (7. Semester); 12,83* (Bester des Termins 2004 I); 12,8; 12,8*; 12,79*; 12,75*; 2x 12,75; 12,70; 12,62; 12,6; 12,6*; 12,6; 12,58*; 12,58*; 12,54*; 12,5*; 12,5*; 12,5; 12,45*; 12,41; 12,37* (7. Semester); 12,37; 12,37; 12,35; 12,3*; 12,29; 12,25*; 12,2; 12,2*: 12,2*; 12,18; 12,15*; 12,15; 12,12*; 12,1; 12,08; 12,08*; 12,06; 12,06; 12,04* (Beste des Termins 98 II); 12,04; 12,04*; 12,0*; 12,0*, 12,0*; 12,0*; 12,0; 11,98*; 11,95*; 11,9; 11,8; 11,8; 11,79*; 11,75*; 3x 11,75; 11,6; 11,6; 11,58*; 11,58*; 11,54*; 3x 11,5*; 11,5...*
(*ehemalige) Mitarbeiter, Stand: April 2009)

Ziel: solides Prädikatsexamen

Lassen Sie sich aber nicht von diesen „Supernoten“ verschrecken. Denn unsere Hauptaufgabe sehen wir nicht darin, nur Spitzennoten zu produzieren: Wir streben ein solides Prädikatsexamen an. So erreichten z.B. schon im ersten Durchgang unsere Kursteilnehmer in Leipzig (Termin 1994 II) bereits nach dem Schriftlichen einen Schnitt von 8,6 Punkten, wobei der Gesamtdurchschnitt aller Kandidaten nur 5,46 Punkte betrug (Quelle: Fachschaft Jura Leipzig, »Der kleine Advokat«, April 1995). Aber am allerwichtigsten für uns ist: Unsere Durchfallquote ist äußerst gering!

Regelmäßiges Training an examenstypischem Material zahlt sich also aus.

Spitzennoten von Mitarbeitern

Dies zeigt sich auch z.B. bei unseren Verantwortlichen: In jedem Rechtsgebiet arbeiteten Juristen mit, die ihr Examen mit **„sehr gut“** bestanden haben.

Professionelle Vorbereitung zahlt sich aus. Noten unserer Kursleiter (ehemalige Kursteilnehmer in Würzburg) im bayerischen Staatsexamen, wie **13,5, 13,4** und **12,9** und andere mit „gut“ sind Ihr Vorteil. Nur wer selbst gut ist, weiß auf was es im Examen ankommt. Nur so wird gutes Material erstellt.

Die Ergebnisse unserer Kursteilnehmer im Ersten Staatsexamen können auch Vorbild für Sie sein. Motivieren Sie sich durch Ihre guten Mitkursteilnehmer/innen. Lassen Sie sich daher nicht von unseren Supernoten verschrecken, sehen Sie dieses Niveau als Anreiz für Ihr Examen. „Wer nur in der C-Klasse spielt, bleibt in der C-Klasse.“

Wir sind für unser Anspruchsniveau bekannt.